Wilhelm Mannhardt

Die Götterwelt der deutschen- und nordischen Völker

Eine Darstellung

Wilhelm Mannhardt

Die Götterwelt der deutschen- und nordischen Völker
Eine Darstellung

ISBN/EAN: 9783743325920

Hergestellt in Europa, USA, Kanada, Australien, Japan

Cover: Foto ©ninafisch / pixelio.de

Manufactured and distributed by brebook publishing software
(www.brebook.com)

Wilhelm Mannhardt

Die Götterwelt der deutschen- und nordischen Völker

Die Götterwelt

der

deutschen und nordischen Völker.

Eine Darstellung

von

Wilhelm Mannhardt.

Erster Theil.

Die Götter.

BERLIN, 1860.

Verlag von Heinrich Schindler.

„Mit dem Hervorziehen unserer alten Poesie ist es nicht getan. Aus dem Schutt der Jahrhunderte in den Staub der Bibliotheken, das ist ein Schritt aus einer Vergessenheit in die andere; dem Ziele führt er nicht merklich näher. Dieses Ziel ist das Herz der Nation. Wenn da einst unsere alte Dichtung ihre Stätte wiederfindet, dann ist Dornröschen aus ihrem Zauberschlaf erweckt, dann schlägt der dürre Baum auf dem Wasserfelde aus, dann hängt der alte Kaiser seinen Schild an den grünen Ast, dann wird die Schlacht geschlagen, die auch die letzte unserer verlorenen Provinzen zu Deutschland zurückbringt."

K. Simrock.

Eltern und Geschwistern

in

Liebesdenkstein

zum Weihnachtsfeste 1859.

Vorwort.

Lange genug haben wir unsere Römerzüge fortgesetzt; Jahrhunderte sind wir in das Ausland gepilgert, wir haben aus Italien und Hellas das Erbe der klassischen Kultur, wir haben aus allen Weltteilen die besten Schätze geistigen Lebens nach Hause getragen und uns zu eigen gemacht. Unser Volk ist dadurch grosz geworden. Aber neben so vielem Guten haben wir auch des Fremden mehr aufgenommen, als wir mit dem eigenen Volksgeiste verschmelzen können. Mit Jubel müssen wir es daher begrüszen, dass eine Zeit sich vorzubereiten scheint, da der Deutsche zum eigenen Heerde wolgefällig zurückkehrt „da wir unseres eigenen Besitztums, unseres eigenen Nationalgeistes uns wieder bewust werden und ihn zum Mittelpunkt unserer Gedanken erheben, das Fremde aber sichten und nur was davon möglich und angemessen für uns verwenden." Dieser Zeit möchte das vorliegende Buch entgegenarbeiten helfen. Der Verfasser unternahm den Versuch, die bedeutendsten Schätze der germanischen Mythologie in einfacher und genau den Quellen folgender Darstellung den Gebildeten der Nation zugänglich zu machen. Er hat sich dabei öfter wörtlich an Vorgänger wie Uhland, Weinhold, Liljencron, Petersen und Munch angeschlossen. Von besonderem Werte war es ihm, Kuhns neues treffliches Buch „Die Herabkunft des Feuers und des Göttertranks" noch vor dem Erscheinen benutzen zu dürfen. Der Kenner wird manche Ergebnisse neuer und eigener Untersuchungen nicht vermissen. Blosze Vermutungen sind möglichst vermieden, obwol auch noch manche hier vorgetragene Auffassung sich durch weitere Forschung modificieren wird. Da das Buch nur Ergebnisse und keine Untersuchung als solche vorführen will, so sind einigemale verschiedene Traditionen in der Darstellung in einander verflochten, welche der Forscher bei Untersuchungen auseinanderzuhalten hat. Bei eigenen Untersuchungen, die durch unser Buch angeregt werden möchten, hat man daher — wie wol kaum erinnert zu werden braucht — stäts auf die Quellen selbst zurückzugehen.

Aeuszere Gründe, um dem Leser die Anschaffung des Werkes zu erleichtern, machten eine Teilung des Stoffes ratsam. Im vorliegenden Buche sind die Götter in ihrer Individualität behandelt. Ein zweiter Band, der ein für sich bestehendes Ganze ausmacht, soll die Dämonen (d. h. die Elbe, Elfen, die Riesen) so wie das grosze Drama der Weltschöpfung und des Weltuntergangs, den Kosmos nach deutscher und nordischer Vorstellung zur Darstellung bringen.

Dem Texte sind eine Anzahl von Bildern eingefügt. Die umrahmten Zeichnungen sind Nachbildungen von Originalen. Die übrigen verfolgten den Zweck, an einem Versuche zu zeigen, wie viele brauchbare und lohnende Vorwürfe die bildenden Künste in der vaterländischen Mythologie finden können, wenn nur erst einmal der Sinn und die Liebe dafür geweckt sein wird. Dabei wird es vorzüglich darauf ankommen, den Gebilden des lebendigen Volksglaubens Gestalt und Form zu verleihen. Hier wird es noch möglich sein, etwas ähnliches (wenn auch nicht das nämliche, ein jeder Vergleich hinkt) zu schaffen, was den hellenischen Künstlern gelang, als sie die rohen und mehr oder minder unbestimmten Bilder der lebenden Volksmythologie zu vollendeten Götteridealen umwandelten und fixierten. Anders freilich steht es mit den Darstellungen aus der ausgebildeteren nordischen Mythologie. Hier genau die Form aufzufinden, unter welcher die Alten ihre Götter sich dachten, ist unmöglich. Ein veranschaulichendes Bild darf deswegen nur da gewagt werden, wo die poetische Beschreibung so bestimmt spricht, dass vor dem inneren Auge des Maler sein nicht zu verfehlendes Gemälde sich erzeugt.

Berlin, Nov. 18. 1859.

Wilhelm Mannhardt.

Der Wert, die Eigentümlichkeit und die Aufgaben der germanischen Mythologie.

„Auf das Vaterland sind wir von Natur gewiesen und nichts vermögen wir mit unsern angebornen Gaben so sicher und in solchem Masze begreifen zu lernen. Selbst wenn der Wert unsrer vaterländischen Güter, Denkmäler und Sitten weit geringer anzuschlagen wäre, als wir ihn gerecht und bescheiden voraussetzen dürfen, würde doch die Erkenntnis des einheimischen unser die würdigste und heilsamste und aller ausländischen Wissenschaft weit vorzuziehen sein." Dieser Ausspruch eines allverehrten Meisters findet seine vollste Anwendung auf die Götterlehre unserer Vorfahren. Erkenne dich selbst in dir und deinem Volke! lautet die Mahnung, welche mit ewiger Wahrheit aus dem Munde hellenischer Weisen zu uns herübertönt. Aus der religiösen Poesie, aus den Mythen unseres heidnischen Altertums, in denen die Uranlage deutschen Geistes ihren reinsten Ausdruck gefunden hat, lernen wir einen Teil unseres eigensten Selbst, viele Züge und Zustände der nationalen Mitwelt deuten. Sie führen uns den Grundcharacter unseres Volkes in anschaulichen Bildern vor Augen, und offenbaren die geheimsten unbewusten Triebfedern unserer Geschichte. Sie rufen, um das Wort eines scandinavischen Gelehrten zu gebrauchen, „eine Ahnung von der gewaltigen Kraft eines früheren Heldenvolkes in dem wunderbar bewegten Hörer und Leser hervor. Erst dann vermögen wir zu begreifen, warum die deutschen und nordischen Völker so vernichtend und durchschlagend auf die geschwächten Nationen des Südens wirken konnten, wenn wir die tieferen Quellen ihrer wilden Kraft, die groszartigen religiösen Vorstellungen als die eigentlichen Triebfedern ihres Handelns nach ihrer ganzen Bedeutsamkeit würdigen und in Anschlag bringen; denn alle Fülle des Lebens strömt aus dem Geiste und aus dem Glauben hervor." Erst dann geht uns die grosze Lebensaufgabe der germanischen Nationen, als bildender Sauerteig in der Welt zu wirken, in ihrer ganzen Tragweite auf, wenn wir in ihrer Mythologie gesehen haben, wie sie von altersher die höchste Kraft des Gemütes mit der Tiefe des Gedankens vereinigten. Denn „das Dasein eines Volkes ist ein organisches Ganze" und wie der Mann das zu verwirklichen strebt, was der Knabe ersehnte, liegt bei einem mächtigen Volke, falls es sich frei entwickeln kann, seine spätere Laufbahn schon in seinen Anfängen vorgezeichnet.

Für die vaterländische Mythologie hat dieser Satz noch eine besondere Wahrheit. Denn mit tausend unsichtbaren Fäden reicht der Glaube der Vorzeit in die Sitten und Gewohnheiten unseres heutigen modernen Lebens herein. So manches Wort, lieber Leser, das du gedankenlos aussprichst; so manches Gericht, das dir die Hausfrau nach alter Gewohnheit an bestimmten Tagen auftischt; so manches abergläubische Mittelchen, das du anwendest „weil es ja wenigstens nicht schaden kann"; so manche Geschichte, die dir die Groszmutter erzählte, sind Ueberbleibsel der germanischen Götterlehre. In den Kinderliedern, welche auf unseren Straszen und Märkten gesungen werden, haben sich teilweise Hymnen und Chorreigen fortgepflanzt, welche einst an Götterfesten gesungen und getanzt wurden, und noch heute die vollen Götternamen bewahren. In den Sagen und Sitten des Landvolkes lebt vollends in reichem Masze die Uebung uralter heidnischer Handlungen und die Erinnerung vorchristlicher Anschauungen fort. Ja bei dem naiven Jäger, Sennen und Landmann bilden sich noch heute neue Mythen aus den alten hervor und so erfordert das gegenwärtige Leben unseres Volkes, soll es in seinen tieferen Beziehungen verstanden werden, gar vielfach die Kenntnis unserer alten Mythologie. Auch viele Kleinode unseres Schrifttums wurzeln in ihr und wollen aus ihr begriffen werden.

Unsere ältere Literatur beruht, insoweit sie nicht geistlich ist, in letztem Grunde groszentheils auf einheimischer Sage, auch die Stoffe vieler neuerer Dichter verleugnen diesen Ursprung nicht. Dieselbe Wichtigkeit, welche die germanische Mythologie demnach für die Literaturgeschichte hat, behauptet sie auch für die Kirchengeschichte. Sie ergieszt ein helles Licht über die Anfänge des Christentums unter den ger-

manischen Stämmen. Sie weist die Anschauungen und Herzenszustände
auf, welche unsere Alten der Botschaft des Evangeliums entgegen
brachten oder entgegensetzten und erklärt die Entwickelung, welche
das christliche Leben in germanischen Herzen von Anfang an nehmen
muste. Die Geschichtschreibung des Mittelalters in kirchlichen
und staatlichen Dingen (die Legende und Profanhistorie),
welche sich oft auf mündliche von den Begebenheiten durch langen
Zeitraum getrennte Berichte stützt, hat häufig genug einheimische
heidnische Mythen als wirkliche Begebenheiten und Taten ihrer Helden berichtet. Die historische Kritik findet in der Mythologie
ein wichtiges, in vielen Fällen sogar notwendiges Hilfsmittel, um
die Sage als solche zu erkennen und von dem tatsächlich geschehe-
nen zu scheiden.

Gleich jeder anderen naturwüchsigen Mythologie hat sich die
germanische Götterlehre stufenweise entwickelt, indem aus rohen,
einfachen Grundlagen im Kreise höher gebildeter Volksschichten ab-
gerundetere, zu immer geistigerem Inhalt und gröszerer Schönheit
strebende Erzählungen und Vorstellungen erwuchsen. Im Volksglauben, der die reichhaltigste Quelle unserer Wissenschaft ist, haben
sich vorzugsweise jene einfachen Grundtypen erhalten. Dieser Umstand verleiht der Mehrzahl unserer Sagen eine hohe kulturhistorische,
ich möchte sagen menschheitliche Bedeutsamkeit. Ihre hohe Ursprünglichkeit erlaubt uns das Werden der Mythen zu belauschen, und tiefe Blicke in die Völkerpsychologie, sowie in das
Leben und Denken der entferntesten Vorzeit zu tun. Kaum
eine einzige andere Mythologie ist in dem Grade, wie die unsrige
dazu angetan, ja wie von Gott grade dazu geschaffen, um uns an
einem groszartigen Beispiel einerseits ein Gemälde von den Kindheits-
tagen der bedeutendsten Kulturvölker der Menschheit zu entrollen
und andererseits tiefgreifende Erscheinungen und Bewegungen zu
entschleiern, die im Geistesleben aller Zeiten und Nationen stäts unter neuen Formen sich wiederholen. Mit einem Wort die germanische Mythologie ist am vorzüglichsten dazu geeignet, klar zu
machen, was die Mythen ihrem Wesen nach sind, und, indem
sie der Wissenschaft der vergleichenden Mythologie die
brauchbarsten Handhaben bietet, die Urgeschichte der Menschheit der Erkenntnis tatsächlich näher zu bringen. Am wenigsten kommt
in diesen Stücken die hellenische Mythologie der unsrigen an Bedeutsamkeit gleich. Wir kennen sie fast ausschlieszlich in der jungen
Entwickelungsform, welche sie im Munde gebildeter Dichterschulen
oder einzelner Dichter angenommen hat und in welcher die Merk-

1*

male ihres Ursprungs fast durchgehends schon verwischt sind. Sie
wird uns selbst erst recht verständlich, wenn wir die germanische
daneben halten.

Wir bewundern in den hellenischen Göttern und Heroen die
Muster ewiger Schönheit. In der germanischen Mythologie erwarte
man nicht der vollendeten Harmonie und ruhigen Plastik olympischer
Ideale zu begegnen. Ihre Gestalten ragen grosz und gewaltig empor,
aber von der Fülle des Geistes wird oft die Form zerstört. Die hol-
deste Anmut, die mütterlichste Sorgfalt, strahlt uns aus den Frauen-
gestalten entgegen, das tiefste Gemüt adelt die Götter, aber die
überströmende Kraft äuszert sich oft stürmisch und rauh und die
Scenerie der erhaltenen Mythenreste ist überwiegend eine bäurische
zu nennen.

Diese Erscheinungen wurzeln einerseits in der Natur des germanischen Landes, an dessen Himmel unablässig Winde und Wolken
sich jagen, andererseits im Stammcharacter der germanischen Völker.

Die bäurische Einfachheit unserer Mythen endlich fällt groszentheils dem überlieferten Zustande unserer Quellen zur Last. Während
im Volksglauben die einfacheren ursprünglichen Grundtypen in reicher Fülle erhalten blieben, sind die feineren ausgeführteren und
ideelleren Bilder der höheren Mythologie nur spärlich zu unserer
Kunde gekommen. Doch haben wir nicht den gänzlichen Mangel
einer farbigeren, höfisch gebildeten Sagenwelt bei den alten Deutschen und ihren nordischen Stammverwandten zu beklagen. In der
Literatur, zumal in den Eddaliedern des verwandten Nordens, ist
uns das Andenken einer Anzahl fortgeschrittener, schmuckreicherer
Mythen von ergreifender Schönheit bewahrt. Einiges davon darf
sich ohne Erröten den besten Gestalten Homers an die Seite stellen.
So die nordische Mythe vom Heldenleben in Vallhöll, von Óðhinn
und Saga, von Baldrs Tod, die deutsche von Hilde Hettel und Horant, von Sigfrit und den Nibelungen.

Im allgemeinen müssen wir dem Hellenen den Kranz reichen, so
lange es sich um die Schönheit und bestimmte Gestaltung der einzelnen Figuren handelt. Sobald man aber die letzte und schönste
Blüte germanischer Mythendichtung, welche in den Eddaliedern
niedergelegt ist, als Ganzes in Betracht zieht, mag Griechenland
schweigen. „In der griechischen Mythologie ist von der Bedeutung
des ganzen kaum die Rede. Alles einzelne ist schön und lieblich
und jede Gruppe hat ihren eigenen Mittelpunkt, dreht sich in ihrem
eigenen Kreise und bildet sich da zu plastischer Vollendung aus;
das Band aber das die Gruppen zu einem Ganzen vereinigen sollte,

ist schwach. Der eddische Mythenkreis dagegen duldet nur selten abgesonderte Gruppen, vielmehr bildet er ein groszes **zusammenhangendes** dramatisch geordnetes Ganze mit einer von Anfang an vorbereiteten und notwendigen Katastrophe, eine echte Tragödie also, wo jedes einzelne als Glied des ganzen seine Bedeutung hat, wo die bleichen Gestalten schon von vorneherein und durch ihre eigene Schuld dem Tode geweiht sind und wo sowol die irdische als die göttliche Herrlichkeit unter den groszartigsten Kämpfen zu Grunde geht, wo aber auch eine höhere Idee, ja vielleicht die höchste, die sich je durch eine Tragödie aussprach aus den Ruinen der gesunkenen Heidenwelt hervorstrahlt."

Es ist einleuchtend, dasz unter diesen Umständen die Kunst in der vaterländischen Mythologie eine ergiebige Fundgrube brauchbarer Stoffe besitzt, deren Schätze kaum zu heben begonnen wurden. Die Poesie hat durch das ganze Mittelalter hindurch und mit Erfolg wieder in der neueren Zeit aus diesem Horte viele ihrer schönsten Vorwürfe geschöpft. Sie wird Wirksamkeit haben, so lange sie lebendige Gestalten schildert und sich nicht mit Klopstock zu der Verirrung verleiten läszt, die altgermanischen Götter als tote Namen und müszige Figuren in die Rede einzuführen. Die bildenden Künstler haben noch zu wenige Rücksicht und Aufmerksamkeit auf den mannigfaltigen Reichtum herlicher Gestalten gelenkt, welche der Erlösung durch die Hand eines schöpferischen Genies harren, um in lebenskräftiger Körperlichkeit unseren äuszeren Sinnen wahrnehmbar dazustehen. Nur andeutend sei auch der Tonkunst gedacht, welche für Compisitionen wie Lohengrin, Tannhäuser, Gûdrûn, Nibelungen u. s. w. mit Glück ihre Vorwürfe aus der vaterländischen Mythologie zu entnehmen beginnt.

An sittlicher Reinheit und Tiefe kommt der germanischen Götterwelt keine andere gleich. „Der germanische Heide bebte nicht vor dem Gedanken zurück, dass der Tod nur das Vorspiel eines höheren Todes sei, in welchem das Böse auf ewig vernichtet wird, aber auch die Welt und die Götter vergehen; in dem das herlichste, was die Menschen durch den Tod errangen (das glänzende Spiel der im Kampf gefallenen Helden in den Hallen des Götterkönigs) hingeopfert wird, damit ein neuer Himmel und eine neue Erde entstehen können, auf welchen ein reines sündloses Geschlecht im ewigen Lichte wandelt."

Um dieses hohen sittlichen Wertes willen ist die vaterländische Mythologie berufen ein wichtiges Bildungsmittel für unsere Jugend zu werden, characterfeste Männer und hausmütterliche Frauen erziehen zu helfen. Die Eindrücke, welche wir in den ersten Jahren der Kindheit empfangen, begleiten uns bestimmend durch das Leben und tauchen mitten im Geräusche der Welt und im Lärm der Geschäfte mit unwiderstehlicher Gewalt wieder und wieder aus den Tiefen der Seele empor. Welch einen Einflusz auf die empfänglichen Gemüter der Kleinen müste es haben, wenn die Mutter nächst den Erzählungen der h. Schrift ihren Mädchen frühzeitig die lieblichen Gestalten der Holda und Bertha, der Valkyren, das Beispiel einer Nanna, Sigyn und Gûdrûn als Spiegel vorhält; wenn sie den lauschenden Knaben Wôdans und Thunars Kraftgestalten vor Augen führt, oder den Heldenberuf der Einherien bei der Götterdämmerung schildert. Wie tief wird sich die Strafe des Hochmuts an Selamena, des Ungehorsams an den Nixen, der Falschheit an Loki in das Herz und die Seele einprägen.

Wie im Leben der Menschheit im groszen und ganzen sich der Entwickelungsgang des einzelnen Menschen wiederholt, muss umgekehrt jeder der auf organischem Wege die Resultate der groszen Geistesarbeit unseres Geschlechtes bis auf unsere Tage in sich aufnehmen und verarbeiten soll, in seiner Erziehung im kleinen den ganzen Entwickelungsprocess der Menschheit, die Weltgeschichte nachleben: er muss an der Hand der hervorragendsten Erscheinungen allmählich und in geordneter Reihenfolge den Weg durch das Altertum und Mittelalter zu den Ideen und Anschauungen der Gegenwart durchwandern. Der Periode der Kindheit im Leben der einzelnen Menschen entspricht die Periode der mythischen Anschauung im Leben der Völker. Naturgemäsz sind deshalb die Mythen die gesundeste Nahrung für den kindlichen Geist, mit ihnen hat die Erziehung zu beginnen, und ein Glück ist es, dasz wir einheimische Mythen besitzen. Die Hellenen sind nicht zum geringsten Teile dadurch so einheitliche Menschen geworden, dass sie von klein auf an der nationalen Mythenwelt des Homer herangebildet wurden.

Mit groszem Erfolg haben mehrere Lehrer in den unteren und mittleren Klassen der Realschulen und Gymnasien deutsche Sagen und Märchen als Themata für die Stylübungen verwandt. Mit welchem Wetteifer arbeiteten da die Knaben, denn der Stoff beschäftigte ihre Phantasie, war ihnen heimisch und verständlich. Die Klasse tat sich bald durch Geläufigkeit des Ausdrucks hervor; die Belehrung durfte sich ausschlieszlicher mit der grammatischen Form beschäftigen und fand leichteren Eingang und willigeres Gehör.

Ich bilde mir ein, dass dasselbe Verfahren auch in Dorfschulen heilsame Früchte tragen dürfte. Sagen und Märchen und viele an-

gestammte Gebräuche, welche der vaterländischen Mythologie entsprossen sind, bilden wesentliche Bestandtheile der eigentümlichen
Welt, in welcher der Gedankenkreis des Bauersohnes von Jugend
auf sich bewegt. Lehrt ihn die Sagen seines Dorfes niederschreiben
die Erzählungen von der weiszen Frau, welche im nachbarlichen
Hügel verzaubert sitzt; vom Nix, der im angrenzenden Flusse sein
Wesen treibt; von den Glocken, die im wolbekannten See aus der
Tiefe läuten. Da weisz er jeden Umstand. Der ganze Gegenstand
ist ihm vertraut und geläufig; er vermag ihn mit Freiheit zu beherschen und, indem er ihn darstellt, sein Sprachgefühl auszubilden,
Gedankenausdruck zu lernen. Der wahre Erzieher übt ja die Denk-
kraft seiner Schüler ohnehin nur an solchen Dingen, welche ihrem
jedesmaligen Gesichtskreise zunächst liegen.

　　Ich sehe schon im Geiste den lebhaften Widerspruch voraus,
der mir in diesem Stücke zu Teil werden wird. Bei den Kindern
der höheren Stände, wird man einwerfen, kann die Mythologie die
von dir erwarteten Früchte tragen. Sie mögen dadurch aufs neue
in einen lebhaften Zusammenhang mit der Natur gesetzt und durch
die ethischen plastischen Gestalten, von denen man ihnen die schönsten mittheilt, in ihrem Gefühl für das edle bestärkt werden. In
einer höheren Lebensanschauung von der Muttermilch an erzogen,
werden sie von den unvollkommneren und unrichtigen Vorstellungen,
welche häufig in den Sagen verkörpert sind, nicht nachhaltig berührt,
bald darüber hinausgehoben werden. Die Mythen prägen sich als
wirkungsvolle Bilder in ihre Seele ein, indes ihre Erkentnis weit
über dieselben hinausschreitet. Aber der Sohn des Volkes, der die
mythischen Gestalten noch als wirklich glaubt, und zwar die rohesten
und kindlichsten, und darum unrichtigsten am meisten als Tatsachen
festhält, wird durch jenes von dir vorgeschlagene pädagogische Verfahren nur in seinem Aberglauben bestärkt werden. Dieser Einwurf
führt mich auf die Frage „Welchen Einfluss übt das teilweise Fortleben unserer Mythologie in den unteren Schichten des Volkes, als
unmittelbarer Glaube?

　　Ein groszer Teil der angeerbten Sagen und Gebräuche, in welchen der Kenner die Ueberbleibsel der alten Heidenreligion gewahrt,
widerspricht dem Geiste des Christentums von Hause aus nicht, oder
hat den heidnischen Gedankenkern schon vollständig verloren; nur
das mythische Kleid bewahrt, neue christliche Ideen sind hineingetragen. Diese Ueberlieferungen bilden einen Schatz reicher unge-
machter Poesie voll sittlicher Gedanken. Man darf denselben dem
Landvolke, das ohnehin in vielen Stücken zur Nüchternheit neigt,

und den mannigfachen Ersatz nicht besitzt, den eine höhere Bildung
an die Hand giebt, keinesfalls mit rohem Griffe rauben, ohne dass wir
es in Stand setzen von einem höheren Standpunkt aus das verlorene
wiederzugewinnen.

Wer möchte ihm frivol den Glauben entreiszen wollen,
dass der Groszvater noch mit den kleinen Zwergen freundnach-
barlichen Verkehr unterhalten, wer die schöne Vorstellung von
den erlösungsbedürftigen Jungfrauen? wer wollte spottend oder
rationalistisch anzweifelnd ihm ausreden, dass man nicht
frech nach dem Monde und den Sternen deuten dürfe, ohne den
lieben Engeln die Augen auszustechen? wer möchte es billigen,
dass die Polizei das Kind sammt dem Bade verschüttend mit Re-
scripten und starker Faust die gesundesten Volksbelustigungen,
Martinsfeuer, Kirchweihtänze und Sternsingen aus der Welt schafft.
Sie öffnete dadurch nur dem Kartenspiel und anderen noch un-
edleren Vergnügungen Tür und Tor. Der seichte Aufkläricht, welchen der brausende Dampfwagen und die Walzen und Kämme der
Fabriken bis in die entlegensten Dörfer tragen, sorgt schon genug
dafür, dasz das Volk jeder poetischen Auffassung des Lebens sich
entwöhnt. Schon schämen sich an vieler Orten die jüngeren Bauern
von den alten Geschichten ihrer Väter zu sprechen, obwohl sie meist
noch heimlich daran glauben. Sie legen sich dieselben nun rationalistisch zurecht, so dass die Erzählungen immer abgezogenere mo-
dernere Formen annehmen und aller Idee beraubt werden. Das
Landvolk ist also selbst in Gefahr einen reichen Schatz geistiger
Güter fahren zu lassen, die Achtung davor zu verlieren. Der Lehrer
soll sie ihm wiedergeben, indem er ihm die Bedeutung derselben
erschlieszt, und über die Natur seiner Ueberlieferungen verständlichen
Aufschluss erteilt. Wo fände er dazu besser Gelegenheit, als wenn
er die Kinder ihre Sagen aufschreiben lässt und das heimlich ge-
haltene an das Licht des Tages und gemeinsamer Besprechung zieht.

Auf der anderen Seite dürfen wir unsere Augen nicht davor
verschlieszen, dass das Fortleben des Heidentums in den unteren
Schichten der Gesellschaft teilweise noch einen sehr schädlichen Einfluss auf das Wol und Wehe unseres Volkes ausübt; Seele, Leib und
Leben vieler Mitmenschen gefährdet. Je mehr die alten Volksüberlieferungen und Gebräuche ihre ursprüngliche Form und ihren Sinn
verlieren, desto fester haften zuletzt ihre Carricaturen in Gestalt
eines tätlichen Aberglaubens im Bewustsein der Ungebildeten, indes
die schönen unschädlichen Volksfeste und Sagen aussterben. Dieser
tätliche Aberglaube fristet einer Fülle von Vorstellungen das Dasein,

welche der höheren durch das Christentum uns gebrachten Erkenntnis göttlicher Dinge schnurstraks zuwider laufen. Durch Tagewählerei und Wahrsagung aus zufälligen Schicksalszeichen wird das Walten der göttlichen, das tätliche Verhalten des Menschen berücksichtigenden Vorsehung zu Gunsten eines blinden Schicksals beschränkt. Durch die Anwendung von allerlei Zaubermitteln, welche an das Familienleben, Besitz und Beruf in der mannigfaltigsten Weise sich knüpfen, sucht der abergläubische Landmann von der Wiege bis zur Bahre sich eine grössere Macht anzueignen und egoistisch sein eigenes Wohl zu vermehren, oder das Glück anderer zu mindern. Das Tun des Einzelnen wird dadurch nicht sowol ein sittliches Ringen nach innerer und äuszerer Vollendung, als ein fortwährender Kampf, eine zur Virtuosität hinstrebende Taktik gegen verborgene, in der Natur waltende Schicksalsmächte und dämonische Gewalten.*)

Ich behaupte nicht zuviel, wenn ich sage, dass jährlich noch Hunderte von Unglücksfällen und Verbrechen aus den ersterbenden Resten des Heidentums hervorgehn.

Wie manche Bäuerin, die durch Wirtschaftlichkeit ihren Vorrat mehrt, kommt in den Ruf des Einverständnisses mit dem Wode, dem fliegenden Drachen, Kobold oder Teufel. Sie wird als Hexe verschrieen und aus einem Gegenstand des bittersten Neides ihrer unwirtschaftlichen Nachbarn eine Person des entsetzlichsten Abscheus. — Wie oft mag der Glaube, dass ungetauft sterbende Kinder im wütenden Heer mit Holda oder Bertha umfahren müssen, schon bekümmerte Mutterherzen geängstet haben. Am Ende des vorigen Jahrhunderts war eine Frau mit einem toten Kinde niedergekommen. Bald darauf hört sie, das wütende Heer sei über das Dorf gezogen. In banger Seelenpein um das Kind, das nun bis zum jüngsten Tage mit den unseligen Geistern im Sturm dahinjagen werde, verfällt sie in eine hitzige Krankheit und stirbt. Nach der Angabe des Freiherrn von Alpenburg hat die Herzensangst der Mütter in Tirol sogar zur Leiche schon gestorbener Kinder Wunderdoctoren gerufen, in der Hoffnung ihre Kunst vermöge auf Augenblicke die erstarrten Glieder zu beleben, um die Nottaufe zu verrichten und das kleine der Perchta zu entreiszen. — Cretins sind oft in Gefahr für Wechselbälge gehalten zu werden. Ich habe selbst in einem

---

*) Wer sich näher über diese Dinge zu unterrichten wünscht, lese Wuttkes und meine Rede in den Verhandlungen des evangelischen Kirchentages zu Hamburg 1858.

westpreuszischen Dorfe einen 4 – 5 jährigen scrophulösen Knaben auf
das übelste von seiner Umgebung behandelt gesehen, weil man ihn
allgemein für ein untergeschobenes Zwergkind erklärte. Vor längerer
Zeit ist es vorgekommen, dasz man den Ruf eines Ertrinkenden für
den Schrei des Nixes hielt, der sein Opfer verlange, und nicht zu
Hilfe eilte und noch im Jahre 1851 ertrank bei Carthaus (Regierungs-
Bezirk Danzig), eine hochgestellte Frau im waldeinsamen Burgsee,
dessen Wellen die Ruine eines kassubischen Heidenschlosses be-
spülen. Das Volk sagt, es sei eine verwunschene Burg, in welcher
eine weisze Jungfrau nach Erlösung schmachte. Hier wurde jene
Dame badend von Krämpfen befallen. Arbeiter weilten in der Nähe,
aber aus Furcht vor der weiszen Schlossjungfrau beachteten sie den
Hilferuf nicht. — Am Sylvesterabend 1857 büszte ein armer Schul-
lehrer unfern Posen seine einzige Kuh ein, weil er ihr mit Gewalt
einen Hering eintreiben wollte. Statt vieler weiterer Beispiele, die
ich anführen könnte, will ich noch einen Fall namhaft machen.

Aus Procop wissen wir, dass eine Art des Menschenopfers bei
den Nordgermanen darin bestand, dass man den zum Tode bestimmten in die Dornen warf. Hiermit offenbar hängt die westphälische
Drohung zusammen, wenn ein Mädchen spät am Samstagabend spinnt,
also die Heiligkeit der festlichen Zeit bricht „der kommt auf den
Dornbusch". Der Publicist 1857 No. 13 berichtet als einen soeben
vorgekommenen Kriminalfall folgendes. Um Dortmund setzt man
die Mägde, wenn sie am Samstag das Garn nicht abgesponnen haben,
auf den Pott. Es wird ein groszes Büschel von Dornen gewunden
und in eine Mulde, den sogenannten Schweinetrog gelegt. Davor
spannt der Bauer ein Pferd und zwingt die Uebeltäterin sich auf
die Dornen zu setzen. So wird sie unter dem Spott und Hohn der
Jugend durch das Dorf geschleift. Ein Mädchen, welches die über-
mäszig grosze Aufgabe ihrer harten Herrin nicht hatte bewältigen
können, steckte — um der entehrenden Strafe zu entgehen — in
Verzweiflung dem Bauer die Scheune in Brand. Auf demselben Hofe
hatte ein Jahr vorher (1856) eine andere Magd aus gleichem Grunde
sich in den Teich gestürzt und war nicht mehr zu retten gewesen.

Ueber eine andere Seite der Einwirkung des Heidentums auf
das Volksleben lasse ich einen bewährten Juristen reden.*) „Um ein
vollständiges Verständnis vom Verhalten unseres Volkes zum Eide
zu erlangen, müste man in ein Gebiet steigen, welches bis jetzt

---

*) Dr. R. Elvers Recension von „Strippelmann, Der Gerichtseid". Göt-
tinger gelehrte Anzeigen. 1857. S. 31.

dem Auge des Forschers fast unerschlossen ist, und das zwar einen heimlichen, aber doch gewaltigen Einfluss auf den Eid ausübt. Es ist der mannigfache Aberglaube, der sich um den Eid gelagert hat. Wir wollen dem Verfasser keinen Vorwurf daraus machen, dass davon nichts in seinem Buche steht, denn woher wäre das Material zu entnehmen? Aber wir möchten bei der Gelegenheit den Sammlern empfehlen, darauf ihr besonderes Augenmerk zu richten und den Volksglauben in dieser Beziehung zu belauschen. Es ist freilich ein für ein altes christliches Volk gar trauriges, aber darum doch nicht unwahres Geständnis, dass bis jetzt und vor allem heutigen Tags weit weniger in der christlichen Erkenntnis und im christlichen Glauben der Schutz gegen den Meineid liegt, als in den mannigfaltigen auf das verschiedenartigste und ausführlichste ausgebildeten Befürchtungen, die sich zum Teil auf unentwickelte und unverstandene christliche Anschauungen werden zurückführen lassen, zum Teil mit dem heidnischen Glauben unserer Altvorderen den nächsten Zusammenhang haben, zum Teil sich in reine Phantasiegebilde auflösen. Aber sie alle wirken mit, um den Gerichtseid zu dem zu machen, was er ist und Richter und Gesetzgeber können wiederum nicht vermeiden auch hierauf Rücksicht zu nehmen". Der Eid ist nicht das einzige Gebiet, auf welchem das Fortleben unserer alten Mythologie die Rechtsanschauung des Volkes beherrscht. Neuerdings hat man auch darüber Beobachtungen aufzuzeichnen angefangen wie tief der heidnische Aberglaube in die Volksmedicin eingreift und ich vermag mehrere Fälle nachzuweisen, in denen die Anwendung althergebrachter zum Teil in heidnischen Gebräuchen wurzelnder Mittel den Tod der Erkrankten zur Folge hatte.

Hieraus ergiebt sich die unabweisliche Forderung für alle Lehrer und Leiter des Volkes, für Geistliche, Aerzte und Rechtsgelehrte, die unter der Landbevölkerung zu wirken berufen sind, sich mit Ernst um den Volksglauben und dessen historische Wurzeln zu bekümmern. Denn wie wollen sie die Schäden heilen, so lange sie keine Kenntnis davon haben, so lange sie mit ihrem gebildeten Bewustsein unverstanden und ahnungslos an der Welt vorübergehen, die im Kopf und Herzen ihrer Pfarrkinder und Pfleglinge lebt. Auf unseren Universitäten sollte man es sich angelegen sein lassen praktische Vorträge über den Volksaberglauben zu halten; in fasslicher Weise müsten auf den Schullehrerseminarien, und in den Hebammeninstituten auf die Tatsachen gestützte Belehrungen über diesen Gegenstand erteilt werden. Die Regierungen können sich der

Aufgabe nicht länger entziehen, hierauf ihr Augenmerk zu richten, Untersuchungen über die Einwirkung des fortlebenden Heidentums auf das sittliche und leibliche Wol des Volkes zu fördern, Mittel zur Abhilfe der Uebelstände in Beratung zu nehmen.

Allgemeine Phrasen, verdammende Predigten gegen den Aberglauben als Teufelswerk, fruchten ebensowenig als rationalistische Räsonnements über die Unsinnigkeit desselben. Denn beide enthalten nur die halbe Wahrheit. Das Volk hat ein feines Gefühl und empfindet sehr wol, dass seine Ueberlieferungen eines tieferen Grundes nicht entbehren, bestehe dieser in einer misverstandenen und einseitigen Naturbeobachtung, oder in erstarrten und gleichsam versteinerten sittlichen Gedanken. Diese Gedanken wieder flüssig zu machen hat die Wissenschaft der germanischen Mythologie zur Aufgabe, deren sichere Ergebnisse die Lehrer des Volkes in sich aufzunehmen haben, um damit weisheitsvoll im einzelnen Falle zu wirken.

Ihr mögt euch heiser predigen gegen die Torheit, zu glauben, dass ein durch Blitz entstandenes Feuer nur durch Milch gelöscht werden könne. Der Bauer hat es von alters gehört und „etwas wahres muss daran sein, sonst könnte man es ja nicht erzählen". Macht ihm aber begreiflich, dass seine Vorväter die Wolken für Kühe und den Regen für Milch angesehen und dafür gehalten haben, dass nur der Regen das Feuer löschen könne, welches nach ihrer Meinung der Blitzgott selbst entzündet, so wird er mit der Einsicht in die Entstehung des Aberglaubens die Ueberzeugung von der Wirklichkeit desselben verlieren. Wie viel eindringlicher vermag der Geistliche zu wirken, wenn er auf solche Weise den Boden vorbereitet findet. Lehrt das Volk, dass sein Glaube, bei Selbstmorden durch Erhängen entstehe Sturm, aus einer ehemaligen Auffassung der Seele als körperlicher Lufthauch oder Wind herrühre, welcher beim Tode vom Sturmgott in Empfang genommen werde, wie viel höher wird ihm da die geistige Natur der Seele erscheinen, welche Bibel und Catechismus verkünden.

Somit wohnt der vaterländischen Mythologie auch eine hohe praktische Bedeutsamkeit inne, da sie die Mittel an die Hand giebt im Verein mit der Kirche den verderblichen Aberglauben zu bekämpfen.

Diese hohe Bedeutsamkeit bewährt sich schon jetzt, obgleich unsere Kenntnis von den germanischen Mythen noch in ihren Anfängen steht. Noch ist nicht einmal zum kleinsten Teile der reiche Stoff in die Scheuern gesammelt, den vor allem die Volksüberlieferung uns an die Hand giebt. Es ist die höchste Zeit, dass dies geschehe; die alten Leute, die Depositäre des Mythenschatzes sterben fort und die junge Welt bewahrt nur noch jenen tätlichen Aberglauben, von dem wir vorhin sprachen, oder zerrissene immer unkenntlicher werdende Lappen des groszen einst so schönen Sagengewebes. Ein strengwissenschaftlicher Aufbau unserer ganzen Mythologie ist so lange nicht möglich, als nicht von jeder einzelnen Tradition alle Varianten Gau bei Gau, Ort bei Ort gesammelt in ihrer ethnographischen Verbreitung bis auf die letzte Grenze und in ihrer historischen Entwickelung bis auf ihre erste Erwähnung rückwärts verfolgt sind. So erst wird es möglich die ursprüngliche Form, die ursprüngliche Heimat und den ursprünglichen Gedankeninhalt derselben aufzufinden. Diesem Bedürfnis, jede einzelne Volkstradition in ihrer ganzen ethnographischen Verbreitung genau zu ermitteln trug die bisherige Weise der Sagensammlung nur ungenügende Rechnung. So viel in den einzelnen Provinzen durch die Arbeit fleisziger Sammler zusammengebracht ist, blieben die dazwischen liegenden Landschaften noch ununtersucht und auch das von jenen einzelnen Forschern zusammengelesene Material bezieht sich gröstenteils auf die nächste Umgebung der Landstriche, von denen aus sie ihre Nachforschungen anstellten. Es muss daher unsere dringende Pflicht sein die Lücken zu ergänzen. Doch nicht allein räumlich, sondern auch stofflich ist das in der bisherigen Weise zusammengeführte Material unzureichend. Ein jeder Sammler hat im wesentlichen nur solche Ueberlieferungen dem Volksmunde abgelauscht, nach denen er aus besonderer Neigung fragte. Es müssen künftig Anstalten getroffen werden jede einzelne Tradition durch das ganze Gebiet ihres Vorkommens Ort bei Ort, Gau bei Gau zu erfragen, die Sammlung muss in ausgedehntem Masze von einem einzigen Mittelpunkte aus nach methodischem Plane einheitlich in Angriff genommen werden. Diese Arbeit würde eine notwendige Ergänzung der Monumenta Germaniae bilden. Sie will mit derselben wissenschaftlichen Umsicht, mit demselben Eifer, mit denselben bedeutenden Mitteln betrieben sein. An den germanischen Völkern liegt es, ein solches Nationalwerk möglich zu machen! Deutschen, Holländern, Anglosachsen und Scandinaven gemeinsam könnte es dazu beitragen das Band der Gemeinschaft und Brüderlichkeit zu festigen, des wir gegenüber dem drohenden Panslavismus und Romanismus so dringend bedürfen.

So steht denn die vaterländische Mythologie in jeder Richtung wie mit der Vergangenheit so auch auf das unmittelbarste mit der Gegen-

wart unserer Stämme in Verbindung. Die Rohheiten und schädlichen
Gebräuche, welche das Landvolk aus dem einheimischen Götter-
glauben noch beibehielt, werden untergehn, aber alles das edle und
schöne was derselbe hervorgebracht, wird als ein kostbares Gut unserem ganzen Volke erhalten und immer fruchtbarer werden.
„Man hat es, sagt der scandinavische Gelehrte, den wir schon einmal
erwähnten, den Männern die sich mit der alten Zeit und den alten
Sagen beschäftigen, häufig vorgeworfen, dass sie sich von dem vollen Leben abkehrten, um alle ihre Aufmerksamkeit dem Tode und
der Verwesung zuzuwenden. Wir meinen aber, was wirklich zu
leben verdient, an dem hat die Zeit ihr Recht verloren; was den
wahren Lebenskeim in sich trägt, das stirbt nie und es ist in höherem Sinne ganz gleichgiltig, ob etwas heute oder vor tausend Jahren sich zugetragen hat. Oft kommt das was heute geschieht, schon tot-
geboren an das Licht der Welt, wogegen was entlegene Zeiten hervor-
brachten, nicht allein wie die alten griechischen Helden auf den Inseln der Seligen fortlebt, sondern auch fortwirkt; so dass das jüngste
Geschlecht wieder dadurch zum Handeln und lebendigen Wirken an-
gefeuert wird. So gebiert, was vergangen schien, ein neues Leben,
und nach einer bedeutungsvollen nordischen Mythe würde der Baum
der Zeit schon lange verdorrt sein, wenn er nicht aus dem Brunnen
der Urdhr d. h. aus dem Borne der vergangenen Welt täglich wieder
mit neuem Wasser begossen und erfrischt worden wäre.”

Das Wesen der Mythen im allgemeinen und die Gesetze ihrer Entwickelung.

A. Begriff und Entstehung der Mythen.

Mythologie ist die Lehre von den Mythen. Das griechische Wort Mythos bedeutete ursprünglich jede Erzählung, später wurde es in dem eingeschränkteren Sinne einer zwar allgemein geglaubten aber unhistorischen Erzählung verwandt. Die heutige Wissenschaft hat diesem Begriff noch bestimmtere Grenzen gezogen. Sie gebraucht das Wort Mythus in einer weiteren, oder engeren Bedeutung. In allgemeinerem Sinne versteht sie darunter eine absichtlos und unbewust im dichtenden Volksgeist zu Stande gekommene Einkleidung einer Idee in das Bild einer geschichtlichen Tatsache, oder historischer Zustände. In engerer Bedeutung aber ist ein Mythus nur eine solche unter dem Einfluss der Naturkräfte, so wie der geistigen und geschichtlichen Entwickelung der Menschen im gemeinsamen Glauben eines ganzen Volkes oder wenigstens einer gröszeren Gesammtheit entstandene und fortgebildete dichterische Erzählung, welche unter einem sinnlichen Bilde die religiösen Anschauungen von der Götterwelt als geschichtliche Tatsachen verkörpert. Zergliedern wir diese Definitionen der Deutlichkeit wegen noch einmal, so springen uns folgende Hauptmerkmale des Begriffes Mythus in die Augen. Der Mythus ist eine dichterische Erzählung und zwar eine solche, welche nicht subjectiv willkürlich erdacht, sondern absichtlos aus dem Gesammtbewustsein eines gröszeren Volksganzen heraus entstanden ist. Sie musz bildliche Anschauung der Natur oder geistiger Vorgänge

enthalten. Hiezu tritt schliezlich die Forderung, dass die zu Grunde
liegende Idee religiösen Inhalt habe.

Zur Verdeutlichung dieser Sätze lade ich meine Leser ein mir
in die Werkstätte der Mythenbildung zu folgen. Mythen entstehen
zu allen Zeiten und unter allen Völkern.[*] Am fruchtbarsten in der
Mythenerzeugung sind aber diejenigen Perioden der Geschichte,
in welchen ein Volk seine höchsten Ideen noch nicht abstract
fassen, sondern nur in sinnlich bildlicher Form denken und
aussprechen kann. In demselben Grade, in welchem die Fähigkeit zu abstracterem Denken wächst, nimmt das Vermögen der
Mythendichtung ab. Die Entwickelung der Menschheit gleicht der
Entwickelung des einzelnen Menschen. Die Völker machen ein
Kindesalter durch, sie nehmen einen Aufschwung höherer Kraft zum
Jünglings- und reiferen Mannesalter und sinken endlich wie abge-
lebte Greise in sich zusammen, um nach Vollendung ihrer Bahn vom
Schauplatz der Geschichte abzutreten. In den ältesten Zeiten, auf
welche nur gelehrte Combinationen uns mehr oder minder sichere
Rückschlüsse gestatten, finden wir die Menschen in einem jugend-
lichen hilflosen Zustande, in welchem sie gleichsam noch neu auf
der Erde und unbekannt mit der sie umgebenden Welt die Herrschaft über die Natur noch nicht erlangt haben. Ihr Geist ist sich
der Uebermacht über dieselbe noch nicht bewust geworden, ihre
Kräfte sind noch unerprobt. Sie wissen sich nicht einmal als geistige
Wesen zu unterscheiden. Sie leihen daher den Naturerscheinungen
menschliches Denken und menschliche Empfindung. Sie stellen sich
die Elemente vor „als wüsten dieselben um das auszer ihnen vor-
handene organische Leben und erfreuten sich daran, es zu nähren
sich ihm zum Genusse zu geben, oder es zu zerstören." So pflegen
Kinder mit Tieren, Pflanzen und Klötzen zu spielen und mit ihnen
zu reden in dem treuherzigen Glauben, dass sie verstanden werden
und vernunftbegabte sich selbst gleichartige Wesen vor sich haben.
Selbst Erwachsene übertragen dichterisch noch heute unwillkürlich
die eigenen Gefühle und Leidenschaften in die leblose Natur. Wir
sagen „der Wind rast oder tobt; das Meer zürnt, das Feld schweigt
und ruht".[**] Aber während „der moderne Mensch die Unterschie-
bung menschlicher Empfindung in die unbewuste Natur unbestimmt

---

[*] Ich werde, um dieses überall durchgreifende Gesetz zu zeigen, meine
Beispiele ebensowol aus der griechischen, wie deutschen Mythologie entlehnen.

[**] Vgl. Schiller Tell I, 1. „Der See kann sich, der Landvogt nicht erbarmen."

in ahnender, blosz ästhetischer Weise vollzieht, und augenblicklich davon zurückkommt, sobald er bestimmt denkt", hat für das Naturkind jene Uebertragung volle Wirklichkeit.

Alle menschlichen Erkentnisse gehen aus Vergleichung hervor. Da die Unterscheidungsgabe des ursprünglichen Naturmenschen noch wenig geübt ist, so fühlt er sich geneigt die ihm ferner liegenden, und nicht greifbaren oder unerklärbaren Gegenstände mit solchen Erscheinungen zu vergleichen und für ein und dieselben zu halten, welche er durch unmittelbare Nähe und täglichen Umgang genauer kennt. Er sieht den Blitz, der schlängend aus unerreichbaren Höhen herabfährt, ohne seine Natur zu begreifen; er kennt die am Boden sich windende Schlange. Für was anderes wird er den Blitz halten als für eine himmlische Schlange? Ein andermal schieszt der Blitz in gradem Strahle herunter, da wähnt das Auge des Urmenschen einen goldenen Speer zu sehen, der über die Räume des Himmels geschleudert wird. Die Sonne dünkt ihn ein leuchtendes Bad, oder ein glänzender Vogel, die langsam am Himmel wandelnde oder unbeweglich aufgerichtete Regenwolke in ihrer wechselnden Erscheinung bald eine milchspendende Kuh, bald ein zottiges Tierfell oder ein Gewebe; ein andermal ein hochgeschichtetes Gebirge. Und wie die Phantasie der Kinder bis zum äuszersten Grade die Fähigkeit besitzt, aus allem alles zu machen, genügt der Einbildungskraft jugendlicher Völker ein einzelner Vergleichungspunkt um Naturbilder zu schaffen. Wegen der meist roten Farbe des Rindes sah der Inder in vedischer Zeit auch in den Lichtstrahlen der Sonne, des Blitzes, der Morgenröte Kühe und Stiere, im Blitze, bei dessen Zuckungen der befruchtende Regen zur Erde rauscht, einen Widder, den Vater und Befruchter der zahlreich sich mehrenden Schafherde; dem Hellenen wurden die Hörner des Mondes Anlass dieses Gestirn für eine Kuh zu nehmen, woher später die Sage von Io entsprang. Die Phantasie ergänzte noch mit Leichtigkeit von dem einen Vergleichungspunkte aus das ganze Bild. Bei Häufung derartiger Anschauungen geschieht es häufig, dass ein und dasselbe Bild zum Ausdruck verschiedener Naturphänomene verwandt wird; Wolken sowol, wie Lichtstrahlen gelten für Kühe, Wolken, wie Blitzstrahlen für Rosse u. s. w. Die verschiedenen Erscheinungen und Formen ein und desselben Phaenomens erkennt der Naturmensch noch nicht als Einheit, als nur verschiedene Aeuszerungen ein und desselben Naturvorganges und daher unterscheidet er noch die Blitzschlange vom Blitzspeere, die Wolkenkuh vom Wolkengebirge als wesenhaft verschiedene Dinge. Aehnliche Bilder sind uns noch jetzt geläufig. Wir nennen

z. B. die weiszen Wölkchen am Abendhimmel Schafe, sind uns aber dabei wol bewnst, dass dieser Ausdruck nur ein Bild ist. Der Naturmensch dagegen glaubt wirklich und naiv, dass der Blitz eine Schlange, der Donner das Rollen eines Wagens oder das Gebrüll eines Stieres, der Sturm das Bellen eines Hundes, die Wolke eine Kuh sei u. s. w.; gradeso wie wir an Kindern in ihren ersten Jahren beobachten können, dass sie — ist einmal die Vorstellung der himmlischen Schäfchen in ihnen angeregt — derselben Wirklichkeit leihen.*) Sprach auch ein einzelner den Vergleich zuerst aus, so stimmte derselbe doch so vollständig zur Anschauungsweise des ganzen Volkes, in dem sich noch keine höher- und tiefergebildeten Schichten scheiden, dasz er notwendig von allen als wahr empfunden wurde und in den Glauben der Gesammtheit überging.

Wenn der Naturmensch einerseits seine menschliche Empfindung in die unbewuste Natur hineintrug, so begegnete darin andererseits seinem ahnungsvollen Gemüte der Hauch eines höheren Geistes, der die Welt durchdringt. Die gläubige und im Bewustsein eines ganzen Stammes haftende Naturanschauung in Bildern trat mit dem religiösen Gefühl in Verbindung. Alle Religion beruht auf dem Gefühle der physischen und moralischen Abhängigkeit von dem Urgrunde alles Lebens, von Gott. Wie stolz und selbstvertrauend einzelne auch sein mögen, kein Mensch kann allwissend, allmächtig, körperlich unsterblich sein und so lange und weil er das nicht ist, wird er stäts nach einer höheren Macht sich umsehen, mit welcher er sich zu verbinden und den eigenen Mangel auszugleichen hoffen darf. Diesem Gefühle und Bestreben vermag sich niemand zu entziehen; nur die Stärke desselben und die Art es sich zum Bewustsein zu bringen sind verschieden. Bei den hilflosen unentwickelten Naturvölkern ist das Gefühl der Ohnmacht besonders lebhaft. In Furcht und Liebe wird das Gemüt beständig zu den höheren Mächten hingezogen. Mit dieser Inbrust und Tiefe der Empfindung erfassen sie ahnungsweise Gott, welchen sie noch nicht als rein geistiges Wesen zu begreifen vermögen, sondern in der Natur suchen, die auf sie in ihrer Gesammtheit den Eindruck der Geistigkeit macht. „Wir dürfen die Lebendigkeit dieses Eindrucks der Natur

---

*) Lehrreich ist die Erzählung eines frommen Mannes im vorigen Jahrhundert aus seiner Kindheit: „Als ich noch ein kleines Kind war und von dem Namen Gottes noch nicht viel gehört hatte, auch noch nicht verstehen konnte, sah ich oft den Himmel an und wenn sich die Wolken vermischten als eine Menschengestalt, dann dachte ich oft, ob das nicht Gott sei. Denn ich wollte Gott gerne sehen und wuste doch nicht was Gott sei."

auf die frischen, unabgestumpften Sinne der Alten nicht nach dem
Eindrucke beurteilen, den sie auf uns ausübt. Denn wir sind ihr
durch einen Jahrtausende lang wider sie geführten Kampf entfrem-
det; sie ist uns gleichgiltig und alltäglich geworden; unsere Dichter
und Maler müssen uns ein tieferes Naturgefühl erst vermitteln. Wie
ganz anders lacht jugendliche Völker die Sonne an und die blumige
Flur. Donner, Blitz und Sturm erschrecken sie, die Wolken leicht
und duftig, die die Luft durchschiffen, bald Regen und Schnee zur
Erde senden, tragen ihre Phantasie weit über die Berge, das Wasser
quillt, rinnt und flüstert, der Wind rauscht in den Blättern und über
dem allen breitet sich des ewigen Himmels unendliche Tiefe. Alles
dieses drang gleichzeitig auf die ersten Menschen ein, und die Wirkung
davon war um so gewaltiger, als sie jeden Eindruck ganz und auf
das lebhafteste empfingen, weil sie noch an keinen gewöhnt, gegen
keinen abgeschlossen und verhärtet waren. Staunende, heilige Ehrfurcht, furchtsames Beben, Dank und Freude durchzitterten ihre
Brust, mit einem Wort tausend Stimmen schienen ein Zwiegespräch
mit ihnen zu halten, tausend widerstrebende Regungen und Empfin-
dungen von der Natur hervorgerufen stürmten auf ihre Brust ein und
machten, dass sie sich in dieser Fülle von Kraft und Leben ohn-
mächtig fühlten. Von dem Uebermasz übermannender Gefühle er-
drückt, sanken sie staunend nieder vor der Grösze, Pracht und Herlichkeit, die sie umgab, und aus den Erweisungen der Macht und
Güte, wie dem zerstörenden Walten der Elemente neigte sich, dunkel
geahnt ein Antlitz zu ihnen herab, ein gleichartiges Wesen, das bald
nächtiges Grauen erweckte, bald ehrfurchtsvolle Hingebung einflöszte
In dieser Berührung menschlichen Ohnmachtgefühles mit der Offen-
barung Gottes in der Natur sind die Religionen des Altertums wirklich geworden."

Hinter aller Religion des Heidentums liegt als frühester Zustand
das Gefühl einer göttlichen Einheit in dem soeben dargelegten Sinne,
die naive Vergötterung der ganzen Natur. Als das Unterscheidungs-
vermögen der Alten wuchs, traten einzelne Naturerscheinungen lebhafter als die übrigen in ihrer Wirkung empfunden und von einander gesondert in den Vordergrund. Natürlich forderten diejenigen
Phaenomene die meiste Beachtung und Ergebenheit, welche am un-
mittelbarsten einen woltätigen und zerstörenden Einfluss auf das
menschliche Leben ausüben. Der indogermanische Volksstamm, von
dem die Germanen ein Zweig sind, hat schon in frühester Zeit hauptsächlich den groszen, gewaltigen Himmelserscheinungen, dem Firma-
ment, der Sonne, dem Monde, den Winden und Wolken seine Ver-

ehrung zugewandt. Unsere Voreltern fassten ja aber Sonne, Winde, Wolken u. s. w. nicht als Naturphaenomene auf, sondern hielten sie für ein Rad, für einen Vogel, für Hunde, Kühe, Frauen, Berge u. s. w. Sie waren den Kühen d. h. den Wolken dankbar für ihre Milch, den Regen; dem Vogel d. h. der Sonne dafür, dass er seine glänzenden Schwingen am Himmel ausbreite, und dabei maß man unwillkürlich diesen Gestalten Vernunft und Empfindung bei.*) Der leuchtende Himmel z. B. machte den Eindruck eines geistigen Wesens, ohne dass man dabei in ältester Zeit schon an Menschengestalt, an einen dem unsrigen gleichartigen Körper dachte.**) Auf dieser Stufe befindet sich der Geist des Menschen in dem bestimmten, aber unbewusten Widerspruch, dass er in der Ahnung des göttlichen Geistes, der alles durchdringt, ein höheres individuelles Leben und Denken in der Natur sucht, wo es noch nicht ist, und es zugleich da weiß, wo es wirklich ist, nämlich im Menschen. Allmählich aber gewahrte man immer entschiedener, dass nur menschenartige Wesen bewusster Gedanken und Handlungen fähig seien. In Folge dessen schrieb man den Naturphaenomenen menschliche Persönlichkeit zu. Neue Naturbilder entstanden, welche vom Vergleich mit menschlicher Gestalt hergenommen waren, teils betrachtete man die alten als Zubehör oder als Ausflüsse der Tätigkeit einer menschlich gedachten Gottheit. So schaute der Inder in vedischer Zeit das Feuer (Agni) des Blitzes sowol wie der flackernden Heerdflamme unmittelbar als einen Gott an. „Agni, sang man, wird durch Agni entzündet, der Weise, des Hauses Hüter, der jugendliche, der opferbegabte, läuternder glänzender Agni führe die Götter herbei, zum Opfer und unserer Opferbutter". Die Flamme wurde in mannigfachen Bildern als Teil einer menschenartigen Gestalt aufgefasst. Man betrachtete sie als Bart, als Goldhand, Goldzahn oder Goldwagen des Gottes Feuer; ohne dabei eine durchgeführte Körperähnlichkeit zu verlangen. Der Himmelsgott führte, menschenartig gedacht, die als Zottenfell an-

---

*) Diese Stufe der Anschauung stellt u. a ein in der Montagne noire am Fuße der Pyrenäen bewahrter Gebrauch dar, nur dass die Wolke hier nicht bildlich aufgefasst ist. Um den Hagel vom Felde abzuhalten, hält man der Wolke einen Spiegel vor. Wenn sie sich darin schwarz und hässlich sieht, glaubt man, erschrecke sie und eile davon.

**) Denselben Himmelsgott Uranos, welchen Kronos mit goldener Sichel entmannt, schildert noch Hesiod:
    Gaia gebar zuerst sich selber gleich den gestirnten
    Uranos, dass er umhülle das All und den seligen Göttern
    Sei niewankender Sitz.

geschaute Wolke wie einen Schild auf der Brust; eine Vorstellung woraus bei den Griechen der Glaube vom Himmelsgotte Zeus, der ein Ziegenfell, die Aegis trägt, erwachsen ist.*)

Der Regen galt als Milch der Wolkenkühe, welche nunmehr der Himmel oder ein eigener Gewittergott mit dem Blitzstrahl melkte. Das Sonnenrad ergänzte sich zu einem ganzen Sonnenwagen, den ein Gott oder eine Göttin lenkte. Da die Sonne nach anderer Auffassung auch als ein glänzender Vogel angeschaut wurde, so entstand, als man die Einheit beider Vorstellungen gewahr ward, die Vorstellung, dass die Sonnengottheit sich in einen Vogel verwandeln könne. In den Wolken sah man eine Schar himmlischer Frauen, welche aus segnender Mutterbrust die Erde mit erquickendem Regen tränken. Andererseits wurden die Wolken auch als Kühe oder Rosse gedacht. Demnach war es bald natürlich zu glauben, dasz die Wolkenfrauen sich in Wolkenrosse verwandeln könnten. So bestand bei den Indern in vedischer Zeit die Vorstellung, dass die Göttin der eilenden Sturmwolke Saranyus der Umarmung des Himmelsgottes in Rossgestalt entfliehe. Und in gleicher Weise glaubte der Grieche, dass die Mondgöttin Iö (die wandelnde) vom allsehenden Sternenhimmel, dem tausendäugigen Argos (d. i. der schimmernde) behütet werde. Da nun der Mond auch als Kuh angeschaut wurde, entstand die Rede, Iö sei in eine Kuh verwandelt worden. Viele spätere Sagen von den Verwandlungen der Götter haben in solchen Vorgängen ihren Ursprung zu suchen.

Um in vollkommenem Sinne Mythen zu sein, musten die bildlichen Deutungen der im Leben stäts wiederholten Naturvorgänge, an die sich das religiöse Gefühl anschloss, als nur einmal geschehene historische Tatsachen aufgefasst, sie musten zum Gegenstand einer Erzählung gemacht werden. Mit der fortschreitenden geistigen Entwickelung der Völker trat die menschlich gedachte Gottheit hinter die Naturerscheinung zurück. Man glaubte nicht mehr, dass der Himmelsgott der Himmel selbst sei, sondern dass er im Himmel wohne. Ebenso verloren die alten bildlichen Naturanschauungen ihre Wahrheit. Man sah nun, dass die Sonne kein Vogel, oder Rad, die Wolke keine Kuh, kein Zottenfell sei. Die alte Vorstellung haftete aber noch zu tief im Bewustsein, um ganz verloren gehen zu können. Sie blieb in der Erinnerung bestehen, aber ihr

---

*) „Die Aegis (d. h. Ziegenfell), das Schild des Zeus wird in der Ilias als als quastenumbordet, hell von Glanz, voll Graun und Schrecken, vom Feuergotte verfertigt geschildert, Zeus verhüllt damit den Ida, erschreckt die Achäer. Kurz es ist die sich entladende Wetterwolke".

lebendiges Verständnis erlosch. So wuste man noch, dass der Himmelsgott ein furchtbares Zottenfell auf der Brust trage, aber dass unter diesem Zottenfell die Wolke gemeint sei, war vergessen. Auf diese Weise löste sich auch das mythische Bild von der zu Grunde liegenden Naturerscheinung los. Wo die alten Naturbilder eine Handlung annahmen, wurde dieselbe jetzt als wiederholter Vorgang vergessen. Da man in der Wolke nicht mehr ein Ross gewahrte, glaubte man nicht mehr, dass die Wolkenfrau stürmisch in Rossgestalt enteile, so oft sie sich der Umarmung des Himmelsgottes entziehen wolle, sondern man berichtete „die Göttin wurde einst vom Himmelsgotte verfolgt. Da verwandelte sie sich in ein Ross und entfloh ihm."

Das eigentliche und innerste Wesen dieses Processes, wodurch eine mythische Anschauung zum wirklichen Mythus wird, besteht darin, dass eine einst flüssige Idee, ein lebendiger Gedanke erstarrt. So erstarrt und gleichsam versteinert dauert er im Bewustsein der Menschen fort. Es beruht das auf einem psychologischen Vorgang, den wir noch heute an uns selbst beobachten können. Als Kind habe ich ein bekanntes Tischgebet jahrelang Tag für Tag hergesagt, ohne seinen Sinn zu verstehen; dunkle, unklare Bilder schwebten vor meinen Augen, so oft ich die Worte sagte. Als ich lange nachher das richtige Verständnis erlangt hatte, erzeugten sich aus Macht der Gewohnheit noch immer jene verworrenen Bilder neben den klaren Gedanken, wenn ich jenes Tischgebet sprach. Gradeso ist es im Leben der Völker. *Die verschiedenen Stufen mythischer Anschauung und verstandesmäziger Auffassung ein und derselben Sache laufen meistenteils lange Zeit neben einander her.* Zur Zeit des Horaz dachte der Römer das Himmelsgewölbe als reines Naturphaenomen. Von der Naturerscheinung losgelöst und unabhängig wurde Jupiter (d. i. der Vater Himmel) als freiwaltender, alles beherschender Götterkönig verehrt. Aber wenigstens in der Sprache lebte die alte Einheit des Gottes mit dem Himmelsgewölbe noch fort. Denn „unter dem Jupiter" (sub Jove) bedeutete „unter freiem Himmel". Die germanische Mythologie besitzt den Vorzug, fast alle Entwickelungsphasen der einzelnen Anschauungen neben einander noch aufweisen zu können.

Ich vervollständige meine Darstellung vom Ursprunge der Mythen, indem ich die ihnen zu Grunde liegenden Bilder, von denen ich bisher nur eine und zwar die ursprünglichste Art namhaft machte, noch nach einigen weiteren Richtungen hin verfolge. Mitunter bleibt die bildliche Naturauffassung in voller Flüssigkeit in der Tradition einzelner Gegenden bestehen, indess daneben schon der Mythus aus ihr erzeugt und von ihr ganz oder teilweise abgelöst ist. Ich verweise z. B. auf die Anschauungen vom Winde unter unserem Volke, denen die ausgebildeten Sagen von Wôdan mit der wilden Jagd und dem wütenden Heer, von Ódhinn und seinen Einherien zur Seite gehen. *Auch von der Naturgrundlage getrennt behielten die mythischen Bilder oft noch lange eine nur in ihrer Ursache nicht mehr verständliche Beziehung zu denselben.* Eine der mannigfachen Folgen davon war, dass diejenigen Gegenstände, von welchen die Naturbilder ursprünglich hergenommen waren, rückwirkend zu Abbildern oder Apotypomen der Naturphänomene wurden. So wuste man noch lange, nachdem die unmittelbare Auffassung der Wolke als Widder oder Ziegenhaut vergessen war, dass Schafbock und Zottenfell mit dem Regen in Verbindung stehen. Sie wurden zu Abbildern oder Apotypomen der Wolke. Deshalb trug zu Tanagra in Bocotien am Feste des Regengottes Hermes der schönste Jüngling zur Abwehr der Pest ein Lamm um die Stadt. Angeblich der Sage nach weil der Gott durch Umtragung eines Widders den Ort von der Krankheit befreit habe, in Wahrheit weil Seuchen bei der Sonnenhitze zu entstehen pflegen und man durch Umtragung des Widders, von dem man noch eines Zusammenhangs mit der Wolke sich erinnerte, Regen herabzulocken hoffte. Aus gleichem Grunde zog alljährlich im Beginn der Hundstage eine Procession auf den Gipfel des Berges Pelion zum Heiligtum des Zeus Aktaios, wobei die vornehmsten Jünglinge mit den Fellen geopferter Widder bekleidet waren, um bei der Gluthitze den zürnenden Himmelsgott zu sühnen und Regenerguss zu erflehen. So glaubte man in Deutschland eine Kuhhaut (als Abbild der Wolke) vermöge durch Blitz entzündetes Feuer zu löschen; und zur Wintersonnenwende liefen Jünglinge in Hirschlarven umher; weil der Hirsch Apotypom der Sonne war und man durch diesen sinnbildlichen Gebrauch das in den kurzen Tagen des Winters verdunkelte Licht wieder herbeizuziehen hoffte. Die Kuhhaut und Hirschlarve vertraten gleichsam die Wolke und Sonne selbst. Auf das Abbild wurde mit einem Wort übertragen, was früher vom Naturbild geglaubt war. Hatte man dafür gehalten, dass der Donnergott der Wolkenkuh Milchreichtum d. h. Regenerguss verleihe, so hiesz es nun, dass er der irdischen Kuh die Euter fülle.

Treten in der ältesten Periode der Mythenbildung die Phaenomene des Himmels vorzugsweise in den Vordergrund, so erzeugten doch auch die tiefen Eindrücke von der Kraft und Fülle der *irdischen Natur* Naturbilder und Mythen. Die allnährende Mutter Erde dachte man sich als nährende Frau oder Kuh; das Meer als eine weltumgürtende Schlange, als Schlangen ebenfalls die in Krümmungen daherschleichenden oder springenden Bäche. Der Quell konnte die Vorstellung erwecken, dass eine göttliche Jungfrau aus einem Wasserkruge seine Fluten verschütte. Unter den Bäumen des Waldes, in den Grotten des Berges, aus dessen Schosz der Quell hervorströmt, muste sie ihre heimlich verborgene Wohnung haben. Sah man dann die weiszen Nebel gewandartig an dem Wasser aufsteigen, so erweiterte sich die Anschauung schon dahin, dass die Quelljungfrau ein wunderbares Gewand webe. Das Plätschern, Murmeln und Rauschen der Wasser klang wie die Stimme, wie der wunderbare nur dem Herzen verständliche Gesang der Göttin. Aus diesen Elementen sind sie griechischen Mythen von den Nymphen und Musen, die germanischen von den spinnenden, gesangliebenden Waldfrauen erwachsen. Wir werden sehen, wie hiemit ähnliche himmlische Bilder zusammenfielen.

Wiederum riefen nicht allein Naturphänomene bildliche Anschauungen hervor, sondern auch geistige Zustände wurden bildlich aufgefasst. „So geheimnissvoll", sagt A. v. Humboldt irgendwo, „so unzertrennlich als Geist und Sprache, der Gedanke und das befruchtende Wort sind; ebenso schmilzt, uns selbst gleichsam unbewust, die Auszenwelt mit dem Innersten im Menschen, mit dem Gedanken und der Empfindung zusammen." Wir vermögen geistige Begriffe nur durch Worte von ursprünglich sinnlicher Bedeutung zu bezeichnen; wissen bedeutete anfänglich sehen, Geist bedeutete Wind, Atem; wir sprechen von Klarheit und Helle des Verstandes, von Finsternis, Betrübnis der Seele.

Der Naturmensch sucht ungewohnt und unfähig abstract zu denken, für jede geistige Wahrnehmung unwillkürlich ein körperliches Bild. Die Klarheit des Denkens schaut er im Lichte an, die helle Durchsichtigkeit des Wassers, in welchem das glänzende Sonnenlicht sich spiegelt, sein geheimnissvolles Rauschen und Murmeln macht ihm unmittelbar den Eindruck des Geistes, der Weisheit rege. Der Gedanke des Todes, des Untergangs und des Bösen verbindet sich in seiner Seele mit der Vorstellung der schwarzen Wolken, der Nacht und jeder Art von Schatten und Dunkel. Das geistig heitere versinnlicht sich ihm im natürlich heiteren, das geistig trübe im natürlich trüben, die Idee der Fruchtbarkeit schaut er in besonders zeugungskräftigen oder fruchtbaren Tieren (dem Stier, der Kuh, dem Schwein, Bock), und in anderen Fruchtbarkeit verleihenden Naturgegenständen z. B. in der Erde, den Wolken, dem Apfel, der Nuss, die Idee der Kraft z. B. im Adler und Löwen körperlich an. Solche Anschauungen geistiger Begriffe nenne ich zum Unterschiede von den Naturbildern, welche einen Naturgegenstand unter dem Bilde eines andern Naturgegenstandes begreifen, Sinnbilder oder Symbole.

Wie die Naturbilder wirkten auch die Symbole zur Entstehung der Mythen mit. So war die Nuss ein Sinnbild der Fruchtbarkeit; weshalb Nüsse in der Altmark während des Hochzeitzuges ausgeworfen, in Westphalen sogar in die Saat ausgestreut werden, indes aus gleichem Grunde der Hochzeitlader im Schwarzwald eine Haselnussrute in der Hand trägt. Wenn die Mythe erzählte, dass die Göttin des Lebens und der Fruchtbarkeit Idhunn von dem in Falkengestalt verwandelten Loki aus der Gewalt des Sturm- und Winterriesen befreit wird, so drückte sie diesen Gedanken so aus: Loki führte Idhunn in Nussgestalt im Schnabel. Als Göttin des Lebens trägt Idhunn goldene Aepfel von verjüngender Kraft.

Eine besondere Art von Symbolik ist die Auffassung ethischer Eigenschaften oder Zustände z. B. der Liebe, der Treue, der Kraft, des Dankes u. s. w. als Persönlichkeiten. Man bemerkte diese Eigenschaften und Zustände als bei dem einen vorhanden, bei dem anderen fehlend und konnte sich doch nicht Rechenschaft geben, woher sie entstanden. Da sich im Bereiche der Natur nichts fand, wovon man sie ableiten konnte, gelangte man dazu sie als Gabe und Schickung einer geistigen Macht anzusehen, welche vorzugweise in ihrem Besitze war. So bildete z. B. die nordgermanische Mythologie die Göttinnen der Treue (Vâr), der Kraft (Thrûdbr), des Geschlechtsbewustseins (Sif), die Götter des Mutes (Môdhi), der Stärke (Magni) u. s. w.; die griechische die Götter der Liebe (Erôs), der Furcht (Deimos), der Sehnsucht (Himeros), des Verlangens (Pothos) u. s. w. aus.

B. Die Vermenschlichung (Anthropomorphose) der Mythen.

Nachdem die Mythen auf die angegebene Weise entstanden sind, ist ihnen meistens noch eine lange Entwickelungsgeschichte beschieden. Diese Entwickelung geht zunächst darauf hinaus die Götter und Göttererzählungen immer mehr der Naturbedeutung zu entkleiden und in sittlich freie Wesen und Persönlichkeiten umzuwandeln. Denn immer tiefer und lebendiger erwacht zuerst das Gefühl, dann das Bewustsein davon in der Menschenbrust, dass die Gottheit, das

höchste und vollkommenste Wesen geistiger Natur und mit selbst-
bewustem, mächtigen Willen begabt sei; nur vor einem solchen
konnte der Mensch sich beugen. Einen selbstbewusten Willen vermochte das Altertum aber nur in wahrer Menschengestalt anzuschauen
und zu denken. Diesen Process der Vermenschlichung der Götter
benennt man mit dem griechischen Worte Anthropomorphose
(Menschgestaltung) und diejenige Stufe der heidnischen Religions-
anschauung und Mythologie, auf welcher die menschliche Gestaltung
der Götter vollständig zum Durchbruch gekommen ist, Anthropomorphismus.

Wie wir deutlich an dem Beispiele des Agni wahrnehmen konnten (s. S. 20), war die persönliche Auffassung der Götter anfangs
eine sehr nebelhafte, unbestimmte. Concreter wurde sie schon, als
je mehr und mehr ethische Gedanken in die Naturgestalten hineingetragen wurden und die Gottheit allmählich von der Naturerscheinung sich ablöste. In der ältesten Zeit trug die naive
Menschheit, die noch in vertraulichem Umgang mit den Tieren des
Waldes und Feldes lebte (s. S. 16) keine Scheu ihre Gottheiten in
Tiergestalt zu denken; Theriomorphismus heiszt uns diese Auf-
fassungsweise.

Teils diente die Tiergestalt zu Naturbildern und Sinnbildern für
die Götter, teils verehrte man die wirklichen Tiere als Abbilder
(Apotypome s. S. 23) oder unmittelbar als höhere, göttliche oder dämonische Wesen.*) Mit dem fortschreitenden Bedürfnis nach Ver-

---

*) Einen Hauptgrund dieser letzteren Erscheinung, welche ihrerseits den
tiergestaltigen Naturbildern und Sinnbildern Vorschub leistete, legt Herder sehr
schön und richtig dar: „Es ist in den Tieren etwas unbekanntes, wir könnten
sagen geheimnisvolles vorhanden, das den Wilden veranlassen muste sie zu ver-
ehren. Die Unmöglichkeit sie zu beurteilen und zu begreifen, ihr Naturtrieb,
viel sicherer als unsere Vernunft, ihre Blicke, die so kräftig und lebhaft ausdrücken, was in ihnen vorgeht; die Verschiedenheit und Seltsamkeit ihrer Gestalten, die oft in Staunen setzende Schnelligkeit ihrer Bewegungen; ihr Mit-
gefühl mit der Natur, das ihnen die Annäherung der natürlichen Erscheinungen
verkündigt, die der Mensch nicht voraussehen kann, endlich die Scheidewand,
die der Mangel der Sprache auf ewig zwischen ihnen und ihm bildet, dies alles
macht sie zu räthselhaften Wesen. So lange er ihnen durch ihre Unterjochung
nicht den rätselhaften Zauber genommen hat, so lange teilen sie mit ihm Leben und Herrschaft, so lange herschen sie als seinesgleichen in den Wäldern.
Sie sprechen ihm Hohn in den hohen Lüften, wie in den tiefen Wellen, sie besitzen einige seiner Kräfte in einem höheren Grade; sie sind bald seine Sieger,
bald seine Beute; man begreift, dass indem er überall den verborgenen Sitz der
unsichtbaren Kräfte sucht, er ihn oft im Innern jener Wesen findet, deren Da-

menschlichung muste sich der Theriomorphismus der Götter verlieren. Indem man die Götter als geistige Wesen menschlich gestaltet fasste, konnte die Tiergestalt im Mythus nur in der Art haften bleiben, dass man zeitweilige Verwandlungen derselben in Tiere
annahm s. S. 21, oder in der Weise, dass man die tierische Bildung
auf ein einzelnes Glied des sonst menschlichen Körpers der Götter
beschränkte. Der Wind wurde von unseren Altvordern einst als
erdaufwühlender Eber angeschaut, später galt er als ein böser Geist
in Ebergestalt, schlieszlich masz man dem bösen Geiste einen menschlichen Körper bei; die dunkele Erinnerung an seine ehemalige Tier-
form aber gab Veranlassung ihm einen Eberschwanz beizumessen.
Der Sturm wurde als Adler aufgefasst, dem Sturmgott Ódhinn schrieb
man später in einzelnen Gegenden einen Adlerkopf zu. Naturbilder
der Wolken waren Rosse, Kühe und Frauen. Der Glaube an die
Wolkenfrauen bildete eine wesentliche Grundlage der Mythen von
den hohen Göttinnen. Da nun die Wolkenfrau mit der Wolkenkuh
identisch war, so trägt die Göttin Perchta eine Kuhhaut, die nordische Huldra einen Kuhschwanz; und aus gleichem Grunde hat
die einst als Stute, als Wolkenross selbst gedachte Anführerin des
wütenden Heers bei den Norwegern einen Stutenschweif und
heiszt davon Ryssarófa.

Bei alledem waren die Götter noch nicht zu freier Persönlichkeit gediehen. Wenn auch hinter die zu Grunde liegende Naturerscheinung zurückgetreten und mit menschlichem Leibe angerüstet
gedacht, waren sie doch noch an die Natur gebunden d. h. sie konnten nur solche Handlungen verrichten, welche aus ihrer Naturbedeutung flossen. Wenn z. B. der Donnergott die Himmelskühe mit seinem Blitzstrahl melkte, oder im Zorne seinen Blitzbart schüttelte,
war das keine sittlich freie, sondern eine durch die Naturnotwendig-
keit bedingte Handlung von ihm. Er vermochte ursprünglich nicht
im Meere seine Macht zu offenbaren, nicht vom Himmel niederzustei-
gen und auf Erden unter Menschen zu wandeln. Der weitere
Fortschritt zu freihandelnden, menschlichen Persönlichkeiten wurde
wesentlich befördert durch die Ausstattung der Götter mit menschlichen Familienverhältnissen. Sobald die menschenartige Auffassung

sein sich ihm durch nichts erklärt, und deren Bestimmung ihm durch nichts
offenbart wird Die Verehrung, welche der Wilde den Tieren erweist, erstreckt
sich sogar über den Zeitpunkt hinaus, wo er sie zähmt und sich dienstbar
macht. Der Besitz eines Haustiers bringt in seinem Leben eine so grosze Umwälzung hervor, dass er darüber nur noch geneigter wird, diesem neuen Geführten seiner Arbeit eine fast göttliche Natur beizulegen.

der Götter an Umfang gewann, übertrug man die gewöhnlichen
menschlichen Verhältnisse auch auf alle übermenschlichen Wesen.
In jenen alten Zeiten, in welchen noch das Familienband und die
Sippe das ganze sociale Leben beherschten und alle sonstigen
menschlichen Verbindungen vertraten, musten vor allem die Verhältnisse der Geschlechtverwandtschaft ihr Abbild finden. Man legte
den Gottheiten Eltern, Kinder, Gatten u. s. w. bei. Die Verwandt-
schaftsverhältnisse der Götter waren aber kein Ausfluss abstracter
Reflexion, sondern gingen von selbst aus unmittelbarer innerer An-
schauung hervor und so galt der Tag (Dagr) als Sohn der Nacht
(Nótt) und des Gottes der Dämmerung (Dellíngr), die Erde als Ge-
mahlin der Himmelsgötter, im bergreichen Norden das wolkenhohe
Felsgebirg (Fjörgyn) als die Mutter des Donnergottes (Thórr); Sturm
Feuer und Meer (Kári, Logi, Hlér) als Brüder von demselben Vater
gezeugt; Frost und Eisberg (Frosti und Jökull) als Söhne, der Schnee
(Snær) als Enkel des Windes (Kári). Als der Sturmgott Ódhinn der
König des Götterstaates geworden war, bezeichnete man mit einem
Ansatz zum Monotheismus die meisten übrigen Gottheiten als seine
Söhne und Töchter, um damit anzudeuten, dass sie Ausflüsse des
höchsten Gottes seien. Da der Glaube an die Geschlechtsverhält-
nisse der Götter aus der Anschauung selbst entsprang, diese aber
groszer Mannigfaltigkeit fähig ist, so erklärt es sich, weshalb man
ein und derselben Gottheit verschiedene Verwandtschaften beilegen
konnte. So heiszt die Erde in der nordischen Mythologie eine Tochter der Nacht (Nótt) und des zweiten ihrer drei Gemahle (Annarr),
nach einer anderen mythischen Vorstellung war sie das Kind des
Göttervaters Ódhinn, eine dritte Anschauung machte sie zu Ódhinns
Gemahlin. Der griechische Blitzgott Hephaistos, der später allgemein Feuer und Schmiedegott war, wurde als der Sohn des Himmelsgottes Zeus und der Hêra betrachtet. Nach anderer Sage hatte ihn
Hêra aus sich selbst ohne Zutun des Vaters geboren, sei es dass man
in dieser Auffassung Hêra als die Luft, aus welcher der Blitz hervorspringt, sei es dass man sie als die Erde zu fassen hat, welche das
vulcanische Feuer aus ihrem Schosze gebiert. Die Quellgöttinnen,
die Nymphen sind nach Homer Töchter des Zeus d. h. des Himmels,
dem das Wasser der Flüsse in Regengüssen entstammt; es war aber
kein Hindernis für andere, die Nymphen als Kinder des erdumströ-
menden Urgewässers Okeanos aufzufassen. In gleicher Weise erga-
ben sich aus verschiedener Anschauung verschiedene Gatten ein und
derselben Götter. Als Herr des Himmels und Götterkönig war
Ódhinn nach nordischer Sage mit der himmlischen Göttin Frigg ver-

mählt; aber ebenso berechtigt war die Vorstellung von einer Ehe
des Himmels mit der Erde und demgemäsz finden wir Ódhinn nach
anderen Sagen mit den Erdgöttinnen Jördh und Rindr verbunden.
Als später allmählich die verschiedenen Sagen in ein System gebracht wurden, hob man eine der vielen sagenhaften Gemahlinnen
der Götter als die rechtmäszige hervor, und dadurch sanken die andern im Glauben des Volkes zu bloszen Geliebten herab. So hielt
man nunmehr Rindr nur noch für eine unrechtmäszige Geliebte des
Ódhinn. Die vielen Liebschaften des Zeus sind auf keine andere
Weise entstanden. Sobald man Hêra für die rechtmäszige Gemahlin
des Zeus ansah, muste seine (des Himmels) Verbindung mit Iô (s.
S. 21) als eine Untreue gegen die Götterkönigin erscheinen.

Durch die Ausstattung der Götter mit Familienverhältnissen war
ein groszer Riss in ihrem Zusammenhang mit der zu Grunde liegenden Naturerscheinung geschehen. Ein weiterer Schritt zur Freiheit
vollzog sich durch die Vorgänge der Hypostase und Localisation.
Hypostase nennt man eine mythische Figur, welche sich von einer
anderen abgelöst hat und den Act dieser Ablösung selbst. Irgend
eine besondere Eigenschaft und irgend ein Beiname einer Gottheit
wurde von dieser getrennt, und zu einer selbständigen Persönlichkeit umgeschaffen. Einige Beispiele werden die Sache deutlich
machen. Im indogermanischen Altertum war die Sonne als Vogel
angeschaut, der über die Räume des Himmels daherfliege; bei den
vedischen Indern verstand man darunter den Falken oder die Fla-
mingogans, bei den Germanen den Schwan. Als später die Deutschen
in der Sonne eine Göttin erkannten, bildete sich die Vorstellung, die
Sonnengöttin vermöge sich in Schwangestalt zu verwandeln. Aber
auch dieser Glaube konnte sich im Laufe der vermenschlichenden
Mythenentwickelung nicht halten. So löste sich die Schwangestalt
der Göttin von ihrer menschlichen Gestaltung los und es entstand
die Sage, eine als Schwan umfliegende Göttin sei die Tochter und
Begleiterin der Sonnengottheit. Demnach lautete die Mythe nun so:
Sonne (Sól) und Tag (Dagr) zeugten eine Tochter mit Namen
Schwanweisz Goldfeder (Svanhvít Gullfjödhr) und diese hatte
wieder den goldroten Sonnenstrahl Schwan den Roten (Svanr
hinn raudhi) zum Sohne. — Der griechische Sonnengott Hêlios führte
ursprünglich die Beiwörter phaëthôn ($\varphi\alpha\acute{\iota}\vartheta\omega\nu$ der leuchtende) hype-
riôn ($\acute{\upsilon}\pi\varepsilon\rho\acute{\iota}\omega\nu$ der über den Himmel dahinwandelnde). Nach alter
Vorstellung, welche jede Sonne für eine neue von der des vorher-
gehenden Tages verschiedene Gottheit hielt, starb der strahlende
Sonnengott Phaëthôn, wenn er Abends in die Wellen des Meeres

niedertauchte. Als man aber die Einheit der verschiedenen Sonnengötter gewahrte, hatte die Vorstellung vom Tode des Hélios Phaëthôn keinen Bestand mehr. Mithin wurde sie aus der Gegenwart in die Vergangenheit entrückt; sie wurde Gegenstand einer Erzählung, eines wirklichen Mythus und da ja Hélios noch lebend und fortwirkend geglaubt ward, hiesz es nun: Der Sonnengott Hélios hatte einen Sohn mit Namen der Glänzer (Phaëthôn). Dieser stürzte einst vom Sonnenwagen in die Wogen des Okeanos und ertrank. Auf ähnliche Weise löste sich die Eigenschaft der Wanderung über den Himmel, die im Beinamen Hyperión ihren Ausdruck hatte von Hélios los. Man sagte: Hyperión (der über den Himmel wandelnde) und Euryphaessa (die weitleuchtende Sonnenhelle) sind die Eltern des Hélios. Solche Loslösungen wie die der Schwanweisz Goldfeder von der deutschen Sonnengöttin, des Hyperión und Phaëthôn von Hélios nennt man Hypostasen. Es ist begreiflich, dass durch die Hypostase die mythischen Gestalten bedeutend vermehrt, die Mythen selbst mannigfaltiger gemacht werden musten. Die Helden Theseus und Bellerophôn galten den Griechen für Söhne des Meergottes Poseidôn. Poseidôns Beinamen waren Glaukos der dunkelblaue, und Aigeus der wogende, brandende. Später lösten sich durch Hypostase Aigeus und Glaukos von Poseidôn ab und wurden selbständige göttliche Persönlichkeiten. Nunmehr erzählten andere: Theseus ist ein Sohn des Aigeus, Bellerophôn ein Sohn des Glaukos. Da im Bewustsein zwischen dem Gotte und seiner Hypostase noch ein Zusammenhang fortbestand, wurde häufig aus mehreren Beinamen einer Gottheit eine ganze Geschlechtsreihe mythischer Gestalten geschaffen dergestalt, dass die verschiedenen losgelösten Benennungen oder Eigenschaften des Gottes nunmehr als Namen seines Vaters und Groszvaters oder seiner Nachkommen aufgefasst wurden. So drückten dann die verschiedenen einzelnen Glieder der Stammtafel ein und denselben Gedanken mit geringer Modification aus und der Groszvater war dasselbe Wesen wie Sohn und Enkel. Der nordische Thórr führte die Beinamen Vingthórr, Vingnir, Hlórridhi, Einridhi. Seine Gattin hiess Sif, und zwei Söhne Módhi und Magni standen ihm zur Seite. In jüngeren Quellen entstand daraus folgendes Geschlechtsregister:

Hlór(icus) — Hlóra (Pflegeeltern
|
Thórr — Sif
|
Hlórridhi

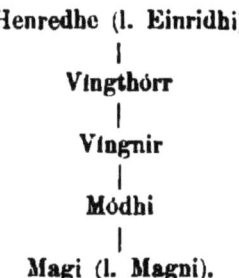

Henredhe (l. Einridhi)
│
Vingthórr
│
Vingnir
│
Módhi
│
Magi (l. Magni).

Der nordische Gott Freyr, der den Beinamen Yngvi führte, war nach alter Sage ein Sohn des Njördhr. Eine jüngere Zeit stellte die Geschlechtsfolge auf

Yngvi
│
Njördhr
│
Freyr.

Spaltungen einer mythischen Persönlichkeit in mehrere sind überhaupt sehr gewöhnlich. Die homerischen Lieder kennen nur eine unbestimmte Zahl spinnender Schicksalsgöttinnen ($\varkappa\alpha\tau\alpha\varkappa\lambda\tilde{\omega}\vartheta\varepsilon\varsigma$ $\beta\alpha\varrho\varepsilon\tilde{\imath}\alpha\iota$) oder eine einzige Moira; die jüngere hesiodeische Zeit hat das Amt dieser einen auf drei Moiren: Klotho, Lachesis und Atropos verteilt. Ebenso wurden aus der einen noch namenlosen Gorgo, deren furchtbares Haupt Perseus vom Rumpfe trennte, drei Gorgonen, denen man die Einzelnamen Sthenó, Euryalê und Medusa beilegte; und da die Mythe auch fernerhin nur von der Tötung einer einzigen Gorgone durch Perseus wuste, worauf das Ross Pegasos aus ihrem Leibe hervorsprang, das dem Zeus Blitz und Donner trägt, so liesz man diese allein sterblich sein, und masz den beiden andern Gorgonen Unsterblichkeit bei. Derartige Zerlegungen einer mythischen Person in mehrere sind auch in den germanischen Mythen häufig zu beobachten. Selbst noch in vielen jüngeren Sagen und Märchen kommt es vor, dass eine Person in mehrere zerspalten, und was in der Grundform jener an Taten zugeschrieben in jüngeren Recensionen auf diese verteilt wird.

Eine besondere Art solcher Spaltung besteht darin, dass eine mythische Gestalt nach verschiedenen Seiten der ihr zu Grunde liegenden Erscheinung als ein verschiedenes Wesen aufgefasst wird. Der zürnende Gott erscheint als ein anderes Wesen, wie der segnende, und vor allem findet der grosze Gegensatz des Winters und des Sommers in der Natur in derartigen Bildern seinen Ausdruck. Sehr häufig setzt

der Mythus diese beiden verschiedenen Gestaltungen ein und derselben Gottheit zu einander in Widerspruch, lässt sie mit einander
kämpfen, einander Gewalt antun. So meldet z. B. die dänische
Mythe, wie Ódhinn, der sommerliche Gott (im Winter) in die Ver-
bannung geht, worauf Mitódhinn (der winterliche Ódhinn) den Thron
als Götterherscher besteigt, ein böser Zauberer, welcher bei der
Rückkehr des (sommerlichen) Ódhinn flieht und getötet wird. —
   Die Naturmacht in ihrer schädlichen Wirkung wird oft als ein
dämonisches Ungeheuer, ein Riese u. s. w. gedacht, in ihrer woltätigen
Wirkung als ein milder Gott. Beide streiten miteinander um die
Herrschaft. So kämpft Thórr als wilder Herr des befruchtenden
Blitzes mit dem Glutriesen Geirrödhr, der die heiszen Gewitterkeile
der schwülen Hundstage schleudert. Er tötet ihn und führt die küh-
leren Herbstwochen wieder herbei. Von gleichem Inhalt ist auf
griechischem Boden die Erzählung vom Kampfe des Herakles mit
dem nemeischen Löwen. Herakles war ein, von Asien nach Hellas
herübergekommener altsemitischer Sonnengott, der Löwe ist den Religionen von Vorderasien das Naturbild der Gluthitze. In den heiszen
ausdörrenden Sommertagen kämpft der Sonnengott Herakles mit dem
Löwen, dem Dämon der Hundstage und erlegt ihn, die Tage werden
milder.
   Wenn die mythischen Anschauungen zu wirklichen Mythen, zum
Gegenstande einer Erzählung geworden als wiederholte Naturvorgänge oder unmittelbare Sinnbilder geistiger Verhältnisse nicht
mehr Verständnis finden, tritt auch das Bestreben ein, für sie eine
Anknüpfung, ein Local in der Zeit und im Raume zu finden. Sie
werden (absichtlos wie jede wahre Mythenbildung vor sich geht) localisiert. Zunächst entstand eine Reihe von rein mythischen Localitäten.
Die Taten der Götter musten doch irgendwo geschehen sein. So
wurden denn für den Schauplatz der Mythenbegebenheiten Namen
erfunden aus dem Zusammenhang der Sage selbst. Derartige Namen sind in der nordgermanischen Mythologie Ásgardhr (Götterstadt),
Thrymheimr (Donnerwelt), Thrúdhvángr (Kraftaue) u. s. w. Demnächst aber suchte man diese mythischen Orte auf der Erde nachzuweisen, der Mensch fühlte das Bedürfnis die Groztaten seiner Götter soviel als möglich in vertrauliche Nähe herabzurücken, so hoffte
er um so gewisser und nachhaltiger ihrer Segnungen und Begnadi-
gungen teilhaft zu werden. Demzufolge traf die Localisation zunächst viele aus himmlischen Naturbildern hervorgegangene Mythen,
deren himmlischen Ursprung man vergasz und deren Schauplatz
man nunmehr auf die Erde verlegte. Das vedische Altertum ver-

ehrte in Varuna den allumfassenden Gott des himmlischen Luft- und
Wolkenmeeres. Den jüngeren Indern ging die Anschauung des
Wolkenhimmels als Meer verloren; sie lernten aber den groszen irdischen Ocean in ihren späteren Sitzen kennen. Die tropfbar flüssige Umhüllung der Erdoberfläche floss ihnen mit der luftförmigen
zusammen; was sie bisher vom oberen Wolkenmeer geglaubt hatten,
wurde nun auf das untere Meer übertragen und Varuna galt hinfort
als Herscher des irdischen Oceans. Denselben Vorgang vermögen
wir auch in Deutschland mehrfach nachzuweisen. Hinter dem himmlischen Gewässer, oder wie die Mythe es ausdrückt, im (himmlischen)
Brunnen fanden die vermöge ihrer Natur als Lufthauch zur Höhe
des Firmamentes emporgetragenen Seelen der Verstorbenen bei der
Göttin Holda Aufnahme. Als die Vorstellung eines himmlischen
Brunnens ungeläufig wurde und man nur noch wuste, dass die Seelen
bei Holda im Brunnen schlechthin sitzen, muste man bei letzterem an
einen irdischen Brunnen denken und jedes Dorf vermochte in seinem Brunnen sich den Schauplatz der Sage zuzueignen. Durch derartige Localisation flossen sehr häufig himmlische und irdische Göttergestalten
in eins zusammen, indem auf letztere übertragen wurde, was von jenen ursprünglich gegolten hatte. So nahmen sowol die hellenischen
Nymphen, wie die germanischen Waldfrauen viele Züge an, welche
anfänglich von den Wolkenfrauen (s. S. 21) geglaubt worden waren. — Mitunter gaben zufällige Namensanklänge irdischer Localitäten an mythische Züge den Anlass zur Localisation. Der hellenische
Sonnengott Apollon hiesz „der leuchtende" dêlios, „der im Lichte
geborene, im Lichte wohnende" lykogenês, lykeios. Durch volks-
etymologische Verwechselung wurden nun die Namen der Insel Dêlos und des kleinasiatischen Landes Lykien auf jene Beiwörter
bezogen und es entstand die Sage, Apollon hat auf der Insel Dêlos
das Licht der Welt erblickt; andere sagen, dass Lykien das Ge-
burtsland des Gottes sei. — Blühte der Kultus eines Gottes an einem
Orte vorzüglich, so war es natürlich, hieher die Bühne seines Lebens
zu verlegen. Auf der Insel Lemnos z. B. stand ein berühmtes Heiligtum
des Blitz- und Feuergottes Hephaistos. Nun glaubte man, dass Hephaistos (der Blitz) einmal vom Himmel geworfen sei. Wohin anders
konnte er gefallen sein, als nach Lemnos, wo sein Dienst vorzugsweise blühte. Andere Orte, welche Tempel des Gottes hatten, eigneten sich wiederum den Schauplatz der Sage zu. So gilt Sigfrit
der Sage für einen Franken aus Xanthen, weil der Kultus des sommerlichen Gottes Sigfrit den Franken eigentümlich war, welche denselben

3

im 4ten Jahrhundert n. Chr. in die Rheingegend nach ihrem Haupt-
sitze Xanthen mitbrachten. — Bei Auswanderungen aus alter Heimat mit in die neuen Sitze fortgetragen, werden die Mythen hier gewöhnlich immer wieder an ein neues Local geknüpft.
Neben der räumlichen Localisation vollzieht sich die zeitliche.
Das Bedürfnis den mythischen Erzählungen eine Stelle in der Zeit
anzuweisen, führt dahin, sie entweder in die fernste vor aller Geschichte liegende Urzeit zurückzuverlegen, oder in die Glanzperioden
der Nation. Je nachdem aber der Gesichtskreis des Volkes ein anderer wird, ist die fernste Urzeit, deren dasselbe sich erinnert, in
verschiedenen Zeiten eine äuszerst verschiedene. Je mehr die alten
Zeiten aus dem Gedächtnis der Volksgenossen schwinden, in desto
jüngere, näherliegende Perioden werden die Mythen verlegt und nehmen damit zugleich die Scenerie dieser Zeiten an. Es rückt dadurch die Mythologie dem Leben der Völker gleichsam
nach und wird äuszerlich erneuert, so dass die ganze
Sagenmasse einen neuen Anstrich bekommt. Von den Zwergen
glaubte unser Altertum, dass sie Seelen Verstorbener seien, welche über
den Luftstrom schiffen, um ins lichte Reich der Seligen über dem Wolkenhimmel zu gelangen. Hieraus entstand später die Sage, die Zwerge seien
einst über einen Strom davon gezogen, und viele Orte in Norddeutschland
eigneten jeder seinem Flusse den Schauplatz dieser Begebenheit zu.
Nun wollte man auch gerne wissen, wann dies sich zugetragen habe.
Anfangs hiesz es, damals als die Menschen zuerst auf die Erde gekommen seien, seien die Zwerge vor ihnen davongezogen. Später
wird man gemeldet haben, die Unterirdischen seien von Kaiser Karl
dem Groszen oder Otto dem Groszen vertrieben worden. Die groszen
Kaiser kamen beim Volke mehr oder minder in Vergessenheit. Darum
hört man heutzutage erzählen, der alte Fritz habe die Zwerge verjagt. Vor Napoleons welthistorischer Gestalt verblasste selbst der
Grosse Friedrich in etwas; nun wird von einigen Leuten diesem
die Vertreibung alles Spukes zugeschrieben. In ähnlicher Weise
ging es schon im Altertum und geht es bei jeder Mythenbildung her.
Die Begebenheit, welche die Mythe schildert, wird allmählich in eine
spätere Periode verlegt und nimmt unwillkürlich im Munde des Erzäh-
lers das Colorit der jüngeren Zeit an. Dachte sich die deutsche
Sage ihre Götter und Helden ursprünglich mit Helm oder Schwert
oder Jagdspeer bewaffnet, so geben ihnen jüngere Erzähler Stab oder
Flinte u. s. w. Besondere Erwähnung verdient eine Art von Mythen,
welche man mit dem Namen der hieratischen Sagen belegt hat.
An ihnen hat viel mehr als an den älteren Mythen die Reflexion, der

grübelnde Verstand Teil. Sie versuchen den Ursprung gewisser heiliger Gebräuche oder Zustände zu erklären und tun dies, indem sie das was ein allmähliches Ergebnis langer Entwickelung ist, an den Anfang, in die vorhistorischen Perioden der Geschichte zurückverlegen. Vom Kultus des Gottes Ódhinn hatte die Stadt Odensee auf Fünen ihren Namen; die hieratische Sage führt ihren Ursprung auf Ódhinn selbst zurück. Durch den Ódhinsdienst war allmählich der Gebrauch in Uebung gekommen, dass tapfere Krieger, wenn sie dem Tode durch Alter oder Krankheit sich nahe fühlten, sich mit dem Speere verwundeten, um als waffenwunde Kämpfer in die nur dem Helden offenstehende Halle des Götterköniges zu gelangen. Die spätere hieratische Sage erklärte (zu einer Zeit, als Ódhinn nur noch für einen vergötterten Menschen gehalten wurde) den Ursprung dieses Gebrauchs dadurch, dass Ódhinn selber, um nicht den Strohtod auf dem Bette zu sterben, sich mit Speerspitzen verwunden liesz. — Für eine religiöse Pflicht wurde es gehalten, der Leiche des Verstorbenen die Nägel zu beschneiden. Man deutete den Grund dieser Pflicht, als man den einfachen Sinn nicht mehr verstand, dahin, dass ein aus den Nägeln der Toten erbautes Schiff Naglfari den Weltuntergang beschleunigen werde.

Nächst der Hypostase und Localisation trug sur Anthropomorphose nicht wenig der Umstand bei, dass allmählich verschiedene mythische Bilder, ja mitunter verschiedene Erzählungen, die ein und denselben Gedanken ausdrückten, zu einem volleren Gesammtbilde zusammenflossen und dadurch plastischere Gestalten hervorriefen. Ich nenne das die Nebeneinanderstellung gleichbedeutender Symbole oder Naturbilder, mit griechischem Namen Parastase. Der Blitz wurde bald als ein feuriger Bart, bald als ein leuchtendes Auge, bald als glänzender Zahn, ein andermal wieder als schimmernde Waffe gedacht. Den Donner verglich man mit dem Getöse eines rollenden Wagens. Diese verschiedenen Bilder flossen zu dem einen des Donnergottes zusammen, welcher mit feurigen Augen furchtbar daherschaut, im Zorne den roten Blitzbart schüttelt und den strahlenden Gewitterhammer mächtig in der Hand schwingt. Aber auch mehrere Mythen, die ein und denselben Gedanken verkörpern, denselben nur verschieden ausdrücken, flieszen zu einer Erzählung zusammen.

Vollendet wurde die Anthropomorphose der Mythen durch die psychologische Motivierung, deren Notwendigkeit sich herausstellte, sobald der Naturgrund in Vergessenheit geriet. Die Ursache der im Mythus vor sich gehenden Handlungen und Begebenheiten

liegt meistenteils in den wechselseitigen Beziehungen der Naturerscheinungen zu einander. Als diese Ursache nicht mehr verstanden
wurde, muste man eine andere an die Stelle setzen und suchte dieselbe nun in den gemütlichen und geistigen Beziehungen der menschlich gedachten Gottheiten als solcher zu einander. Der griechische
Hephaistos fiel von Hera, lahm zur Welt gebracht, auf die Erde,
weil er der Blitz ist (s. S. 33), welcher zuckend, gleichsam hinkend aus Himmelshöhen herabfährt. Eine spätere Periode vermochte sich nicht zu denken, dass der Gott schon hinkend geboren
sei. Er muste diesen Fehler erst durch seinen Fall aus dem Olymp
bekommen haben. Aber welche Veranlassung hatte dieser? Nunmehr war Hephaistos von Zeus aus dem Himmel geworfen worden,
weil dieser über Hêras vermeintliche Untreue Eifersucht hegte, oder
von Hêra selbst, weil sie sich der Hässlichkeit des Kindes schämte.
Auf gleiche Weise bildete sich der Mythus von Iô (s. S. 17. 21) um.
Iô, die Mondgöttin führte nun Kuhgestalt, weil sie von der eifersüch-
tigen Hêra in dieses Tier verwandelt war, und ihr Lauf am Himmel galt als Flucht vor der Nebenbuhlerin. Argos der Nachthimmel
mit den leuchtenden Gestirnaugen wurde nun als ein Wächter aufgefasst, den Hêra der verhassten Iô gesetzt habe. Um noch ein anderes Beispiel zu geben, von Phaëthon dem leuchtenden Sonnengott,
der allabendlich in den Wogen des Meeres stirbt (s. S. 30), fand man — sobald er durch Hypostase von Helios sich losgelöst hatte und nur als Sohn
des Sonnengottes galt — es nicht mehr begreiflich, wie er dazu gekommen, den Sonnenwagen zu führen. Dieses Geschäft stand ja nur
seinem Vater zu. Somit dichtete man den alten Mythus dahin um,
Phaëthon habe aus Eitelkeit einmal gewünscht, den Sonnenwagen
lenken zu dürfen. Um zu motivieren, dass Helios sich gutwillig dazu
verstand, diesem Wunsche Raum zu geben, erdachte man, er habe
geschworen, die nächste Bitte seines Sohnes zu erfüllen. Jetzt stand
auch der Tod des Phaëthon ohne erkennbare Ursache da. War er
doch nicht mehr der Sonnengott selbst, der als solcher in den Wellen
des Meeres den Tod findet. Man suchte die Ursache seines Untergangs nunmehr auszer ihm und nun hiesz es, Zeus habe den Phaëthon mit dem Blitzstrahl zürnend vom Sonnenwagen in die Tiefe
herabgestürzt, da derselbe unordentlich fahrend bald dem Himmel,
bald der Erde zu nahe gekommen sei und beide angebrannt habe. —
Gleichartige Vorgänge haben in der germanischen Mythologie statt.
Als Ódhinns Auge, insofern er Himmelsgott ist, dachte man die
Sonne, welche im Brunnen des himmlischen Wolkengewässers
ruht. Demgemäsz wurde der Himmelsgott Ódhinn einäugig, d. i. nur

mit diesem einen Gestirnauge ausgerüstet vorgestellt. Mitunter befindet sich das göttliche Auge in der Gewalt der Riesen, d. h. der Dämonen finsterer Nacht und verhüllenden Wolkendunkels. Als die wachsende Anthropomorphose verlangte, dass der höchste Gott und Weltherscher ein entschieden ausgeprägtes und durchgeführtes Menschenantlitz trage, bildete sich jene Anschauung dahin um, Ódhinn habe zwei Augen besessen und sei des einen beraubt worden. Dieses verlorene Auge glaubte man nun in der Sonne zu sehen. Ódhinn selber, sagte man, habe es den Riesen dahin gegeben. Ein weiser Riese Mímir besitze einen Weisheit verleihenden Brunnen. Ódhinn verlangte einst einen Trank aus diesem Brunnen, erhielt ihn aber nicht eher, bis er sein Auge zum Pfande gesetzt.

Alle diese Vorgänge, Hypostase, Localisation, Parastase und psychologische Motivierung verändern die ursprünglichen Mythen. Häufig haben sie eine Abschwächung oder Milderung im Gefolge. So erzählte die alte Mythe, dass die Göttinnen, Sonne und Mond von den Riesen geraubt werden. Die jüngere Tradition, welche diesen Raub mit der Würde der Götter teilweise nicht mehr verträglich findet, verwandelt denselben in ein bloszes Begehren der Riesen nach dem Besitze der Göttinnen. Die alte Mythe besagte, der Blitzgott sei im Kampfe mit den Dämonen umgekommen — der Blitz vergeht nachdem er seine furchtbare Gewalt entladen — die jüngere Zeit, welche die verschiedenen Taten des Gottes einer entschieden anthropomorphischen Persönlichkeit zuschrieb, wuste nur noch Thórr sei einmal von einem Riesen Hrúngnir, den er getötet, mit zu Boden gerissen worden. In ähnlicher Weise tritt eine Milderung und Abschwächung in alten und rohen Cultushandlungen ein. Die leichte Speerritzung (s. S. 35) vertritt den Tod, den der Held, sich selbst dem Ódhinn zum Opfer darbringend auf dem Schlachtfelde suchte.

C. Entstehung der Mythensysteme und die letzten Schicksale der Mythen.

Aus dem Zusammenfluss der einzelnen Mythen eines Volkes entsteht im Laufe der Zeit die Mythologie desselben. Ein gewöhnlicher Irrtum, dem wir entgegentreten müssen, ist es, dass Mythologie und Religion schlechthin eins seien. Denn die Mythen schlieszen keinen Stoff oder Inhalt aus, welcher Gegenstand des Volksbewustseins sein kann. Jede im allgemeinen Volksbewustsein lebendige Idee kann bildlich erfasst werden und zum Mythus erstarren (s. S. 21. 22) und darum sind nicht alle Mythen religiös. Andererseits sind selbst bei einem Naturvolke nicht alle religiösen und sittlichen Ideen bildlich gedacht, und darum ist die Religion auch der Heiden keineswegs ausschlieszlich an die mythische Form gebunden. Wol aber stehen Mythologie und Religion im engsten Zusammenhange. In Form von Mythen sprechen die alten Menschen alle ihre Urerkenntnisse, zumal die höchsten Erkenntnisse vom Ursprung der ganzen Körperwelt, vom Sein und Werden des Geistes aus. Die verschiedenen Arten der Erkenntnis, die Erkenntnis von der Körperwelt und Geisterwelt waren aber noch ungeschieden und so griff der Mensch, um seinen höchsten Begriffen einen Ausdruck zu geben am liebsten zu den theologischen Kategorien der Götterwelt, an welche das religiöse Gefühl (s. S. 18) alles anknüpfte, was man im Reiche der Welt wahrnahm. Darum hat die Mythologie *vorzugsweise* einen religiösen Inhalt und darum ist sie als Ganzes den Fortschritten des Gottesbegriffes mitunterworfen. In den ältesten Zeiten verehrte man eine Vielheit von göttlichen Geistern, die in der Natur bald schädlich, bald woltätig wirken. Die Vorstellung von diesen Geistern bewegte sich zum Teil in den Formen der rohesten mythischen Anschauung, z. B. dem Theriomorphismus. Aus ihnen traten später einige Hauptgöttergestalten hervor, welche allmählich den Weg vom Theriomorphismus zum Anthropomorphismus durchwanderten, von denen die eine bei diesem, die andere bei jenem Stamme des Volkes als Nationalgottheit mit Opfern und in einem gemeinsamen Cultusheiligtum vorzugsweise verehrt wurde. In dieser Periode, der des Anthropomorphismus, stehen die Götter als eine höchste Gattung auf der Stufenleiter der Wesen da, welche durch Unsterblichkeit, Macht und Seligkeit über die Tiere und Menschen, so wie alles Lebende hervorragt. Von ihren herlichen Eigenschaften flieszen Woltaten und Gaben, von ihrer Kraft und ihrem Zorn mannigfache Unglücksfälle auf die Menschen über, welche sie deshalb lieben oder fürchten, ihnen in dankbarer Hingebung opfern oder mit Beben Sühne darbieten. Um die Götter gruppierten sich dann die niederen Geisterscharen, aus welchen sie hervorgegangen waren.

Bei den gemeinsamen Stammheiligtümern wurde eine Anzahl von Mythen über die einzelnen Götter localisiert, welche in verschiedenen Gegenden verschieden erzählt werden konnten, sobald man den Gedanken etwas modificierte oder für denselben andere Bilder wählte. So belebt nach nordischer Mythe der Donnergott seine zum Mahl geschlachteten Böcke, indem er ihre Knochen auf das abgezogene Fell wirft und dasselbe mit seinem Blitzhammer berührt.

Dieser Mythe liegt der Gedanke zu Grunde, dass der Gewittergott die abgeregnete Wolke aus einem Wölkchen wiederherstellt. In Deutschland erzählt man dasselbe, aber die Winde treten an die Stelle des Gewitters ein und für die Wolke ist ein anderes Naturbild, die Kuh gewählt. So heiszt es nun, die Geister des wütenden Heeres hätten eine geschlachtete Kuh aus der Haut wiederhergestellt. Aehnliche Ungleichheiten in den Mythen entstanden durch verschiedenartige Beinamen der Götter, durch verschiedenartige Hypostase, durch Veränderungen, welche die Localisation oder ethische Motivierung mit sich brachte. Mit einem Wort die überlieferten Mythen wichen in der Tradition verschiedener Gegenden nach und nach von einander bedeutend ab. Als mit dem höheren Aufschwung der Völker staatliche Mittelpunkte sich bildeten, welche nun auch Mittelpunkte geistigen Lebens wurden, flossen hierhin die verschiedenen Mythen der einzelnen Stämme durch Verkehr zusammen; man bemerkte jene Widersprüche und es entstand das Bedürfnis zwischen den abweichenden Traditionen zu vermitteln. Da man die Mythen für wirkliche Begebenheiten hielt, konnte man nur einer Tradition Glaubhaftigkeit zugestehen und wählte diejenige aus, welche am besten zu andern passte. So entstand ein K a n o n, welcher die Verhältnisse der Götterwelt regelt, bestimmte Mythenformen als die allein berechtigten hinstellt. Unter den Göttern wird eine Rangordnung gemacht, man fängt an sie in höhere und niedere einzuteilen. Nach der heiligen Zahl der Monate wurden bei Griechen und Germanen 12 Obergötter aus der Zahl der übrigen hervorgehoben. Die Göttergemeinschaft ward nun auch nach dem Vorbilde menschlicher Staatsverhältnisse organisiert. Man glaubte ihre Verhältnisse staatlich geordnet, ein Hauptgott trat mit königlicher Gewalt bekleidet an ihre Spitze. Auf gleiche Weise versuchte man auch die Mythen chronologisch zu ordnen und in einen historischen Zusammenhang zu bringen. Es entstand eine G ö t t e r g e s c h i c h t e. Die verschiedenen, noch immer in Bildern ausgedrückten Gedanken und Philosopheme der Zeit über die Entstehung der Welt und der Götter, über die Schicksale der Seele nach dem Tode, über das Ende aller Dinge wurden gleichfalls in eine bestimmte Reihenfolge und in einen inneren Zusammenhang gebracht. Längere und fortlaufende theogonische *), cosmogonische **) und eschatologische ***) Mythen waren das Ergeb-

---

*) D. h. auf die Entstehung der Götter bezügliche Mythen.

**) D. h. auf den Ursprung der Welt bezügliche Mythen.

***) Von den letzten Dingen handelnde Mythen.

nis dieser Zusammenstellungen. So ist dann mit der Zeit ein vollständiges *mythologisches System* über die Schicksale der Welt und der
Götter entstanden, und behauptet nun, mehr oder minder in sich abgeschlossen, längere Dauer.

Den Hauptanteil an der Herstellung der Göttergeschichte, sowie
der theogonischen, cosmogonischen und eschatologischen Systeme
pflegen Sänger und Sängerschulen zu haben, welche allmählich die
mythischen Stoffe episch darzustellen beginnen. Sobald der erzäh-
lende Dichter sich des mythischen Stoffes bemächtigt, ist er genötigt
einen psychologischen Zusammenhang, Grund und Ursache der in
der Sage erzählten Handlungen aufzusuchen und menschenartig
durchzubilden. Um seine Erzählung fortlaufend zu machen, muss er
auf das Aneinanderreihen und Vermitteln der verschiedenen Traditionen bedacht sein. An hervorragenden Kultusstätten versammelt,
oder an Fürstenhöfen gepflegt und begünstigt stellen die Sänger und
wer ihnen nahe steht sehr bald den gebildeteren Teil der Nation dar,
welcher sich mit seinem Denken, mit höheren und vielseitigeren geistigen Anschauungen, mit feineren Genüssen und Bedürfnissen nach
und nach aus der Masse des Volkes ausscheidet. Indem nun die
Dichter das Leben der Götter nach Art des Lebens in den höheren
Kreisen der Gesellschaft behandeln und darstellen, veredeln sich die
Gestalten derselben immer mehr und streifen je weiter und weiter
die Ueberreste der alten Naturbedeutung und Naturgrundlage ab.
Das niedere Volk dagegen hält mehr oder minder an den roheren
Naturgestalten der Götter fest. So erzeugt sich ein Unterschied
zwischen der **höheren Mythologie** der Dichter und der Edeln
und der **niederen (Natur-)Mythologie des Volkes.** Insofern
die Sängerschulen in Kleinasien und am Olymp den wesentlichsten
Anteil an der Vollendung der Anthropomorphose griechischer Mythologie genommen haben, ist der Ausspruch Herodots wahr, dass Homer
und Hesiod den Hellenen die Götter geschaffen hätten; und in gleichem Sinn ist die in der Edda niedergelegte Form der germanischen
Mythologie ein Kind der nordgermanischen Hofdichter, der Skalden.
Durch viele **individuelle Züge** und **Ausschmückungen,** welche
die Dichter den Mythen hinzufügen, werden diese bunter, mannigfaltiger und ästhetisch schöner.

Man darf jedoch keinesweges glauben, dass die Bildung der
Mythensysteme ganz einfach auf dem Wege ruhiger Entwickelung vor sich
gegangen sei, noch dass sie die einmal eingegangene Form dauernd
bewahrt hätten. Jeder neue und bedeutende Fortschritt in der Erkenntnis der geistigen und sittlichen Welt änderte den Gottesbegriff

und fand auch in der Mythologie seinen Ausdruck. Dieselbe erhielt
einen neuen leitenden Gedanken. Die neue Idee bemächtigte sich
des alten Mythenstoffes, nach ihr wurden die alten Sagen und Sitten
umgeformt, und man war unwillkürlich bestrebt, alle Kreise des Be-
wustseins derselben zu unterwerfen und übereinstimmend zu gestalten
und somit alles auszumerzen, was der neuen Idee widerspricht.
Dies gelingt jedoch nie vollkommen. Die alten Vorstellungen werden
in den Hintergrund zurückgedrängt und verdunkelt, statt eines Haupt-
gottes tritt ein anderer mächtiger und gewaltiger hervor, an den sich
die im Laufe der Entwickelung des Volkes hinzuerworbenen Ideen
gefügiger anschlieszen; aber das alte bleibt, wenn auch verkümmert,
in mannigfachen Resten bestehen (vergl. S. 23). Der höchste Gott
der germanischen Urzeit war (um ein Beispiel anzuführen) der Himmelsgott Tius, nord. Týr. Vor der gewaltig hervortretenden Gestalt
des Sturmgottes Wódan, welchem der Volksgeist sich analoger fühlte,
erblasste er. Er blieb in der Erinnerung zuletzt nur noch als
Schwertgott haften. Im weiteren Verlaufe der Entwickelung nahm
die Religion unserer Altvordern einen durchaus kriegerischen Character an. Man lernte nun Wódan als den allgewaltigen Herrn des
Kampfes betrachten, welcher nur die Seelen der Helden in seiner
Halle empfängt. Nach diesen Vorstellungen wurden alle älteren Anschauungen vom Schicksale der Seelen nach dem Tode umgeformt,
ohne dass man sie ganz ausmerzen konnte. (Vergl. die Mythen von
Vingólf, Gimli und Hel.). Mitunter geschieht die Einführung neuer
Kulte mit ihren Mythen gewaltsam.

Von demselben Gesetze sind auch die weiteren und letzten Schicksale der Mythen beherscht. Jeder neue Fortschritt des Gottesbegriffes bringt, je nachdem er die Mythenmasse vollständiger oder unvoll-
ständiger zu durchdringen und umzuformen vermag, eine Veränderung in demselben hervor. In den edleren Kreisen des Volkes,
welchen die höhere Mythologie entspringt, wird diese immer mehr
vergeistigt. Wie der ganze Entwickelungsprocess im groszen Reiche
der Natur und der Geschichte darauf abzielt, den in der Materie ge-
bundenen Geist seiner Fesseln zu befreien und ihm die Herrschaft
über den Stoff zu sichern, vollzieht sich überhaupt im Geistesleben
eines jeden gesunden Volkes mit unaufhaltsamer Notwendigkeit der
immer weitere Fortschritt der Ideen vom körperlichen zum geistigen,
sittlichen, vom sinnlichen zum abstracten und von diesem Triebe
werden auch die Mythen auf das lebendigste ergriffen.

Der nächste Schritt, welchen die Göttergestalten über die einfache Anthropomorphose hinaus machen, ist der, dass die Menschen

in ihnen vorzugsweise die Verkörperung sittlicher oder überhaupt
ethischer Ideale anzuschauen beginnen. So blickte der Grieche zu
Apollon und Artemis, welche von den Altvordern einst als blosze
Sturm- und Lichtgötter verehrt waren, als den Urbildern und leuchtenden Vorbildern eben gereifter männlicher und weiblicher Jugend-
lichkeit empor; Athene erfasste er als den herrlichsten Typus weiblicher kluger Entschiedenheit. In gleicher Weise wurde dem Germanen Ódhinn zum erhabensten Muster und Vorbild männlichen
Heldentums, Freyja und die Valkyren, sowie alle grosze Göttinnen
zum Ideale weiblicher Tugenden. Ein weiterer Fortschritt aber lag
darin, dass den Göttern die Sphäre ihrer Wirksamkeit über den Bereich ihrer Naturbedeutung hinaus erweitert wurde. „Sie hatten nun
allerdings noch gewisse vorzugsweise Gebiete der Macht und Tätigkeit, aber ein jeder Gott war aller Hilfe mächtig und wurde um alle
Hilfe angegangen, wo er nahe, wo er wolwollend, wo er verehrt
war. So beten in der Ilias Aias und Odysseus, die zur Aussöhnung
mit dem zürnenden Achilles von den Achäern abgesandt sind sehr
viel zum Meergott, dem Erderschütterer Poseidon, aus keinem anderen Grunde, als, weil sie grade neben dem Ufer des vielbrausenden
Meeres dahingehn und Poseidon gleichsam als der nächste Gott zunächst vor ihre Seele tritt. In höchster und schreckensvoller staatlicher Bedrängnis wendet sich der Thebanische Chor in der Antigone
an den Spender des Weins Dionysos, weil dieser der einheimische
und verehrte Gott der Stadt war, die er wieder aus allen Städten
am meisten ehrt." Und gradeso schrieb der Norweger in der Heimat und auf Island dem Donnergott Thórr sehr viele Macht- und
Gnadenweisungen zu, welche nicht aus seiner Herrschaft über das
Gewitter, aus seiner Naturbedeutung sich irgendwie ableiten lassen,
sondern welche aus dem Begriffe der segnenden oder zürnenden
Gottheit überhaupt flieszen, zumal aber aus der Verehrung Thórs als
geliebter Landesgott (Landáss). Nicht anders bei den übrigen Göttern.

So sind denn nun die Götter zu freiwaltenden Persönlichkeiten
geworden, welche alles menschliche in höherem und edlerem Sinne
in sich vereinigen. Mit der Zeit drängt sich dem Volk die Empfindung auf, dass die weltregierenden Mächte über die Menschheit hinaus-
ragen, dass menschliche Form und Gestalt den Inhalt und die Fülle
geistiger Ideen, welche mit dem Begriffe der Gottheit verbunden sind
nicht zu fassen vermag. Nunmehr kann auch die anthropomorphische
Mythenform nicht mehr im lebendigen Bewustsein der Menschen fort-
dauern; sie musz sich den neuen Anschauungen gemäsz verändern.
Ein doppelter Ausweg steht ihr offen. Entweder werden die my

thischen Gestalten in Abstractionen aufgelöst und die polytheistische Göttervielheit nimmt den Anlauf in eine monotheistische Einheit überzugehen, oder die Mythen werden auszer Zusammenhang mit der Götterwelt gesetzt und die in ihnen handelnden Personen als wirkliche Menschen aufgefasst. Beide Wege zugleich werden eingeschlagen.

Mit wachsendem Denken und Reflectieren wird der Widerspruch zwischen den menschenartigen Göttern, die überall in das Leben eingreifen sollen, und der Wirklichkeit offenbar. Man beginnt, an ihnen zu deuten. In die individuellen Persönlichkeiten werden weitere abstracte Begriffe hineingetragen. Ein Beispiel gewähren uns die germanischen Valkyren und Nornen. Zu den Wolken, die der Sturm in seinem brausenden Zuge mit sich fortführt, meinte man, entschwebe die Seele des Verstorbenen. Hieraus entstand auf der Stufe der Naturreligion der Glaube, dass die Wolkenfrauen (s. S. 21), des Sturmgottes Genossinnen, die Seelen der entatmenden Helden empfangen. Als die Anthropomorphose die Gestalten der Wolkenfrauen von ihrer Naturgrundlage loslöste, hiesz es, dem Sturmgott und Kriegsgott Ódhinn dienen liebliche Jungfrauen, welche den Geist des sterbenden Kriegers zu seiner Halle geleiten. Sie reiten aufs Schlachtfeld herab und halten Todeswahl. Daher heiszen sie Valkyren (Schlachttodwählerinnen). In der jüngsten Periode der Mythenbildung aber, von der wir so eben sprachen, wollte die Reflexion in den Valkyren nur Personificationen des Kampfes selbst und einzelner Momente in demselben erkennen und legte ihnen demgemäsz Namen bei, wie Hildr (Kampf) Randgridh Wut der Schilde. — Nicht anders hatte sich aus dem Glauben an die seelenempfangenden Wolkenfrauen die Vorstellung von tötenden Schicksalsgöttinnen erzeugt, denen man im Laufe der anthropomorphischen Entwickelung das Ehrenamt als Urteilerinnen am Göttergericht übertrug. Schlieszlich aber gewahrte man in ihnen Personificationen der dreigeteilten Zeit (Vergangenheit Gegenwart und Zukunft), in welcher sich das Schicksal vollzieht. Nicht anders wurden dem Hellenen seine Musen, deren Gestalt aus der Vorstellung der singenden, murmelnden Quellengöttinnen (s. S. 24) hervorgegangen war, endlich zu Abstractionen. In Delphi nannte man sie Nete, Mese und Hypate, (d. h. die unterste, mittlere und oberste Saite der Lyra), auf dem Helikon Melete, Mneme und Aoide (Nachdenken, Erinnerungskraft und Gesang). Hiebei ist jedoch zu bemerken, dass alle diese Wesen, obwol durch abstracte Begriffe gedeutet, nach Art der ethischen Symbole (S. 25) noch immer persönliche Geltung behalten und zwar dies um so mehr, je concreter und lebenskräftiger ihr Bild in den früheren Perioden der Mythenentwickelung ausgeprägt und gestaltet war.

Andererseits macht die Mythologie einen Ansatz zum Monotheismus, indem auf den Hauptgott die Macht und Wesenheit der übrigen Götter übertragen wird, so dass er gleichsam die Einheit aller ihrer Kräfte und Eigenschaften bildet. So wurde Zeus in der Blütezeit hellenischen Lebens als der Inbegriff aller Göttlichkeit empfunden; so wurde Ódhinn dem Nordgermanen zum Allvater (Alfadhir, Alfödhr) zum obersten, allgemeinsten Gott, dem Erzeuger aller Menschen und Götter, dem alles unterworfen ist, und der alles in sich vereinigt, was in den anderen Gottheiten zerstreut angeschaut wird.

Andererseits flüchten sich viele Mythen aus der Götterwelt in die Menschenwelt, indem die handelnden Personen nunmehr als Sterbliche aufgefasst werden; aus der Anthropomorphose traten sie in die Brotomorphose*) ein. Schon in früheren Perioden der Mythenentwickelung pflegt eine Art der Brotomorphose sich geltend zu machen; es ist dies die Bildung der Heroengestalten. Von vielen durch Hypostase (s. S. 29 fgg.) von den Göttern losgelösten Figuren, von vielen vor andern Göttern oder neuen Auffassungen ihres eigenen Wesens verdunkelten und zurückgetretenen Gottheiten (s. S. 41), von vielen göttlichen Wesen, deren Kultus durch historische Ereignisse auszer Uebung kam, wurde vergessen, dass sie Gottheiten seien, weil eine lebendige Verehrung ihr Andenken nicht mehr rege erhielt. In den Mythen wurden sie somit nur noch als gewaltige und vorzugsweise mächtige Sterbliche, als Helden (Heroen) von göttlicher Abstammung aufgefasst, deren Leben man vermöge zeitlicher Localisation (s. S. 34) in die Anfänge der Volksgeschichte versetzte. Ihre gewaltigen von der Sage berichteten Taten wurden jetzt groszenteils nicht mehr ihrer inneren göttlichen Natur, sondern auszerer Hilfe und äuszeren Mitteln zugeschrieben, welche ihnen die Götter an die Hand gegeben hätten.

So sind denn viele, ja die meisten hellenischen Heroen und Heroinen (Helena, Achilleus, Perseus, Danae, Bellerophon, Herakles u. s. w.), bei Deutschen die Gestalten des Sigfrit, Gunther, Hagen, Hettel, Horant, Wate, Wielant, Orendel, der Krimhilt, Hilde u. s. w. einstmals Götter gewesen, welche durch Brotomorphose zu Heroen umgeschaffen wurden. Als das Heidentum und seine Mythologie mit dem Aufkommen monotheistischer Ideen sich zu überleben anfing, begann

---

*) Das griech. Wort brotos (βροτός) bedeutet den sterblichen Menschen im Gegensatz zu den Göttern (ϑεοί ἀϑάνατοι).

die Brotomorphose auf ganze Scharen und Klassen heidnischer Götter-
wesen sich zu erstrecken. Unwillkürlich und absichtlos wurden aus den
Valkyren sterbliche Jungfrauen, welche mit Schwert, Helm und Schild
bewaffnet in den Kampf ziehen, und hoch zu Ross durch die Luft reiten.
Hatte man früher geglaubt, dass in den Wolken göttliche Weiber einher-
fahren, Regen oder Hagel herabsenden, so meinte man jetzt böse Men-
schenfrauen, Hexen, hätten die Wolken zum Sitz erkoren. Glaubte man
einst eine Schar göttlicher Jungfrauen reite in Holdas Gesellschaft
im sausenden Sturme über Wälder und Felder, so rannte nun einer
dem andern in die Ohren, gottlose irdische Zauberinnen machten all-
nächtlich auf Tieren reitend den rasenden Zug mit. Wenn ehemals
von lichten Elben, Pilwissen erzählt wurde, dass sie segnend oder
verderbend durch das Getreide zögen, so wird nun berichtet, dass
boshafte Menschen, die Bilsenschnitter mit einer Sichel schädigend
das Getreidefeld durchwandeln. — Mitunter vollzieht sich die Brotomorphose nicht auf naturgemäszem Wege im Volksbewustsein, sondern irgend ein gelehrter Kopf deutet die Göttergeschichten als
wahrhafte Menschengeschichte. So wurde Ódhinn von Snorri für
einen König von Schweden erklärt. Ebenso setzte Saxo Grammaticus
teilweise absichtlich die dänischen Göttergeschichten in menschliche
Geschichten um, teils fand er dieselben schon brotomorphosiert vor.
Jenen Process nennt man Euhemerismus, nach Euhemeros einem Griechen, welcher um 318 v. Chr. am Hofe des Königs Kassander von Makedo-
nien viele alte Inschriften erlog, um dadurch die geschichtliche Wirklichkeit der von ihm für sterbliche Menschen erklärten hellenischen
Götter zu erweisen.

Wenn die mythischen Personen in die Kreise der sterblichen
Menschheit herabgezogen sind, lieben sie es eine Verbindung mit
geschichtlichen Erinnerungen einzugehn. Das Volk vermag Geschichte
und Mythus nicht mehr zu unterscheiden, der Mythus ist eines Lo-
cals bedürftig und so flieszt das gröszte und bedeutendste, was der
Mensch kennt, Göttliches und Menschliches in ein Bild zusammen.
Sagen von der Göttin Bertha lehnten sich an Karl den Groszen und
das Haus der Karolinger an, von Kaiser Heinrich III. erzählte man
nicht lange nach seinem Tode eine Begebenheit, welche ursprünglich dem Gewittergott zukam. Wachsen auf diese Weise gröszere
und lebendige Mythen mit Erinnerungen aus dem glänzenden Helden-
alter, welches gewöhnlich dem Eintritt hoch organisierter Völker in
das helle Licht der Geschichte voraufzugehen, pflegt zusammen, so
entsteht die Heldensage, deren sich der epische Volksgesang bemächtigt, um aus ihr seine ewigen Schöpfungen zu formen. „Die

Heldensage, sagt Simrock, bildet sich aus dem mythischen und historischen Leben des Volkes, aus Glauben und Taten; das mythische ist
der feste Kern, um den das historische sich herumlegt." Homers
unsterbliche Lieder, das Mâhabhârata der Inder, unsere Gudrûn und
Nibelungensage, verdanken wir diesem Bildungsprocesse.

Wird die religiöse Entwickelung des Heidentums nicht von auszen-
her gehemmt und unterbrochen, so tritt endlich eine Zeit ein, in welcher die Fähigkeit mythisch zu denken bei dem gröszeren Teile des
Volkes erlischt und die alten Mythen ihm nunmehr anstöszig werden,
ja zum Teile widerspruchsvoll und unsittlich erscheinen. Die Liebschaften der Götter z. B. musten jetzt im höchsten Grade derselben
unwürdig erscheinen, während sie ursprünglich nichts als das
gegenseitige Verhältnis gewisser Naturkräfte zu einander bildlich
ausdrückten. Als Personificationen von Naturkräften und Naturer-
eignissen waren selbst diese anstöszig erscheinenden Handlungen der
Götter zwar nicht sittlich, aber auch nicht unsittlich. Denn die Natur als solche ist gleichgiltig gegen das Wesen der Sittlichkeit. Aber
sobald die mechanische Naturkraft als Person gedacht und in die
Beziehungen des sittlichen Lebens versetzt wurde, konnte sie nicht
umhin, unbedingt unsittlich zu erscheinen und das muste den weiter vorgeschrittenen Heiden selbst je mehr und mehr zum Bewustsein kommen. Demgemäsz wird nun der Unglaube gegen die Götter
und ihre Mythen rege, man wagt über sie zu spotten; ein Teil des
Volkes sucht in selbstvertrauendem Atheismus, ein anderer in der
Philosophie Hilfe und Befriedigung für sein religiöses Bedürfnis.

Die Gesetze, welche wir unserer Betrachtung unterzogen haben,
sind allen Mythologien gemein. Es wird unsere nächste Aufgabe
sein wahrzunehmen, wie sie im groszen und ganzen in der Geschichte
der germanischen Mythologie sich verwirklicht haben.

III.

Kurze Geschichte der germanischen Mythologie.

In ferner Urzeit weidete im Hochgebirge Mittelasiens das indogermanische Urvolk (aus welchem später die sanskritreden-
den Inder, die Meder und Perser, und die nach Europa eingewan-
derten Stämme der Griechen, Italer, Kelten, Letten und Slaven, endlich unsere eigenen Vorväter, die Germanen hervorgingen) in unge-
trennter Einheit seine Heerden. Unmittelbare Ueberlieferungen über
die Zustände in dieser Urheimat unseres Volkes sind uns nicht erhalten; durch die Wissenschaft der Sprachvergleichung ist jedoch
soviel festgestellt, dass viele Wasser das bergige Land durchrieselten,
schattige Wälder liebliche Kühle boten; ihr Hauptschmuck war ein
fruchttragender Baum (wahrscheinlich die Eiche), in ihnen sprang der
leichte Hase daher, zerwühlte der Eber die Erde; in ihrem Dickicht
hausten der zerreiszende Wolf und der fellglänzende Bär, der Schrecken
der Heerden; Schlangen krochen durch das rauschende Laub. Ein
harter Winter von siebenmonatlicher Dauer liesz die Woltat
des die Erde mit neuem Blumengewande „bekleidenden" Frühlinges
nur um so lebhafter empfinden. Das Volk stand im wesentlichen auf
dem Standpunkt der einfachsten patriarchalischen Verhältnisse des
Hirtenlebens, das jedoch nicht ohne die Anfänge staatlicher Gemeinschaft und nicht ohne die ersten Grundlagen des Ackerbaues gewesen zu sein scheint. Der Hausvater (patar d. h. der Schützer, der
das Vieh auf die Weide führt) besorgte die Pflege der langsam schreitenden Kuh, des befruchtenden Ochsen, der Ziegen und Schafe und
des schnellen Rosses, der rasche Hund bewachte die Heerden. Der
Tochter (duhitar d. h. Melkerin) lag die Milchwirtschaft ob. Mit

Pflügen bestellte man einige Aecker, Gerste und Weizen boten Mehl
und Brod, die diebische Maus bestahl die Vorräte. Wohnungen und
Dörfer waren fest und mit Türen ausgestattet. Hier webte und
ordnete das Weib, hier ergötzte man sich bei berauschendem Met
und fröhlichem Gesange. Mit Lust zog man in den Kampf, als dessen vorzüglichste Beute Rinderheerden und Weideplätze galten.
Aus Erz fertigten sie schimmernde Waffen. Das Familienleben nahm
eine ausgeprägte Stellung ein; in erweitertem Kreise war das Stammbewustsein überaus mächtig. Wahrscheinlich benannten unsere Urväter sich selbst mit dem gemeinsamen Namen Arier. Gegen Fremde
regte sich Mistrauen und Feindschaft; der unterjochte Gegner
wurde Sclav. An der Spitze von vielen stand ein Ordner, Schützer,
Herr, als Führer im Kriege und Richter im Frieden. Bei einem
Volke, welches somit die rohesten Zustände bereits hinter sich hatte,
ehe es sich in seine einzelnen Stämme auflöste, welche später im Laufe
gesonderter Entwickelung die vorzüglichsten Träger der Weltgeschichte zu werden berufen waren, muste sich neben einer weit vorgeschrittenen gemeinsamen Sprache eine Fülle von Sitten und religiösen Anschauungen herangebildet haben, welche die Inder, Griechen,
Italer, Germanen und ihre übrigen Stammverwandten in die neue
Heimat mitnehmen und weiter entwickeln konnten. Von welcher Art
die Religion des gemeinsamen Urvolkes gewesen sei, davon vermögen wir uns einigermaszen ein Bild zu machen, wenn wir die ältesten Gesänge der indischen Arier, die Hymnen des Rigveda vergleichen, welche etwa um das Jahr 1400 v. Chr. Geburt entstanden
sind. Wir sehen in ihnen die Inder noch mehrfach bald friedlich
auf den frischen Weiden des Siebenstromlandes, dessen Hauptgebiet
das heutige Pentschab war, im äuszersten Nordwesten des heutigen
Indiens, unfern der alten Urheimat dahinziehn, bald in wildem Kampf
um ihre Heerden mit andern Stämmen begriffen. Sie haben mit einem
Wort die Lebensweise der Urzeit und damit die ältesten Vorstellungen vom Himmel und den Göttern in verhältnismäszig ebenso groszer
Ursprünglichkeit bewahrt, wie ihre Sprache, die Sanskritsprache, dem
Idiome der gemeinsamen Urväter lautlich und grammatisch noch am
nächsten steht. Die Religion und mit ihr die Mythologie steht bei
dem vedischen Inder noch auf der S. 17 fgg. geschilderten Stufe.

Die gewaltigen, ihm unbegreiflichen Mächte der Natur haben im
Menschen das Gefühl der Schwäche erregt, er beugt sich ihnen in
Anerkennung dessen, bringt ihnen seine Opfer und Gebete dar und
und stellt sie sich als gütige oder grimmige Gestalten vor, indem
seine Phantasie sie mit den ihm naheliegenden sinnlichen Attributen

bekleidet. Die Wolken sind ihm bald Kühe, bald himmlische Frauen, bald hochgetürmte Berge, bald ein groszer Strom oder See, bald finstere Dämonen; der Wind ein Hund, die Sonne ein Rad oder Vogel u. s. w. (vgl. S. 17. 29). In den Naturerscheinungen walten Götter; aber alles ist noch flüssig. Gewisse Worte sind in einem Hymnus als Appellativa gebraucht, in anderen als Namen von Göttern. Derselbe Gott wird bald vorgestellt als erhaben über andere, bald als gleich, bald steht er unter ihnen. Die ganze Natur der Gottheiten ist noch durchsichtig, der Gedanke, welcher ihrer Gestalt zu Grunde liegt, ist meistens klar fasslich. Geschlechtstafeln und feste Ehen zwischen Göttern und Göttinnen giebt es noch nicht. Ein Gott der hier Vater ist, wird dort als Sohn angerufen; der Bruder als Gemahl; und die, welche in einem Hymnus die Mutter geheiszen wird, ist in einem andern die Gattin. Wie die Auffassungen des Dichters wechselten, wechselte auch die Natur dieser Götter. Bei aller Unstätigkeit und Flüssigkeit der mythischen Vorstellungen stehen jedoch gewisse Grundgedanken fest. Im Leben der ganzen Natur sind Elementargeister tätig, deren Schar sich aus den Seelen der verstorbenen Menschen ergänzt. Im brausenden Sturm fahren die Geister der Winde, die Maruts einher. Reich geschmückt mit goldenen Armspangen, hellen Streitwaffen und leuchtenden Panzern jagen sie auf rehbespannten Wagen durch die Luft. Von ihren ferntreffenden Bogen heiszen sie „sudhanvanas" Bogenschützen. Sie lassen lauten Gesang, das Sturmgebraus ertönen. Wenn dieses Lied ertönt, beben Himmel und Erde, die Berge zittern, die Bäume stürzen und die Wolken zerstieben. So treiben sie bald stürmisch die dunkeln Wolken vor sich her und sammeln die zerstreuten Wasser des Himmels, bald reinigen sie mit sanftem Wehen die Luft. Ihre Schar besteht mindestens zum Teil aus den Seelen dahingeschiedener Menschen. Die schönhandigen Ribhus*) sind ihnen verwandt und eng verbunden, ebenfalls Geister selig verstorbener Menschen, deren Element jedoch mehr das der Sonnenstrahlen und des Blitzes zu sein scheint. Doch walten auch sie im Winde, auch sie singen wie die Maruts das brausende Sturmlied. Ihr Vater heiszt Sudhanvan d. i. der treffliche Bogenschütze. Sie sind als Schmiedekünstler hoch angesehn. Sie haben dem Donnergott den Donnerkeil und das Blitzross, sie haben kostbare Panzer und den Acvinen einen herlichen Wagen gefertigt. Ihre von Alter gebeugten und aufgeriebenen Eltern haben sie zum Wandeln wieder jung gemacht. Als eine ihrer vorzüglichsten Taten aber wird gepriesen, dass sie die beim Göttermahle geschlachtete

---

*) Dieser Name bedeutet „die kunstfertigen, die Künstler."

4

allgestaltige, alles zeitigende Kuh wiederbelebten, indem sie sie aus der *abgezogenen Haut* wieder hervorgehen
lieszen. In einigen Liedern wird dieser Vorgang als ein wiederholter gefasst. „Weil die Ribhus ein Jahr die Kuh behüteten, weil
sie jedes Jahr die Kuh bildeten, weil sie jedes Jahr ihr Glanz verliehen, haben sie die Unsterblichkeit erlangt." Es ist nicht ausgemacht, ob unter dieser wiederbelebten Kuh die im Winter zerrissene
Erde (s. S. 24), oder die abgeregnete, im Gewittergusse aufgezehrte
Wolke zu verstehen sei. Im Winter um die Zeit der Sonnenwende,
wenn finstere Schatten das Licht der kurzen Tage trüben, schlafen
die Ribhus zwölf Tage im Hause des dennoch nicht zu verber-
genden Sonnengottes Savitar, darauf erwachen sie und „schaffen herliche Fluren; die Ströme führen sie herbei; auf
dem Lande erstehen die Kräuter und in den Tiefen die
Gewässer."*)

Wen die Ribhus schützen, der ist ein starker Renner, ein lieder-
kundiger Sänger, ein schwerzubesiegender Schütze im Kampf; er
hat Fülle des Reichtums, und ist an Sippe reich. Der Name der
Ribhus lautete vor der Trennung der indogermanischen
Stämme noch *Arbhus*; das griechische Wort Orpheus ist damit
sprachlich eins; und in der wunderlieblichen Sage von dem lieder-
kundigen Sänger, der mit dem Klange der Lyra die wilden Tiere
lockte, den Lauf der Flüsse aufhielt und Bäume und Felsen ihm
nachzufolgen zwang, ja sogar das harte Herz der erbarmungslosen
Persephone zum Mitleid stimmte, erkennen wir deutlich das ausge-
führte und verschönerte hellenische Nachbild der Ribhus wieder,
welche mit sausendem Sturmlied die Bäume und Felsen in wildem
Tanze mit sich fortreiszen.

Die Blitze des Gewitters sind wiederum das Reich anderer Ge-

---

*) Aus einigen Stellen scheint mit Sicherheit hervorzugehen, dass man
zwölf Nächte um die Zeit der Wintersonnenwende als vorbedeutend für die
zwölf Monate des Jahres ansah. „Dies sind zwölf Nächte, zwölf Monate sind das Jahr. Dem Jahre folgend entsteht Nahrung; diese erlangt
habend macht er sich hiedurch zu eigen." Diese Stelle, dem Pançaviṇça-brâh-
maṇa XVI, 6, einem zum Sâmavêda gehörigen Ritual entnommen, spricht von
einem in zwölf bestimmten Nächten, in einer gewissen vorgeschriebenen
Ordnung und unter vorgeschriebenen Caeremonien vorzunehmendem Fasten, das
zur Erlangung von Heilsgütern nötig ist. Offenbar priesterliche Ausbeutung alten, religiösen Volksgebrauches. Im Schol. zu Katyâyana I, 6, 24 ed. Weber
p. 114 l. 16 findet sich das Citat „Die zwölf Nächte sind ein Abbild
des Jahres." Ich verdanke diese Notizen A. Webers Güte.

nien, der Bhrigus und Angirasen. Die Bhrigus (d. i. die glänzenden) sind die Genossen der Wolken (Âpas), Stürme (Marutas). Diese Bhrigus sind den Spuren des Agni s. S. 20 nachgegangen. Sie fanden ihn in einer Höle, wo er sich verborgen hatte in versetzten ihn unter die Menschen, lieszen ihn hier aufleuchten. Nach anderen Liedern hätte Mâtariçvan, ein göttliches Wesen, den Agni in der Höle von den Brihgus her entzündet. Des Naturbildes entkleidet sagt dieser Mythus aus, dass die Blitzgenien, die Bhrigus*), den Gott des himmlischen Blitzfeuers Agni bei sich in der Hölung der Wolke entzünden, und den Menschen als Heerdfeuer zur Erde herabbringen. Dasselbe wird von den Angiras erzählt, welche gleichfalls Feuerwesen sind. Sie hüten aber auch die Kühe des Himmels, die Wolken, von denen einandermal erzählt wird, dass die Maruts (die Stürme) sie melken. Auch die Angirasen wurden als Geister frommer Voreltern gedacht. Hienach geben sich alle diese Geisterscharen, Maruts, Ribhus, Bhrigus, Angirasen als im wesentlichen identische und nur durch die elementaren Verrichtungen von einander getrennte Wesen kund, welche wiederum von den *Pitris d. h. Vätern* nicht verschieden waren. Die Pitris sind die Geister der selig Verstorbenen schlechthin. Hoch über dem Wolkenhimmel liegt ein glänzendes Reich, aus welchem die Gestirne ihr Licht empfangen. Hier haben die Pitris an den fernsten Grenzen des Alls beim Gotte Yama ewig wonnevollen Ruheort. „Wo unvergängliches Licht ist, heiszt es in einem Hymnus der Rigveda, wo der Sonnenglanz wohnt, dorthin bringe mich in die unsterbliche, unverletzliche Welt. Wo Yama als König gebietet, wo das innerste des Himmels ist, wo die groszen Wasser wohnen, wo Wunsch und Sehnsucht verweilen; wo Seligkeit und Genüge ist, wo Fröhlichkeit und Freude, wo Lust und Entzücken herscht, wo alle Wünsche erfüllt sind, o dort lass mich unsterblich sein." Doch üben auch sie elementare Tätigkeit aus. Sie haben den Himmel mit Sternen geschmückt, in die Nacht Dunkel, in den Tag Licht gesetzt. Sie haben das verborgene Licht aufgefunden und die Morgenröte ins Leben gerufen. Ja die Pitris selber leuchten als Sterne den Sterblichen.

Allen diesen Mythen liegt die Vorstellung zu Grunde, dass die Seele beim Tode des Menschen als Lufthauch (Atem), oder als Feuer den Körper verlasse und nun aufwärts zu den Regionen des Him-

---

*) Das Wort Bhrigu ist auf das engste verwandt mit gr. φλέγω, lat. fulgeo und mit dem deutschen Worte ahd. plih, mhd. blic, welches Blitz bedeutete und noch heute in Pulverblick == Pulverblitz erhalten ist.

mels emporschwebend sich mit Wind, Wolken, Blitzen und Gestirnen
oder vielmehr mit den in diesen Naturphänomenen wirksamen göttlichen Geistern verbinde. Auf dem Wege zum Himmel muss die
Seele einen breiten Fluss den Luftstrom oder das Wolkengewässer durchwandeln, welches die Menschenwelt von dem glanz-
vollen Reiche Pitris trennt. Der Wind, unter dem Naturbilde des
Hundes gedacht, hatte die Aufgabe, als getreuer Leithund die
in Luft verwandelten, ausgehauchten Seelen der Seligen auf sicheren
Pfaden zu ihrem Bestimmungsorte zu geleiten. Nach anderen Liedern bewachen die beiden vieräugigen, der Männer kundigen Hunde,
den Pfad zu Yamas Behausung. Ganz entsprechend ist eine andere
Vorstellung, wonach die Seele, vermöge ihrer Natur als Lufthauch
— wie es scheint — von der als Kuh gedachten Wolke umfangen
und von dieser durch die himmlischen Gewässer und über die Milchstrasze in das Pitrireich geführt wird. Es heiszt nämlich, dass eine
Kuh aus der Götterwelt den Toten über den grausen Strom vor
Yamas Tor in die Welt der Väter bringe. Aus diesem Grunde ergriff der Sterbende bei seinen letzten Atemzügen, den Schwanz einer
Kuh, als Sinnbild dieses Vorgangs. Kühe zogen den Leichnam zum
Scheiterhaufen; hinter dem Leichenwagen führte man eine schwarze
Kuh bis zur Begräbnisstätte mit. Diese Kuh wurde daselbst getötet und mit ihrem Fleische der auf den Holzstosz gelegte Leichnam
belegt; schlieszlich umhüllte man den Körper des Toten und das
darauf gedeckte Fleisch mit der Haut der Kuh. Dann zündete man
den Holzstosz an und beim Lohen der Flamme ertönte ein feierlicher
Gesang, worin die Kuh aufgefordert wurde mit dem Verstorbenen
zum Lande der seligen Väter emporzusteigen. Der Götterweg ist
die Milchstrasze und als ein anderer Seelenpfad scheint der
Regenbogen betrachtet zu sein. — Den Pitris Totenopfer zu bringen war eine heilige Pflicht der Nachkommen und Geschlechter.
Jeden Neumond feierte man ein Totenmal, zu welchem die Ahnen

---

*) Vielleicht beruhte die Sitte der Perser und Baktrier, die Toten, ja so-
gar Greise und Kranke den Hunden vorzuwerfen, ursprünglich auf gleichem Grunde, d. i. auf der Vorstellung vom Winde als Seelengeleiter. Bei den
Parsen in Bombay wird dem Sterbenden im Augenblick des Todes ein Hund
vorgehalten, so dass derselbe sein Auge auf ihn richtet, einer schwangeren Frau,
welche im Sterben liegt, werden sogar zwei Hunde vorgehalten, weil es sich
um ein doppeltes Leben handelt. Nach ihrem Tode gelangt die Seele zur
Brücke Tschinavat. Dort kämpfen um sie die Götter und die unreinen
Geister. Der Gerechten aber nehmen sich die übrigen reinen Seelen und die
Hunde an, welche die Brücke Tschinavat bewachen.

eingeladen wurden. Man asz schweigend damit die Geister mitessen könnten. Man muss mithin die Vorstellung gehabt haben, dass die Seelen bisweilen den himmlischen Aufenthalt verlassen und, der Nahrung bedürftig, in der Luft umherschweifen.

Auszer der Pitriwelt giebt es eine grausige Unterwelt Naraka, über welche eine Göttin Nirriti herscht. Hierin gelangen alle Frevler. Wie jedoch die Seelen der Gerechten sich umherschweifend den Maruts, Ribhus, Bhrigus u. s. w. zugesellen, werden wir frei umirrende Seelen der Gottlosen mit groszer Wahrscheinlichkeit in den weiterhin zu besprechenden Râkshasas und andern Dämonen zu erkennen haben.

An diese Anschauungen vom Schicksale der Seele nach dem Tode schlieszen sich die Vorstellungen von der Geburt des ersten Menschen. Es giebt verschiedene Mythen, welche alle auf den Grundgedanken hinausgehen, dass die Seele des ersten Menschen (als belebendes Feuer) im Blitze zur Erde kam. So ist Yama der erste im Blitzfeuer geborene Mensch, der zuerst auch die Pfade des Todes wandelte und darum König der abgeschiedenen Väter, der Pitris wurde.*) Des Yama Bruder ist *Manu* d. h. der Urmensch und Urvater schlechtweg. Offenbar waren beide in älterer Zeit eins, wurden aber später geschieden, so dass Manu nun der Repräsentant des geordneten irdischen Lebens ist, in Yama die Fortsetzung dieses Lebens nach dem Tode zur Erscheinung kommt.**)

Wie die Winde, die Blitzfunken und die Sonnenstrahlen wurden die Wolken als eine Schar himmlischer Geister aufgefasst. Man glaubte in ihnen, den Wassern (Âpas) göttliche Frauen mit nährender Mutterbrust zu erkennen. Man nannte sie Mütter, Gattinnen, Gebärerinnen (ambayas, mâtaras, patnîs, gnâs, janayas) und sagte, sie seien die Gemahlinnen der Götter (Dêvapatnîs). Sie wohnen im himm-

---

*) Diese Mythe klingt u. a. auch in der Prometheussage nach, indem Prometheus, der das himmlische Feuer zur Erde herabführt, zugleich die ersten Menschen schafft.

**) Manu d. i. der denkende (von Wurzel man vgl. lat. me-min-i, remin-iscor, gr. μένος) bedeutet Mensch. Eine vollere Form lautete einst Manvat. Von Manu sind dann die Worte manuja und manushya, Manus Sohn, Mensch abgeleitet. — Die Mythe von Manu, dem Urvater lebt vielleicht in den hellenischen Gestalten des Minos und Minyas fort. Wie Yama, Manu's Bruder Totenkönig, ist Minos Totenrichter. Die phrygisch-lydischen Stammväter Manis, Manes, welche man auf Manu hat zurückführen wollen, stehen wol auszer Zusammenhang mit demselben; sicherlich hat der erste (ob mythische? ob historische?) König Aegyptens Mana oder Mena (Menes) nichts mit ihm zu schaffen.

lischen Luftocean (samudra, sagara, arna), der das einzige grosze zusammenhängende Gewässer gewesen zu sein scheint, welches die indogermanischen Urväter in ihrer binnenländischen Heimat kannten, und dessen Namen bei späterer Bekanntschaft mit dem irdischen Meere auf das letztere übertragen wurde. Die Wolken dachte man auch als Schiffe des Luftmeeres (nâvah samudriyah) und deshalb heiszen die Âpas nâvyâh, d. h. „die zum Schiffe gehörigen, dahin fahrenden."

Den Âpas nahe verwandt waren die Apsarasen, himmlische Jungfrauen, welche zwischen Erde und Sonne wohnen. Ihr Name bedeutet entweder „die gestaltlosen", oder „die im Wasser gehenden." Vermutlich schaute man in ihnen die mannigfachen aber unbestimmten Formen des Nebels persönlich an, doch mögen auch noch andere himmlische Naturerscheinungen unter diesem Bilde verstanden worden sein. Die Apsarasen lieben es ihre menschliche Gestalt mit der von Wasservögeln (Enten oder Schwänen, Âtayah) zu vertauschen. So schwimmen sie im himmlischen Gewässer, oder wie die schon ausgebildetere Sage erzählt, in Lotosteichen. Den Seelen ausgezeichneter Helden sind sie zum Lohne der Tapferkeit als Geliebte bestimmt.

Eine der schönsten Mythen der indischen Urzeit ist die Sage von der Apsaras Urvaçî. Urvaçî liebte den Puravaras und verhiesz ihm in Treue ergeben zu sein, so lange sie ihn nicht nackt schaue. Die himmlischen Genossen der Urvaçî waren über ihre oftmalige und lange Abwesenheit betrübt. Sie veranstalten listig, dass Puravaras einst unverhüllt von ihr erblickt wurde. Da verschwindet sie. In Sehnsucht klagt er um die Entschwundene und zieht ihr nach, bis er zu einem Lotosteiche gelangt, auf dem sie mit anderen Apsarasen in Schwangestalt umherschwimmt. Die himmlischen Mädchen haben Mitleid mit seinem Harm und werden ihm in ihrer wahren Gestalt offenbar. Urvaçî verkündet ihm, dass sie schwer zu erlangen sei. Weil sie einmal irdische Speise, nämlich einen Tropfen Butter genossen, darum vergesse sie ihn auch im Himmel nicht. Er möge in der letzten Jahresnacht zu den himmlischen Goldpalästen kommen, dann würde ihm von ihren himmlischen Genossen ein Wunsch gewährt werden. Er solle sich wünschen, einer der ihrigen zu sein und nichts werde ihre Vereinigung fortan trennen. Ueber die ursprüngliche Bedeutung dieses Mythus ist man noch nicht im Klaren; man vermutet, dass unter Urvaçî das Morgenrot zu verstehen sei, unter Puravaras die Sonne, vor deren unverhülltem Glanz das Morgenrot zu fliehen gezwungen wird.

Vermöge ihrer Natur als Nebel und Wolkengebilde können sich

die Apsarasen in Kuhgestalt verwandeln, und werden als solche von
himmlischen Genien, den Gandharven gemolken. Andererseits aber
heiszt es von ihnen und den Âpas aber auch, sie seien die Schütze-
rinnen des Amṛita, des Unsterblichkeit verleihenden Göttertran-
kes, d. h. die Wolken und Nebel hüten das Nass der unvergäng-
lichen, wenn auch oft ganz verschwundenen, doch immer wiederkehrenden Regengüsse des Himmels.

Den woltätigen Elementargeistern stehen Scharen finsterer
Dämonen entgegen, von denen alle schädlichen Einflüsse der
Naturerscheinungen ihren Ursprung ableiten. Sie verhüllen das
Licht der Gestirne, und halten den Lauf der befruchtenden
Himmelsgewässer zur Erde auf. Sie führen aber auch die
Gluthitze des Mittsommers herbei und versengen mit ausdörrenden
Sonnenstrahlen die grüne Saat. Bald in der Einzahl, bald in der
Mehrzahl ist von einem Dämon Vala oder Vṛitra d. h. der Umhüller
die Rede, welcher die himmlischen Kühe d. h. die lichtweiszen Regen-
wolken und die Lichtstrahlen (s. S. 17. 49), so wie den reichen *Schatz*
der Regennässe und des Sonnengoldes raubt, und in seiner
finsteren Höle verbirgt. Diese finstere Höle ist die schwarze
Gewitterwolke, welche lange Zeit drohend am Himmel schwebt, ohne
sich zu entladen. Diese Wasser sind dann, wie es heiszt, „von
einem furchtbaren Fluche, von einer schlimmen Verwün-
schung betroffen." Kein Regen tränkt die dürstende Flur, die
Quellen rinnen nicht mehr aus den Bergen, Vṛitra hält sie in diesen
zurück. Mit der Vorstellung der Berggipfel, von denen die Regengüsse herunter und aus denen die Quellen zu Bächen und Strömen
zusammenrinnen, verbindet sich die Vorstellung von der wie ein
blaues Gebirge am Horizont emporragenden Gewitterwolke, in welcher Vitra die himmlischen Wasser fesselt. Wiederum nimmt dieselbe Vorstellung die schon mehr vermenschlichte Wendung, dass
Vṛitra sich der himmlischen Wasserfrauen (Âpas s. S. 53), der
Göttergemahlinnen (Dêvapatnís) bemächtigt. Sie werden dann
aus Dêvapatnís zu Gattinnen des Feindes (Dâsapatnís). Im Berge von
ihm gefangen gehalten, harren sie der Erlösung durch die Hand
der lichten Götter. Von der Hartnäckigkeit, mit welcher der Böse
die Frauen und den Schatz des Sonnengoldes gefangen hält, heiszt
er Namuci „der nicht lösende." In anderer Aeuszerung seiner
Tätigkeit führt Vṛitra den Namen Çushṇa d. i. der Austrockner.
Çushṇa raubt das goldene Himmelsrad, die Sonne, und

---

*) Amṛita ist auch sprachlich mit dem griech. Ambrosia identisch.

**) Daher bedeuten im Sanscrit die meisten Ausdrücke für Fels, Stein, Berg
zugleich Wolke.

trocknet die blühenden Fluren durch Gluthitze aus. Bedeutender
wird in der Urzeit der Glaube hervorgetreten sein, dass in den sieben Wintermonaten das Licht (der bis zum Solstiz abnehmenden
Tage) von dem Dämon geschwächt, die Wolkengewässer in ihrem
Erguss gehindert, die Ströme der Erde in eisige Fesseln geschlagen
würden. Die Mythe drückte dies so aus, dass der Dämon sich sieben winterliche Burgen erbaue, in welchen er die Frauen und
die Kühe, so wie den Schatz des Sonnengoldes zurückhalte. In dem
milderen Klima von Indien sind diese Winterburgen zu sieben
herbstlichen Burgen eines Dämons Çambara (d. h. des schwarz-
grauen) geworden. Auch in den Schatten der Nacht gewahrte man
das Werk der finsteren Dämonen.

Unter den verschiedenen Namen des Dämons, von denen wir
einige angeführt haben, tritt vorzüglich ein sehr wichtiger hervor.
Vritra heiszt in vielen Liedern Ahi (= griech. *ὄχις*) d. i. Schlange
oder Drache aus einem Grunde, der weiterhin erhellen wird. In
vielen Liedern sind die Sänger sich noch dessen bewust, dass jene
Namen nur Beinamen des einen Vritra seien, in anderen gelten sie
schon als Namen selbstständiger und von einander verschiedener Persönlichkeiten und in noch anderen ist von groszen Scharen der Licht-
und Wolkenraubenden Dämonen die Rede, die bald Vritras, bald in
riesenhafter Gestalt aufgefasst Râkshasas (d. h. Wesen vor denen
man sich zu hüten hat), bald mehr zwerghaft gedacht Paṇis heiszen.

Die Gestalt der Dämonen ward anfangs ihrem Wesen nach sehr
unbestimmt und nebelhaft gedacht. Vritra z. B. wird als Appellativ
der Wolke selbst gebraucht und Kabhanda (Rumpf, Fass), ein altes
Beiwort für Wolke, galt noch in späterer Zeit in Indien als Name
eines Dämons, der einer dunkelblauen Donnerwolke verglichen wird.
Von Vritra, der mit dem Dunkel des Donnergewölkes die Spitze der
Berge umhüllt, heiszt es „die Wasser zurückhaltend stand die Finsternis, in des Vritra Bauch die Berge." Weiterhin bildete sich eine
menschenähnlichere Vorstellung von den Dämonen heraus. So werden sie als gefräszige Ungeheuer geschildert, welche daher das Beiwort
atrin d. h. der Esser (von ad essen) führen. Ihre mächtigen Schultern werden hervorgehoben. Namentlich gewann die Vorstellung von
den Râkshasas Körperlichkeit und Plastik. Wir sehen sie als mis-
gestaltete Riesen „einem Gewölk ähnlich", mit rotem Bart und roten
Haupthaaren (da aus der Gewitterwolke der rote Blitz hervorzuckt),
mit spitzen hervorstehenden Zähnen nach Menschenfleisch lüstern
umherschweifen. Ihr borstiges Haar juckend und gähnend, den langen
Mund öffnend, spähen sie umher, bis sie Menschenfleisch rie-

chen. Zumal in der Dämmerung wächst ihre Kraft, deren Wirkung durch allerlei Zauber, welchen sie üben, verstärkt wird. Ihre Beute tragen sie auf dem Rücken durch die Luft davon, um ihr den Bauch aufzuschlitzen und am Blute sich zu erlaben. Nach vollbrachtem Mahle tanzen sie lustig. Ihre Gestalt vermögen sie nach Belieben zu wandeln. Des vom Râkshasa gefährdeten Menschen nimmt sich wol ein Riesenweib huldvoll an und rettet ihn, von Liebe ergriffen, indem sie ihre Gestalt zur schönen Jungfrau wandelt. Einer der bedeutendsten Kenner des vedischen Altertums, R. Roth ist der Ansicht, dass die Râkshasen sich durch die Geister der bösen Menschen ergänzen, wie die Schar der Maruts und Ribhus aus den Seelen der Guten. Die himmlische Welt der Pitris wird oft „die Welt der Guttat, die Welt der Rechtschaffenen genannt. Daraus lässt sich als Gegensatz schlieszen, obgleich es nicht ausdrücklich gesagt wird, dass die Bösen zu Geistern der Finsternis werden, die den Dienst der Götter und fromme Werke zerstören, und gegen welche der Schutz der Lichtgötter angerufen wird (Râkshasas).

Die Welt und die Menschen würden von den Dämonen vernichtet werden, wenn gegen sie nicht die lichten Götter in fortwährendem Kampfe begriffen wären, welche aus der Schar der woltätigen Genien, als deutlich erkennbare Gesammtverkörperungen derselben hervortreten. Diese Götter führen den Namen dêvas. Alle indogermanischen Stämme haben diese Benennung aus der Urzeit in ihre späteren Wohnsitze mit herübergenommen. Denn dem Worte skr. dêva entspricht lat. deus, griech. ϑεός, lithauisch dêwas, lettisch dews, altpreuszisch deiws, irisch dia, kornisch duy; bei deutschen Stämmen hat sich der Name der dêvas allein im altnordischen plural tivar (Götter) erhalten; bei dem Zendvolk sind durch Religionsreformation die daêvas zu feindlichen Dämonen geworden, wie auch armenisch dev, neupersisch div einen bösen Geist bedeutet; bei den Slaven lebt das alte dêvá (Gott) in der Benennung diw für Riese fort. Das Stammwort, von welchem diese Worte abgeleitet ist, lautet div Himmel (eigentlich der glänzende), somit bedeutet dêvá „den himmlischen."

Hieraus ergiebt sich, dass der älteste gemeinsame Gott des indogermanischen Urvolks Div (Nominativ Dyâus, Gen. Divás) der Himmel war. Ihn riefen die vedischen Sänger als Dyaush pitâ*) d. i. Himmel Vater neben seiner Gemahlin Mâtâ**) Prithivi d. i.

---

*) Pitâ ist Nom. von patar.

**) Nom. von mâtar.

Mutter Erde an. Denselben Gott verehrten die Griechen später
als Zeus patêr*) neben Gê mêtêr (Mutter Erde), die Römer als Jupiter**): die Germanen als Tius, nord. Týr. Vater Dyâus ist der Gott
des leuchtenden hellblauen Himmelsgewölbes. Doch ist seine Gestalt
in den Vêden schon etwas verblasst. Bedeutsamer tritt neben ihm
ein anderer Himmelsgott hervor, der alles bedeckende Varuṇa***)
= gr. Uranos, der Herr des weltumgebenden Himmelsmeeres, †) der
an der fernsten Grenze des Alls in goldenem Palaste wohnt. Er ordnet
Licht und Zeiten, zeigt der Sonne und den Gestirnen den Weg. Der
Wind, der die Luft durchrauscht, ist sein Atem, die Sonne
sein Auge. Bei ihm wohnen unter dem Schatten eines schönbe-
laubten Baumes die Pitṛis mit ihrem Könige Yama, dem „Versammler der Menschheit, welcher zuerst den Weg gefunden, die unent-
reiszbare Heimat." Man ruft daher den Sterbenden zu: „Gehe hin
auf den Pfaden, welche unsere Väter vormals betreten haben. Die
hohen Herscher sollst du, den Yama und Varuṇa schauen."

Obgleich Varuṇa eigentlich das weltumgebende Himmelsmeer
selbst war, wurde sein Wohnsitz doch, indem seine Gestalt hinter die
Naturerscheinung zurücktrat, hoch über den Wolken in der höchsten
Lichtregion gedacht. Man unterschied nämlich drei übereinander-
liegende Himmel, das Reich der Luft und der Wolken, den blau-
glänzenden Himmel (dyâus) und die Lichtwelt. Aus dieser empfangen erst die Sonne und die übrigen Gestirne ihr Licht, von hier
stammt das Feuer des Blitzes, welches wieder der Ursprung des irdischen Feuers ist. Hier im dritten Himmel breitet jener schön be-
laubte, unvergängliche Feigenbaum (açvattha) seine Aeste aus, unter
welchem Yama und die Pitṛis weilen und mit den Göttern den Unsterblichkeitstrank (das Amṛita) genjeszen. Seine Zweige gehen abwärts, seine Wurzeln streben aufwärts. In ihm beruhen alle Welten,
über ihn geht keiner hinaus. Aus ihm haben die Ewigen den Himmel und die Erde gezimmert. Von diesem Baume träufelt das Amrita. Spätere indische Ueberlieferungen, welche den Baum Ilpa nennen, haben den Zug erhalten, dass dieser Baum alle Früchte der
Welt trage. Er erhebe sich in der vom See Âra umgebenen Welt

---

*) Ζεύς (gen. Διός) ist hervorgegangen aus Djeus = Dyâus.

**) Aus Diu-piter = Div-pater.

***) Der Name Varuṇa ist von var, vṛi bedecken, umhüllen abgeleitet. Auch
der sprachlich und begrifflich identische griech. Uranos wird in der alten
Poesie als der bedeckende aufgefasst. S. S. 20.

†) Deshalb hat ihn eine jüngere Zeit zum Gott des irdischen Oceans gemacht. S. S. 33.

des Brahma, jenseits des alterlosen Stromes, der durch seinen Anblick jung macht. Auf seinem Gipfel sitzen zwei Vögel, von denen
der eine an der süszen Feige sich erlabt, der andere ohne zu essen
zuschaut; während andere vom Amritasaft desselben zehren, oder
neuen hervorpressen. Dieser Weltbaum, dessen Zweige abwärts gekehrt sind, indess die Wurzeln aufwärts hoch hinauf bis in den dritten Himmel reichen, entsprang aus dem Vergleiche der Wolken, die
in langen und vielfach verzweigten Streifen sich hinziehen, mit
einem Baume, welcher die ganze Welt umfasst und alle Früchte der
Welt befruchtend erzeugt. Im Regen und Tau ist der herabträu-
felnde Amrita zu erkennen, im See an welchem er wächst das Himmelsgewässer, ein Naturbild, welches durch Parastase (s. S. 35) mit
den andern zusammenfloss. Mithin ist hier Varunas Aufenthalt.

In der engsten Verbindung mit Varuna stehen die Götter Mitra
und Aryama. Mitra (der Freund) ist der Gott des Taglichtes.
Beim Leuchten des Morgenrots besteigt er mit Varuna einen Gold-
sitz, Abends einen chernen Wagen, von wo sie das endliche und unendliche schauen. Varuna und Mitra bewahren in den Kühen (d. h.
den Wolken) den Unsterblichkeitstrank, das liebliche Amritam (s. S.55).
Aryama (der Gönner, Beschützer) der gütige Gott, welcher ohne Bitte
schenkt, ist Herscher im Lande der Väter (Pitris). Der Seelenweg
der Milchstrasze (s. S. 52) heiszt des groszen Aryama Pfad.
(Aryamnah mahah patha).

Der Sonnenball wurde unter den Naturbildern eines Schwanes,
Adlers, Falken, Rosses, als Rad oder Scheibe, als Auge der Götter,
endlich als ein goldener Schatz gedacht. Daneben bestand die

---

*) Dieselbe Vorstellung hat sich bei den Iraniern aus der Urzeit erhalten.
Das weisze Unsterblichkeit verleihende Kraut, Gaökёrёna, von welchem der
himmlische Haoma (= ind. Sôma, ein berauschendes Getränk) herstammt, wächst
im Himmel nahe bei einem Baume, der der leidlose, mit allen Samen versehene
heiszt. Beide stehen in einem See Vôuru - Kascha, an dessen Ufern eine vom
bösen Geiste Agramainyus (Ahriman) geschaffene Eidechse den Haoma zu verderben trachtet. Zu seinem Schutze sind 99,999 Geister (Fervers) der Heiligen
bestellt. Der leidlose Baum heiszt auch der Baum des Adlers, auf ihm sitzt
der adlerartige Vogel Çînamrû (der spätere Wundervogel Simurgh) nebst einem
andern Vogel, welcher den herabfallenden Samen aufnimmt und dorthin bringt,
wo Tistar sein Wasser aufnimmt. Sobald Tistar das Wasser mit allem diesem Samen aufnimmt, so regnet er ihn auch mit dem Regen in
die Welt hinab. — Die zwei Bäume, welche in dieser Ueberlieferung genannt
werden, sind durch Spaltung (s. S. 31) aus einem hervorgegangen. Die Eidechse, welche Agramainyus geschaffen, ist der schlangengestaltete Dämon der
Urzeit, welcher die Wasser des Himmels gefangen hält.

Vorstellung von einem leuchtenden Sonnengotte Savitar,*) der seine Goldband am Morgen aus dem Dunkel hervor über die Welt ausstreckt und die nächtigen Râkhasen vertreibt.**) Unter Savitars Beinamen ist Tvashtar d. h. der Bildner bemerkenswert. Als solcher hat er den Wesen ihre Gestalten und Kräfte gegeben und den Göttern die starken Waffen und Göttergefäsze verfertigt und aus diesem Grunde steht er in enger Verdindung mit den Ribhus (s. S. 49). Ein anderer Name des Sonnengottes ist Sûrya = griech. Hêlios). Sûrya, heiszt es, der allwissende Gott mit strahlendem Haupthaar, durchspähe die ganze Welt. Auf steigt er zur gewaltigen Flüche, so Recht, als Unrecht bei den Menschen schauend. Sein Strahl beleuchtet alle Geschöpfe wie sprühende Feuersglut. Aus der Vorstellung von der Sonne als Rad und als Ross erzeugte sich der Glaube, dass Sûrya mit sieben gelben Sonnenrossen auf leuchtendem Wagen über die Räume des Himmels fahre. Dem Sonnengott schlieszen sich aufs nächste die Götter des Frührots an. Auf goldenen Wagen, den Rosse oder Falken ziehen, steigen vor Aufgang der Sonne, 2 göttliche Brüder die Açvinen d. i. die Reiter (die beiden ersten Lichtstrahlen des Morgens) am Horizonte empor, befreien die Menschen von der Bangigkeit des Dunkels, und heilen die Schäden, welche die Nacht bringt. Sie geben den Kühen die Milch und sättigen die Rosse. Sie werden gepriesen, weil sie viele Menschen aus Gefahr gerettet und geheilt haben, sie waren es besonders, welche während der Stürme den Schiffenden zu Hilfe kamen und sie auf ihren Wagen oder auf ihren Pferden glücklich zum Ufer führten. Sie verleihen auch Schätze, Nahrung und himmlische Heilmittel. Den Cyavana, eine Hypostase (s. S. 29) oder wie die Mythe sagt, einen Sohn des Bhrigu, des Blitzes (s. S. 51) verjüngen sie, indem sie ihn in einen See steigen lassen, aus dem man mit dem Alter wieder heraussteigt, das man sich wünscht. Dieser verjüngende See ist das Wolkengewässer, welches den Unsterblichkeitstrank, das Amrita (s. S. 55) enthält.

Die Morgenröte selbst wird als eine leuchtende Jungfrau Ushas***) angerufen. Ihr Licht erschien den Alten als eine Schar roter Kühe;

---

*) D. h. der Erzeuger von su, woher auch sunu (Sohn) der Erzeugte, und die deutschen Worte sunna (Sonne, Erzeugerin) su-în (Schwein) das erzeugende, fruchtbare Tier den Ursprung ableiten.

**) Auch Varuna und Mitra und andere Lichtwesen haben als Himmelsgötter einen goldenen Arm (den Sonnenstrahl).

***) D. h. die leuchtende von vas glänzen. Mit Ushas dem Namen und Wesen nach eins ist die griech. Eôs.

in einigen Hymnen wird sie unter dem Naturbilde eines Vogels Vartikâ angeschaut.*) Sie verleiht kostbare und herliche Gaben, die ersehnten von der Finsternis verborgenen Schätze. Sie bringt „das Gold der Sonne zurück, welches die Paṇis (s. S. 56) zurückzuhalten suchen, weshalb man betete, dass diese unaufgeweckt schlafen mögen. Um Ushas oder Sûryâ, wie sie auch genannt wird, werben die Açvins. Prajâpati hat ihr die Brautschau veranstaltet und die Götter stellen einen Wettlauf an; wer siegt soll ihr Gemahl sein. Da siegen die Açvinen, das Zwillingsbrüderpaar und führen sie als Gattin heim. Anders gewandt ist diese Vorstellung in der Mythe, dass die Açvins die Morgenröte oder den Vogel Vartikâ aus dem Rachen eines Wolfes, d. h. des Nachtdunkels kämpfend befreien, und dann die befreite Jungfrau auf ihrem Wagen siegreich am Himmel herauffahren. Dadurch machen sie den klagenden Kavi d. h. den Sonnengott Savitar wieder sehend d. i. sichtbar, welchem die Dämonen der Nacht sein allsehendes Auge (die Sonne) geraubt haben. Statt der einen Ushas werden bisweilen mehrere genannt. Es giebt zahllose Morgenröten, indem jedes neue Frührot eine neue Göttin scheint.

Vor allen Dêvas jedoch werden als die tätigsten und mächtigsten in den Vedenhymen Indra und Agni angerufen, die Götter des Blitzes und Feuers. Eine Menge der verschiedenartigsten Naturbilder suchen die Entstehung des himmlischen Blitzfeuer zu erklären und zu veranschaulichen. Bald melkt Indra mit dem leuchtenden Donnerkeil, welchen ihm die Ṛibhus und der Bildner der Götter Tvashtar geschaffen, die Wolkenkühe, so dass sie ihre alles erquickende Milch, den Regen, zur Erde niederrinnen lassen, und wie er die Euter der Himmelskühe füllt, so schenkt er auch den irdischen Kühen Milch. Aus der Milch der Himmelskühe, dem Regen, flieszen die Bäche und Ströme zusammen. Daneben hatten Vorstellungen ganz anderer Art Bestand. Die älteste Weise der Feuerbereitung bei Indern, Persern, Griechen und Germanen war nach Ausweis der neuesten, ebenso geistvollen, wie strengen Untersuchungen A. Kuhns diese. Man drehte in einer kreisförmigen Scheibe von weicherem Holz einen Stiel oder Quirl von härterem Holze vermöge eines darum gewundenen Strickes so lange herum, bis sich durch Reibung Feuer erzeugte. Statt der Holzscheibe wendet man bisweilen die Nabe eines Rades an. Diese Art der Feuerentzündung war im

---

*) Vartikâ entspricht etymologisch dem griech. ὄρτυξ Wachtel. Die Wachtel ist auch in den vorderasiatischen und griech. Mythen ein Symbol des Lichtes oder der Gluthitze. In sie verwandelt sich Asteria, die Tochter des Koios und der Phoibe.

höchsten Grade der Butterung ähnlich, wie sie in vedischer Zeit ge-
handhabt wurde, und wie sie noch heute in Indien gebräuchlich ist,
und die Hymnen des Rigvéda bezeichnen beide Tätigkeiten noch
durch ein und dasselbe Wort. Durch Kuhns Forschungen ist es nun
unwidersprechlich bewiesen, dass man in ältester Zeit den Glauben
hegte, auf gleiche Weise werde das himmlische Feuer bereitet, der
Donnergott drehe im Sonnenrade den Blitzstab um und locke so
den Gewitterfunken hervor. Da jenes Verfahren dem Zeugungsacte
gleicht, so stellte man es damit in den Liedern zusammen und so
ist es erklärlich, wie man dem Feuer der Seele, und den ersten
Menschen (s. S. 53) Blitzgeburt zuschreiben konnte. Es gab deshalb
auch mehrere Mythen, nach welchen der erste Mensch das himmlische
Feuer zur Erde gebracht haben sollte. — Den „geflügelten" Blitz,
wie wir noch heute sagen, schaute man aber auch als einen schnellen Vogel, Adler oder Falken an und dichtete nun, der Blitz- oder
Feuergott habe als goldgeflügelter starker Falke den tropfenden
Funken des Blitzfeuers zur Erde getragen. Der Blitz zuckt aus der
dunkelen Wolke hernieder; darum ward auch diese mit in die Naturbilder verflochten, unter denen man die Gewitterentstehung vor sich
gehen glaubte. Den Regen, der im Gewitter zur Erde rauscht, dachte
man sich, wie sonst als Milch, auch als einen Begeisterung und Unsterblichkeit verleihenden Trank (amrita, s. S. 55) einen mit Honig
gemischten Met (madhu), oder Sôma*), an welchem die himmlischen Götter und Geister sich erlaben. Ja oft wird geradezu gesagt,
dass die himmlischen Kühe (die Wolken) diesen Met in ihren Eutern
tragen, welche Indra füllt. „Ich (spricht Indra) legte in sie (die sieben Himmelsströme) das glänzende, das ersehnte in der Kühe Euter,
die strömenden, des Metes Met, den kräftigen Sôma milchgemischt."
„Dem Indra gaben die Kühe die Milch, dem Donnerer den süszen
Met." Die Windgeister, die Maruts, melken die Wolken
und erzeugen so den kostbaren Met: „Drei Kufen Mets melkten
der Pṛçni Söhne (die Maruts) dem Donnerkeilträger an Met, den
quellenden runden Brunnen." Dieser Himmelsmet nun sollte ebenso
wie der Blitzfunken vom goldglänzenden Falken, dem Blitze selber
aus dem Stein oder Felsen (d. h. der Wolke s. S. 55), worin er von
den feindlichen Dämonen gefangen gehalten wurde, zur Erde gebracht
werden. Den Falken oder Adler dachte man sich darum ein anderes
mal auch auf dem himmlischen Açvatthabaume (s. S. 58) sitzend und
von da sollte er den Sômamet zu den Menschen getragen haben.

---

*) Sôma zend. haoma ist ein berauschendes Getränk.

Indra selber ist es nach einigen Liedern, der den im Wolkenberge gefesselten Met raubt, und als Falke zu den Sterblichen bringt. Unterweges, heiszt es, habe er eine Kralle oder eine Feder verloren und daraus sei ein Dorn oder ein Palaça- oder Parṇabaum aufgeschossen, welcher noch etwas von dem Mete in sich entwickelt. Der Palaçabaum war danach ein Abbild oder Apotypom des den himmlischen Sômamet enthaltenden Wolkenbaums oder des Blitzes selbst. Der Palaçabaum hat roten Saft und scharlachrote Blüten, welche an das Blitzfeuer erinnerten. Hieraus erklärt sich die Anwendung des Palaçabaumes in mannigfachen gottesdienstlichen Gebräuchen. Zum Opfer durfte nur Milch von frischmilchenden Kühen gebraucht werden. Aus diesem Grunde schied man die Kälber von den Müttern und trieb sie zur Weide, damit sie den Stärken die Milch nicht absangen sollten. Dies geschah indem man von einem Palaça- oder Çamîbaume einen nach Osten, Norden oder Nordosten gewachsenen Zweig mit den Worten „zur Kraft schneide ich dich" abschnitt. Unter dem Spruche „zum Saft schneide ich dich" streifte man die Blätter und den Staub ab, und stellte dann mindestens sechs Kühe mit den Kälbern zusammen. Jetzt berührte der Opferpriester die Kälber mit der Palaça- oder Çamîrute und schlug sie mit den Worten „Ihr seid Winde" eines nach dem andern von der Mutter fort. Statt aller übrigen berührte er nun auch eine der Kühe mit dem Zweig und sagte: „Der göttliche Savitar führe euch zum trefflichen Werk. Dem Indra, ihr Kühe, melket euer Teil (an Opfermilch); euer, ihr kälberreichen, krankheitsfreien, seuchelosen möge kein Räuber, kein Böser sich bemächtigen. Dauernd seid bei diesem Herrn der Heerde (für den das Opfer vollbracht wird) zahlreich." Darauf steckte der Priester den Palaçazweig an eine der beiden Stätten des heiligen Feuers (an das Opferfeuer, oder das Heerdfeuer des Hausherrn) und zwar vor dieselbe oder östlich davor und sagte „O Palaçazweig, der du an erhöhter Stätte stehst und aufpassest, schütze des Opfernden Rinder, die im Walde umhergehenden, vor der Furcht vor Dieben und wilden Tieren u. s. w." Man hofft dann, dass die durch den Zweig beschützten Kühe Abends ohne Unfall zurückkehren werden. Wie Indra — das ist der Grundgedanke dieses Gebrauches — mit der Donnerrute die Himmelskühe melkt, so sollen die irdischen Stärken durch das Abbild des Blitzes, den Palaça- oder Çamîzweig, milchreich gemacht werden.*)

---

*) Die Maruts (die Winde) heiszen Söhne der Priçni. Diese wird oft auch als eine bunte Kuh geschildert. Wie nun die Maruts die Himmelskuh melken

Vom Çamibaum (acacia suma Roxb.) wurde erzählt, dass er aus
einem Gefäsze erwachsen sei, in welchem das himmlische Blitzfeuer
zur Erde gebracht sei; der im Gefäsze enthaltene Blitzfunken selber
verwandelte sich in einen Açvatthabaum (ficus religiosa). Das Holz
dieser Bäume dient ebenfalls häufig zu religiösem Gebrauche. Aus
der Çami machte man nämlich das Drehholz des Feuerzeuges (s. S. 61),
sobald dieses zu heiligen Zwecken angewandt wurde, die geriebene
Scheibe wurde von einem Açvattha genommen, welcher auf einer
Çami entkeimt und gewachsen war. Ueberhaupt kehrt überall, wo
wir bei Indogermanen jenes Urfeuerzeug wiederfinden die Vorschrift
wieder, die Scheibe aus dem Holze einer Schmarotzerpflanze zu verfertigen. Bei den Römern, welche im Cultus der Vesta die älteste
Art der Feuerbereitung beibehalten hatten, war dies der Epheu.
Den Grund davon will Kuhn in der Vorstellung erkennen, dass aus
der in den Çamibaum verwandelten Schwinge des Feuer- oder Met-
bringenden Vogels das heilige Blitzfeuer noch einmal in Gestalt eines
Açvatthaschösslings emporgesprossen sei, aus welchem der Mensch
nur den göttlichen Funken zu locken braucht. Die Açvattharute
wurde mithin gleichsam als eine Verkörperung des Blitzes selber
gedacht.

Bestand einmal die Anschauung vom Regengusse als von einem
himmlischen Met oder Sôma, so konnte die Erzeugung desselben im
Gewitter sehr leicht als der Act des Brauens aufgefasst werden.
Aus diesem Grunde wurden die Kufen, in welchen der zum Opfer
angewandte Sômamet, das irdische Urbild des himmlischen Unsterblichkeitstrankes aufbewahrt wurde, aus Acvatthaholz gemacht, wie ja
auch der Sômaträufelnde Weltbaum (s. S. 58) ein Açvattha heiszt.

Der urtümliche Mythenkreis von der gleichzeitigen Erzeugung des
Blitzfeuers, von dem das irdische Opfer- und Heerdfeuer abstammt,
des Unsterblichkeitstrankes und der Menschenseele im Gewitter ist
jedoch selbst in den Vêden schon in vielen Stücken verdunkelt. Gewöhnlich stellt man sich den Gewittervorgang in der Weise vor, dass
Indra ein ehernes oder goldenes Geschoss, einen Streithammer (vajra) schleudere, welchen Tvashtar und die Ribhus geschmiedet. Die spätere epische Sage hat den offenbar alten Zug bewahrt, dass Indras Waffe, so oft er sie entsendet, wieder in
seine Hand mitten unter die Sterne zurückkehrt. Mit ihr
zieht er allgewaltig in den Kampf gegen die finsteren Dämonen,

(s. S. 62) und von ihr trinken, so saugen die Kälber ihre Mütter; gleich den die
Wolke austrocknenden Winden, sollen die Kälber die Kühe verlassen. Ist dieses der Gedanke des Ausrufs „Ihr seid Winde!" oder bedeutet es blosz „Schnell
wie die Winde verlasset die Kühe!?"

welche den Segen der Wolke und den Schatz des Sonnengoldes zurückhalten. Er spaltet den Wolkenberg und lockt mit alles verzehrendem Heiszhunger den Göttertrank daraus hervor, durch dessen Genuss er sich zuvor zum Streite stärkt. „Es briet der Freund Agni dem Freunde auf sein Verlangen schnell dreihundert Stiere, drei Kufen trank Indra zugleich vom gepressten Sôma des Manu, um Vritra zu schlagen. Als der das Fleisch der dreihundert Stiere verzehrt, und als Maghavan (Indra) drei Kufen Sôma getrunken, da lieszen alle Götter dem Indra den Zuruf, wie ein Loblied erklingen, als er den Ahi schlug." Vom Tranke gestärkt stellt Indra, der Herr der Kraft (Çaçipati) sich den Dämonen, seinen goldenen Bart (die Blitzflamme) in heftigem Zorne schüttelnd, vor dessen Gewalt Himmel und Erde und die festen Berge erbeben. So dringt er in in die Höle des Vritra oder der Panis (die Wolke) ein und befreit die geraubten Kühe, die gefangenen Frauen. „Die Wolken hast du ergossen, der Quellen und Ströme Fesseln hast du gesprengt. Als er, Indra den groszen Berg gespalten, entsprang der Strom." „Den strahlenden Kühen hast du die Türen gespalten, die Burgen." Blitz gegen Blitz setzend wehrt sich der Dämon gegen Indra. Endlich aber von des Gottes Waffe aufs Haupt getroffen sinkt er als Regenstrahl (s. S. 56) zur Erde herab und heiszt dann Ahi d. i. Schlange, Drache. Die Mythe ist jedoch weiter gegangen und hat dem Dämon auch schon vor diesem Vorgang den Namen und die Gestalt eines Drachen zugestanden. „Die Dâsapatnis (s. S. 55) von Ahi bewacht standen da, die Wasser, eingesperrt wie die Kühe vom Pani; die Höle der Wasser, welche verschlossen war, auf hat Indra sie getan, als er Vritra schlug." Der Drache (Ahi), welcher sich erhoben, sich über die Fluten gelagert, den gewaltigen überwand mit Gewalten Indra." Auch die sieben Winterburgen des Çambara (s. S. 56) erliegen Indras vernichtenden Geschossen. Er erringt im Frühlingsgewitter die befruchtenden Kühe und die Wolkenfrau aus der siebenmonatlichen Haft zurück. Indem Indra den Wolkenschosz auftut und die Regenwasser ergieszt, lässt er auch die von der schwarzen Wolke verhüllten Gestirne wieder aufleuchten, er erzeugt, wie die Lieder sich ausdrücken, Sonne und Morgenröte, und befestigt sie am Himmel; er entführt dem Räuber den Schatz der goldenen Sonnenstrahlen. Darum ist mit dem Eindringen in die Höle des Dämons, mit dem Morde des Drachen und der Befreiung der Kühe und Götterfrauen zugleich die Erwerbung eines groszen Goldhortes der Mythe nach verbunden. Um dieser Dinge willen heiszt Indra schatz- und goldreich, und wird als Spender von Reichtum angerufen. Durch

die Befreiung der Sonne und die Befestigung der Gestirne am Himmelsraum wird Indra zu einem Lichtgott überhaupt. So verscheucht
er denn auch die Dämonen der schwarzen Nacht und führt das Licht
des Tages wieder herbei.

Alle Râkshasen und verderblichen Mächte sind Indras Feinde.
Mithin trifft sein Zorn auch den Miswachs herbeiführenden Austrockner Çushṇa (s. S. 55), der sich des Sonnenrades bemächtigt hat und
die Gluthitze der Hundstage herabsendet. Indra nimmt ihm das
Sonnenrad fort und verbirgt es hinter dem Wolkenberg, indem er
nun selbst mit dem Wolkendunkel den Himmel überzieht und die
stechenden Strahlen vernichtet. Im Wolkenberge erlischt das Sonnenrad und nun zündet Indra in seiner Nabe, den Blitzquirl drehend,
das himmlische Feuer wieder an.

Indras Helfer und Begleiter im Dämonenkampf sind die Bhrigus
und Angirasen (die Blitzfunken) vorzüglich aber die Maruts. Denn
mit dem Gewitter braust häufig der Sturm daher. Die Winde allein
(die Maruts), heiszt es, haben bei Indra in der Ahischlacht Stand gehalten. Mit den goldgeschmückten Armen und schimmernden Har-
nischen, die leuchtenden Speere in der Hand, kommen sie daher, Fett
(den Regen) auf die Erde träufelnd; ihre Wagen rollen, die Peitschen knallen, die Bäume neigen sich und legen sich nieder, niemand
weisz woher sie kommen, oder wohin sie gehen; aber dem Indra gesellt öffnen sie den Wolkenberg und erschlieszen die verdeckten
Brunnen des Himmels und ihr Loblied (das Sturmgebrause) ertönt
zu des Gottes Ehren, sobald der Drache getötet ist.

Der Name Indra gehörte der Urzeit noch nicht an. Der Gott
muss mithin aus einer älteren Gestalt erwachsen sein, welche auf in-
dischem Boden, wie es scheint, in mehrere zerspalten wurde, so dass
ihre Verrichtungen nunmehr mehreren Göttern angehören. Einer dieser ist Trita, von welchem bald erzählt wird, dass er Ahi erschlagen,
bald dass er eine siebenschwänzige dreiköpfige Schlange,
den Dämon des siebenmonatlichen Winters erlegt habe. Als
Drachentöter wird auch Rudra genannt, der Gott der schonungs-
losen Sturmgewalt des Orkans. Er ist der Vater der Maruts,
welche ihn ebensooft begleiten wie den Indra. In der Sturmwolke
fährt er daher und wirft von dorther männertötende Geschosse ab;
bald Pfeile von starkem Bogen, bald einen verderbenbringen-
den Speer (den Blitz s. S. 17), bald den Donnerkeil. Ein altes Naturbild für die Sturmwolke war der Eber (varâha) und deshalb erscheinen
Rudra sowol wie die Maruts in Ebergestalt. Die in Knäuel geballten dunkelen Wolken wurden als weitflatternde Flechten und Locken

betrachtet, welche Rudra im Haare trage. Der verderbliche Sturm
vertreibt die schwüle Hitze. Darum rühmte man Rudra nach, dass
er tausende von Heilmitteln habe und der beste der Aerzte sei. Agni
endlich, der Gott des Blitz- und Heerdfeuers berührt sich noch weit
inniger mit Indra, als Rudra. An ihn ist die Mehrzahl der Anrufungen
in den vedischen Liedern gerichtet. Im Blitz geboren wird er zur
Erde herabgebracht. Wie Indra wurde er als schneller goldgeflügelter, wolkenfliegender Vogel (Falke oder Adler) gedacht, der seinen
eigentlichen Sitz bei Varuṇa in Yamas Schosz hat. Nach einer andern Vorstellung sei er einst vor den Göttern aus dem Himmel ge-
flohen und habe in einem Açvatthabaum Schutz gefunden. Agni
heiszt aber auch der im Wasserbett (d. i. der Gewitterwolke) erzeugte
Stier, und ebenso, unter dem Bilde eines gewaltigen Stieres, oder befruchtenden Bockes wurde Indra bisweilen gedacht. Aus dem himmlischen Feuer des Blitzes stammt das irdische des Heerdes. Daher
wird Agni noch täglich von den Priestern durch Drehung (s. S. 61)
erzeugt, er der goldbärtige Gott mit goldenem Zahn (vgl. S. 20).
Er bringt das Licht; weithin mit Himmelsschätzen leuchtend, be-
wältigt er mit roten Farben die Nacht und vertreibt die Râkshasas,
tötet die feindlichen Dämonen. Als Heerdflamme wird er als der
Gast der Menschen, aber auch als der Versammler der Familie, als
Schützer des Hauses, des Stammes und der Ehe gepriesen. Dreimal
muste die Braut am Ende der Hochzeitfeier seine heilige Flamme umwandeln. Auszer der Schar der Morgenröten (Ushas) und den
Wasserfrauen (Âpas) gab es noch keine Göttinnen.

Den Character der ältesten indogermanischen Mythologie können
wir mit einem Worte als Lichtcultus bezeichnen. „Gleich dem
strahlenden Aether der altgriechischen Naturphilosophie, von welchem
Aristoteles sagt, dass er von den Alten vor ihm für etwas von Natur
göttliches angesehen worden sei, füllt ewiges Licht über dem Wolkenhimmel die himmlischen Räume und ist das Princip des Lebens,
welches die Schöpfung trägt; von ihm geht der Glanz der Gestirne
aus, in ihm wohnen die Pitris (s. S. 51. 58). So ahnte der früheste
Glaube der indogermanischen Völker, was die heutige Naturwissen-
schaft immer deutlicher erkennt, in dem Lichte die Ursache aller
Bewegung und alles endlichen Lebens. Aus diesem Grunde geht
auch die Symbolik des vedischen Glaubens von der Anschauung des
Lichtes und seines Gegensatzes, des Dunkels aus. Lichtgötter sind
die höchsten Götter; es ist Indra, der Gott des leuchtenden Firmamentes, der Gott des Gewitters mit dem Blitzstrahle; Mitra Sûrya
Savitar und eine Zahl anderer Personificationen, die Gottheiten der

Sonne; Ushas die Morgenröte; die beiden Açvin, die der Morgenröte
voraneilenden lichten Streifen des Himmels; Agni der vielverehrte
Gott des Feuers, der auf Erden wohnt als Feuer des Opfers und des
häuslichen Heerdes, in der Luft als Blitz und als Strahl der Sonne.
Und in allen diesen Lichterscheinungen wird die das menschliche
Leben tragende und verschönernde Wirkung angeschaut, in der Sonne
die Kraft, welche Wachstum weckt und die Erde wohnlich macht,
in der Morgenröte die erste Tageshelle, die neues Leben bringt, zum
Gebete und zum Opfer ruft; in Agni das Feuer, das als Vermittler
in der Opferflamme die Gaben und Bitten der Menschen zu den
Göttern bringt, oder diese herbeiruft, und dessen Leuchten im
Hause die Schrecken der Nacht verscheucht; in Indras Blitze die
segnende Wirkung, welche die Wolken zerreiszt, um befruchtenden
Regen zu spenden."

Dies ungefähr wären die Grundzüge der vedischen Mythologie,
insoweit sie ein Bild der bereits in der Urzeit, vor der Trennung der
indogermanischen Völker ausgebildeten Vorstellungen zu gewähren
im Stande scheint. Wann die einzelnen Zweige der groszen Völker-
familie die Urheimat verlieszen, wissen wir nicht, nur soviel steht
wol fest, dass zunächst die Kelten den Weg nach Europa einschlu-
gen und in dem mittleren Teile unseres Erdteils neue Sitze gründe-
ten. Ihnen folgten die Italer und Griechen. Den Kelten rückten die
Germanen nach und drängten sie bis nach Gallien und Britannien
bis in das südliche Deutschland zurück. Letten und Slaven schlossen
die Reihe der in Europa neue Heimat suchenden indogermanischen
Bruderstämme. Sie setzten sich im östlichen Europa fest, während
die Arier in Asien sitzen blieben und nach einer Periode längeren
gemeinschaftlichen Zusammenlebens sich teils nach Baktrien (Westarier d. i. Baktrier, Meder, Perser u. s. w.) teils nach Hindostan wand-
ten. Alle diese Völker bildeten die gemeinsame Sprache, Sitte und
Religion der Urzeit in eigentümlicher Weise fort; und entwickelten
die vorhandenen Keime in sehr verschiedener Richtung. Insofern
aber die Grundlage aller indogermanischen Naturreligionen und
Mythenbildungen dieselbe gewesen ist, treffen wir auch bei allen diesen Stämmen (Indern, Griechen, Italern, Germanen u. s. w.) später
eine sehr nahe übereinstimmende Mythologie an. Ganz besonders
grosz muss jedoch die Uebereinstimmung der Mythen bei solchen
Stämmen sein, welche nach der Trennung vom indogermanischen Urvolk noch eine längere Zeit vereinigt blieben, ehe sie sich wieder in
verschiedene Abteilungen verzweigten und als besondere Völker von
einander trennten. Dies ist namentlich bei der slavisch-germanischen

Völkergruppe der Fall, welche anfangs noch einige Zeit lang vereinigt gelebt zu haben scheint und dann erst in Slaven und Letten einerseits, und Germanen andererseits sich spaltete. Die Götter und Göttersagen dieser Völker standen sich so nahe, dass die Reste derselben in der heutigen Volkssage nur schwer von einander nach Nationalität zu unterscheiden sind.

Erst von jener Zeit an, seit unsere germanischen Stammväter, welche sich nach ihrer Einwanderung in die Ebenen Mitteleuropas in einen nördlichen Ast (Norweger, Schweden und Dänen) und in einen südlichen schieden, anfingen von den übrigen indogermanischen Stämmen getrennt ihre eigenen Wege zu gehen, kann von einer germanischen Religion und Mythologie die Rede sein. Von jeher sind die Germanen ein auszerordentlich conservatives Volk gewesen. Es lässt sich daher mit groszer Wahrscheinlichkeit vermuten, dass sie auf ihrer Wanderung durch Westasien und die Steppen des heutigen Russlands anfangs die alten religiösen Zustände ziemlich unverändert mit sich forttrugen. Vor allen Dingen trug der Sagenschatz noch immer einen vorwiegend hirtenmäszigen Character, wie die Sitte des Volkes im ganzen und groszen auf der Stufe des Hirtenlebens verharrte. Soweit uns die späteren Quellen einen Rückschluss gestatten, mögen wir uns die Religion unserer Alten in den letzten Jahrhunderten vor Christi Geburt etwa so zu denken haben. An der Spitze der Götter standen die lichten Mächte des Himmels, welche mit den nur im skandinavischen Norden erhaltenen Namen TIVAS nord. tivar d. h. die himmlischen (s. S. 57) und VANEIS nord. vanir d. i. die glänzenden, strahlenden bezeichnet wurden.*) Der Gott des leuchtenden Himmelsgewölbes Tius = skr. Dyâus (s. S. 58) wird vorzügliche Verehrung genossen haben. An seiner Seite scheint eine im Namen, wie im Wesen der Prithivi (Parthivi) identische Erdgöttin Fulda (nord. Fold) gestanden zu haben. Auf einen leuchtenden Sonnengott, und einen strahlenden Blitzgott (Thunar) waren die Eigenschaften übergegangen, welche wir in den Véden Savitar, Indra und Agni zugeschrieben sehen. Sie kämpfen mit den finsteren Dämonen des Wolken-

---

*) Das Wort VANS, plur. VANEIS, nord. Vanr, Vanir hat seine nächsten Stammverwandten in den altsächs. Wörtern wanu, wanum glänzend, wanami Glanz, Licht, welche vorzüglich das Hervorbrechen des Lichtes aus dem Dunkel, des Kindes aus dem Mutterleibe u. s. w. bezeichnen. In weiterem Kreise stellt sich zu VANS skr. vana lieblich, angenehm ein Wort, welches ganz besonders von den hellschimmernden Wolken gebraucht wird; vanas Reiz, Lieblichkeit, griech. γάνος Glanz, Schönheit; γανάω schimmern, γανόω blank machen, glätten; lat. Venus.

dunkels, der Nacht und des Winters, welche die Frauen, das Gold und die Kühe rauben. Diese Dämonen sind jedoch schon bedeutend concreter und plastischer herausgebildet, bald als Riesen, bald als Zwerge, bald Drachen aufgefasst. Die himmlischen Wasserfrauen flossen jetzt mit der Vorstellung der Jungfrauen der Morgenröte (S. 61) zusammen und aus ihrer Schar trat gleichsam als Gesammtverkörperung von ihnen, eine hohe Göttin hervor, welche in der Wolke thronend mit dem Sturme daherfährt, aber auch das Licht der Sonne und Morgenröte spendet. Verschiedene landschaftliche Auffassungen, verschiedene in ihre Naturgestalt hineingetragene sittliche Gesichtspunkte spalteten (s. S. 31) diese Göttin später in mehrere Göttergestalten Fria-Frigg, Huldra, Holda, Îsa u. s. w.

Die im Blitze, den Sonnenstrahlen, wie in allen Leben der Natur waltenden Seelen, die Ribhus (Arbhus) waren leibhafter geworden, der Name Arbhus wandelte sich den Gesetzen der germanischen Sprache gemäsz in Alb, plur. Albeis; nach späterer Aussprache Alp, plur. Elbe, Elfen. Die Marnts dauerten unter dem Namen der Mârten und ihre ganze Genossenschaft unter der Benennung des wütenden Heeres im Glauben unserer Altvordern fort. Ein lichtes Reich über dem Wolkenhimmel, das uns noch später unter dem Namen Gimli begegnet, war der Ruheort der dahingeschiedenen Frommen, der Elbe und Väter.

Die ganze Mythologie bewahrte übrigens, mochte auch manches schon weit anthropomorphischer, wie in der Urzeit gestaltet sein, ihre alte Flüssigkeit und Durchsichtigkeit. Sie stand noch ganz auf dem Boden der Naturanschauung und war keineswegs zum vollen Anthropomorphismus gediehen. Mit diesen aus dem späteren Zustande der germanischen Mythologie geschlossenen Thatsachen stimmen die ältesten Nachrichten der Römer über unser Volk vollkommen überein. Caesar lernte dasselbe zuerst in den Kriegern des Ariovist kennen, welche 14 Jahre unter kein Dach gekommen waren. Von ihnen berichtet er: „Die Germanen rechnen zur Zahl der Götter nur die, welche sie sehen, und durch deren Segnungen sie offenbar gefördert werden, Sonne (Sol), Mond (Luna) und den Feuergott (Vulcanus). Von den übrigen haben sie nicht einmal durch Hörensagen vernommen."

Die Scharen des Ariovist weihten also dem Sonnengott, der Mondgottheit, und dem Gotte des Blitz- und Heerdfeuers (Thunar), Wesen des Lichtes vorzugsweise Verehrung; sie beteten aber in diesen Göttern noch (wie es die Alten in der Urzeit, und wie es grade bei diesen Göttern die Römer noch taten) das Element selber an und waren keineswegs bis zur vollen Anthropomorphose ihrer Gottheiten vorgedrungen; die übrigen, die menschheitlichen, plastischkörperlichen Götter der Römer (Jupiter, Juno u. s. w.) kannten sie nicht einmal dem Namen nach. Noch 150 Jahre nach Caesar (um das Jahr 90 n. Chr.) erkennt man in den Schilderungen des Tacitus sehr deutlich, dass ein Lichtcultus bei unsern Altvordern vorherschend war. Als einst der König der Ampsivarier Bojocal die Römer flehentlich um Land für sein Volk anrief, schaute er zur Sonne und den übrigen Gestirnen empor und fragte sie, als wären sie gegenwärtig, ob sie Verlangen trügen den menschenleeren Boden anzuschauen. Lieber möchten sie das Meer hereinbrechen lassen gegen die, welche das Land geraubt hätten. Von den nördlichsten Germanen berichtet der römische Geschichtschreiber, sie nähmen im Glanze des Abendrotes die Gestalten der Götter wahr und erblickten ihre strahlenden Häupter.

Die Nachrichten, welche uns Tacitus in seinem berühmten und unsterblichen Büchlein „über die Lage und Sitten-Germaniens" giebt, zeigen jedoch andererseits, dass in der Periode zwischen Caesars Eroberungen in Gallien und seiner Zeit die deutschen Götter in der Anthropomorphose bedeutend fortgeschritten waren und dass der Lichtcultus der Vanengötter bereits vor neuen Gestalten zurückzutreten begann. Diese religiöse Umwälzung hing auf das engste mit durchgreifenden Veränderungen in der Lebensweise des Volkes zusammen. Im stäten Kampfe mit den neuen Feinden, den Römern wurden die germanischen Stämme in ihrer Gesammtheit aus dem Hirtenleben heraus und zu einem bewegten Jäger-, Krieger- und Ackerbauleben hinübergeführt. Wie stark die geistige Einwirkung der Römer auf das Leben unserer Altvorderen schon in jener Zeit gewirkt hatte, sehen wir daraus, dass sie schon um das Jahr 100 nach Chr. Geburt ihre Schriftzeichen, die Runen, von den römischen Colonisten in Westeuropa, in Gallien wie es scheint, entlehnt hatten. Diese Culturstufe prägte denn auch den einheimischen Mythen ihre unverkennbaren Kennzeichen auf. Ein rascheres Denken, erregteres Fühlen, frischeres Handeln führte dahin, in die alten Götter immer mehr geistige und sittliche Gedanken hineinzutragen und dadurch ihr Wesen immer menschlicher, persönlicher, individueller und mannigfaltiger zu gestalten. Der ursprüngliche Sinn vieler mythologischer Bilder ging verloren, und dies gab zur Uebertragung himmlischer Vorgänge auf irdische, zu Localisierungen aller Art (s. S. 32 fgg.) Veranlassung; aus den Wolkenkühen und Wolkenbergen wurden teilweise irdische Kühe, irdische Berge; der Wohnsitz der Elbe wurde z. T. auf die Erde verlegt, und so rückte die Mythologie im ganzen und

groszen dem Menschen in vertrauliche Nähe herab. Tacitus nennt
uns bereits eine ganze Anzahl individueller Götter und daneben heilige Haine, welche den religiösen Mittelpunkt einzelner
gröszerer Stämme bildeten. Gleichwohl war der anthropomorphische
Götterbegriff noch keinesweges so stark, dass man plastische Gestalten zu denken und darzustellen gewust hätte. So ist der Ausspruch
des Tacitus zu verstehen: „Die Götter in Tempelwände einzuschlieszen
oder der Menschengestalt irgend ähnlich zu bilden, das meinen sie,
sei unverträglich mit der Grösze der Himmlischen. Wälder und
Haine weihen sie ihnen, und mit dem Namen der Gottheit bezeichnen sie jenes Geheimnis, das sie nur im Glauben schauen."*) Da die
stürmischen Zeiten des Kampfes so ziemlich jedes andere Interesse
verschlangen, traten jetzt diejenigen Gottheiten in den Vordergrund,
welche einen Bezug auf die neue kriegerische Richtung der germanischen Geister hatten oder zulieszen. Aus der Schar der im Sturm
umfahrenden Seelen, hob sich eine Gottheit hervor, welche das Wesen des vedischen Rudra und viele Züge, welche wir bei den Indern
dem Indra beigelegt sehen, in sich vereinigte, der Sturmgott Wôdan.
Derselbe erhielt alsbald vorzugsweise kriegerische Beziehungen, ihm
wurden vor den andern Göttern Opfer und Gebete dargebracht und
so sehen wir ihn bereits zu Tacitus Zeit mindestens bei den westlichen
Germanen als Kampfgott verehrt. Er kennt ihn, wie wir sehen werden, unter dem Namen Mercur. Von den nordwestlichen Stämmen
des südgermanischen Zweiges (den späteren Sachsen und Franken)
scheint sich der Kult des Wôdan als Obergott weiter und weiter
zu den übrigen Südgermanen und Nordgermanen verbreitet zu haben.
In diesem neuen Cultus, der dem Wôdan eine erhöhtere Stellung gab,
fand eine Fülle von Vorstellungen Aufnahme, welche der lebhafte
Grenzverkehr mit den gebildeteren keltischen Völkern Galliens, so
wie mit den hunderten von römischen Handelsleuten, welche das
Land gewinnsüchtig durchzogen, der in der römischen Kaiserzeit be-
ginnende Söldnerdienst u. s. w. erzeugen musten. Das Zeitalter der

---

*) Gradeso war der älteste Götterdienst der Griechen, der pelasgische, bild-
los; ebenso der der Römer bis in die letzten Zeiten des Königtums. Erst durch
den groszen Völkerkrieg mit den Griechen lernten die Perser ihre Götter bildlich darstellen, und auch von den Skythen und ältesten Aegyptern wird berichtet, dass ihr Gottesdienst keine Götterbilder gekannt habe. In der Jugend aller
dieser Religionen waren eben die Naturgeister noch nicht aus einer phantasti-
schen und mehr oder minder unbestimmten Allgemeinheit in festere, character-
volle und der verschiedensten menschlichen Handlungen und Aeuszerungen
fähige Personen übergegangen.

Mythensysteme nahm seinen Anfang; die Phantasie bildete analog den irdischen Verhältnissen einen Götterstaat, an dessen Spitze Wôdan als kriegerischer Oberherr stand. Auch die übrigen Götter wurden jetzt je mehr und mehr in kriegerische, kampflustige Gestalten umgewandelt, bei denen sich nunmehr rasch die Anthropomorphose vollenden muste. Alle älteren Vorstellungen und göttlichen Wesen, welche sich dieser Neugestaltung der Verhältnisse nicht fügen konnten, wurden zurückgedrängt, oder ganz vergessen. Dieses Schicksal betraf vor allen Dingen die Hauptgestalten des alten Lichtcultus, die Vanen traten vor den neuen Göttern oder Götterformen in den Hintergrund. Eine neue Auffassung der herschenden Götter brach sich Bahn, man bezeichnete sie als Ansen nord. Ásen d. h. als die Stützen oder Tragebalken des Weltgebäudes und der sittlichen Weltordnung.

Immer erbitterter und unversöhnlicher war der Kampf mit den Römern geworden, schon zogen immer mehr der Edeln mit ihren Gefolgschaften auf Beute und Eroberungen nach den römischen Besitzungen aus, indes die Hörigen zu Hause auf der Scholle sitzen blieben. Naturgemäsz bildete sich hiedurch ein bedeutender Unterschied zwischen den Anschauungen in jenen und in diesen Kreisen heraus. Während die mit ihren Mannen frei durch die Welt schweifenden Edeln sich die Götter geistiger und plastischer dachten, während die Mythenerzählungen bei ihnen einen groszen und universellen Hintergrund haben und, so zu sagen ein königliches Antlitz zeigen, blieben die Mythen in der unteren Volksschicht im Gebiete des roben Naturlebens stehn und die Scenerie fast durchgehend in bäuerliche Verhältnisse festgebannt. Mit einem Wort die germanische Mythenwelt spaltetete sich in eine höhere und eine niedere Mythologie.

Mit den groszen Colonien der südgermanischen Stämme wanderte die Religion. Die Gothen brachten ihre Ansen nach Italien, die Langobarden und Angelsachsen ihren Wôdan nach der Poebene und dem Lande der Britten mit. Schon war die Mythologie, mindestens der höheren Kreise, zu solcher Körperlichkeit und Plastik gediehen, dass man anfing die Götter bildlich darzustellen und ihnen Tempel und Statuen zu errichten, schon zeigte sich der erste Ansatz zur Auflösung der Götterwelt; man fing an einzelne anthropomorphische Gestalten, in Abstractionen aufzulösen (Hilde, Wurth s. S. 43), da wurde die südgermanische Mythologie durch die Einführung des Christentums gehemmt. Das ermattete Weltreich der Römer war zugleich in seinem Innersten aufgeregt und an seinen Grenzen überschritten worden. Aber mit derselben gewaltigen Lehre, die ihm eben

erst seine alten Götter gestürzt hatte, konnte das den Germanen
unterwürfige Rom von neuem seine Sieger unterwerfen. Dadurch geschah der Flut der Völkerwanderung allmählich Einhalt. Die neubekehrten Völker begannen sich zu festigen und ihre Waffen umzukehren gegen die im Rücken sitzenden Heiden. Langsam Schritt vor
Schritt wich die Heidenschaft der Lehre Christi. Fünfhundert Jahre
nach Christo glaubten an ihn noch die wenigsten Völker Europas;
nach tausend Jahren die meisten, aber nicht alle. Aus Griechenland
und Italien ging die christliche Lehre zunächst im zweiten und dritten
Jahrhundert nach Gallien über. Einzelne Christen kommen gegen
das Jahr 300, oder bald nachher unter den rheinischen Deutschen,
zumal Alamanen vor, zu gleicher Zeit unter den jetzt schon südwärts
bis an die Donau fortgewanderten Gothen. Die Gothen sind das
erste deutsche Volk, bei welchem das Christentum im Laufe des vier-
ten Jahrhunderts sicheren Fusz fasste. Die Westgothen gingen voran,
die Ostgothen folgten; nach ihnen bekehrten sich die Vandalen, Ge-
piden und Rugier. Die Burgunder in Gallien wurden catholisch im
Anfang des fünften Jahrhunderts, später unter westgothischen Herschern Arianer, im sechsten Jahrhundert wiederum catholisch. Erst
gegen den Abschluss des fünften und zu Anfang des sechsten Jahrhunderts gewann das Christentum die Franken für sich, darauf die
Alamannen, nachher die Langobarden. Die Baiern wurden im achten,
die Sachsen gegen das neunte Jahrhundert bekehrt. Nach Britannien
hatte schon früher von Rom aus das Christentum Eingang gefunden;
der Einbruch der heidnischen Angelsachsen störte es. Gegen den
Schluss des sechsten und im Beginn des siebenten Jahrhunderts
gingen auch die Angelsachsen zum neuen Glauben über.

Den Franken gelang es nach und nach die verschiedenen deutschen Stämme in einer groszen Monarchie zu vereinigen und, nachdem auch die Sachsen durch Feuer und Schwert zum Abfall von den
vaterländischen Göttern gezwungen waren, in der Einheit des catho-
lischen Glaubens zu verbinden.

Vorzugsweise die herschenden Stände, auf deren Bekehrung es
den Missionaren zunächst ankam, waren es, welche, nachdem sich
einmal ihr stolzer Nacken vor dem Kreuze, ihre eigenwillige Kraft
vor der selbstverleugnenden und allumfassenden Liebe des Erlösers
gebeugt hatte, mit ihrem ganzen Menschen der geistigeren Religion sich hingaben. Ihre vorchristlichen Vorstellungen wurden schneller vergessen. Nur wenige wertvolle Bruchstücke aus der reichen
Fülle heidnischer Lieder, welche aus den edleren Kreisen hervorgingen, sind uns unmittelbar erhalten; aber manche Stoffe dieser

Poesie haben sich mit verändertem Gewande in die Legende und in die Heldensage, vereinzelte andere auch in die übrige Dichtung des Mittelalters geflüchtet.*) Zwar fasste man noch lange die christliche Religion im Geiste des alten Glaubens auf, Christus erschien den Neubekehrten nicht als der zur Knechtsgestalt erniedrigte, in Armut auf Erden wandelnde Gottessohn, sondern als ein himmlischer Volkskönig, edelster weil göttlicher Abkunft, der mit seiner Gefolgschaft, den Jüngern, richtend und lehrend durch's Land zog.**)

Ganz anders stand es mit dem niederen Volke. Denn an dieses trat der neue Glaube fast nur als etwas äuszerliches heran und mehr als äuszerliche Beobachtung der kirchlichen Caeremonien verlangten die meisten Heidenapostel nicht. Zwar bekämpften sie die heidnischen Götter und Gebräuche aufs äuszerste; aber sie leugneten die Existenz der ersteren keineswegs, sondern glaubten selbst mit schener Furcht an dieselben als teuflische Mächte, welche durch Betrug sich den Heiden als Götter aufgedrungen hätten, oder man hielt dieselben für Menschen, welche Vergötterung erlangt. Andererseits verfuhr man gegen manche heidnische Sitte, die mit der alten Religion verwachsen war, sehr schonend. Wir besitzen noch einen Brief Gregors des Groszen an den Abt Mellitus, der auf die Bekehrung der Angelsachsen bezüglich das politische Testament enthält, nach welchem traditionell in aller Folgezeit unter deutschen Heiden die Mission betrieben wurde. In diesem Briefe wird empfohlen die Tempel der Heiden nicht zu zerstören, sondern mit Weihwasser zu besprengen und in christliche Kirchen zu verwandeln, damit das Volk an den durch lange Gewohnheit geheiligten Orten desto lieber und eher an den Dienst des wahren Gottes sich gewöhne. Die Opfermahlzeiten von Stieren im Dienste der Götter sollten in Mahlzeiten zu Ehren der heiligen Märtyrer verwandelt werden. An den Festtagen der Heiligen möge das Volk rund um die Kirchen, die einst heidnische Tempel

---

*) Unmittelbar heidnische Lieder sind die beiden 1842 von Waitz entdeckten Merseburger Zaubersprüche „Idisi" und „Phol endi Wôdan"; ferner der Anfang des Wessobrunner Gebetes, das Hildebrandslied; eine Reihe angelsächsischer Zaubersprüche und Rätsel, endlich liegen einigen Teilen des „Muspilli" heidnische Lieder zu Grunde, wenn man auch unmittelbare Einschiebung heidnischer Stücke in das Lied nicht wird annehmen dürfen. Ein von Zappert neuerdings publiciertes altdeutsches Wiegenlied, welches die Namen mehrerer Göttinnen enthält, trägt zu sehr die unverkennbaren Spuren der Unechtheit an sich, als dass es von uns in Betracht gezogen werden dürfte.

**) Ich verweise meine Leser auf Vilmars schöne Auseinandersetzung über Otfried und Hêljand in seiner deutschen Literaturgeschichte.

waren, in Zelten aus Baumzweigen sich lagern, in gewohnter
Weise Tiere schlachten und verzehren, aber unter Anrufung Gottes
und nicht mehr der Teufel. Noch den Bonifacius ermahnte Bischof
Daniel von Winchester, erst langsam von Bekämpfung des heidnischen Aberglaubens zur Anknüpfung christlicher Sätze überzugehen
und anfangs den Göttergenealogien nicht zu widersprechen, um
daraus zu erhärten, dass die Götter durch geschlechtliche Zeugung
entstanden sind. Daraus folge dann ihr zeitlicher Ursprung, weil sie
doch nicht früher waren, als sie wurden, und folge weiter, dass
man in ihnen nicht Götter, sondern Menschen zu erblicken
habe. Bonifaz selbst sagt in einer seiner Predigten: Alle Opfer aber
und Beobachtung der Vorzeichen von Seiten der Heiden sind Ent-
weihungen des Heiligen. Der Art sind Opfer für Leichname oder
über den Gräbern, Amulette, ihre Opfer auf Steinen, an Quellen und
Bäumen, für Jupiter (Thunar) und Mercur (Wôdan) und die andern
Götter der Heiden; „denn die sind sämmtlich teuflische
Mächte."

Es ist begreiflich, dass bei diesem Verfahren von Seiten der
Geistlichkeit viele heidnische Vorstellungen sich nur unter den schüt-
zenden Namen Gottes, der Heiligen, oder teuflischer Mächte zu flüchten brauchten, um unangefochten fortbestehen zu dürfen. Die christliche Religion fordert von ihren Bekennern vor allem die Anerkennung tiefer sittlicher Grundwahrheiten, daneben konnte dann vielfach
unmittelbar die mit den Göttergestalten des Heidentums und mit
mannigfachen Gebräuchen des täglichen Lebens eng verbundene
bildliche Naturanschauung des Landmanns als ein ganz indif-
ferentes, abgesondertes Gebiet fortleben, ohne dass das Volk den
Widerspruch mit dem kirchlichen Dogma merkte, oder der Clerus
darauf achtete. So ist es denn gekommen, dass in den Sagen und
Sitten des Landvolkes, in manchen Kinderliedern u. dgl. sich mannigfache Reste der alten heidnischen Religion unserer Väter bis auf
unsere Tage fortgepflanzt haben. Freilich sind auch diese Ueberbleibsel des Mythus noch einem weiteren geschichtlichen Verlauf ausgesetzt gewesen. Sie haben auf das mannigfaltigste immer neue zeitliche und räumliche Localisationen (s. S. 33 fgg.), Brotomorphose (s.
S. 44) und Abschwächungen aller Art erleiden müssen; sie stehen uns
aber in so reicher Fülle zu Gebot, dass wir sie als die Hauptquelle
für die Kenntnis der niederen Mythologie unserer Alten bezeichnen dürfen.

Bei aller dieser Fülle sind die Reste der südgermanischen Mythologie doch nur groszartige Trümmer und es würde uns nicht gelingen
ein Ganzes daraus aufzubauen, wenn nicht ein günstigerer Stern über

der Göttersage des verwandten skandinavischen Nordens gewaltet hätte. So lange das Heidentum bei den südgermanischen Völkern Bestand hatte, muss ein sehr enger und reger geistiger Austausch zwischen ihnen und ihren skandinavischen Brüdern stattgefunden haben. Dies ist nicht allein aus verschiedenen politischen Begebenheiten, sondern ebensowol aus culturgeschichtlichen Tatsachen abzunehmen. Wie die aus Römerhand empfangene Runenschrift von den Deutschen den nordischen Germanen mitgeteilt wurde, habe ich bereits (S. 71) erwähnt. Die babylonische siebentägige Planetenwoche war, über Aegypten kommend, um das zweite Jahrhundert nach Christi Geburt im römischen Reiche allgemeiner in Anwendung gekommen. Um das vierte Jahrhundert fand sie bei den heidnischen Franken Eingang, welche die Namen der Planetengötter (Sol, Luna, Mars, Mercurius, Jupiter, Venus) in die Namen einheimischer Gottheiten (Sunna, Mâno, Zio, Wôdan, Thunar, Fria) übersetzten. Nach und nach verbreitete sich diese siebentägige Woche zu den übrigen germanischen Stämmen und noch zur Zeit des Heidentums nahmen auch die nordgermanischen Stämme dieselbe an, nur veränderten sie den Namen des Freitags, welcher bei ihnen Friggjar dagr (Tag der Frigg = Fria) lauten müste, in Freyjudagr (Tag der Freyja). An die so neu gewonnenen heiligen Tage schloss sich sehr bald im Süden und Norden der mannigfachste Aberglaube und gottesdienstliche Brauch.

Zu derselben Zeit ungefähr, als die Planetengötter bei den Franken in Aufnahme kamen, vergaszen diese, aus ihren Sitzen östlich vom Rhein nach den heutigen Niederlanden eingewandert, das eigentliche Wesen ihres lichten Frühlingsgottes Sigufrit und gestalteten ihn zu einem Helden um, dessen Sage in Verbindung mit historischen Erinnerungen von der Niederlage des benachbarten Burgundenreiches durch Attila 437 bald zu einer groszen epischen Heldensage, der Nibelungensage, sich ausbildete. Funfzig Jahre später war diese Sage bereits in den Norden ausgewandert und wurde hier wie in Deutschland in Liedern besungen. Andererseits ist es wol unzweifelhaft, dass eine finnische Benennung des Kobolds Pûk durch Vermittelung der Nordgermanen zu den Südgermanen (Sachsen und Angelsachsen) getragen wurde. So grosz war die geistige Gemeinschaft zwischen dem Norden und Süden, dass ein und dieselben religiösen Lieder nur mit mundartlicher Verschiedenheit hüben und drüben gesungen wurden. *)

*) So stimmt die Anfangsstrophe des Wessobrunner Gebetes mit Str. 3 der Völuspâ, eines göttergeschichtlichen nordischen Liedes so zu sagen wörtlich überein; so der Zauberspruch Phol endi Wôdan mit einer in Schweden aufgefundenen Recension.

Die Bekehrung der südgermanischen Stämme, welche mit einmal
römische Bildung und Sitte auf deutschen Boden zu verpflanzen
suchte, zerschnitt alle Bande der Lebensgemeinschaft mit der nordischen Welt. Den Skandinaven war es beschieden, noch fünfhundert Jahre sich fortentwickeln und eigentümlich und national weiter-
bilden zu können. Hier vermochte die einheimische Mythologie un-
gestört zur schönsten Blüte, deren sie fähig war, sich zu entfalten
und den Kreislauf ihres Lebens bis nahehin zur innern Auflösung
zu vollenden. Im zehnten Jahrhundert wurden die Dänen Christen,
im Anfang des elften die Norweger und Isländer, in der zweiten
Hälfte des elften erst gänzlich die Schweden. Historische Verhältnisse begünstigten das schnelle Wachstum der nordischen Mythologie.
In der zweiten Hälfte des achten Jahrhunderts waren, wie der norwegische Geschichtsforscher Munch nachzuweisen gesucht hat, schwedische Männer siegreich vom Logen südwärts vorgedrungen, hatten
die Reste des gothischen Stammes in Schonen überwältigt und sich
der dänischen Inseln im Sund und in den Belten bemächtigt. Diese
Kämpfe, welche sich an die Namen Harald Hiltitand und Ragnarr
Lodhbrôk knüpfen, riefen nachhaltige Bewegungen hervor. Ihnen
verdanken die groszen Raub- und Piratenzüge schwedischer, norwe-
gischer und dänischer Heerkönige den Anstosz, welche unter dem
Namen der Vikinger- oder Normannenfahrten berühmt sind. Herzöge,
Grafen und Königssöhne durchstürmten mit einer Gefolgschaft freier
Männer die Meere Europas und landeten schreckverbreitend an allen,
sogar afrikanischen und asiatischen Küsten, um mit reicher Beute
in die Heimat zurückzukehren. Als im Ausgang des neunten Jahrhunderts Harald Hårfagr (Haarschön) die vielen kleinen Reiche Nor-
wegens unter seiner Alleinherrschaft vereinigte, flohen viele Edle
und Bauern, stolze, tatkräftige Naturen, die Blüte der Normannen,
den Verlust der Freiheit nicht ertragend, nach den neuentdeckten
aber armen Inseln Island, den Færoeer und Orkneys. Auf ihre Kinder vererbte sich der hochstrebende Geist und Tatendrang der Väter;
durch die Armut der Heimat gezwungen durchstreiften sie bald, geborene Herscher, auf Kriegs - und Handelsflotten in immer wachsender Anzahl den Ocean. Diese Vikingerzüge brachten die Nordgermanen mit so vielen neuen Lebenskreisen in Berührung, und weckten
in ihnen so viele neue Anschauungen, dass ihre Mythologie nunmehr
vollends sich anthropomorphisch und kriegerisch gestalten, dann
allmählich immer mehr vergeistigen musste. Ein ausgebildeter Tem-
peldienst ergab sich als eine weitere Folge dieses Fortschrittes. Den
grösten Einfluss auf diese Gestaltung der Dinge übte das wachsende

Ansehen der Hofdichter, der sogenannten Skalden, welche durch
Lieder das Volk vor des Königes Schlachten entflammten, in denen
sie selbst als tapfere Krieger das Schwert schwangen, und nach
denen sie in kunstvollen Weisen entweder den Sieg feierten, oder
ihres Herren Fall beklagten. Auch die andern germanischen Stämme
hatten schon im Heidentum Sänger gekannt, welche im Königsaal
Lieder von den Taten der Vorzeit und Gegenwart ertönen lieszen,
jetzt gewannen dieselben im Norden an Bedeutung. Der Stoff ihrer
Gesänge war teils ganz, teils zum gröszeren Teile aus der Göttersage entnommen, um durch die Grosztaten der Ásen die Mannen zu
gleich gewaltiger Thatkraft zu begeistern; die Sagen zeigten ja, wie
die Götter den Herschern und Helden hilfreich zur Seite stehen und
die Gefallenen mit Ehre und Glanz in ihre Halle aufnehmen; alles
Anlässe genug, um das Leben der Ásen nach menschlicher Weise
und den menschlichen Verhältnissen gemäsz zu schildern, damit das
Treiben der Könige und ihrer Gefährten als ein getreuer Spiegel des
göttlichen erscheine. So wurde, von den Skalden angeregt, an den
vielen kleinen Fürstenhöfen des Nordens und überhaupt im Kreise
der höheren Stände eine edle Dichtkunst gepflegt, deren Uebung
in älteren Zeiten allgemein war und den Charakter der Volkspoesie trug. Die Wirkung dieser Poesie zeigte sich bald. Immer
schöner und plastischer wurde der Sagenstoff herausgebildet, man
fing an die Taten der Götter, die Gedanken über Ursprung, Dauer
und Endschicksale der Welt in eine Geschichte, in ein System zu
bringen und so wuchs, immer aufs neue von Bauern und Helden
gesungen, in heiliger Versammlung durch die Vorsteher der Stamm-
heiligtümer (Godhar) vom Rednerstuhl (thularstöll) vorgetragen die
Mythologie der nordischen Stammverwandten zu jener Einheit des
Gedankens zusammen, die wir darin bewundern, und welche die
südgermanische Mythologie bei ihrem Untergang durch die Einführung des Christentums noch nicht erreicht hatte.

Die Kenntnis jenes älteren in edeln Kreisen gedichteten Volks-
liedes zog sich im neunten und zehnten Jahrhundert fast ganz auf
die Insel Island zurück, deren freie Bewohner mit Zähigkeit die
Traditionen der alten Heimat fest hielten. So kam es, dass man
der Kenntnis der alten Sagen und Lieder wegen nun vorzugsweise
Isländer als Skalden an den nordischen Königshöfen suchte. Da
sich diese, zu gewaltige Charaktere und zu stolz, um niedrige
Schmeichler zu sein, nur um den tapferen Herscher scharten, erschien
den Fürsten das Lob der freien Insulaner viel wertvoller, ihr Tadel
viel gewichtvoller, als der Preisgesang der eigenen Untertanen. Un-

ter diesen Verhältnissen wurde der Skaldengesang allmählich zur
gelehrten Kunst und Künstelei; man verlangte die Darstellung der
nackten Begebenheiten. Die mythologischen Stoffe hörten auf
Vorwürfe der Dichter zu bilden, wol aber wurden die Bilder und
Umschreibungen, mit denen der Skalde phantastisch seine Gesänge
ausschmückte, noch immer der Mythologie entnommen. Wie ein
Bergsturz prasselt und zischt, von diesen Bildern durchwebt, die Erzählung und prächtig wie die Eisgebirge des Nordens starren die
kunstvollen Versformen.*) Diese Bilder wurzelten so ein, dass man
sie auch nach der Einführung des Christentums in Norwegen und
Schweden in der Dichtkunst beibehielt. Deshalb bedurften die Skalden noch immer der alten Volkslieder und Sagen, in denen die mythologischen Vorstellungen der Vorzeit niedergelegt waren, nachdem
auch auf Island um das Jahr 1000 durch Beschluss der Volksver-
sammlung das Christentum angenommen war. Sobald der erste
glühende Eifer der Bekehrer vorüber war, liesz sich kein römischer
Priester mehr in das wenig gewinnbringende Land mit seinen ewigen
Eisfeldern schicken, und Island gewann das unschätzbare Glück, einheimische Geistliche zu besitzen, welche statt des Latein die Mutter-
sprache und die einheimische Poesie pflegten, ihre Denkmäler be-
wahrten. So konnte am Ende des 13. Jahrhunderts ein unbekannter
Verfasser sich das unsterbliche Verdienst erwerben, die im siebenten,
achten oder neunten Jahrhundert gedichteten Volkslieder von den
Taten der Götter und Helden zu sammeln, und wo sie lückenhaft
geworden waren, die Erzählung aus sonstigen Quellen durch prosaische Einschiebsel zu ergänzen. Diese Sammlung ist unter dem
Namen „der älteren, oder poetischen Edda" bekannt. **)

---

*) Als Beispiel diene eine Schlachtschilderung des Skalden Kórmakr: Auf
brauste der Kampf, da der König, der Nährer des Riesinnenrosses (d. i. des
Wolfes) Streit anhebend voranschritt, das tönende Wundenfeuer Ódhins (d. i. das
Schwert) tragend. Da kam Urdhr (die Schicksalsgöttin) zum Brunnen (dem
Blutbache).

**) Sie besteht aus zwei grösseren Theilen. Der erste enthält 16 auf die
Göttersage bezügliche Lieder (Völuspá, Hávamál, Vafthrúdhnismál, Grimnis-
mál, Alvissmál, Hýmisquidha, Oegisdrekka, Hamarsheimt (Thrymsquidha), Har-
bardhsljódh, Baldrs draumar, Skírnismál, Rigsmál, Hyndhluljódh, Grógaldr,
Fjölsvinnsmál, Hrafnagaldr Ódhins; der zweite Teil besteht aus 21 Liedern,
welche die Heldensage von Wieland (Völundr) und den Nibelungen behandeln
Völundarquidha, Helgaquidha Hjörvardhssonar, Helgaquidha Hundingsbana I. II,
Sinfjötlalok, Sigurdharquidha I. II, Fafnismál, Sigrdrifumál, Sigurdharquidha III,
Brynhildarquidha, Helreidh Brynhildar, Gudhrúnarquidha I, Dráp Niflunga,

Inzwischen hatte sich längst das Bedürfnis herausgestellt, zum Gebrauche angehender Skalden die alten, in Vergessenheit geratenen Göttersagen in einer prosaischen Erzählung nach den alten Liedern übersichtlich zusammenzustellen, um ihnen dadurch das Verständnis der mythologischen Umschreibungen wach zu erhalten. Dies geschah bereits im elften Jahrhundert, wahrscheinlich von der Hand des gelehrten Priesters Saemund des Weisen, welcher 1076 auf seinem Landgute Oddi die dritte Schule der Insel anlegte. Diese Sammlung ist uns unter dem Namen Gylfaginning (Täuschung des Gylfi) erhalten. Hundert und fünfzig Jahre später war der heidnische Götterglaube ganz aus dem Leben verschwunden und selbst die mythologischen Umschreibungen wurden den Skalden ungewohnt und ungeläufig. Aus diesem Grunde unternahm es Snorri Sturluson, einer der bedeutendsten isländischen Gelehrten des 13. Jahrhunderts, ein Handbuch der Poetik für Skaldenjünger (die Skálda) zu schreiben, in welchem er die mythologischen Ausdrücke und Umschreibungen nebst einigen älteren Skaldenliedern und Göttersagen zusammenstellte. Dieses Buch vereinigte man kurz darauf mit der Gylfaginning und einigen andern ähnlichen Schriften und umfasste beide mit dem Namen *Edda*, d. i. Urgroszmutter. In neuerer Zeit ist diese Sammlung unter dem Namen „jüngere, prosaische oder Snorra-edda" bekannt. *)

In den beiden Edden und in der ausgedehnten prosaischen Literatur des alten Islands (den Sagas) ist uns ein reiches Material über die Mythologie des norwegischen Volksstammes auf der skandinavischen Halbinsel und Island erhalten. Was die Edda für diese Abteilung des nordgermanischen Stammes, ist die dänische Geschichte des Seeländers Saxo Lange, den man wegen seiner Gelehrsamkeit den Grammatiker (Saxo grammaticus) nannte. Die ersten 8 Bücher seines im 12. Jahrhundert lateinisch geschriebenen Werkes schöpfte er ganz und gar aus altdänischen, die Sagen von den einheimischen Göttern und Helden behandelnden Liedern, indem er deren mythischen Inhalt euhemeristisch (s. S. 45) für bare Geschichte nahm.

Gudrúnarquidha II. III, Oddrúnargrátr, Atlaquidha, Atlamál, Gudhrúnarhvöt, Hamdhismál, Grottasöngr. — Man schrieb die Sammlung der poetischen Edda lange Zeit Saemund dem Weisen zu, und nannte sie daher Saemundsedda.

*) Die Edda, welche wir Deutsche in mehr als einer Beziehung auch unser Eigentum nennen dürfen, ist unserm ganzen Volke zugänglich gemacht durch Simrock's treffliche Uebersetzung: Die Edda, die ältere und jüngere nebst den Erzählungen der Skalda, übersetzt und mit Erläuterungen begleitet von Karl Simrock. Zweite Auflage. Stuttgart, Cotta 1855.

Im Volksgesang aller nordgermanischen Stämme lebten noch bis ins späte Mittelalter viele Lieder nach Art der eddischen, ja einzelne der in der alten Sammlung erhaltenen mündlich fort und sind neuerdings aufgezeichnet: die Volkssage und Sitte des Landvolks hat auch hier sich als die treue Bewahrerin alter Naturmythologie erwiesen.

Jahrhunderte war in Deutschland jede Erinnerung an die alte Mythologie der heidnischen Väter erloschen. Als jedoch mit dem Ausgange des 15. Jahrhunderts der europäischen Welt die Endschaft der mittelalterlichen Zustände zum Bewustsein zu kommen begann, fühlte man sich berufen, wenigstens das Gedächtnis der untergehenden Zeit festzuhalten und wandte seine Aufmerksamkeit auf die einheimischen Geschichtsquellen. In der um 1460 entdeckten Germania des Tacitus (s. o. S. 71) fand man die ersten Nachrichten über altdeutsche Götter. Aber schon 1481 hatte ein gelehrter Betrüger, Annius von Viterbo, diese Nachrichten in einem zusammengelogenen Werke (Defloratio Berosi) euhemeristisch für wirkliche Geschichte erklärt und, mit biblischen Erzählungen vermengt, für Ueberlieferungen des babylonischen Priesters Berosus aus dem allertiefsten Altertum ausgegeben. Dem Annius schrieb man während des ganzen 16. Jahrhunderts nach. Wenn Tacitus berichtet, die Deutschen leiteten auf einen erdgeborenen Gott Tuisto ihren Ursprung zurück, so machte man nun daraus: Thuysto oder Thuysco war der Sohn des Noah, welcher auch Janus oder Coelus geheiszen habe. Im Jahre 131 nach der Sündflut sei er mit 20 Heerführern nach Deutschland gekommen und habe dem Volke von sich den Namen Thuysconcs gegeben. Gegen diese euhemeristische Richtung lehnte sich das von theologischen Interessen beherschte 17. Jahrhundert auf, zumal da man durch einzelne bedeutende Forscher (Gyraldus, Comes Natalis) schon auf klassischem Boden Götter von Menschen scheiden gelernt hatte. Jetzt war man vielmehr darauf bedacht, mit buntester Vermengung des verschiedenartigsten, in allen Heidengöttern Namen des christlichen Gottes nachzuweisen. Aus dem Volksnamen der Teutonen (die man für Deutsche schlechtweg nahm) schloss man fälschlich auf einen *Urvater Teut* *) den Ahnherrn der „Teutschen," = Tuisco. Diesen stellte man wiederum mit einem griechisch-phönikisch-aegyptischen Gotte der Weisheit, Urzauberer und Urphiloso-

---

*) Daher sprechen Klopstock und die Bardendichter des vorigen Jahrhunderts vom „Vater Teut."

phen Theuth (Hermes Trismegistos) *) und mit den Namen und Worten gallisch Teutates, griech. Zeus, griech. theos ($\vartheta\epsilon\delta\varsigma$ Gott) lat. deus (franz. dieu) als identischen Bezeichnungen des wahren Gottes zusammen. Andere brachten es in Erforschung der deutschen Mythologie wenigstens bis zur Kenntnis der Götter, nach welchen die Wochentage ihren Namen haben (s. o. S. 77) ohne überall das richtige zu sehen.

Immer lebhafter wandte sich namentlich nach dem westphälischen Frieden das Interesse des Volkes im Jammer der Gegenwart dem Andenken der Vergangenheit zu. Der Leere des einheimischen Götterhimmels versuchte man durch Träumereien und Erdichtungen abzuhelfen, und so kam eine Anzahl erlogener Gottheiten in Aufnahme, welche schon früher müszige Spielerei oder Träumerei erdacht hatte, die nunmehr aber alle Geschichtsbücher und Chroniken (selbst bis auf die neuere Zeit hin) mit ihrem Ruhme erfüllten. Es ist ergötzlich und lehrreich zugleich, einige dieser Burschen näher in Augenschein zu nehmen.

I. Krodo. Bothe tischte in seiner „Kronecke der Sassen" 1492 die erfundene Nachricht auf, dass auf der Harzburg ein alter Götze Namens Krodo gestanden habe, welcher von den Umwohnern verehrt worden sei. Zu dieser Notiz gab er eine Abbildung, welche einen auf einem Fische stehenden Mann darstellt. Bothe fand viele gläubige Nachbeter, welche den Krodo mit dem römischen Saturnus für eins erklärten. Einen zu Goslar aufbewahrten christlichen Altar oder Reliquienkasten deutete man als einen Altar des Krodo, und Ortsnamen wie Krotenpfuhl (d. h. Krötensumpf) wurden als Zeugnisse für den Dienst dieses Gottes geltend gemacht. Schon zählte die Literatur über Krodo nach hunderten, als im Beginn unseres Jahrhunderts von Delius unwiderleglich dargetan wurde, das Bothe auf keine ältere Nachricht sich stützte, mithin seine Angabe rein aus der Luft gegriffen ist.

---

*) Er war aus den ägyptischen Gestalten des Tăuud, Tot, der phönikischen des Schlangendämons Taaut, der hellenischen des Hermes zusammengeflossen.

II. Püsterich. Im Jahre 1550 wurde in einer Kapelle des damals schon teilweise in Ruinen liegenden Schlosses Rotenburg bei Kelbra in der goldenen Aue eine hohle Broncefigur gefunden, welche wahrscheinlich einst den Untersatz eines Taufbeckens oder Altars bildete. Sie stellt einen kuienden Knaben mit Pausbacken dar und

erhielt daher bald nach ihrer Auffindung den Namen Püsterich (von pusten). Mitten im Munde und am Scheitel über dem linken Auge befindet sich je eine kleine Oeffnung von $1/2''$ Durchmesser; dieselbe hatte wahrscheinlich nach Vollendung des Gusses zur Herausschaffung des Kernes gedient. Zufälliger Weise machte man bald die Bemerkung, dass wenn man die innere Höhlung des Erzbildes mit Wasser füllte, die Oeffnungen fest verpflöckte und starkes Feuer darunter heitzte, die Keile mit starkem Geräusch herausgetrieben wurden und grosze Dampfwolken sich durch die Oeffnungen drängten. Ein Wesen mit solchen Kräften konnte bei der Unwissenheit jener Zeit nicht für ein gewöhnliches gelten. Bald erklärte man den Püsterich für einen Götzen der alten Deutschen, besonders aber der Niedersachsen und Thüringer. Die heidnischen Priester hätten sich des Bildes bedient, um durch seine fürchterlichen Dampfausströmungen das Volk in Schrecken zu setzen und zu bedeutenden Abgaben zu zwingen. In der Nähe der Rotenburg befanden sich alte geistliche Besitzungen von welchen „eine heilige Buche, ein heiliger Born" den Namen führten. Den Ursprung dieser Benennungen schob man ins Heidentum zurück und leitete sie von vermeintlichen Heiligtümern des Püsterich ab, dessen Cultus auch der „Hainrain" „Hainweg" und „Haingarten" (d. i. der alte Küchengarten der Rotenburg), sowie die nahegelegenen „Flämischen Ländereien" (so genannt nach Flandrischen Colonisten des 12ten Jahrhunderts) bezeugen sollten. Letzteres Wort leitete man nämlich von dem lateinischen „flamen" der Priester ab. Erst im Jahre 1852 gelang es, den Püsterich gänzlich und für immer aus der Gesellschaft der deutschen Götter zu verweisen.

III. Lollus. Wahrscheinlich die Auffindung der Statue eines Jünglings mit krausem Haar, der mit der rechten Hand seine ausgestreckte Zunge, in der Linken einen Becher mit Kornähren hält.

gab Veranlassung einen Feldgott der Franken **Lollus** zu erfinden.*)
Die Einwohner von Schweinfurt hätten ihm in heiligem Haine mit
unblutigen Opfern gedient. Der heil. Kilian habe sein Bild in den
Main versenken lassen, nach seinem Märtyrertode in Würzburg sei
jedoch eine neue Statue gegossen und verehrt. Ein Platz in Schwein-
furt, der kleine Löllein, trage nach Lollus den Namen. Ein zweites
Bild des Gottes habe sich in der Kirchhofmauer zu Lellenfeld im
Eichstädtischen befunden.

IV. **Jodutte, Jodutha.** In der Schlacht am Welpesholze 1115
gewannen die aufständischen Sachsen den Sieg über Kaiser Heinrich V. In der Folge sollen die Sachsen zum Andenken dieser Begebenheit eine Bildsäule errichtet haben, welche einen auf vaterländische
Weise mit einem Eisenhut bewaffneten Krieger vorstellte. Diesen
haben die dummen Bauern (rustici de terra rudes) den heiligen
Theiodute geheiszen, weil sie geglaubt, durch ihn den Sieg gewonnen zu haben.**) Die Unkritik der letztvergangenen Jahrhunderte
las aus dieser Nachricht die Erzählung von einem sächsischen Gotte
Jodutte, oder einer Göttin Jodutha heraus.

V. **Stuffo, Reto, Biel, Lahra, Jecha, Astaroth** sollen
Gottheiten der alten Thüringer gewesen sein. Im Jahre 722 habe
der h. Bonifaz den Stuffenberg im Eichsfelde bestiegen und den Abgott Stuffo beschworen sich in den Abgrund der Hölle zu packen. Der ·
Götze sei mit lautem Geschrei und wüstem Gestank in eine Höhle,
das Staufenloch, gefahren. Auf derselben Missionsreise soll Bonifaz
auf dem Rietberge den Abgott Reto, auf der Bielshöhe den Götzen
Biel, zu Osterrode den Astaroth, zu Jecheburg die Jecha, endlich zu
Schloss Lahr die Göttin Lara vernichtet haben. Man sieht leicht,
dass diese vermeintlichen Götter müszige Erfindungen aus Ortsnamen
sind, welche ein Lebensbeschreiber des Bonifacius machte, um einige
Capitel im Leben seines Heiligen zu füllen. Zuerst finden sich jene
Angaben in den 1603 erschienenen Lebensbeschreibungen des Bonifaz
von Letzner und Cyriacus Spangenberg.

Während derartige Träumereien dicke Bände deutscher Bücher
füllten, entdeckte Arngrim Johnson auf Island 1625 die jüngere Edda,

---

*) Löll oder Lolli heiszt nämlich im fränkischen Dialect ein Mensch, der
nicht gut reden kann; lulle in Kärnthen ein solcher, der an den Fingern saugt;
bair. lullen, an den Fingern saugen.

**) Jo-dute ist ein niederdeutscher Ausruf, welcher dem hochdeutschen ze-
ter! Zetergeschrei entspricht (z. B. wâpen io iodute! helpet mi!). Die Bildsäule war also nach dem Feldgeschrei benannt, welches den Sachsen zum Siege
verholfen.

und 1643 folgte die Entdeckung der älteren Edda. Sehr bald begann man, die neugefundenen literarischen Schätze nach jeder Richtung hin, somit auch für die Mythologie, auszubeuten. Auf Grund
des nun gewonnenen Bodens forschten in Deutschland während des
18ten Jahrhunderts als achtbare Mythologen Trogillus Arnkiel, Cas-
par Schütz und Grupen neben vielen Träumern und Ignoranten. Jedoch hat erst die neuere Zeit uns ein tieferes und eingehenderes
Verständnis der nordischen Quellen eröffnet und noch immer würde
uns die Edda ferne stehen und die eigentlich deutsche Mythologie
unbekannt und unverstanden geblieben sein, wenn nicht J a c o b
G r i m m s unsterbliches Werk „Deutsche Mythologie, Göttingen 1835"
zum erstenmale den Aufbau unserer alten Götterlehre in Verbindung
mit der nordischen versucht und in der groszartigsten Weise gezeigt
hätte, wie reichlich die Quellen einheimischer Mythologie noch in
der lebendigen Volkssage und Volkssitte flieszen.

Weitergehende Untersuchungen stellten heraus, dass der Volksglaube,
vermöge des (S. 22) dargelegten Gesetzes, in so hoher Ursprünglichkeit neben vollendeteren und ausgebildeteren Mythen dieselben Natur-
wurzeln der Sagen bewahrt hat, welche wir in den Véden beobachten, können dass eine Betrachtung derselben unmittelbar das Verständnis der höheren Mythologie eröffnet.

IV.

Die ersten Naturelemente der germanischen Mythen.

Wolken und Nebel.

„In doppeltem Kreislaufe um ihre Axe und um die Sonne sich schwingend, durchläuft die Erde nicht nackt und entblöszt den eisigen Aether, sondern verhüllt mit dem durchsichtigen und doch dichten Schleier des Dunstkreises oder Luftmeeres. Wir leben zwischen zwei Meeren, auf dem Grunde des Luftmeeres und auf der Oberfläche des Wassermeeres." Dieser Satz, den die Wissenschaft erst neuerdings tiefer begründete, ergab sich der unbefangenen Anschauung des Altertums von selbst. In dem grauen Dunstkreise, aus welchem das segnende Nass der Himmelsgewässer herabströmte, erschaute man ein groszes zusammenhangendes Wasser, ein Meer oder einen Brunnen. So wird in den Véden das Luftmeer als Himmelsoccan (samudra), Strom oder Brunnen gedacht. Andererseits ist utsa d. i. Brunnen ein häufiges vedisches Wort für Wolke. Diese uralte Anschauung erhielt sich in Deutschland bis in sehr junge Zeit. Während des Regens tanzen die Kinder der Deutschen in Presburg im Kreise herum und singen:

> Liebe Frau mach die Türe auf,
> Lass die liebe Sonne herauf,
> Lass den Regen drinnen,
> Lass den Schnee verbrennen.
> Die Engel sitzen hinter dem Brunnen,
> Warten auf die liebe Sonne.

Brechen dann die Strahlen der Sonne hervor, so fällt der tanzende Kreis auf die Knie und ruft:

> Die Sonne kommt, die Sonne kommt
> Die Engel fallen in den Brunnen.

Unsere liebe Frau, die Mutter Gottes, wird hier angerufen, aus der Türe des Himmels das Sonnenlicht hervorgehen zu lassen, den Regen dahinter zu verschlieszen. Unter der Himmelstür ist eigentlich die Sonne selbst zu verstehen; dieses Bild verbindet sich aber hier mit einer anderen Auffassung, wonach die Engel durch den Glanz ihres Körpers das Sonnenlicht ausstrahlen. Beim Regen sitzen sie hinter dem Luftmeere, wenn aber der Strahl der Sonne im Dunstkreise sich bricht, dann haben sie sich in den Brunnen niedergelassen. Die Anschauung des Luftmeeres als Brunnen (Strom oder Meer), muss aber bei den Germanen schon sehr alt sein; aus ihr erklären sich viele sonst ganz unverständliche Mythen. Dasselbe Bild ergab sich neuerdings unserm Schiller wieder aus unmittelbarer Anschauung, wenn er vom Regenbogen sagt:

> Von Perlen baut sich eine Brücke
> Hoch über einen grauen See.

oder von den Sternen:

> Auf einer groszen Weide gehen
> Viel tausend Schafe silberweisz.
> Sie altern nie, sie trinken Leben
> Aus einem unerschöpften Born.

Aus dem Luftmeere heben sich Nebel und Wolken als scheinbar körperlichere Massen ab, ihre mannigfaltig wechselnde Gestalt gab zu den verschiedenartigsten Auffassungen Anlass. Die geballten Haufwolken, aus denen der Regen niederrinnt, verglichen sich dem segnenden Euter der Kühe, den Mutterbrüsten der Frauen und hieraus erzeugte sich die Vorstellung von den Wolken als Frauen oder Kühen des Himmels, deren Milch der Regen ist.

Noch heute nennt das Volk in Baiern die schwarze Regenwolke „Groszmutter (ānl) mit der Lauge;" den Böhmen heiszen die Wolken ebenso babky, Groszmütter. Beim Schneefall sagt man in Westphalen, die alten Weiber schütten den Pelz aus. Regnet es Vormittags, so meint man im Voigtland, Nachmittags werde es wieder besser Wetter, wann die alten (Wolken-) Weiber sich ausgeräuspert. Wenn im Gebirge die weiszen Nebel aus dem Walde aufsteigen, spricht man in der Gegend von Lauban: „die Bergweiber

schiessen aus dem Busch." Schon mythischer verkörpert, concreter ist die Sage, dass ein Mann in eine schwarze Wolke schoss,
welche unheilschwanger über seinem Kopfe dahinzog, worauf eine
nackte Frau (der heutige Volksglaube sagt eine Hexe) aus derselben
tot herabfiel und das Unwetter aufhörte.

Ein schwedisches Volksrätsel, dessen Auflösung die Wolke ist,
lautet: „Eine schwarzrandige Kuh ging über eine pfeilerlose Brücke,
kein Mensch in diesem Lande die Kuh aufhalten kann." Regen und
Tau sind die Milch der himmlischen Kuh und man glaubte, dass
diese himmlische Milch die irdische zu vermehren im Stande sei.
Deshalb soll es ein gutes Butterjahr geben, wenn es Maimorgens
getaut hat. Hexen gehen an einem solchen Morgen aufs Feld, streifen den Tau vom Grase, fangen ihn in Linnenlaken auf und drücken
dieselben ins Butterfass aus. Dann wächst die Sahne in demselben
zusehends an. Man nannte von solchem Beginnen in Holstein die
Hexen Daustriker (Tauabstreifer). Im nördlichen Deutschland
herscht die Sitte, wenn die Kühe im Frühling zum erstenmal zur
Brachweide getrieben werden, der vordersten einen grünen Maibusch
an den Schwanz zu binden, womit sie den Tau auffangen soll, um
milchreich zu werden. Dieser Busch heisst Tauschleife und die
Kuh Taufeger oder Tauschleifer. — Im Donner vermeinte man
das Gebrüll der Wolkenkuh zu hören. So umschreibt ein norwegisches Rätsel den Donner: „Es steht eine Kuh auf dem breiten Rücken
(des Himmels) und brüllt über das Meer; sie wird in sieben König-
reichen gehört. Rate was das ist."

Auf der nämlichen Anschauung beruhte die Vorstellung von den
Wolken als Böcken oder Ziegen, deren Euter beim Regen gemolken werden. Die Kinder in Schwaben singen beim Gewitterregen

> Regen, Regen wuhre
> Der Geisbock liegt im Turme,
> Er krähet wie ein Göckelhahn.

In den Veden schon und im alten Griechenland, begegnet die
Auffassung der Wolken als Ziegen oder Böcke. Vgl. S. 21.

Die lichtweissen, oder röthlichgelben Federhaufwolken des Morgen-
und Abendhimmels, gelten uns jetzt noch scherzweise als Schäfchen.
„Der Herrgott hütet seine Schafe", „Der Schäfer treibt seine Schafe
aus", „Der liebe Gott füttert seine Schäfchen mit Rosenblättern."

Auch als Katzen oder Luchse sind die Wolken gedacht worden. Landschaftliche Bezeichnungen der schwarzen Gewitterwolke
sind Bullerkater oder Bullerluchs, wegen der unheimlich leuch-

tenden, stechenden Augen der Katze und des Luchses, die mit dem
Blitze verglichen werden. Mit dieser Vorstellung verschmolz die
Anschauung der Wolke als Frau in dem Glauben, dass in der Wolke
waltende Weiber die Gestalt von Katzen annehmen können. Daher
nennt man die Hexen „Wetterkatzen", „Donnerkatzen". Vielleicht hat die Volksbeobachtung Grund, dass die Katzen eine Veränderung
des Wetters vorausfühlen, und diese Beobachtung mag zu dem Glauben von den Wolkenkatzen beigetragen haben. Beides vermischte
sich später und so entstanden abergläubische Sätze wie die folgenden: Wenn es den Frauen in die grosze Wäsche regnet, sind ihnen
die Katzen ungnädig, sie haben die Tiere nicht gut gepflegt. Leckt
sich die Katze gegen das Haar, oder legt sie sich auf's Ohr, so folgt
Regen, Sturm und Wind. Ist ein Katzenfeind gestorben, so soll er
bei Regen und Wind begraben werden. Dagegen giebt es gutes
Wetter, wenn die Katzen sich putzen. Derartige Vorstellungen
sind in Deutschland, Holland und England verbreitet. Englische
Schiffer sehn die Katzen an Bord nicht gern ungewöhnlich vergnügt
denn dann steht ein Sturm zu erwarten. Sie sagen „the cat has a gale
of wind in her tail". Der stürmische Nordwest heiszt wol daher im
Harz Katzennase und in Oberdeutschland umschreibt man ein starkes Hagelwetter „es hagelt Katzen."

Nicht ganz unmittelbar ist uns die Anschauung der Wolke als Ross
erhalten, auf dem die Winde durch die Luft jagen. Eine Valkyre heiszt
in den Eddenliedern Mist (Nebel) und die Wolke wird als ihr Ross
bezeichnet. Aus vielfachen Mythen geht aber diese Vorstellung, die
in den Veden eine sehr geläufige ist, mit Sicherheit hervor und auch
ein altes griechisches Scholion zur Odyssee sagt: „Die Wolken gleichen Rossen." Heine ruft irgendwo aus „O könnt' ich mit euch jagen auf dem Wolkenross durch die stürmische Nacht über die
rollende See zu den Sternen hinauf."

Dieses Bild geht begreiflicherweise leicht in das verwandte eines
Wagens über, welchem wir im Verlauf unserer Darstellung öfter
begegnen werden. Man vergleiche Psalm 104,3 „Du fährst auf den
Wolken, wie auf einem Wagen und gehest auf den Fittigen des Windes." „Wolken fahren über die Himmelsböhn." (Thomson Winter).

Ebenso alt ist eine andere bildliche Auffassung der Wolke. Schon
ein Eddalied nennt dieselbe Schiff oder Flosz des Windes (Vind=
flot). Der Hamburger sieht in der Regenwolke ein Schiff mit sauren
Aepfeln; das niederrheinische Landvolk begrüszt ein nach anhaltender Dürre erscheinendes Wolkengebilde als „das Regenschiff"
oder Muttergotteschiff. Bricht der Platzregen los, so sagt man

„das Schiff schwabbelt und schwankt, das Schiff ist nicht dicht ge-
harzt." Wem fielen hiebei nicht Schillers „Eilende Wolken, Segler
der Lüfte" ein? Auch Heine sagt in seinen Reisebildern: „Am blauen
Himmel oben schifften die weiszen Wolken." Concreter war diese
Vorstellung bereits in einem, wir wissen nicht ob keltischem oder ger-
manischem Volksglauben hervorgebildet, von welchem Agobard, Bischof zu Lyon († 840) Kunde giebt. Viele Leute, sagt er, glauben
an ein Land Magonia, woher in den Wolken Schiffe kommen, auf
denen die im Hagel und Sturm zerschlagenen Feldfrüchte von den
Wettermachern fortgeführt werden. Im dreizehnten Jahrhundert erzählte man sich zum Beweise für das Dasein eines Luftmeeres, dass
in England einst ein Schiffsanker aus den Wolken herabfiel und in
einem Steinhaufen festhakte. Bald darauf bewegte sich das Anker-
tau, als wolle man es aufwinden. Aus dem Wolkenschiffe wurde ein
Mann heruntergelassen, der von dem umstehenden Volke umringt,
alsbald seinen Geist aufgab, gleich einem im Meer Ertrinkenden,
durch die Einatmung unserer nassen und dicken Luft erstickt. Nach
einiger Zeit hieb man oben das Ankerseil entzwei und das Luftschiff
segelte weiter.

Nach einer anderen Vorstellung kann man die Wolke auch als
ein Gewand anschauen, das goldgestickt mit purpurner Verzierung
und goldenem Saum am Himmel hängt. Erzeugt sich diese Vorstellung vornehmlich beim Anblick eines von der Sonne beleuchteten
Gewölks, das in allerlei Farben überspielt, so wird ein andermal die
schwarze Wolke als ein zottiges Tierfell gedacht. Vgl. S. 21.

Die hochaufgetürmte Haufschichtwolke vergleichen unsere Dichter noch fortdauernd Gebirgen. „Tief am Horizont", sagt Freitag
in seinem Roman Soll und Haben, „glänzte ein blendendes Licht
hinter schwarzem Dunst hervor, dicht zusammengeballt hingen die
Wolken über seinem Schädel, wie dunkle Felsen der Luft mit
eisigen Gipfeln". Diese Anschauung war bereits unserem Altertum geläufig; so bedeutet das altnordische Wort klakkr zugleich
Fels und geschichtete felsartig getürmte Wolken; das angelsächsische
clúd drückt Berg oder Felsen aus, das daraus hervorgegangene
englische cloud aber Wolke. In einem der ältesten Eddenlieder
wird ein Gewittersturm beschrieben: Es rannen heilige Wasser
von Himmelbergen, (hnigu heilög vötn af himinfjöllum), Aare
(Winde) sangen."

Wir reden von getürmten Wolken. In Thüringen nennt man
ein Wolkengebilde den weiszen Turm, in Westphalen sagt man
beim Anblick der schwarzen Gewitterwolke „der Grummelturm

(Donnerturm) steigt auf." Die Inselschweden an der esthnischen
Küste nennen diese Naturerscheinung Bisaborg (Gewitterburg).

Noch haben wir von der Anschauung der Wolke als Baum zu
reden, von der wir aus uralter Zeit schon (S. 59) ein Beispiel gewahrten. Eine Art von Wolken gleicht einem Baume und wird daher der
Wetterbaum, Adamsbaum, oder Abrahamsbaum genannt. Von der
Seite, wohin seine Spitze gerichtet ist, erwartet man Wind; wenn
er „blüht", fürchtet man Regen.

Wie man mit den Wolken schon früh ethische Ideen verband,
zeigen die folgenden Gebräuche und Anschauungen. Nach aargani-
schem Aberglauben verheiszen die Lämmerwölkchen, welche in eines
Kindes Geburtsstunde am Himmel stehen, Glück. In Zürich dagegen
sagt man, wenn am unschuldigen Kindertag (Dec. 28) Federgewölk
am Himmel stehe, so haben die Wöchnerinnen ein unglückliches Jahr,
zumal sterben viele Buben. In Baiern: Ist eine Wolke schwarz,
so stirbt jemand aus dem Hause, worüber sie hinzieht.

Auch die vielen wandelbaren Formen des Nebels gaben zu mannigfachen Naturbildern Anlass. Bald sieht die Volksphantasie in
ihnen geisterhafte Frauen (S. 88), bald ein Gespinst das um die
Gipfel der Berge abgesponnen wird.*) Eine sehr alte Anschauung
ist die, der Nebel sei das Brauen oder Kochen des himmlischen
Regenwassers (vgl. S. 62). Daher sagt man, wenn die Dünste aufsteigen „der Hase, der Fuchs hat gebraut; die Hirsche brauen
Punsch; der Brocken braut, wenn er seine Nebelkappe trägt; der
Dampf kocht das Heu auf der Wiese und macht es rot, d. i. er
zieht die grüne Farbe aus; Zwerge, Wichte, Unterirdische brauen";
die Bergmutter kocht Wasser und hieraus bildete sich die Vor-
stellung hervor, dass Zauberinnen und Hexen Nebel und Gewitter im
Kessel sieden oder brauen. Hexengebräu (kerlīnga vella) heiszt
daher altnord. der Nebel. — Der Nebel verhüllt und verdeckt alles,
daher wurde er auch als ein bedeckender, unsichtbar machender
Mantel oder Hut gedacht. Er heiszt dann Nebelkappe und in der
Edda ist huliz hjálmr, d. i. verhüllender Helm, ein Beiname der
Wolke. Von einem Zauberer wird erzählt, dass er seine Gefährten im
Nebel barg „er machte ihnen den verhüllenden Helm." Andererseits
konnte man nicht umhin, auch im Nebel ein lebendiges Wesen tätig
zu glauben. Der erste Ansatz zur Personification zeigt sich in den
Redensarten „der Nebel strickt den Regenbogen, stiehlt den Heili-
gen auf dem Berge (deckt die Bergkirchen zu), friszt die Kinder,

*) S. Göthes Italiänische Reise. Ausg. 1829. XXIII. 21.

darin verirren. In den nebelreichen Bergländern Süddeutschlands ist
diese Personification bedeutend weiter gediehen. Auf der Stutzalp
zu Graubündten spuckt das Nebelmännlein. Wann regenschauernde,
frostig graue Wolken niederhangen, gleitet er leisen Tritts auf der
Alp einher, mitten am Tag bei der Heerde, im späten Abenddunkel
und in schneeiger Nacht bei den Hütten, in altertümlich seltsamer
Landestracht mit breitrandigem Hut, Holzschuhen, nebelweiszer Jacke.
Am festesten hat die Gestalt des Nebelmännleins am Bodensee, unweit der alten Pfalz Bodmann Wurzel geschlagen. Hier wohnt im
Löchle, einer unergründlichen Tiefe, welche sich auch bei strengstem
Winter niemals mit Eis bedeckt, das Nebelmännle. In stillen Nächten steigt es aus der Tiefe herauf, ein silberbärtiger Alter, beirrt die
Schiffsleute und beschädigt mit kaltem Reife die Reben. Denn es
zieht seine besten Kräfte aus den Weintrauben. Gegen das Nebelmännle läutet man die Nebelglocke, wie sonst in Süddeutschland
überhaupt gegen das Wetter geläutet wurde, um die darin waltenden verderblichen Geister zu vertreiben.*) Die Nebelglocke schlägt
das Männle jedesmal bummelnd um den Kopf. Die Vorstellung vom
Nebelmännchen hat sich sogar mit einer alten Göttersage verbunden,
welche durch späte Localisation auf das weitgefahrene Geschlecht
der Ritter von Bodmann übertragen ist. Ein Herr von Bodmann ge-
rieth auf einer Fahrt im Heidenlande, in der Nähe des Meeres in
eine Wildnis. Da begegnete ihm ein kleines Männchen. Das führte
ihn zu seiner mit lauter Moos und Gras bewachsenen Behausung
und setzte ihm Essen und Wein vor. Letzteren erkannte er sogleich
als heimisches Gewächs. Auf Befragen sagte das Männlein: Ich bin
kein natürlicher Mensch, sondern der Nebel selbst, welchem zu Nutze
kommt, was in den Weinländern zu Grunde geht. Willst du dich
vor dem Verderben deiner Trauben bewahren, so lasse nie wider den
Nebel läuten. Doch, es ist Zeit, dass du nach Hause kommst; und
durch die Lüfte trug der Kleine den Ritter zur Heimat, wo er seine
Gemahlin grade im Begriff fand, sich zum anderenmale zu vermäh-
len. Durch seinen Trauring gab er sich ihr zu erkennen und der
neue Bräutigam wurde fortgeschickt. — Andere Nebelgeister, deren
unser Altertum mehrere annahm, sind verschollen. Ein Eigenname

---

*) Der Straszburger Prediger Geiler von Kaisersberg in seiner Freitag nach
Mitfasten 1508 gehaltenen Predigt sagt: „Es würt darausz genummen, das man
wider das wetter leutet, daz man mit dem leuten die bösen geist vertreibt, so
hören sie die trummeten gottes, die glocken." Beim Wetterläuten musten
Nachts, wie Tags alle Tänze eingestellt werden.

eines solchen Wesens war Seräwunc;*) ein anderer Nibelunc
(Sohn des Nebels).

Nebelbilder lassen sich auch in den Fahrten eines geisterhaften
Reiters erkennen, der schwäbische Wald- und Wiesentäler entlang,
dem Laufe des Wassers folgend und durch dieses hinrauschend gewöhnlich Abends, die Begegnenden verwirrend und in die Irre trei-
bend, in den Mantel gehüllt, auf weiszem Rosse auf und abjagt, als
ob er fliege. Er führt den Namen Bachreiter oder Schimmelreiter. Sein Ross hat er sich aus dem Meere geholt, vor Sonnenaufgang stieg der herliche Schimmel daraus hervor, liesz sich vom
Reiter an den Ohren fassen und ihn aufsitzen, trug ihn ohne Sattel
und Zaum, wohin er wollte. Mit diesem vortrefflichen Pferde kann
er in der Luft, wie auf der Erde und im Wasser reiten.

Schon uralt ist die Vergleichung der Schneeflocken mit den
herabfallenden Federn eines Vogels (der Sonne S. 17. 29. 59, welche
hinter der Schneewolke verborgen ruht. **) Bereits Herodot berichtet,
dass die Skythen die nördliche Weltgegend für unnahbar erklärten,
weil sie mit Federn angefüllt sei. In England meint man beim
Schneesturm, am Himmel würden Gänse gerupft. (In Devonshire:
Widdecombe folks are picking their geese! faster! faster! faster!)
In Deutschland: Die Engel schütten ihre Betten! Ein anderes Naturbild des Schnees ist die Auffassung als feingemahlenes Mehl. Während des Sommers, sagt man in Schwaben, werde der Schnee im
Himmel klein gehackt. Fallen recht grobe Flocken, so heiszt es:
„das kommt aus dem groben Beutel", schneit es fein, so spricht
man „das kommt aus dem feinen Beutel." Bekannt ist die Redensart beim Schneetreiben, „da schlagen sich Bäcker und Müller." Die
Wolke wird in Folge dieser Vorstellung in Schweden moln (insel-
schwed. muli, mulle, mölne) d. h. das gemahlene genannt, so wie der
feine Schnee altnord. mjöll, d. h. das gemahlene, Mehl heiszt. Das
(S. 61) beschriebene Urfeuerzeug wurde auch als Mühle gedacht, da die
älteste Mühle unserer Väter eine einfache Stampfe war, ein ausgehöhlter
Stein oder Holzblock, in welchem durch einen Stöszel das Getreide zer-
malmt wurde. So hat man denn in der Urzeit geglaubt, dass der Regen
vom Blitz (als Stöszel) in der Sonne (als Mulde) von den Himmlischen
gemahlen würde, und auch die Erzeugung des Schnees wurde von

---

*) Von schræen, nebeln, hageln. Vgl. „daz uns kein regen verschræte."

**) Ein lettisches Rätsel sagt von der Regenwolke: „Vogel fliegt, Federn
triefen;" von der Schneewolke: „Vogel fliegt, Federn stieben." Ein schon im
zehnten Jahrh. nachweisbares deutsches Volksrätsel sagt: Es flog ein Vogel
federlos auf einen Baum blattlos, da kam die Jungfrau mundlos und asz den
Vogel federlos. (Schnee, Erde, Sonne.)

gleichartigem Vorgang abgeleitet. — So viel ich weisz, haben die Naturbilder vom Schnee in Deutschland keinen Ansatz zu einer Personification gemacht, *) wohl aber im winterlichen Klima des verwandten Nordens. — Da glaubte man im stürmenden Schneegestöber die Wirkung lebendiger Persönlichkeiten zu gewahren und der Schnee ist zu einem greisen Könige des kalten Finnlands Snær (Snio) „der Alte" geworden. Sein Vater heiszt Jökull (der Eisberg) oder Frosti (der Frost). Er hat drei Töchter: Fönn (dichter Schnee), Drifa (Schneegestöber), Mjöll (feiner, glänzender Schnee). Dreihundert Jahre ist König Snær alt, so dass die Helden der Menschen seine Lebensdauer, das Alter des greisen, ewigen Gebirgsschnees sich wünschen. Einst sandte der norwegische Jarl Sturlaugr seinen Pflegebruder Frost (Frosti) aus, um des Finnenkönigs Snær blondgelockter Tochter Mjöll einen Runenstab mit Liebeswerbung in den Schosz zu werfen. Frost findet sie willig, ihm zu folgen. Aber voll Sehnsucht eilt sie ihm in so sausendem Fluge voraus, dass er nicht nachkommen kann. Da sprach sie: „Du bist sehr saumselig, mein Frosti; aber fasse mich nur unter dem Gürtel." So tat er und rasch im Winde fuhren sie dahin, bis sie bei Sturlaugr anlangten. Saxo Grammaticus erzählt eine dänische Mythe, wie König Snio (Snær) die Tochter des Gothenkönigs liebte. Er sendet ihr einen Boten, der in Bettlergewand ihr naht, und als sie näher kommt, um ihm eine Gabe zu reichen, leise, leise ihr zusingt: „Snio liebt dich". Verstohlen kehrt sie durch die Schaar des fahrenden Volkes zurück und flüstert kaum hörbar entgegen: „Ich liebe ihn wieder". Und dann bestimmt sie als Zeit ihrer heimlichen Zusammenkunft mit Snio den Anfang des Winters. Da giebt sie vor, in stiller Einsamkeit baden zu wollen. Snio naht ihr und führt sie rasch rudernd auf seinem Schiffe von dannen. Auch als ein König von Dänemark wird Snio genannt. Als er zur Regierung kam, vernichteten die furchtbarsten Unwetter die Fruchtbarkeit des Ackerbodens und eine so grosze Hungersnoth brach aus, dass ein groszer Teil des Volkes die Heimat verlassen muste. Noch andere Sagen zeigen uns Snio als Hirten des Meergottes Hlér auf der Insel Hlésey, und wiederum soll derselbe Meerriese Hlér dem Könige Schnee einmal ein paar Handschuhe gesendet haben. Snio sasz noch so stolz im Thing zu Viborg, als er aber die Handschuhe anzog, krochen so viele Schlangen und Gewürme aus denselben, dass er ganz von ihnen verzehrt wurde. „Wer erahnt hier nicht, sagt Uhland, der

---

*) Wenigstens finden sich davon nur sehr zweifelhafte Spuren.

einmal diese Mythen bespricht, noch bald das leise Gesäusel der
niederfallenden Flocken, bald den stürmischen Flug des glänzenden
Schneegestöbers, bald den dichten Trieb der Schneewolkenheerde
vom Meere her, dem Gebiete Hlérs;" oder die karge Armut und
Nahrungslosigkeit des Winters, und dann das Wehen des auftauenden
Seewindes im Frühling, welcher zuerst die Pilze (Handschuhe) aus
dem Boden schieszen läszt, zwischen denen die im Winter schlafenden Schlangen und Gewürme wieder hervorkriechen?

Der Wind.

Der durch den Wald und die Masten der Schiffe brausende,
heulende Wind wurde von unsern Alten mit dem heulenden Hund
oder Wolfe verglichen. Die altnordischen Hofdichter, die Skalden,
benannten den Wind nach uralter Volksanschauung Hund oder
Wolf des Waldes, des Segels, der Segelstangen," und ein norwegisches Volksräthsel schildert ihn: „Es steht ein Hund auf dem Glas-
berg (dem blauen Himmelsgewölbe) und bellt ins Meer hinaus." In
der Oberpfalz sagt man, wenn das Kornfeld im Winde wogt, „der
Wolf geht durch das Getreide." Hiemit hängt die Auffassung des
Windes als eines gefräszigen Tieres zusammen, welches hungrig
den Staub aufwühlt und alles auf seinem Wege zerreiszt, verzehrt.*)
Diese Vorstellung geht aber unmerklich in die vermenschlichte von
einem Geiste über, der hungrig im Winde daherfährt. In verschiedenen Landschaften Deutschlands, zumal Baierns, schüttete man
ehemals und schüttet man noch heute bei heftigem Sturm einen
Mehlsack zum Fenster aus für den Wind und sein Kind zu einem
Brei. Man spricht dabei:

> Nimm das lieber Wind,
> Koch ein Musz für dein Kind.

oder:

> Lege dich lieber Wind,
> Bring' das deinem Kind.

---

*) Eine ähnliche Vorstellung finden wir bei Schiller (W. Tell, IV. Sc. 1)
          Wenn der Sturm
     In dieser Wasserkluft sich erst verfangen,
     Dann rast er um sich mit des Raubtiers Angst,
     Das an des Gitters Eisenstäbe schlägt.
     Die Pforte sucht er heulend sich vergebens.
     Denn ringsum schränken ihn die Felsen ein,'
     Die himmelhoch den engen Pass vermauern.

Ein norwegisches Märchen schildert, wie der Nordwind einem Burschen, der Mehl vom Kornboden holen will, dreimal hintereinander den gefüllten Sack entreiszt und verweht. Der Jüngling macht sich auf den Weg zur Wohnung des Nordwindes, die er nach zweitägiger Wanderung erreicht, und fordert sein Mehl zurück. Der Nordwind hat es bereits verzehrt und giebt ihm drei kostbare Wunschdinge zum Ersatz.

Als erdaufwühlendes Tier verglich sich auch der Eber dem erdaufwühlenden Winde, zumal dem Wirbelwind. In der Wetterau sagt man beim Anblick wallender Aehren, „der Eber geht im Korn," und in Schwaben warnt man die Kinder, sich nicht ins Getreidefeld zu verlaufen, „es ist eine wilde Sau darin." In Sonthofen in Schwaben nennt man den Wirbelwind „die Windsau." Auch diese Vorstellung vermenschlichte sich im Laufe der Mythenentwickelung; man glaubte im Wirbelwinde die Wirkung eines bösen Geistes (nach christlicher Auffassung des Teufels) zu erkennen, der Ebergestalt führe. Nachgerade konnte auch dieser Glaube sich nicht halten und man schrieb dem im Winde wütenden bösen Geiste nur noch einen Schweineschwanz zu. Daher sagt man vom Wirbelwinde „Säuschwanz (Sauzagel, Süstört, Sauwedel, Säukegel, Saudreck u. s. w.) führt." Ruft man dem Wirbelwinde einen dieser Schimpfnamen zu, so muss er alsbald alles, was er mit sich in die Luft fortgerissen, zu Boden fallen lassen. In manchen Gegenden nimmt dieser Zuruf die Gestalt einer Drohung an, in anderen wechselt sie mit der begütigenden Formel „Gnädig Herr Teufel!" ab. Im Norden übertrug man die mythischen Vorstellungen vom Windeber auf das irdische Tier. Daher schreibt sich die dichterische Benennung des Ebers „Wetterer" (vidrir).

Eddalieder schildern den Wind als Adler. Der Sturm ist ihnen der Gesang von Aaren. Nach anderer Darstellung sitzt an des Himmels Nordseite ein Riese Hraesvelgr (Leichenverschlinger) *) in Adlergewand. Wenn er die Flügel schlägt, erheben sich unter

---

In deutschen Miniaturen des zehnten Jahrhunderts finden wir mehrfach die Winde als Tierköpfe dargestellt, von denen ein Hauch ausgeht, während die christliche Kunst des Mittelalters sonst die im zweiten Jahrhundert n. Chr. aufgekommene römisch-heidnische Darstellung des Windes als ein blasendes Menschenhaupt adoptiert hat.

*) Dieser Name ist teils eine Anspielung darauf, dass der Wind die unbestatteten Leichen austrocknet, verzehrt, teils eine dichterische Umschreibung des Adlers, der mit Raben und Wölfen an den Leichen des Schlachtfeldes sich freut.

ihnen die Winde und daher kommt der Sturm über die Menschen.
Auch auf den shetländischen Inseln soll man den Sturmwind in Gestalt eines groszen Adlers beschwören, und ein deutscher Dichter
des zwölften Jahrhunderts sagt, „jârlanc ist reht, daz der ar winke
dem vil snezen winde" (heuer soll uns der Adler milden Wind zu-
führen). In Languedoc schreibt man dem schwarzen Manne die
Stürme zu, der auf der Spitze der Berge stehend Hagel und Unwetter
aus seinen gewaltigen Flügeln herabschüttet. Vielleicht hängt hiemit eine belgische Sage von den Luftfahrten der Zauberer zusammen.
Wenn ein Hexenmeister gern von einem Orte zum andern möchte
und der Wind das merkt, so spricht dieser: „Setz dich nur auf
meinen Schwanz."

Schon die vorher angeführten Sätze des Volksglaubens zeigten
uns Uebergänge des Theriomorphismus (s. o. S. 26) in den Anthropomorphismus. Reiner stellt sich die vermenschlichte Auffassung
des Windes in einigen anderen Ueberlieferungen dar. Bei mäszigem
Winde sagt man in Ditmarschen: „Der grosze Windkerl ist verreist, nun
hat der kleine den Sack fliegen lassen." In der baierschen Oberpfalz stellt sich das Volk den Wind als einen Greis von kleiner,
kugelrunder Gestalt mit groszem Kopf und weiszem Barte vor, der
den unversöhnlichsten Hass gegen alles hat, was so grosz ist, wie
Berge und Türme. Caesarius von Heisterbach erzählt im dreizehnten
Jahrhundert, dass ein Geistlicher im Wald einen Mann von überaus
hässlichem Ansehn traf, der an einen Baumstamm gelehnt stand.
Das war der Wind. Seine Gestalt wuchs höher und höher, bis sie
die höchsten Bäume überragte. Zugleich brach ein schrecklicher
Wirbelwind los und verfolgte den Reisenden.

Der im Winde tätige Geist wurde bisweilen auch als ein weib-
liches Wesen gedacht. In Baiern glaubt man, dass der Wind ein
Weib habe, die Windin. Sie ist verliebter Natur und reizt den
Männern den Hut vom Kopf, so dass sie ihr nachlaufen müssen.
Diese Anschauung ist schon sehr alt. Der dem gröszeren Sturm
vorauffahrende Wirbelwind heiszt bereits bei den ältesten althoch-
deutschen Dichtern im neunten Jahrhundert Windisprût, Windsbraut (d. h. des Windes Gemahlin). Nach heutigem Volksglauben
soll die Windsbraut eine Frau sein, welche das Tuch von der Bleiche
reiszt und später wieder damit aus der Luft herabfällt.

In den Niederlanden sagt man, der Wirbelwind sei „die fahrende Frau" oder die „fahrende Mutter", welche ihre Umzüge
halte. In Westflandern erkennt man im heulenden Sturmwind die
ruhelose Umfahrt einer unglücklichen Jungfrau Alvina. Sie war

eine schöne Königstochter, welche von ihren Eltern wegen einer Heirat verwünscht wurde, so lange die Welt steht, trostlos in den Winden zu fliegen. Tobt und pfeift der Wind recht heftig, so stöszt einer den andern an und sagt: „Hör', Alvina weint." In der Oberpfalz ist diese Vorstellung legendenhaft umgedeutet. Selamena *) war eine Frau, die ob ihrer Schönheit und der ihres kleinen Kindes so stolz geworden war, dass sie sich der Mutter Gottes gleichachtete und sogar versuchte gen Himmel zu fahren. In der Mitte zwischen Himmel und Erde ward sie gestürzt und von ihrem Kinde getrennt. Nun schweben beide in der Luft. Die Mutter ruft im heulenden Sturm nach ihrem Kinde, das sie nicht findet, aber in seinen wimmernden Klagetönen, dem winselnden Winde vernimmt.

Eine andere Form dieser Anschauungen ist die, dass ein Hexenmeister oder eine Hexe im Wirbelwind sitze und den Luftzug verursache. Sieht der Wanderer die Erscheinung nahen, ohne scheu aus dem Wege zu gehen, oder wagt er es gar, mit spottender Geberde zu höhnen, so schwellen ihm die Backen und drohend hebt sich aus der Wirbelsäule eine Hand mit ausgestrecktem Zeigefinger warnend ihm entgegen. Ein gefährliches, aber wirksames Mittel, um die Gewalt des Windes zu brechen, ist es, wenn man ein Messer, einen Hut oder einen Schuh in denselben hineinwirft. Ein Bauer, der unterwegs von einem Wirbelwind überfallen wurde, warf mit den Worten „komm nur her du Hexe" sein Messer in denselben hinein. Da fasste ihn der Wind, trug ihn 200 Stunden weit mit sich fort und setzte ihn vor einem Wirtshause ab, wo ein einäugiger Mann auf ihn wartete. „Du hast mir mit deinem Messer das zweite Auge ausgestochen! Unterlass dergleichen!" sagte er. Ein neuer Windstosz führte den Bauer zur Heimat zurück. Als ein Mädchen ihren linken Schuh in eine Windsbraut hineinschleuderte, hörte der Wirbel sogleich auf und eine Frau aus dem Dorfe stand auf dem Platze. Der Messerwurf sollte dazu dienen, den bösen Windgeist zu tödten; der Hut und der Schuh sind symbolische Abzeichen der Herrschaft, **) die man durch Hineinwerfen in den Wind über den Bösen zu gewinnen hofft. ***)

---

*) Selamena ist entstanden aus Salome. So hiesz der Legende nach die Tochter des Herodes, welche nach anderen Berichten Herodias genannt war. Von ihr s. d. Kap. von den Göttinnen.

**) Ein Knecht, welcher in das Mundium (d. i. den Schutz oder die Herrschaft) eines neuen Herrn trat, die Braut, welche aus der Mundschaft des Vaters in die des Gatten übergiug, musten nach altgermanischem Recht in den

Schon auf unterster Stufe der Mythenbildung haben die vorste-
henden Anschauungen eine Anzahl von Gebräuchen hervorgerufen,
welche in Süddeutschland noch in lebendiger Uebung erhalten und
um so interessanter sind, als sie uns weiterhin in mehr entwickelter
Form wiederbegegnen werden. Vom Winde, der als Schwein oder
Hund (resp. Wolf) Fruchtbarkeit *) wirkend durch das Getreide geht
(S. 96), glaubt man, dass er leibhaftig im Innern der Saatfelder
weile und in der letzten Garbe, die auf dem Acker geschnitten wird,
gegenwärtig sei. Hier suchten ihn unsere frommen Alten auf und,
wie sich in Hellas der Drang nach der Götter Huld bisweilen durch
Fesselung ihrer Bilder aussprach, **) vermeinten die Germanen
des im Winde waltenden Geistes und seiner segnenden Nähe um so
gewisser teilhaftig zu sein, wenn sie ihn in der letzten Garbe erfassen und jubelnd ins Dorf zu führen vermöchten. Dieser Gedanke
liegt zu Grunde, wenn die Schnitter zu Buchloe in Schwaben, sobald
die Arbeit dem Ende sich naht, so schnell wie möglich fertig zu

---

Schuh des Gebieters treten, zum Zeichen, dass sie fortan unter seinem Schutz
und Schirm wandeln, mit ihm einen Weg gehen sollten. Später trat der Gatte
oder Herr der Braut, dem Knechte mit seinem Schuh auf den ihrigen. So ward
der Schuh ein Symbol der Herrschaft. In gleichem Sinne wurde der Hut
verwandt.

***) Die griechischen Vorstellungen vom Wirbelwind zeigen grosze Ueber-
einstimmung mit den germanischen. Die Windsbraut hiesz ihnen Harpyia,
d. h. die Rafferin. Die Harpyien, d. h. die Wirbelwinde selbst, wurden ursprünglich jedenfalls als Geier gedacht, wie bei uns als Adler. Später stellte
man sich unter ihnen Unboldinnen vor, die als geflügelte Jungfrauen, mit hun-
gerbleichen Gesichtern, mit Geierfedern am Leibe und Geierklauen an Händen
und Füszen beschrieben werden. Man gab ihnen Eigennamen Aello (Sturmwind, Wirbelwind), Okypete (Schnellfliegerin), Kelaino (die Dunkele), und dichtete, dass sie schneller als der Wind flögen. „Sie folgen, sagt Hesiod, mit
schnellen Flügeln in der Luft schwebend, dem Wehen der Winde und dem
Fluge der Geier." Sie tragen Menschen durch die Luft mit sich fort;
von einem ruhmlos ohne Kunde Verschollenen heiszt es, die Harpyien oder die
Stürme (thyellai) hätten ihn emporgerissen. So bringen in der Odyssee Harpyien die Töchter des Pandareos zu den Erinnyen. Sie sind stets hungrig,
stürzen sich über den Tisch, rauben und verzehren die darauf stehenden Speisen und das übrige beschmutzen sie. Das ist dieselbe Anschauung,
wie wenn bei uns der Wind das Mehl frisst. Nach Servius rauben auch die
Harpyien Mehl.

*) Der Wind führt den männlichen Blütenstaub befruchtend den weiblichen
Blüten zu.

**) S. Gerhard griech. Myth. I. C, § 48, 2.

werden trachten. Wer die letzte Frucht schneidet, dem ruft man
zu: „Du hast die Roggensau!" oder „Du hast die Fersau." In
Baiern wird von demjenigen Drescher, welcher den letzten Drischel-
schlag macht, gesagt, „der hat dn Saufud" oder „'n Bêr", oder „die
Lôs" (d. i. das Muttterschwein). Ihm liegt es ob, „die Lôs zu ver-
tragen", d. h. das Bild in Gestalt eines Schweines, aus Stroh geflochten, unter dem Jubel der Jugend durch das Dorf zu führen und
schli, eszlich den Dreschern im Nachbarhofe in die Scheune zu werfen.
Wer die „Lôs verträgt", muss viele Neckereien erdulden, hat aber
beim Abendessen den Vorrang und darf zuerst in die Schüssel langen. Vor ihm steht ein aus altbackenem Brod geschnitztes Mutter-
schwein mit groszen Zitzen, dem Ohren, Füsze und Schwanz
von kleinen Hölzchen gefertigt sind. Die ganze Figur ist in flüssigen
Nudelteig getaucht, dann gebacken und auf eine grosze Nudel, „das
Lôsbett" genannt, gestellt. Rund herum liegt eine Anzahl von kleineren Nudeln, das sind die Ferkel. In Schweden wirft man umgekehrt (aber aus Anlass desselben Symbols) Stücke des zu Weihnachten aus Teig gebackenen heiligen Ebers (Julgalt) zwischen das zur
Aussaat bestimmte Korn, giebt ein anderes Stück den pflügenden
Rossen und eines dem pflugführenden Knechte zu essen, alles, um
eine reichere Ernte zu erlangen.

In bair. Schwaben bekommt der Schnitter, welcher den letzten
Halm schneidet, oder der Drescher, welcher den letzten Schlag tut,
die Hundsfud, eine 2 Fusz hohe Strohpuppe in roher menschlicher
Gestalt. Die Benennung Hundsfud geht auf den durchs Getreide
gehenden Hund (oder Wolf), die Menschengestalt der Puppe zeigt
aber bereits Ansätze anthropomorphischer Entwickelung.

In noch anderen Landschaften tritt wiederum statt des Schweines
oder Hundes die Ziege ein. In einigen Dörfern Oberbaierns heiszt
man die Buchwaizengarben Böcke, oder Halmböcke. Die letzte
Garbe wird mit einem schönen Kranz von Lamberten, wilden Veil-
chen und mit vielen kleinen Kuchen behängt und in die Mitte des
ausgedroschenen Haufens gesetzt. Jetzt fahren einige drauf los und
reiszen das letzte heraus, andere schlagen mit ihren Drischeln zu
und rufen:

„Dal! dal! (d. i. juche! juche!) im Halm drin,
Dal! dal! ist der Halmbock drin;"
oder „da stecke der Bock und die Gais drin." Zu Geiblingen in
Schwaben wiederum stellen die Schnitter aufs letzte Haberfeld eine
hölzerne mit Blumenketten umwundene Gais, an Maul, Naslöchern
und Genick mit Haferähren besteckt. Diese „Habergais" erhält

der Schnitter, welcher beim Schneiden des letzten Stranges der letzte
ist. In ähnlicher Weise giebt es eine Hanfgais und Flachsgais.
Es lässt sich vermuten, dass unter diesem Bock die himmlische
Sturmwolke (s. o. S. 89) zu verstehen sei, welche im Regenerguss
sich befruchtend auf den Acker niedergelassen hat.

Gewitter.

Mannigfache Naturbilder erschuf die Phantasie für die wechselnden Erscheinungen des Gewitters. Wir werden bei Besprechung
des Gewittergottes näher darauf einzugehen Gelegenheit nehmen.
Der Blitz wurde auch in unserem Altertum als Stab oder Speer
(s. S. 66), als Keil, Keule oder Hammer, als feuerroter Bart
u. s. w. gedacht. Hiezu kommt die Vorstellung von den Zacken des
himmlischen Strahles als Hauern eines Tieres, oder Zähnen einer
Gottheit. Auch diese Anschauung reicht bereits in die indogermanische Vorzeit zurück. Wegen ihrer Weisze und Schärfe wurden
zumal der Zahn der Ratte und des Ebers dem Blitze verglichen. *)
Daher denn auch die in der Wolke einherfahrenden Maruts sowol
Eber als erzzähnig genannt werden (vgl. Rudra S. 66); und andererseits der Slave flucht: Wenn dir doch der Perun (der Gewittergott), der donnernde Perun seine Zähne wiese!
Von der folgereichsten Bedeutung für die Mythologie ist die
Auffassung des Blitzes als Schlange oder Drache (s. S. 56) geworden. Noch heute spricht der Bauer, wenn er einen Blitz hernie-
derfahren sieht, „was für eine prächtige Schlange ist das," und unser
Schiller producierte dasselbe Bild:

> Unter allen Schlangen ist eine
> Auf Erden nicht gezeugt,
> Mit der an Schnelle keine,
> An Wut sich keine vergleicht.

> Und dieses Ungeheuer
> Hat zweimal nie gedroht;
> Es stirbt im eignen Feuer.
> Wie's tötet, ist es tot. **)

*) Vgl. den griech. Ausdruck ἀργήτης κεραυνοί mit ἀργήτες ὀδόντες
und im Sanscrit heiszen sowol Eber als Ratte Donerkeilszahn, vajradanta.

**) So nennen auch nordamerikanische Indianer den Donner „das Zischen
der groszen Schlange."

Aus dieser Anschauung ist, wie wir sehen werden, eine ungemeine Anzahl von Vorstellungen entsprossen, welche unsere Mythologie erfüllen und beherschen. Dass die Blitze, indem sie die Gewitterwolke spalten, die von ihr umhüllte goldene Sonne wieder aufleuchten lassen, gab zu der Sage Veranlassung, dass die himmlischen Schlangen einen wunderbaren Edelstein verfertigen. Die spätere Mythologie übertrug diese Anschauung auf die irdischen Urbilder der Gewitterschlangen. So hat einmal ein Mäher bei Lucern einen Drachen (geflügelte Schlange) durch die Luft fahren sehen. Unterm Fliegen enttröpfelte dem Ungeheuer eine Feuchtigkeit, die gleich frischem Blut auf schwarzem Boden anzusehen war, und in dieser Feuchtigkeit fand der Bauer einen vielfarbigen Stein, der ein kräftiges Heilmittel gegen pestartige Krankheiten ist. Mitunter, zumal in der Frühjahrszeit, wann die befruchtenden Gewitter beginnen, sollen die Schlangen zusammenkommen, an der Spitze ihr König, der eine goldene Krone mit einem Edelstein von unschätzbarem Werte auf dem Haupte trägt. Mitunter sind alle diese Tiere mit den Schwänzen zusammengewachsen, aus ihrer Mitte ragt das gekrönte Haupt des Königs hervor. Breitet man ein rotes Tuch vor ihm aus, so legt er seine Krone auf demselben ab. Dann mag der Zuschauer hinzuspringen und die Krone rauben, darauf aber schnelle, so eilend er nur kann, zu Ross davon fliehen. Der Schlangenkönig tut einen furchtbaren Schrei, sobald er seinen Verlust bemerkt, dann jagt er in sausender Hast dem Diebe nach, und Tod diesem, wenn er erreicht wird. Gelingt es dem Schlangenkönige nicht, so stirbt er aus Gram. Wer erkennt in diesen Mythen nicht die Geister des himmlischen Haushalts, die Blitze, welche im Frühling ihre Versammlungen abhaltend zu einem Ungetüm zusammenwachsen, welches den ganzen Himmel erfüllt und auf dem von ihnen rotgefärbten Gewebe der Wolke allmählich den von ihrem Speichel (dem Regen) bereiteten Diamant, die Sonne ausbreiten. Im Verfolg derartiger Vorstellungen wuchs der Glaube heran, dass Schlangen oder Drachen über einem reichen Goldhort (dem Schatz des Sonnengoldes) lagern und ihn bewachen.

----

*) Bei den Kelten geht die Sage, dass am 13. Mai alle Schlangen zusammenkommen und gemeinschaftlich an der Bildung eines grossen Diamanten arbeiten. Jedes dieser Tiere speit eine Flüssigkeit aus, welche sehr glänzend ist; aus dieser wird der Edelstein von zwei Schlangen geknetet und dann von allen poliert.

Gestirne.

Allen Sprachen und Dichtern der indogermanischen Familie ist die Bezeichnung der Sonne als golden gemein. Es war daher natürlich, die Sonne als leuchtendes Gold aufzufassen. „Das Gold der Sonne ward in Fluss gebracht, um dieses Hauptes Locken draus zu dichten", sagt einmal Rückert, und ganz ähnlich ein schweizerisches Kinderlied:

> Groszmächtige Sonne, wie schön gehst du nieder,
> O könnt ich dir auch dein Gold abschaben.

Ganz eigentlich und wörtlich war einst das Sprichwort gemeint „Morgenstunde hat Gold im Munde". Vgl. S. 61.

Nebenher läuft die Bezeichnung der Sonne als himmlischer Edelstein. Schon bei altnordischen und angelsächsischen Dichtern findet sich der Ausdruck „Gimmsteinn himins, heofones gim (gemma cœli). Noch geläufiger ist unserer alten Poesie die Darstellung als Rad, Schild oder Auge. Fagrahvel, das schöne Rad, wird die Sonne in der Edda genannt; und ebenso umschreiben die Skalden den Mond, „das wirbelnde, sich drehende Rad (hverfandi hvel), und in der Oberpfalz sagt man vom Vollmonde, „der Mond ist voll wie ein Pflugrad." Unter den poetischen Formeln der altnordischen Poesie findet sich auch Augenglanz (eyglö) für Sonne und der deutsche Volksglaube hält die Sterne für die Augen der Engel, d. i. nach der Anschauung des Altertums der selig Verstorbenen. Man sticht sie aus, wenn man mit dem Finger darnach deutet. Eine Stufe höher steht die Auffassung der Sonne als Stier oder Hirsch. Von letzterem Naturbilde sagt ein älteres altnordisches Lied:

> Den Sonnenhirsch sah ich
> Von Süden kommen,
> Von zweien am Zaum geleitet.
> Auf dem Felde standen
> Seine Füsze;
> Die Hörner hob er zum Himmel.

Schon frühe machte sich neben diesen rohesten Naturbildern eine höhere Auffassung der groszen Gestirne geltend. Die Sonne wurde für eine göttliche Frau, der Mond für einen Mann gehalten. Beide waren Gatten, der Mond aber ein kühler Liebhaber, so dass es die Sonne verdross. Sie schlug dem Gatten eine Wette vor, wer zuerst aufwachen würde, solle das Recht haben, bei Tage zu scheinen, dem Trägen gehöre die Nacht. Frühe am Morgen zündete die

Sonne der Welt das Licht an und weckte den frostigen Gatten.
Seitdem leuchten beide getrennt. Beide reut jedoch die Trennung
und deshalb suchen sie sich einander zu nähern. Das ist die Zeit
der Sonnenfinsternisse. Dann machen sie sich gegenseitig Vorwürfe,
aber keiner behält Recht und so trennen sie sich wieder. Voll
Schmerz nimmt der Mond dann ab und schwindet, bis die Hoffnung
ihn dann wieder belebt und voller rundet. Damit der Mond, der
Stärkere im Streite, nicht Herr über die Sonne werde, fallen die
Bauern im Böhmerwald auf die Knie und beten zum Ofen gewendet; sie schlagen mit Messern auf eine alte Pfanne oder Sense, damit es klinge und der Mond erschreckt ablasse. Niemand iszt zu
dieser Zeit und bei Strafe der Erblindung darf keiner in die Sonne
schauen, ehe sie sich verfinstert. Ganz ähnliche Vorstellungen hatte
der Norden ausgebildet. Ein Mann Namens Mundilfoeri (d. h. Schei-
benschwinger) hatte 2 Kinder, den Mond (Máni) und die Sonne (Sól).
Letztere vermählte er einem Manne, Namens Glenr (Glanz). Aber
die Götter, die solcher Stolz erzürnte, nahmen die Geschwister und
setzten sie an den Himmel. Die Sonne muste die Hengste führen,
welche den Sonnenwagen zogen. Sie hieszen Árvakr (Frühwach)
und Alsvédhr (Allgeschwind) unter ihren Bug setzten die Götter zwei
Blasbälge, um sie abzukühlen. Dieselben heiszen in einigen Liedern
Eisenkühle. Vor die Sonne ward ein Schild gesetzt (Svalin
der Kühle); Meer und Berge würden verbrennen, wenn er herabfiele.
Máni leitet den Gang des Mondes und herrscht über Neulicht und
Volllicht.

Andere Sagen, eben so einfache, suchen die Entstehung der
Mondflecken zu erklären. Ein Mann, der am Sonntage Holz stahl,
soll nach deutscher Volkssage zur Strafe in den Mond verwünscht
sein. Da sieht man ihn bald die Axt in der Hand, bald das Reis-
bündel auf dem Rücken. Nach anderen aber ist ein Mädchen, das
am Sonnabend im Mondschein gesponnen hat, vom Monde hinaufge-
zogen und sitzt nun mit ihrer Spindel da oben. Die Herbstfäden
(der Alteweibersommer) sind ihr Gespinnst. Die Edda wiederum
erzählt, Máni habe zwei Kinder, Bil und Hiúki, von der Erde geraubt, als sie, den Eimer auf den Achseln, zum Brunnen Byrgr gingen. Diese Kinder gehen vor dem Monde her, wie man noch von
der Erde aus sehen kann. — Auch in die Sonne ist nach deutschem
Glauben eine Jungfrau versetzt. Sie besasz die Gabe, so oft sie gewaschen hatte, ihre Wäsche auf die Sonnenlinie zu hängen und so
zu trocknen. Einst hatte sie wieder Wäsche aufgehängt, als grade
ein armer Sünder vorüber zum Richtplatz geführt wurde. Alle be-

dauerten ihn, nur die Frau sagte, er werde es wol verdient haben. Kaum hatte sie das gesagt, als ihre Wäsche herunterfiel und seit der Zeit konnte sie nicht wieder ihr Zeug an den Sonnenstrahlen aufhängen. Als sie starb, kam sie in die Sonne und muss da bleiben bis zum Ende der Welt.

Mancherlei Naturbilder der Gestirne wären noch namhaft zu machen. Ich begnüge mich mit wenigen Andeutungen. Das Siebengestirn galt unsern Alten als eine Henne mit 7 Küchlein (woher es die Namen Kluckhenne, dän. Aftenhöne, d. i. Abendhenne, franz. poussinière) führt. In Flandern glaubt man, wenn ein Weib zu Bette gehend das Hennengestirn grüsze, könne der Weihe den Küchlein nichts anhaben.

Der grosze Bär wurde als Wagen gedacht. Er heiszt darum Heerwagen, Gehwagen.

Die Nacht (Nótt) war nach eddischer Mythe die Tochter des Riesen Nörvi. Zuerst war sie einem Manne, Namens Naglfari vermählt, dem sie den Audr (Reichtum) gebar. Ihr zweiter Gemahl hiesz Annarr (der andere); Jördh (die Erde) war beider Tochter. Endlich ward Dellingr (der Tagesspross) ihr Gatte, ein lichter Ase, dem sie den glänzenden Dagr (Tag) schenkte. Allvater nahm die Nacht und ihren Sohn Tag und gab ihnen zwei Rosse und zwei Wagen, mit welchen sie in zweimal zwölf Stunden um die Erde fahren sollen. Die Nacht fährt voran mit dem Rosse Hrímfaxi (reifmähnig) und jeden Morgen betaut es die Erde mit dem Schaum seines Gebisses. Der Tag folgt ihr, vom edeln Skinfaxi (lichtmähnig) gezogen, dessen fliegende Mähne Luft und Erde erleuchtet.

Aus solchen einfachen in hohes Altertum zurückreichenden, aber bis in die jüngste Zeit flüssig und durchsichtig gebliebenen Naturanschauungen und Mythenansätzen ist die vollere Mythologie unserer Väter, ein üppiger Baum emporgeschossen. Aus ihnen schöpfte der Glaube an die unzähligen im Leben der Natur waltenden Elementargeister und an die hohen, ein gröszeres Gebiet beherschenden Götter die Farben, mit denen er sich umgab, um lebendige, dem Gemüte und der Phantasie eindringliche Gestalten zu schaffen.

V.

Wôdan (Wuotan), Ódhinn.

Der hehrste Gott des germanischen Altertums war Wôdan, sein Name lautete bei Altsachsen Wôdan, aus welcher Form durch Vortritt eines G (wie es sich auch im Romanischen häufig aus w entwickelt) bei den Langobarden Guôdan, bei Westphalen Gnôdan, Gudan wurde; bei oberdeutschen Stämmen war er Wuotan, bei den Friesen Wêda nach nordischer Aussprache Ódhinn genannt. Neben diesen Formen stehen die einfachen altsächs. Wôd, Wôde; altd. Wuot oder (mit Uebergang von w zu m*) Muot altnord. Ódhr. Schon im ersten Jahrhundert nach Christi Geburt nennt ihn Tacitus als den Hauptgott der Deutschen, indem er erzählt, dass diese unter allen Unsterblichen am meisten den Mercur verehrten und mit Menschenopfern begütigten. Die Römer glaubten nämlich im deutschen Gotte ihren Mercur wiederzuerkennen, und daher finden wir stäts, wo alte Schriftsteller bei deutschen Stämmen (den Langobarden, Schwaben, Alamannen und Sachsen nämlich) des Wôdan Erwähnung tun, die Notiz hinzugefügt, das sei derselbe Gott, wie der römische Mercur.**) Als Hengist und Horsa mit ihren Angelsachsen nach Brit-

---

*) Dieser Lautübergang ist nicht ungewöhnlich. So ist, um von anderen Beispielen zu schweigen, in einigen niederdeutschen Mundarten aus *Wacholder* *Macholler*, geworden und Wispelte steht neben Mispel, smoede sanft neben swoede.

**) Die Ursache, weswegen die römischen Soldaten, welche zuerst die Germanen kennen lernten, in unserem Wôdan den Mercur anzutreffen meinten, lag einmal darin, dass auch der Hauptgott der Gallier, mit welchen sie früher in Berührung gekommen waren, von ihnen für Mercur gehalten wurde. Dann war Mercur Seelenführer (Psychopomp) und geleitete die Schatten zum Hades, wie Wôdan das wütende Heer der Toten anführt und in seine Halle geleitet. Wie Wôdan ein Herr der Schätze ist, so dass wol nach ihm die Wünschelgerte benannt ist, gebietet Mercur den Kaufleuten und trägt den Stab Caduceus.

tannien kamen fragte sie, wie die Sage erzählt, der britische König
Vortigern, was für Götter sie anbeteten. Wir opfern, sagten sie, zumeist dem Vôden, den ihr Mercur nennt und seiner Gemahlin Frea.
Als im 4ten Jahrhundert die siebentägige Planetenwoche auch bei
den Deutschen Eingang fand, benannten diese den 4ten Wochentag
den Tag des Mercur, franz. Mercredi nach ihrem Gotte Wôdan und
daher heiszt der Mittwoch noch heute engl. Vednesday, niederl.
Woensdag, westphälisch Gudensdag. Der angelsächsische Name des
Mittwochs lautete Vôdenesdäg.

Wôdan, oberd. Wuotan ist seinem Namen nach mit „Wuth" auf
das engste verwandt und bedeutet den stürmisch Schreitenden.*)
Ganz deutlich hat sein Mythus von den S. 96 fgg. erläuterten Vorstellungen vom Winde seinen Ausgang genommen. Als Sturmgott hat er sich
noch unverfälscht in der lebenden Volkssage erhalten. Sie schildert
ihn, wie er im brausenden Sturme entweder allein oder mit groszem
Gefolge durch die Luft fährt. Dieses Gefolge besteht aus den Seelen der Verstorbenen, welche als Lufthauch den entatmenden Leichnam verlassend mit dem Winde sich verbunden haben. Unter zwie-
fachem Namen und in doppelter Weise tritt diese Erscheinung hervor, als wilde Jagd und als wütendes Heer. Der Glaube an
die erstere gehört vorzüglich Norddeutschland, der Glaube an letzteres dem deutschen Süden an. Wenn der Wind durch den Wald
tost, sagt man in Pommern, Meklenburg und Holstein der Wôde jage, im
westlichen Teile von Hannover der Woejäger, im oldenburgischen
Saterlande der Wôinjäger ziehe um. Häufig wird er nur „der
wilde Jäger" oder „der Weltjäger" genannt. Auf hohem milch-
weiszem Rosse, dem Feuer aus den Nüstern sprüht, reitet der alte
Gott, ein breitkrämpiger Hut bedeckt sein Haupt; ein weiter
Mantel legt sich um seine Schultern und von diesem Mantel heiszt
er in einem Teil Westphalens, im Harze, im Thüringerwald, am alt-
märkischen Drömling und in den angrenzenden Landschaften Hakel-
bärend oder Hakelberg, ein alter Name, welcher wörtlich Mantel-

---

*) Er ist abgeleitet vom Praeteritum eines Verbums, welches altsächs. wu-
dan, ahd. watan, altnord. vadha lautete.

	Infin.	Praet.	Daher die Namen:
Altsächs.	wadau	wôd =	Wôd, Wôdo, Wôdan
Althochd.	watan	wuot —	Wuot (Muot), Wuotan, Wuotune
Altnord.	vadha	ôdh —	Ôdhr, Odhiun.

Dass neben den Namen Wôdan und Wuotan die Formen Wuot — Wôd
und Wôdo (Wôde), Wuoto gebräuchlich waren, geht aus den Namen Wuotes-
heer, Wuotasheer; Wôde, Wôdenheer u. s. w. hervor.

träger ausdrückt.*) Aehnlich wird der Gott nach seinem weiszen Rosse in Norddeutschland sowol wie im Süden „der Schimmelreiter" genannt. Dem Hakelberg vorauf fliegt eine Eule die

*) Der Name Hakel-bärend lautete altsächsisch hakol-bërand. Er ist zusammengesetzt aus hakol (ahd. hahhul agst hacele altn. hökull) Mantel und dem Participium praes. von bëran tragen. — Der naive Euhemerismus (s. S. 45) hat sich der Gestalt des Hakelberg bemächtigt, und den Gott zu einem Menschen gemacht. Man erzählt, Hans von Hakelberg sci um das Jahr 1521 der Oberjägermeister des Herzogs von Braunschweig und ein gewaltiger Waidmann gewesen. Drei Stunden von Goslar im Garten eines Wirtshauses bei Wülperode, der Klöpperkrug genannt, zeigt man sein Grab, worauf Hakelbergs Bild und das seiner Hunde, wie seines Esels ausgehauen war. Auch wies der

Tutursel.*) So führt er mit lautem Hohoruf daher. Auch sonst gesellen sich dem Wôde die leichengierigen Totenvögel. Raben begleiten seinen Zug; und hinter ihm her stürzen heulend grosze und kleine Hunde, denen Lichter auf dem Körper brennen. Oft war es heiteres und stilles Wetter und die Holzdiebe gingen im klaren Lichte des Mondscheins ihren Geschäften nach. Dann entstand plötzlich ein fürchterlicher Lärm, der Mond verdunkelt sich, der Wind fängt an zu brausen, die Zäune sinken krachend zusammen, die Bäume brechen. Aus der Luft stürzt auf seinem weiszen Rosse, von vielen Hunden umgeben der Wôde und ruft: Was macht ihr hier, die Nacht ist mein und der Tag ist euer. — Wer die Erscheinung nahen sieht, musz sich mit dem Angesicht platt auf den Boden werfen oder unter einer ungraden Zahl von 9 oder 11 Brettern verbergen, sonst wird er hoch durch die Lüfte entführt, und weit von der Heimat in fremdredenden Ländern zu Boden gesetzt. Noch gefährlicher ist es neugierig aus dem Fenster zu schauen, wenn der Wôde daherbraust. Der Fürwitzige erhält einen Schlag, dass seine Mütze vom Kopfe fliegt und er selbst tot zu Boden sinkt, oder eine Ohrfeige, die sein Gesicht hoch aufschwellen macht, und mit feurigem Male zeichnet. Ein andermal erblindet der Frevler oder Wahnsinn ist sein Loos.

An bestimmten Stellen pflegt der Wôde sein weiszes Ross zu füttern, oder grasen zu lassen; an diesen oft weht ein fortwährender Wind. Der Gott liebt ebenso bestimmte Wege, über die er zu gewissen Zeiten wieder und wieder dahinjagt. Ortschaften im alten Sachsenlande waren davon Wodanswege geheiszen. Seit dem zehnten Jahrhundert ist ein Dorf Wôdeneswege (später Gödensch-wege, Gutenswegen bei Magdeburg) nachweisbar. Vor allem aber sind Häuser und Scheunen, in denen zwei oder drei Türen hintereinander

---

Wirt des Kruges noch vor kurzer Zeit den angeblichen Helm Hakelbergs und den Halsharnisch seines Esels vor. Auch im Sölling unweit Uslar wird Hakelbergs Begräbnisstätte gewiesen, und ebenso kennt das Volk in der Ukermark bei Grimnitz den Kirchhof, worauf der Heiderciter Bärens, der nun ewig in der Luft umjagen muss, bestattet liegt. Weil er im Leben auch Sonntags auf die Jagd zog und das Waidwerk lieber hatte, als den Himmel, sei Hakelberg verwünscht, mit seinen Hunden ruhelos zu pirschen wann der Sturmwind heult, weswegen ihn auch einige den Jôljäger (den heulenden Jäger) nennen.

*) Die euhemeristische Volkssage macht sie zu einer Nonne, welche gleich nach ihrem Tode dem Hakelberg sich gesellte und ihr „uhu" mit seinem „hoho!" vermischte. In Wahrheit wird die Eule als Teilnehmerin des Zuges der Seelen gedacht, weil man dieselbe als todverkündenden Vogel fürchtete.

liegen den Durchzug der wilden Jagd ausgesetzt. Die Hunde des Wôde sind die Seelen von Bösewichtern, nach anderen Sagen Kinder des wilden Jägers selbst, die ihn als Hunde begleiten. Sie haben menschliche Empfindung und Rede. Ein Bauer fing mal ein Hündchen und steckte es in seinen Sack. Da kam der wilde Jäger und rief seine Hunde zusammen, er vermisste den einen „Waldmann rief er, wo bist du?" „In des Heineguggelis Sack drinnen" war die Antwort. Ziehen die Hunde durch die Luft, so schütteln sie Regen aus ihren Haaren; auf die Erde herabgeschwebt umschnuppern sie die Menschen und gefräszig verzehren sie alles, was ihnen in den Weg kommt. Vorzüglich lieben sie Brodteig und, wer sich vor ihnen schützen will, stellt einen Sack mit Mehl vor sie hin, der im Winde zerstiebend von ihnen gefressen wird. Vgl. S. 96.

Wenn der Wôde durch ein Haus reitet, so läst er häufig einen seiner Hunde zurück. Der legt sich auf den Feuerheerd. Da liegt er dann heulend und winselnd ein ganzes Jahr und lebt von nichts als Asche. Uebers Jahr hält der Gott aufs neue seinen Umzug. Dann springt der Hund wedelnd an ihm empor und zieht mit den Seinigen weiter. Nur ein Mittel giebt es, den unwillkommenen Gast aus dem Hause zu entfernen. Man muss Bier in Eierschalen brauen. Dann redet das Hündchen:

Bin ich doch nun so alt, als der Böhmer Wald,
aber so etwas hab' ich meine Lebtage nicht gesehn
und es ist verschwunden. — Vorzüglich an Weihnachtsabenden, d. h. zur Zeit der Wintersonnenwende darf man keine Wäsche drauszen hängen haben, denn die Hunde der wilden Jagd zerreiszen sie. Oft gleicht die ganze Erscheinung des Wôde mit seinen Hunden einem feurigen Fichtenbaum, der mit erstickendem Geruch durch die Wolken zuckt.

Den Hunden gesellt sich mitunter eine grosze Gesellschaft, aus Toten gebildet. Hörnerklang und Hallohrufen tönt aus ihrer Mitte, wenn sie im sausendem Sturm hinter dem Wôde daherreiten. So setzt die wilde Genossenschaft einem Eber nach, noch häufiger aber sind Rosse der Gegenstand ihres wilden Jagens. Doch noch ein anderes Jagdobject nennt die Sage. Wo der Wôde mit seinen Hunden allein auftritt, verfolgt er im Sturmgebraus ein geisterhaftes Weib mit langen schneeweiszen Brüsten. Sieben Jahre setzt er ihr nach, dann erreicht er sie und bringt sie quer über sein Ross geworfen von der Jagd heim. In Mitteldeutschland dagegen jagt der wilde Jäger mit seinem Jagdgefolge eine ganze Schar elbischer Wesen die Moosweibchen, Lohjungfern oder Holzfräulein. Das sind

Genien der Wälder, Personificationen des Blättergrüns, die dem Land-
manne in seinen bäuerlichen Verrichtungen beistehen. Ihr Leben ist
an das Leben der Waldbäume gebunden. Wenn man ein Bäumchen auf

dem Stamme dreht, muss ein Waldweibchen sterben. Erreicht sie
der wilde Jäger, so bindet er sie mit ihren gelben Haaren zusammen
und hängt sie an den Sattelknopf seines Rosses. Schutz finden sie
nur auf Baumstümpfen, die beim Fallen des Stammes aus frommer
Scheu mit 3 Kreuzen bezeichnet sind. Dasselbe Schicksal ereilt in
Tirol ganz ähnliche Wesen, die unter der Herrschaft der Göttin
Holda stehenden Seligen Fräulein, liebliche Mädchen, welche aus den
Kristallgrotten der Berge oft den wunderbarlichsten Gesang hören
lassen und daraus hervorkommen, um den Bäuerinnen beim Flachsbau zu helfen. Einst stürmte der wilde Jäger an ein paar Flachs-
jäterinnen heran und fragte, ob sie keine der Seligen gesehn. Die
Bauermädchen versuchten den wilden Mann aufzuhalten, indem sie
sich stellten, als hätten sie ihn nicht recht verstanden. Sie erzählten ihm weitläufig von der Bereitung des Flachses, vom Spinnen und
Weben bis endlich das blanke Linnen im Schranke liegt und zu

weiszen Hemden zerschnitten wird. Endlich riss er sich los und bald hörte man einen herzzerreiszenden Klageschrei im Gebirge.

Wer aufgefordert in den Jagdruf des Wôde und seiner Genossen einstimmt, dem wirft der Gott seinen Anteil an der Beute herab, eine Pferdekeule, die sich in Gold verwandelt. Wer aber spottend und höhnend der wilden Jagd „halloh" und „hurrah" nachruft, dem schreit der Wôde aus den Wolken zu:

Hast du mit helfen jagen,
so must du auch mit gnagen.

und aus ungesehenen Höhen stürzt ein Rosschenkel oder der Fusz eines Moosweibchens noch mit grünem Schuhe bekleidet. Das verbreitet einen stickenden Geruch, klebt dem Spötter am Rücken oder am Hause fest und ist auf keine Weise wieder zu entfernen. Aus Bergen zieht die wilde Jagd hervor, in Bergen oder in Teichen verschwindet sie, wenn sie ihren Lauf geendet.

Mit weniger Strichen lassen sich die Umrisse des wütenden Heeres zeichnen. Auch dieses schildert die Umfahrt der Toten unter Wuotans Anführung aber ohne Jagdzweck. Die verschiedenen localen Namen dieser Erscheinung Wuotes Heer's, Muotas, Wuotunges her, Guenis Heer und mit Uebergang von *w* zu *m* Muotes Heer gehen auf die Form Wuotanes Heer zurück und beweisen, dass der Gott Wuotan der Anführer des wütenden Heeres war. Schon aus alter Zeit lassen sich die Namen „daz wüetunde her" „das wütische Heer" belegen, welche aus dem Namen „Heer des Wuotan" umgedeutet sind. Andere Benennungen sind: „das Nachtvolk" „Nachtgejäge" oder „die wilde Fahre". In Siebenbürgen sagt man „der schwere Wagen". Im Sturmgebraus fährt das wütende Heer durch die Luft, wie eine Heerde wilder Eber. Ein Mann glaubte einst auf ein Ferkel zu treten, das aus dem wütenden Heere herabgefallen war, da grunzten sogleich mehr als hundert. Gewöhnlich aber erscheinen die Geister in menschlicher Gestalt. Männer und Weiber bis zu den jüngsten Knaben und Mädchen herab fahren im Zuge. Ausdrücklich wird versichert, dass auch die Seelen ungetaufter Kinder darin aufgenommen werden.

Wenn das wütende Heer sich naht, so vernimmt man zuerst einen leisen Gesang, der den Hörer durchschauert. Das Gras der Matten und das Laub der Buchenwälder wogt und neigt sich im Mondschein, so oft die Töne neu ansetzen. Bald zieht es näher und näher, eine Musik von tausend Instrumenten. Hinterher aber bricht der rasende Orkan los und stürzt krachend die Eichen des Forstes. Oft zeigt es sich als eine grosze schwarze Kutsche, in welcher

8

Hunderte von Geistern sitzen, die einen wunderbar schönen Gesang anstimmen. Ein Mann schreitet voraus, der ruft:

Aus dem Weg, aus dem Weg,
dass niemand was gescheh.

Dann wirft sich alles was in der Nähe ist, wie beim Kommen der wilden Jagd mit dem Angesicht zu Boden, und hält sich an etwas und wäre es auch nur ein Grashalm fest, denn auch das wütende Heer hat schon manchen in seine Kutsche gehoben und Hunderte von Meilen durch die Luft entführt. (Vgl. S. 99).

In Unterfranken schaute eine Magd zum Fenster hinaus und lauschte auf das schöne Lied des wütenden Heers. Das gefiel ihr so, dass sie laut zu dem mächtigen Zug hinauf rief „Wenn ich ge-

schürzt und gegürtet wäre, ginge ich mit. Kaum hatte sie diese
Worte ausgesprochen, als zwei wilde Gesellen neben ihr standen.
Der eine band ihr die Schürze um, der andere festigte den Gürtel.
Dann fassten beide links und rechts sie an den Armen und husch!
gings zum Fenster hinaus durch die Lüfte auf und davon. Wie der
wilde Jäger liebt das wütende Heer bestimmte Wege und Häuser, durch welche es zieht. Mehrere Landstrassen in Schwaben sind
davon Heergasse oder Muotesheergasse benannt. Häuser, welche
dem Zuge des Wuotesheeres im Wege stehen, stürzen zusammen.
So war es schon dreimal hintereinander mit einem Hause zu Rotenburg am Neckar geschehen. Als das neu aufgebaute Haus zum
dritten male zusammengerissen war, fand man einen kleinen Knaben
in einem Balken eingeklemmt. Der warnte die Leute an dieser
Stelle doch ja kein Gebäude wieder aufzuführen.

Im Dorfe Thieringen in Schwaben zog das Muotesheer alljährlich mit Saus und Braus durch einen bestimmten Bauerhof. Man
muste Türen und Fenster aufmachen, sobald man es kommen hörte.
Einmal blieb der Hausherr auf und wollte neugierig zusehen, wann
es durch die Stube fahre. Da rief eine Stimme: Streiche dem
da die Spältle zu! Alsbald fuhr ihm jemand mit dem Finger an
den Augen herum und er erblindete. Kein Arzneimittel gab ihm
sein Gesicht wieder. Das Jahr darauf setzte er sich wieder ins
Zimmer, als das Muotesheer hindurchzog. Da rief eine Stimme:
„Streich dem die Spältle wieder auf!", worauf der Mann eine
Berührung um sein Auge herum fühlte und nun mit einem Male wieder sehen konnte. Da erblickte er das ganze Muotesheer, Männer,
Weiber und Kinder. Schlimmer erging es andern. Als sie neugierig nach dem Heere ausschauten, büszten sie den Kopf ein. Doch
rettete sich einmal einer, den das wütende Heer mit sich fortgerissen hatte, indem er sich unterwegs am Aste eines Waldbaumes
festhielt, auf welchem die ganze Gesellschaft Rast
machte.

Bei Sturm und Regen fährt das wütende Heer über ein
groszes Wasser. So soll es sich einmal über den Main haben
setzen lassen. Der Fährmann bei Wipfeld hörte am jenseitigen Ufer
ein Gewinsel und glaubte, es wolle jemand übergefahren sein. Er
fuhr hinüber und das wütende Heer bestieg die Fähre, grosze und
kleine Geister durch einander. Zum Lohn für die Ueberfahrt legten
sie ihm einen Knochen auf den Ständer der Fähre, und brausten
davon. Ein Geist aber war zurückgeblieben, der jammerte und
klagte, dass er nicht gegürtet und geschürzt sei. Da band ihm der

8*

Flnrschütz ein Strohseil um den Leib und sprach: „Nun kannst du nach!" Der Geist brauste davon, im Davonfliegen schenkte er seinem Retter eine Hand voll Gold.

Eine eigentümliche Form hat die Sage vom wütenden Heer im Berner Oberlande, Graubündten und Wallis angenommen, wo es unter dem Namen Nachtvolk, Totenvolk, Totenschar bekannt ist. Man stellt sich darunter einen Geisterzug vor, der durch sein Erscheinen einen nahen Todesfall verkündigt. Er trägt mit leiser Musik und Gerede die Leichname derer umher, welche nächstens sterben sollen; der knöcherne Tod selbst geht mit der Geige voraus. Klopft das Nachtvolk an die Türen, so muss mitziehen und sterben wer ihm antwortet. Zwei Kinder lagen, eines schlafend, ein anderes wachend auf einem Kreuzwege. Das letztere hörte Geräusch von zusammenschlotternden Gebeinen und mehrere betende Stimmen. Es war das Nachtvolk. Bald rief eine Stimme: „Sollen wir die Kinder aufwecken?" „Nein, antwortete eine zweite Stimme, eines wird uns bald nachfolgen." Das Kind hatte nichts gesehen. Es starb bald. — Der Weg, auf welchem die Totenschar zieht, wird selten betreten und scheint doch immer wie frisch begangen. Ein gewisses Berghäuschen im Löschertale hat eine nie zu verschlieszende Tür, und eine nie zu vermauernde Oeffnung in der Wand, durch welche der Geisterzug zu wandeln pflegt.

Viele unzarte Bilder der geschilderten Sagen verlieren diesen Character, wenn man sie für das erkennt, was sie ihrem Wesen nach sind, ergreifende, poetische Umschreibungen von Naturvorgängen. Wie der Südländer vor dem Samum und Sirocco, warf sich der Deutsche vor dem Sturmgott zu Boden, der wilde Jäger zieht durch Häuser mit 3 gegenüberliegenden Türen, weil da beständiger Zugwind weht. Die Hunde des Wôd sind die in Luft verwandelten Menschenseelen (s. S. 96. 111), sie zerreiszen als Winde die Wäsche, fressen das im Wind zerstiebende Mehl und die auf dem Heerd unter dem Schornstein, worin der Sturm immer am lautesten tost, aufwirbelnde Asche. Und dass auch an diesem Orte beständiger Luftzug ist, der Wind beständig heult, wird durch den zurückbleibenden, heulenden Hund ausgedrückt. Wôdans Mantel ist der gefleckte Himmel, sein breitkrämpiger Hut die Wolke. Sein weiszes Ross sagt wiederum die Wolke aus, die der Wind vor sich hertreibt (s. S. 90), die der Gott reitet oder jagt. Die Wolken kennen wir aber bereits als Frauen aufgefasst (s. S. 88). Vom Wind getrieben musten sie, die himmlischen mit der allnährenden Mutterbrust, als Jagdbeute des Sturmgottes erscheinen, und beide Vorstellungen, die vom Jagen des

Rosses und der Frauen verbindet die Sage auch, indem sie erzählt, wie böse Frauen, die mit Priestern sündigten, die Rosse der wilden Jäger werden, der von Zeit zu Zeit Nachts in einer Schmiede Halt macht und sie mit Hufeisen beschlagen lässt. Die in den Wolken waltenden weiblichen Elementargeister, die die Erde und die Pflanzenwelt befruchten, sind dann später auf die Erde herabgezogen und zu Waldgenien geworden. So veränderte sich jene ältere Vorstellung vom Jagen der windgetriebenen Wolke dahin, wie es scheint, dass der wilde Jäger die grünen Blätter von dem Baume und deshalb die Waldweibchen jage. Die schwefelriechende Keule des Rosses oder der Fusz der Holzfrauen bedeuten den Blitz, den der Wöde aus der Wolke herabwirft.

In der Erscheinung der wilden Jagd mischt sich Sturm, Blitz und Regen. In Sturm und Regen hält auch das wütende Heer seine Umfahrt, nud die Kutsche bedeutet die Wolke, welche der Sturm mit sich reiszt. Tief poetisch ist das Sturmgesause als ein wundersames Lied aufgefasst. Die Eber sind gleich dem Hunde eine bildliche Auffassung des Windes (s. S. 97). In dem Teiche, Strom oder Brunnen, in welchem die wilde Jagd oder das wütende Heer verschwinden, über welches sie fahren, erkennen wir leicht das Wolkengewässer (s. S. 87). Mehrfach kehrt die Sage wieder, dass Geister des wütenden Heeres eine Kuh schlachteten und verzehrten, die sie dann aus der abgezogenen Hat wieder erneuten nud ins Leben zurückriefen. Es ist die Wolke als Kuh gedacht, von der die Windgeister, die Seelen zehren, indem sie den Regen derselben auf die Erde ergieszen. Nur ein kleines Wölkchen, die Haut, bleibt übrig und aus dieser ersteht und wächst die Kuh, wie sie war, zu neuem Leben. So soll das Nachtvolk einmal in Vorarlberg Sonntags während der Messe in das Haus eines Bauern gekommen sein, die Mastkuh aus dem Stall gezogen und getötet haben. Unter lautem Jubel wurde sie gebraten und verzehrt. Die Kinder des Bauern durften mitessen, erhielten aber den Befehl keinen Knochen zu zerbeiszen. Beim Abzuge las das Nachtvolk alle Knöchlein zusammen und wickelte sie in die abgezogene Haut der Kuh; nur ein Knöchlein fand sich nicht. Dies hatten die Kinder verzettelt. Da sprachen die Geister: „Wir können nicht helfen, das Tier muss halt krumm gehen!" Und so war es auch! Als die Dorfleute aus der Kirche kamen, stand die Kuh lebendig im Stall, hinkte aber auf einem Fusz. Aehnlich erzählt man in Kärnten, dass sich einst in einer mondhellen Nacht das Jauchzen des wütenden Heeres vernehmen liesz. Der Lärm rückte immer näher und näher einem Dorfe zu. Voran ritten drei grosze Männer,

jeder eine Stange in die Höhe haltend, woran eine Leiche angebunden
war. Hinterher kam eine Menge wildaussehender Leute. Am Dorf-
platze lagerten sie sich, machten ein Feuer an, führten aus dem nächsten Stalle einen Ochsen, den sie schlachteten, brieten und verzehrten. Die Knochen legten sie in die Haut zusammen und peitschten
dieselbe mit Ruten. Der Ochse erstand, und wurde in den Stall
zurückgeführt, worauf die wilden Gesellen mit grässlichem Lärm
weiterjagten.

Aus denselben Vorstellungen ist der Glaube erwachsen, dass
Wôdan mit seinem Heere Kühe mit sich hoch in die Wolken ent-
führe und erst nach drei Tagen ausgemolken, oder auch nie zurück-
bringe. Giebt man das Tier nicht gutwillig, so fordert der Gott selber sein Opfer ein. Im Hellhause zu Ostenholz, einem Dorfe zwischen
Weser und Elbe, hat man Jahr für Jahr am Christabend dem Hell-
jäger (wilden Jäger) eine Kuh herauslassen müssen. Die ist, sobald
sie nur drauszen war, verschwunden gewesen. Welche Kuh das aber
jedesmal sein müsse, hat man vorher ganz genau wissen können;
denn sobald der Martins- oder Michaelistag kam, ist die Kuh, an
welcher die Reihe war, zusehends fetter als die andern Rinder geworden. Als man einmal das Tier im Stalle zurückbehielt, entstand
ein fürchterliches Lärmen und Toben um das Haus, die Kuh ward
im Stall wie rasend, sprang die Staken herauf und beruhigte sich
nicht eher, als bis man sie herausliesz; und sogleich ist sie fort-
gewesen.

In einigen Gegenden Deutschlands hat sich die Mythe vom wilden Jäger in Folge brotomorphischer Entwickelung und zeitlicher
Localisation (s. S. 34. 44) an verschiedene Heldengestalten der vaterländischen Vorzeit geknüpft. In der Lausitz zieht Dyterbjernat d. i.
Dietrich von Bern nach Sonnenuntergang mit groszem Geschrei und
Schieszen, sowie unter schrecklichem Hundegebell zu Pferde durch
die Luft, tut aber niemandem etwas, der ihn in Ruhe lässt. Wer
ihm aber nachruft, dem wirft er eine Keule von verendetem Vieh zu,
die man schwer wieder los wird. Durch Felder und Wiesen ziehen
sich oft feuchte Streifen, welche man Dyterbjernatowy puc, d. i. Berner Dietrichsweg heiszt. Auch im Orlagau (dem Gebiet zwischen
Saalfeld und der Orla im Herzogtum Altenburg) ist Berndietrich des
wilden Jägers Name und seine Hunde treiben die Waldweibchen auf.
Berndietrich ist der grosze, allgewaltige Gothenkönig Theodorich,
welcher als Dietrich von Bern (d. i. Verona) in der Heldensage der
deutschen Völker als eine der gefeiertsten Gestalten fortlebte. Schon
im 12ten Jahrhundert ging von ihm die Rede, er sei lebend auf einem

Rosse ins Totenreich geritten. Durch dichte Wälder und Wüsteneien jagend — erzählen spätere Berichte — habe er einst badend einen Hirsch gesehen. Sogleich ruft er nach Ross und Hunden. Da hält neben ihm ein rabenschwarzes Ross, gesattelt und gezäumt. Nur mit dem Badegewand augetan, springt Theodorich auf und in rasender Hast, schneller als ein Vogel, saust der Rappe davon, so dass die Hunde nicht folgen können. Das Ross war der Teufel selber. Bald ist Dietrich dem Gefolge aus dem Gesicht und niemand weisz, wo er hingekommen. Derartige Sagen begünstigten die Uebertragung der Sagen von Wôdan als wildem Jäger auf die historische Person des Dietrich.*)

In Schleswig hält man für den wilden Jäger den Herzog Abel, welcher in einer Sommernacht, am 9ten August 1250 seinen Bruder König Erich Pflugpfennig von Dänemark auf den Wogen der Schlei ermorden liesz. Während er seine letzte Beichte sagte, schrillerten die Möwen der abendlichen Flut: Erich! Erich! Zwei Jahre später wurde Abel von den Nordfriesen erschlagen. Er hatte keine Ruhe im Grabe, darum ward seine Leiche aus der Erde im Dom zu Schleswig genommen, in einen tiefen Sumpf im Pöhlerwalde bei Gottorp versenkt und mit einem Pfahl unten am Modergrunde befestigt. Schwarz wie die Nacht steigt der Königsmörder aus seinem hässlichen Grabe in der verrufenen Waldung; auf seinem kleinen Ross, von Hunden begleitet, fliegt er über Wald und Dom hinweg nach dem Möwen-

---

*) Grade umgekehrt schildert das altdeutsche Gedicht von Ecken Ausfahrt, wie Dietrich von Bern ein Holzfräulein vor dem wilden Jäger schützt. Nach hartem Kampfe mit dem Riesen Ecke, werden ihm von einer wunderbaren Jungfrau, Namens Babehilt, die er im Walde unter einer Linde am Brunnen schlafend gefunden hat, die Wunden verbunden. Sie giebt ihm noch die Verheiszung mit auf den Weg: Vrö Sielde wirt dîn phlêgen (das Glück wird dein warten). Er hört gleich darauf im Walde eine klägliche Stimme und ein Weib (ein wildez vroewelîn) kommt auf ihn zugerannt und bittet ihn, sie vor Fasolt zu bergen (den wir aus zwei Wettersegen als Urheber der Stürme kennen und), welcher sie mit 2 Jagdhunden in wilder Fahrt jagt. Dietrich kämpft mit Fasolt, das wilde Weib verbindet ihm die Wunden und heilt ihn. Diese Geschichte hat später Kaspar von der Rhoen, oder sein wenig älterer Vorgänger im 15ten Ihd. in dem Gedichte „Etzels Hofhaltung" missverständlich umgedeutet. Eine schöne Jungfrau „Frau Sælde" (d. i. Heil, Glück, Wonne), wird mit Hunden von dem wilden Jäger Wunderer verfolgt, der sie fressen will. Sie flieht zum Hunnenkönig Etzel und fleht um Hilfe. Dietrich wird ihr Streiter und bekämpft, von ihr gesegnet, den wilden Wunderer. Frau Wonne (Sælde) dankt und verschwindet.

berge, den die Seevögel kreischend umfliegen; von da nach Mössund, wo Erich starb, und endlich wieder zurück in den einsamen Sumpf. Kein Wunder, dass man sich gewöhnte den in Gewissensangst umgebenden Herzog in die Sage vom rastlosen Treiben der wilden Jagd zu verflechten. So jagt denn nun König Abel und sein Gefolge unter wildem Hallohruf und Hussahgeschrei durch die Luft und der Bauer, der vorüberging, hörte oft das Schnauben und Prusten der Rosse, das Peitschengeknall und laute Gebell der 10 feurigen Rüden. Ein Bauer hat ihm einmal die Bracken halten und mitlaufen müssen. Auch ein Mädchen aus dem Dorf Dannewerk, das zu den Kühen auf die Weide geschickt war, ward einmal von Abels wilder Jagd überrascht. Sie wickelte ihre Schürze um den Kopf und weinte. Da sprang ihr ein Hündchen in den Schosz und legte sich da nieder. Als der Lärm vorüber war, nahm sie ihn mit nach Dannewerk. Da giebt es noch heute einige von dem Schlag Hunde. König Abel aber hat seit der Zeit nur 9 Hunde.

In ähnlicher Weise hat das Volk, als ihm der mythische Name des wilden Jägers aus der Erinnerung verschwunden war, verschiedene menschliche Persönlichkeiten in ihm gesucht. So soll er in Eutin ein bischöflicher Jäger Namens Diedrich Blohm, um Neumünster ein Herr von Wittorf gewesen sein, in der Mark jagt General Sparr, ein Herr von Schlippenbach, u. s. w.

Erwähnenswert ist der Name Herôdes oder Rôds, den Hackelberg in der Gegend von Uchte in Hannover führt. Ihm begegnet die chasse Hérode, wie die wilde Jagd in der französischen Provinz Périgord heiszt. Wenn diese wilde Gesellschaft sich der Erde naht, so stehen schlimme Ereignisse bevor. Man sah sie kurz vor der Revolution zu zweien Malen verfinsternd über die Sonne hinfahren. In der Benennung des wilden Jägers als Herôdes vermischt sich eine Legende von Herôdias, der Mörderin des Johannes, welche wir unter den Göttinnen besprechen werden, *) mit einem alten Beinamen Wôdans Hrôdso, d. i. der Ruhmträger. **) Auch sonst ist die wilde Jagd den Franzosen bekannt, wobei wahrscheinlich fränkische und burgundische Volksüberlieferungen nachwirken. In der Normandie heiszt sie, wie in Schleswig nach dem Brudermörder Abel, Chasse de Caïn (Kains Jagd), um Blois Chasse Machabée (Macabäische

---

*) Vgl. einstweilen S. 99.

**) Von hrôds (Ruhm) gebildet, wie Sahso der Sachse, d. i. Messerträger, von sahs, Messer.

Jagd). *) In der Franche Comté Chasseur sauvage. Um Fon-
taineblau ist der „Grand veneur" bekannt; um Tours jagt Hugo
Capet (Huguet, Hugon). Andererseits hat man auf die Heiligen,
welche als Schutzpatrone der Jagd vorstehen, St. Hubert und
Eustachius, die wilde Jagd übertragen. Sonst kommen noch die
Benennungen Chasse du diable, chasse galerie, chasse gayère, chasse
briguet vor. Bis nach Spanien hinein ist die Gestalt des wilden
Jägers in der Volksüberlieferung heimisch. In Catalonien heiszt
seine Erscheinung „el viento del cazador."

Im Departement des Pyrenées, in der untern Normandie und in
Guienne nennt man Artus, den sagengefeierten Helden des Volkes
von Wales, von dessen ritterlichem Gefolge (massenie) die Romane
und Kunstepen des Mittelalters so viel zu erzählen wissen, als Anführer der wilden Jagd, nicht minder in England und Schottland.
Schon im Anfang des 13. Jahrhunderts meldet Gervasius von Tilbury,
dass man in England bald um die Mittagsstunde, bald gegen Abend
und im Vollmondschein jagende Ritter und Hunde gewahre und Hör-
nerschall vernehme. Auf Befragen erklären die wilden Gesellen, sie
seien Arturs Gefolge und Diener. In Schottland jagt Ritter Artur
Nachts mit goldenen Sporen bei Lichterschein.

Im 12. Jahrhundert hiesz die wilde Jagd in England der Her-
lething. Sie zog mit Wagen und Rossen, Schüsseln und Körben,
Falken und Hunden, Männern und Frauen. So erschien sie unter
der Regierung Heinrichs II. und rief mit Hörnerklang die ganze
Umgegend zusammen. Man sah darin manche, die man tot wuste,
als lebend. Als man sie anreden wollte, hob sich der Zug in die
Lüfte und verschwand im Flusse Wye in Herefordshire. An der
Spitze fährt ein alter König der Britten, Herla. Diesem kündigte
einst ein Zwerg, ein Beherscher des guten Volkes, an, dass der
Frankenkönig ihm seine Tochter zur Ehe geben wollte, wobei er
sich zugleich zur Hochzeit als Gast meldete und zwar unter der Bedingung, dass Herla auch seine Hochzeit besuche. Beides geschah.
Als der König wieder von dem Zwerge schied, schenkte dieser ihm
Pferde, Hunde, Falken und alles, was zum Waidwerk gehört, besonders gab er ihm einen Schweiszbund mit, der einem von dem
Gefolge aufs Pferd gesetzt ward, mit dem Bemerken, keiner dürfe
vom Pferde steigen, bis der Hund herabspringe. Als der König,
den Berg verlassend, einen alten Hirten nach der Königin fragte,

---

*) Dieser Benennung liegt das Bestreben zu Grunde, die vom Volke ge-
glaubte Erscheinung aus der Bibel (Macab. II. 5, 2. 3) zu erklären.

hört er, dass diese vor mehr als 200 Jahren gestorben sei. So lange
war er also im Berge bei den Zwergen gewesen und hatte doch nur
einige Tage dort zu sein geglaubt. Einige seiner Gefährten stiegen
ab und zerfielen zu Staub, und er verbietet den übrigen abzusitzen,
bis der Hund herabspringe. Aber der sitzt noch da und noch jagt
König Herlas Gefolge in ewigem Ritte sausend durch die Luft.

Wieviel in diesen Traditionen angelsächsisches Eigentum ist,
wieviel aus gemeinschaftlicher Urüberlieferung herrührendes keltisches
Erbgut darin steckt, ist für jetzt noch nicht zu unterscheiden. In Wales
hört man, wenn der Sturm durch die Berge brüllt, deutlich das Gebell der Höllenhunde (cron annwn),[*] welche die Seelen der Toten
jagen und mit erwartungsvollem Geschrei den nahen Tod grouszer
Verbrecher vorhersagen. Wenn man diese Hunde aus ihrem gewohnten Gleise treibt, so tritt ihr Herr, ein gekrönter König (Lord
of annown and Pendaran, d. i. Herr der Hölle und des Donners)
scheltend hervor und giebt sich zu erkennen.

Das Auftreten der wilden Jagd nähert sich in den romanischen
Ländern zumeist dem Auftreten des wütenden Heeres in Deutschland.
In ihrem Zuge mischen sich wüstes Geschrei, höhnisches Gelächter
und tiefe Seufzer aus tiefer Brust und klägliches Gewimmer wahn-
sinniger Kinder in das drohende Gekrächze der Eulen, das heisere
Gebell und ungeduldige Gestampfe der Rosse, die kläglichen Töne
der Trompeten und Hörner. Daher heiszt die Erscheinung auch
häufig L'armée furieuse, mesnie furieuse. Besonders bekannt
ist in Frankreich der Name Mesgnie Herlequin, Hellequin,
Hennequin oder Hanequin. In Schriften und Gedichten des 13.
Jahrhunderts wird das Heer des Hellequin oft erwähnt. Der Name
scheint mit dem englischen Herlething zusammenzuhangen.

In den ersten Tagen des Januars 1091 sah in der Normandie
ein Priester Walchhelm die „gens de Herlequin" (Herlechinus) vor-
übersausen, als er Nachts zu einem Kranken ging. Voran zog ein
riesenhafter Mann mit stattlicher Streitkolbe. Im Zuge waren viele
Geistliche, auch eine Menge Weiber, alle beritten. Die Weiber hatten
glühende Stacheln auf den Sätteln, in die sie immer wieder zurück-
fielen, wenn sie im Reiten sich davon erhoben. Sie flehten den
Priester inniglich an, für sie zu beten. Walchhelm aber bekam Lust
zu einem schwarzen Ross, das ledig im Zuge ging, fing es und setzte
sich drauf; wäre aber nun in die Hölle geraten, wenn ihn nicht der
Geist seines Bruders wieder von dem Pferde erlöst hätte.

[*] annown bedeutend bodenlos und ist = abyssus, Hölle.

Wie in den romanischen Ländern hat auch in Deutschland das wütende Heer eine Anzahl von Localformen angenommen und die Anknüpfung historischer Persönlichkeiten an seine mythischen Gestalten sich gefallen lassen müssen. So soll nach dem Glauben der Lausitzer der h. Bonifacius dem wütenden Heer des Berndietrich (Pan Dietrich oder Schümbrich, wie er in der Gegend von Budissin heiszt) warnend voraufschreiten; der Tod, auf einer Eule reitend, beschliefzt den Zug.

Von höherem Interesse ist eine Reihe von ausgebildeteren Sagen, welche sich aus den einfachen Naturmythen vom wütenden Heer entwickelt haben. Wôdan, der Anführer der wilden Genossenschaft, welche das alles tanzenmachende Sturmlied singt (S. 49. 50. 114.) und die Seelen aller Alter und Geschlechter in ihren Zug aufnimmt, ist zu einem Spielmann von wunderbarer Kunstfertigkeit geworden, dessen Weisen alles zum Tanze zwingen *) und der mit süszem Spiel Kinder in ganzen Scharen an seine Fersen bannt und in einen Berg oder See, d. i. die Wolke (s. S. 88. 117) verlockt. So soll im Harz ein alter Dudelsackbläser von Haus zu Haus gezogen sein und mit seiner Pfeife davor gepfiffen haben. Dann starb jedesmal ein junges Mädchen und folgte ihm. Zuletzt hatte er wol 50 Mädchenseelen hinter sich. Am berühmtesten ist seit dem 16. Jahrhundert unter den verschiedenen localen Gestaltungen dieser in ganz Süd- und Norddeutschland, Frankreich und Irland verbreiteten Sage die Tradition der Stadt Hameln geworden. Einst waren die Felder des Ortes von Mäusen heimgesucht. Da erschien ein fremder Pfeiffer, welcher sich erbot, die Landplage zu entfernen. Er blies so wunderbare Weisen auf seiner Pfeife, dass alle Mäuse **) zusammen-

---

*) Die von Rückert (Gesammelte Gedichte, 1836. I. 489) bearbeitete Sage, wo ein Spielmann seine Geige stimmt und aufspielt, dass zuerst Bäume und Pflanzen, dann die Fische im Weiher, die Mäuse im Schloss, Tische und Bänke, endlich das Schloss selbst und die Menschen darin in unaufhaltsamen Tanz geraten und wirbelnd sich drehen, ist gleichfalls ein Ausfluss dieser Mythe.

**) Mäuse sind nach dem Volksglauben Gestalten, welche die Seelen der Menschen anzunehmen pflegen. Daher schreibt sich u. a. der Aberglaube im Aargau: „Wenn ein Kind mit offenem Munde schläft, so muss man ihn schlieszen, sonst möchte die Seele in Gestalt einer weiszen Maus entwischen." Ebenso der bekannte Ammenscherz, dem Kinde den Finger von der Hand aufwärts bis zum Munde spazieren zu lassen mit den Worten:

Es kam ein Mäuschen, kriecht ins Häuschen.

Wo wird's denn rasten? Im Kindchen! Kikerlokakerle!

oder:

Kriecht die Maus in's Kindchens Haus! Piek! Piek! Piek!

Der Körper wurde als Haus der Seele gedacht.

liefen und ihm bis in die Weser nachfolgten, wo sie ertranken.
Als man darauf dem Fremden den bedungenen Lohn nicht aus-
zahlte, erschien er am nächsten Morgen wieder in Jägertracht mit
rotem Hut und schrecklichem Blick und blies auf einem andern In-
strument so herzbewegende Töne, dass alle Kinder in Hameln aus
dem Bette aufstanden und dem fremden Manne folgten, über Stock
und Stein, bis sie zu einem Berge gelangten. Darin tat sich plötzlich eine niegesehene Höle auf, welche den Zug aufnahm und sich
hinter ihm schloss. Unter den Verschwundenen befand sich die
mannbare Tochter des Bürgermeisters und nur ein Knabe war umgekehrt, weil er noch seine Kleider holen wollte; nach andern blieben zwei Kinder in der Stadt zurück, aber das eine war blind und
das andere stumm. Edler war die Gestalt des die gewaltigen Sturm-
lieder pfeifenden oder singenden Wôdan in der höheren Mythologie
hervorgebildet. Hier führte der Götterherscher in jener Eigenschaft
den Namen ahd Horant, bei Angelsachsen Heorrenda, im Norden
Hjarrandi, wie die Edda uns kundgiebt. In der deutschen Heldensage von Gûdrûn tritt er auf. Da beginnt er eine Weise, die nie
ein Mensch vernahm und keiner lernet je, der sie nicht erlauschet
auf den wilden Meereswellen:

Der Lieder sang er dreie, | die waren wundersam;
Keinem ward es lange, | der solchen Ton vernahm.
Die Zeit, die einer brauchte, | tausend Wegesstunden
Zu reiten, wäre hier ihm | wie ein einziger Augenblick entschwunden.

Lauschend liesz die Weide | im Wald das scheue Wild,
Die Würmlein, die da krochen | im grünen Grasgefild,
Die Fischlein, die im Wasser | schwammen auf und nieder,
Die lieszen ihre Wege, | ja nicht umsonst sang er seine Lieder.

Wer es hörte, dem war alles verleidet, was ihm zuvor guten
Klanges däuchte, und wehe ward es jeglichem nach Horant.
Auch der Zug, dass das wütende Heer (S. 114) wie die Windsbraut (S. 199) Menschen mit sich in die Luft entführt, hat zu ausgeführteren Sagen Veranlassung geboten. Es ist noch nicht funfzehn
Jahre, dass ein Knecht bei dem Bauer in Woltersdorf in der Oberpfalz, hinter dessen Hof das wütende Heer (Nachtgeleit) regelmäszig
vorbeiging, Nachts vor die Türe hinaus muste. Er hatte bisher ein
kaltes Leben geführt. Da nahm ihn das Nachtgeleit mit. Auf dem
Wege ging es über einen alten hohen Wald. Da sagte der Anführer

des wütenden Heers: „Heb' die Füsze auf, denn hier ist es gar hoch
geschnitten." So wurde er in ein weites warmes Land geführt, wo
er schwarze Leute traf, die er nicht verstand. Er kannte sich nur
in der Sonne aus und kam erst im zweiten Jahre heim. Ein anderer
Bauer aus Baiern wurde mitten aus dem Walde vom wütenden Heer
bis nach Ungarn mitgenommen. Dort traf ihn ein Tiroler, der öfter
bei ihm Nachtherberge gehalten hatte, beim Schweinehüten. Der
führte ihn nach Jahresabwesenheit wieder heim, wo sein Weib eben
mit einem andern Hochzeit halten wollte. Kaum erkannte sie ihn
aber, so sprang sie auf ihn zu, umarmte ihn und wich nicht mehr
von seiner Seite. Nach mehreren Sagen richtet sich die Fahrt des
Totenheeres Nacht für Nacht nach Jerusalem. Ein Ritter, der kühn
genug war, dem wütenden Heer zu Rosse dahin zu folgen, kam
glücklich zurück und brachte als Ehrengeschenk der Geister zwei
Talismane mit, ein Salamanderlaken, das sich im Feuer reinigte, und
ein Messer, dessen Wunden stets töteten.

Die Waidgesellen Wôdans in der wilden Jagd und seine Begleiter im wütenden Heer sind der ursprünglichen Anschauung nach die
Seelen der Verstorbenen schlechthin; deshalb ziehen in letzterem auch
Frauen und Kinder mit. Da alle Toten in dieser Schar Aufnahme
finden, so freut sie sich, wenn ihr irgendwie Zuwachs in Aussicht
steht, ihr Erscheinen ist für grosze Unglücksfälle vorbedeutend. So
zeigt das Môdisheer im schwäbischen Remstale durch seine Gegenwart das demnächstige Eintreffen eines allgemeinen Sterbens,
der Pest an. Die Chasse de Caïn in der Normandie hat daher
ihren Namen erhalten, weil sie einen baldigen Totschlag anzeigt;
und der „Grand veneur de Fontainebleau" liesz bei hellem
Tage, dicht am königlichen Schlosse, das unheilvolle Geheul seiner
unsichtbaren Hunde ertönen, um Heinrich IV. von dem schrecklichen
Geschick durch Ravaillacs Mörderhand zu benachrichtigen. Erst
christliche Auffassung hat die Genossen der wilden Jagd auf die Seelen groszer Verbrecher eingeschränkt. Besonders häufig erzählt
man, die wilden Jäger seien die ruhelos umgehenden Geister von
Leuten, welche Sonntags, wie Werkeltags gejagt, das Landvolk durch
Frohnknechte zur Treibhatz getrieben und in ihrer wilden Lust selbst
der Saaten und des Schweiszes der Bauern nicht geschont hätten.
Darum trügen sie auch zur Strafe die Köpfe unter dem Arm und
ritten auf kopflosen Rossen. Andere erklären die wilde Jagd
für den bösen Feind, den seine Teufel begleiten, um die armen
Seelen zu jagen. Glimpflicher denkt man in der Oberpfalz von
den Holzhetzern, d. i. bellenden Geistern in Hundegestalt, welche

die wilde Jagd begleiten, um die armen Holzfräulein zu zerreiszen.
Sie sollen gefallene Engel sein, welche sich aber im Falle noch bekehrten.

Gegenüber diesen christlichen Umdeutungen in der wilden Jagd,
hat das wütende Heer schon im Heidentum selbst eine Fortbildung
erfahren. Im Verlauf der kriegerischen Entwickelung unserer Mythologie (S. 72 fgg.), schränkte man dasselbe auf die im Kampf gefallenen Helden ein. Nun wurde es zu einem Heere von Bewaffneten,
welche in der Luft die Kämpfe des Lebens fortsetzen, und nur die Seelen ebenbürtiger Männer zu sich hinaufziehen. Mit glänzenden Har-
nischen und leuchtenden Schwertern fährt nun das Wuettenheer,
zu Ross und zu Fusz durch Wälder und Berge, bald wie zum Krieg
ausziehend daher, bald ist es hoch in der Luft in wildem Streite begriffen.*) Eine Frau im Elsass sah ihren im Krieg umgekommenen
Mann im Haufen laufen, ihm war der Kopf auseinandergespalten.
Sie lief zu ihm und band ihm das Haupt mit ihrem Schleier zusammen. Oft gewahrt man in ihrer Mitte ein leeres Ross von riesiger
Grösze und vernimmt auf Befragen, es sei bestimmt diesen, oder jenen groszen Kriegshelden abzuholen. Der Bezeichnete muss auf seinen nahe bevorstehenden Tod gefasst sein. Einst begegnete einem
Priester in der Dämmerung das reisige Heer der Toten, alle insgesammt riefen mit lauter Stimme: „Herr Walther von Milene! Herr
Walther von Milene!" Dieser Walther, ein berühmter Kriegsmann,
war in der nämlichen Nacht gestorben. Der Priester schützte sich,
indem er einen Kreis um sich beschrieb, und darin bis zum Morgen-
grauen verharrte. Aus diesem Grunde verkündigt das Erscheinen
des Muotesheeres Krieg;**) in Frankreich heiszt die Mesnie Hellequin auch L'armée furieuse und in Spanien kannte man seit alter
Zeit das wütende Heer unter dem Namen exercito antiguo.
„Ins alte Heer gehen" war unserm Mittelalter ein Ausdruck für
sterben. Häufig macht das wütende Heer in Bergen Halt, oder zieht
aus denselben hervor. (Vgl. S. 117). Es waren darunter ursprünglich die Wolkenberge gemeint, in welchen die in Wind angehauch-
ten Seelen rasten, wenn der Sturm schweigt. Später vergasz man
das himmlische Naturbild und bezog die Sage auf die irdischen Urbilder. (Vgl. S. 91) So sah ein Mönch aus Limpurg einst aus
einem Berge nahe bei Worms die Geister der vor wenigen Jahren

---

*) In Burgund glaubte man im 17ten Jahrhundert, Karl der Grosze ziehe
mit den in der Schlacht von Ronceval Gefallenen im wütenden Heer, Roland
trage die Fahne.

**) Noch vor dem groszen deutschen Freiheitskriege zog das Muotesheer mit
Musik und Trommeln über Blaubeuren hin.

nahebei in einer Schlacht gefallenen Kämpfer zu Ross und in leuchtenden Waffen, die wie Feuer glühten, hervorreiten. Sie baten ihn „Bitte für uns!" und verschwanden dann wieder in den Berg, der Feuer ausspie, und mit groszem Gekrache sich schloss, so dass die Bäume drauf knarrten und brachen. Der Auszug des Geisterheeres aus dem Berge erfolgt vorzüglich, wenn Kriege bevorstehn. Im Odenwald liegen nahe bei einander zwei Berge, der Schnellerts und der Rodenstein. In ihnen haust der Landgeist (d. i. nach alter Auffassung der Schutzgott des Landes) oder Schnellertsgeist (auch Rodensteiner genannt), mit einem groszen Gefolge von Rittern und Reisigen. Im Namen Schnellerts lässt sich die Bedeutung „Haus des Snellhart" d. i. des Wôdan*) nicht verkennen. Oft hört man das Jagdgeschrei der Geister mit Hundehetzen, Peitschen und Hörnerblasen rundum und auf dem Snellertsberge. Die Geister reiten so stark, dass die Hufeisen klappern. Ein Mann, der sich auf den Markstein, unweit der alten Burgruine setzte, wurde von einem Jäger zwischen den Ruinen hin, in einen groszen erleuchteten Saal geführt, wo an einer mit allerlei Geschirr beladenen Tafel eine Menge fröhlicher Herren in altertümlichen Kleidern und Rüstungen saszen und zechten. Nach beendigtem Mal folgte eine Jagd. Vor einer Schmiede in Grumbach liesz der Landgeist gemeiniglich sein Ross beschlagen.

So oft feindliche Völker es wagen den Rhein zu überschreiten, bricht das Totenheer aus dem Schnellerts hervor und reitet ihnen entgegen, es zieht wieder in den Berg, sobald die fremden Soldaten über den Fluss zurückgegangen sind; sein Erscheinen ist daher das zuverlässige Anzeichen eines Krieges. In Oberhessen ist der Name Wôdans als Anführer des reisigen Heldenheeres wiederum mit dem eines menschlichen Herschers, Karls V. vertauscht. Dieser soll am Fusze des Odenberges eine grosze Schlacht geschlagen haben; das strömende Blut riss tiefe Furchen in den Boden, der strömende Regen spült sie immer wieder auf. Karl errang den Sieg. Abends aber tat sich der Fels auf, nahm ihn und das Kriegsvolk ein und schloss seine Wände. Hier ruht er nun von seinen Heldentaten aus. Alle sieben Jahre Jahre kommt er aber aus dem Berge hervor, man vernimmt Waffen durch die Lüfte rasseln, Trommelwirbel, Gewieher und Hufschlag;

---

*) Snel-hart (ein schon im 8ten Jahrhundert nachweisbarer Eigenname) von ahd. snel (kräftig, rasch), ist ein sehr passender Beiname des im Sturme jagenden Gottes.

der Zug geht an den Glisborn, wo die Rosse getränkt werden und kehrt nach vollbrachter Runde wieder in den Berg zurück. Ein Mann, welcher den Lärm hörte, ohne etwas zu sehen, erblickte das gespentische Kriegsvolk in Waffenübungen, sobald er durch den Ring schaute, den er mit seinem in die Seite gebogenen Arm bildete. Auch Kaiser Karl zieht aus, so oft ein Krieg bevorsteht.

Wenn in diesen Sagen von Wôdan und seinem Gefolge schon ein bedeutender Fortschritt in der Mythenbildung zu erkennen ist, so bleiben andere Züge auf dem Gebiete der reinen Naturanschauung stehn. Wie die Hunde der wilden Jagd den Regen aus ihren Haaren schütteln (S. 111), naht das wütende Heer oder die wilde Jagd an manchen Orten, so oft anhaltender Regen zu erwarten steht. Das Wiehern ihrer Rosse sagt Veränderung der Witterung vorher. Da der Regen als himmlische Milch gedacht wurde (S. 89), entstand hieraus der Glaube, Wôdan verleihe Milchreichtum. So hat einmal der Herôdes (Hakelberg S. 120) ein Haus mit reichlicher Butter und Milch gesegnet, weil man da seinen Hund ein Jahr lang auf das beste verpflegte; und in Presburg sah man in die Wohnung einer Frau, deren Kühe immer ausgiebig waren, oft den schwären Wagen d. i. das wütende Heer einkehren. Aus der Herrschaft Wôdans über den Regen erklärt es sich auch, dass ihm bisweilen Ziegen als Abbilder der Wolke (S. 89)[*] geopfert wurden. Deutsche Heiden fielen einst in Burgund ein und wollten eine christliche Kirche in der Umgegend von Dijon in Brand stecken. Als dies trotz aller ihrer Bemühungen nicht gelang, beriefen sie die Priester ihrer heiligen Haine und hieszen sie nach alter Sitte ihrem Gotte Wôdan Ziegen opfern, damit er (der Sturmgott) den Flammen Kraft geben sollte, das Gotteshaus zu zerstören.[**]

---

[*] Aus diesem Grunde reitet das wütende Heer bisweilen auf Geisböcken, statt auf Rossen.

[**] Im Jahr 579 opferten heidnische Langobarden „den Dämonen" unter Gesang und Tanz das Haupt einer Ziege. War das auch ein Wôdansopfer? Der h. Barbatus (7. Jahrh.) predigte gegen die Verehrung eines Baumes, der nicht weit von den Mauern Benevents stand. Die Langobarden hingen ein Fell daran auf, ritten dann alle zusammen, so dass die Pferde von den Sporen bluteten, hinweg, warfen mitten im Lauf mit Wurfspieszen rückwärts nach dem Fell und erhielten jeder ein Teil zum Verzehren. Dieser Ort soll Votum (Gelübde geheiszen haben. So sagt der Text des uns erhaltenen Berichtes (saec. 9). Man vermutet jedoch, dass Votum ein Schreiberirrtum für Wôdani (Ort des Wôdan) sei. Ist diese Vermutung richtig, so war die erwähnte Sitte vielleicht

Wurde der Windeber als Befruchter der Saaten verehrt (S. 100), so muste diese Eigenschaft in noch höherem Grade dem Gotte Wôdan und den Seinigen zustehen. Zieht das Muotesheer um Betzingen recht zeitig im Frühjahr, so wird bald alles grün und es giebt ein fruchtbares Jahr, kommt es später, so giebt es einen späten Frühling. Im Remstale dagegen kündigt das Môdisheer durch sein Erscheinen Teurung an. Der Rodensteiner fährt jedes Jahr mit Halloh, Rasseln und Hundegebell zu Wagen durch eines Bauern Scheuer in Oberkeinsbach (S. 110. 127); an dem Tage müssen beide Tore für ihn offen gelassen werden. In der Richtung, in welcher er zum Schnellerts hinüberfährt, sieht es deutlich aus wie ein Weg und wo es durch die Frucht geht, läuft mitten durch das Korn ein Strich. Da steht es höher und gedeiht besser, als anderswo. So hing denn von Wôdan das Gedeihen der Feldfrüchte ab und unsere frommen Voreltern ehrten seine Gabe mit Dankopfern. In Schleswig bringen die Bauern aus Mielberg jedesmal, wenn ein gewisses Stück Land mit Hafer besät wird, einen Sack mit diesem Korn auf den Hesterberg und lassen ihn da stehen. Nachts kommt dann jemand und braucht den Hafer für sein Pferd. In Meklenburg liesz man noch im vorigen Jahrhundert bei der Roggenernte am Ende eines jeden Foldes einen Streif Getreide unabgemäht, flocht dasselbe mit den Aehren zusammen und besprengte es mit Bier. Die Arbeitsleute traten darauf um den Getreidebusch, nahmen ihre Hüte ab,*) richteten ihre Sensen in die Höhe und riefen den Wôdan dreimal mit folgenden Worten an:

> Wôde hole deinem Rosse nun Futter!
> Nun Distel und Dornen,
> Aufs andere Jahr besser Korn!

Nach dieser Anrufung gab der Edelmann seinen Knechten ein Gastgelag, welches man Wôdelbier nannte.*) In gleicher Umständlichkeit fand dieses Opfer noch im Anfang dieses Jahrhunderts im Gebiete von Schaumburg-Lippe statt. Ging die Roggenernte zu Ende,

---

ein Seitenstück zu der S. 23 erwähnten griechischen, und stellte in irdischem Nachbilde dramatisch dar, wie Wôdan und seine Gesellen, die Winde, das Wolkenfell (S. 91) mit ihren Speeren, Regen herabschüttelnd, zerrissen.

*) Dem Wôdan eine Libation von Bier darzubringen, war eine alte und verbreitete Sitte. Der h. Columban traf auf einer Reise heidnische Schwaben, oder Alamannen grade im Begriff ihrem Gotte Wôdan „den andere Mercur nennen" ein Opfer darzubringen. In ihrer Mitte stand eine Kufe, welche 20 Masz Bier, etwas mehr oder weniger, enthielt.

so tat ein jeder Schnitter noch immer, als ob er schneide, bis auch
alle übrigen Arbeiter fertig waren. Dann hielten alle zusammen auf
ein gegebenes Zeichen plötzlich inne, stellten die Sensen aufrecht vor
sich hin und schlugen mit der rechten Hand den Wetzstein laut-
schallend an die Sense. Mit der linken Hand gossen sie Milch
oder Bier auf den Acker und tranken dann selbst. Jetzt
setzten sie den Krug auf die Erde, entblößten das Haupt und
schwenkten die Hüte hoch in die Luft. Sie tanzten um die übrig-
gebliebene Garbe herum und sangen:

> Wôld! Wôld! Wôld!
> Der Himmelsriese weisz was geschieht,
> Stäts er vom Himmel hernieder sieht.
> Er hat volle Krüge und Büchsen.
> Auf dem Holze wächst mancherlei.
> Er war nicht Kind und wird nicht alt.
> Wôld! Wôld! Wôld!

Nach Beendigung dieses Gesanges klopften die Weiber die Brod-
krumen aus ihren Körben auf den Acker aus und die Männer gossen die Neige des Getränkes zur Erde. Unterblieb diese Feier-
lichkeit, so fürchtete man, dass die Korn- und Obsternte im nächsten
Jahre misraten werde. Heutzutage wird die alte Sitte in solcher Umständlichkeit, soviel ich weisz, nirgend mehr geübt; aber am Stein-
huder See im Hannöverschen, im Fürstentum Schaumburg-Lippe und
einem Teile von Hessen, heiszt die letzte Garbe noch immer der
Waul-roggen. Die Schnitter stecken einen mit Blumen umwunde-
nen Stab, den Waulstab hinein, nehmen den Hut ab und tanzen
herum. Sie schlagen dabei an die Sensen und rufen dreimal: Waul!
Waul! Waul! d. i. Wôdan! Wôdan! Wôdan!*) Die Burschen
des Dorfes Steinhude zünden im Herbst, wenn alle Frucht in den
Scheuern aufgespeichert ist, auf dem „Heidenhügel" ein Feuer an
und rufen, wenn die Flamme lodert, unter Hutschwenken „Wauden! Wauden! Wauden!"

In Baiern bindet man an verschiedenen Orten aus den letzten
stehengebliebenen Halmen des Roggen- oder Weizenfeldes eine
menschliche Figur mit Hals und Kopf. Aus anderen abgeschnittenen
Aehren deren je drei zusammengenommen werden, flicht man die Arme

---

*) Waul ist aus Wôde, Waude hervorgegangen, wie Melecin mundartlich
aus Medicin, lat. Ulysses aus Odysseus. Aus Waul, Wôl wiederum entstand
obiges Wôld durch unorganisches Hinzutreten eines d. -- In Eutin heiszt
Wôdan der Wôljäger und in einem Teil von Mecklenburg Waud

der Figur, welche beide Hände auf die Hüften stützt. Ein Gürtel trennt den oberen Teil des Körpers vom unteren, das lange Kleid bilden die stehengebliebenen Halme. Diese Figur heiszt man den **Oanswald, Uanswald, Åswald oder Oswald**. Während die Burschen den Åswald machen, sammeln die Mädchen die schönsten Feldblumen und schmücken ihn damit. Dann knieen alle im Kreis herum, danken und beten, dass das Getreid wieder gewachsen ist und dass sie sich nicht geschnitten haben.*) Nach dem Gebete wird um den Åswald ein Walzer getanzt, alles jubelt und lacht. In einigen Gegenden Niederbayerns sagt man von den 3 letzten Halmen: „Das ist für den Åswald!" Das ist ein alter gottesdienstlicher Gebrauch zu Ehren des Answalt (Ansenwalters, Götterherschers d. i. Wuotans, s. S. 72. 73) nach Art der S. 100 fgg. dargestellten Sitten, obgleich heutzutage auf einen Heiligen, Namens Oswald bezogen.**)

War Wôdan, der Herr des Sturmes und Regens, einmal zum Acker- und Erntegott geworden, so lag es nahe, seine Herrschaft auch über die übrigen Erscheinungen der Luftregionen auszudehnen. Er wurde zum Himmelsgott überhaupt. Ein aargauisches Rätsel identificiert ihn, den Gott, welcher die Seelen der Toten um sich schaart, gradezu mit dem Sternenhimmel, dessen Lichter nach alter (S. 51) auch in Deutschland nachweisbarer Vorstellung für Geister von Verstorbenen angesehen wurden:

> Der Muot
> Mit dem Breithut
> Hat mehr Gäste,
> Als der Wald Tannenäste.
> (Aufl. Sternenhimmel).

---

*) „Heiliger Åswald, wir danken dir, dass wir uns nicht geschnitten haben."

**) Oswald soll ein angelsächsischer König von Northumberland (604—642) gewesen und im Kampfe für das Christentom auf dem Schlachtfelde gestorben sein. Schon früh als Heiliger verehrt, wurde er in Süddeutschland als solcher sehr beliebt, zumal sein Name es nahe legte auf ihn viele Züge vom Answalt (Wuotan) zu übertragen. So gilt dem Bauer sein heiliger Oanswalt für „den mächtigsten Wetterherra." Zürnt er, so schlägt er das Korn in Grund und Boden hinein, dass es ein Graus ist. An seinem Tage (Aug. 5) verrichtet in manchen Dörfern niemand knechtische Arbeit, sondern alles steigt die unwegsamen Bergsteige zur Oswaldkapelle hinauf, um seine Verehrung und Huldigung dem mächtigen Wetterherrn darzubringen und um Abwendung des Hagels zu bitten. Wehe den Früchten, wenn dies unterbleibt. Als Herr des Windes wehrt der Answalt (Wuotan) dem schädlichen Treiben des Windeberz: „Der Åswald ist gut gegen die Windsau."

9*

Vgl. S. 107. 108. Als Himmelsgott führte Wôdan die Sonne als
Gestirnauge (Vgl. S. 58. 61. 104), welches feindliche Dämonen der
Luft ihm zuweilen entzogen. Hieraus leitete sich dann die Mythe
ab, dass Wôdan blind oder einäugig sei. Diese Vorstellung hat
sich sammt einer dichterischen Darstellung seines Rosses in deutscher
Ueberlieferung jedoch nur im Eingange siebenbürgischer Märchen
erhalten, wo ein hoher einäugiger Alter mit langem Bart, grauem
Mantel und breitkrämpigem Hut begabend auftritt, und auf
einem achtfüszigen, oder sechsfüszigen Rosse reitet.*)

Nach dem Zeugnisse mittelniederländischer Dichter aus dem
15ten Jahrh. hiesz der grosze Bär Woonswaghen, Woonswaghen
(Wagen des Wôdan) und ebenso will man im Harz um Goslar wissen, das Sternbild des Wagens am nördlichen Himmel sei Hackel-
bergs Gespann. Hackelberg selbst sitzt im Gefährt, ein Knecht mit
der Peitsche reitet verkehrt auf einem der Pferde.**)

Auf diesem Wagen folgt die Gesellschaft der Toten, wenn sie nicht
in der Nähe der Erde durch die Luft zieht, dem Wôdan ins Seelenreich,***) das nach altem Glauben über dem Wolkenhimmel lag.
Darum soll der grosze Bär in Holland Helwaghen (d. i. Wagen

---

*) In Süddeutschland verbietet man den Kindern in rinnendes Wasser zu
schauen, oder mit Steinen in den Brunnen zu werfen, denn da sei Gottes
Auge drin. Ist das eine irdische Uebertragung von dem im himmlischen
Wolkengewässer ruhenden Sonnenauge Wuotans? Oder entstand jener Glaube
aus der einfachen poetischen Auffassung der Bäche, Brunnen und Seen als
Augen der Landschaft?

**) Nach andern ist der grosze Bär das Geführt des Nachtraben, eines
Vogels viel gröszer als gewöhnliche Raben, welcher schreiend dem Hakelberg
vorauffliegt. Ruft er würk würk, so bedeutet es Krieg! Er war einst
ein Fuhrmann, welcher Tiere und Menschen mishandelte und schliesslich sich
wünschte, für sein Teil Himmelreich ewig fahren zu dürfen, so lange die Welt
steht. Schäfer ahmten einst des Nachtraben Gekrächze nach, da kam er, schlug
mit eisernen Fittichen die Schäferkarre in Stücke und den spottenden Hirten
tot. Ein anderer schützte sich nur, indem er neun Hürden auf sich warf. Hirten, welche Nachts die Pferde hüteten, riefen, da sie merkten, dass der Nacht-
rabe Lebensmittel bei sich habe: „Halbpart!", worauf jener ihnen einen Füllen-
braten ins Feuer warf. — Auch der wilde Jäger Dieter Bernhard in der Lausitz
(S. 118) fährt nach dortiger Ueberlieferung auf dem Wagen des Siebengestirns.
Da wurde er in den Nachtraben verwandelt, der auch der ewige Fuhrmann
heiszt und bald fliegt, bald fährt. Alle hundert Jahr kommt er einmal herum.

***) Nach schwäbischer Sage nimmt das Muotesheer seinen Weg grade über
die Milchstrasze hin, d. h. über den Weg, welcher ins Seelenreich führt. (Vgl.
S. 52, 59).

des Totenreichs) heiszen. In Vorarlberg wird er Girenwagen genannt. Alle 7 Jahre steigt er vom Himmel, fährt über die Erde und rafft jeden dahin, der nicht sein Schnupftuch herausnimmt, es auf den Boden wirft und sich darauf setzt.*) Einst hielt er vor einem Bauerhause, vor dessen Tür ein Büble in weiszem Käpple spielte. Die Geister im Wagen hatten ein gleich groszes Knäblein mit roter Kappe bei sich. Beide Kinder spielten mit einander und vertauschten ihre Mützen. Als nun der Girenwagen mit der ganzen wilden Gesellschaft aufbricht und seine Fahrt fortsetzt, nehmen sie das Büble mit der roten Kappe, in der Meinung, es gehöre ihnen.

Als den gewaltigen Herrn des Himmels zugleich und als siegverleihenden Lenker der Schlachten zeigt uns Wôdan eine schöne langobardische Mythe, welche in der Vorrede zum Gesetzbuche des Königes Rotharis aufbewahrt ist. Die Langobarden hieszen ursprünglich Winiler. Ueber sie herschten zwei Brüder Agio und Ibor mit ihrer Mutter Gambara. Einst hatten sie Fehde mit den Herzögen der Wandalen, dieselben verlangten entweder Zins oder Kampf. Als die Winiler das letztere wählten, gingen Ass und Ambri, die Herzöge der Wandalen zu Wôdan und baten, dass er ihnen den Sieg verleihe. „Ich will denen den Sieg geben, antwortete der Gott, welche mir beim Sonnenaufgang zuerst in die Augen fallen." Inzwischen begaben sich Ibor und Agio mit ihrer Mutter Gambara zu Frea, Wôdans Gemahlin, sie möge den Winilern zum Siege verhelfen. „Bei Sonnenaufgang, sagte Frea, erscheint sammt euren Frauen auf dem Schlachtfelde. Die Weiber mögen ihr Haar lang niederflieszend, nach Art eines Bartes, vom Gesicht hinabhangen lassen und sich neben den Männern in Schlachtordnung aufstellen." Kaum erhellte sich der Himmel, als Frea an Wôdans Bett trat, sein Gesicht gegen Morgen wandte und ihn weckte. Sein erster Blick fiel auf die Weiber der Winiler. „Was sind das für Langbärte (Langobarden)?" rief er. „Herr, sagte Frea, hast du ihnen einen Namen gegeben, so gieb ihnen jetzt auch den Sieg."**) Die Winiler überwanden ihre Gegner und tragen von dem Tage an den Namen Langobarden.***)

---

*) Dann ist man gesichert, man sitzt ja auf seinem eigenen Grund und Boden.

**) Es war altgermanische Sitte, dass wer einen Namen erteilte, eine Gabe folgen lassen muste. Daher noch unsere Patengeschenke.

***) Dasselbe erzählt der langobard. Geschichtschreiber Paul Warnefried auszugsweise mit der Angabe, dass Frea die Winiler sich aufstellen hiesz, wo Wôdan sie sehen müsse, wenn er, wie gewöhnlich aus *dem Fenster des Himmels gen Morgen schaue.* Eine noch ältere Aufzeichnung aus dem 7ten Jhd. lässt

Wie Wôdan hier zum Fenster des Himmels herausschaut, unter
welchem die aufgehende Sonne selbst zu verstehen ist,*) so scheint
man ihm aus Anlass desselben Naturbildes einen Stuhl beigelegt zu
haben, von welchem aus er alles in der Welt sehen konnte. Ein
verbreitetes Märchen erzählt, wie ein sterblicher Mensch in den Himmel
eingelassen, neugierig zuletzt auf den Stuhl des Herrn stieg,
von dem herab man alles schauen kann, was auf dem ganzen Erdboden geschieht. Er gewahrt eine Wäscherin zwei
Frauenkleider stehlen. Da ergreift er im Zorn den vor dem Stuhl
stehenden Schemel des Herrn und wirft ihn nach der Diebin herab.

Sobald Wôdan zum Himmelsgotte im allgemeinen geworden war,
hatte er sich schon so hoch über das rohe Naturwesen, von welchem
er ausgegangen war, erhoben, dass man in ihm nun vorzugsweise
den milden, Gedeihen spendenden Gott erschaute im Gegensatz zu
der verderblichen Sturmgewalt oder dem Wirbelwinde, für den man
nunmehr vorzüglich das uralte und rohere Bild des Ebers gebrauchte.
Es trat jetzt der S. 32 geschilderte Vorgang ein. Wôdan, der segnende Gott der Winde, der in den Wolken mit Gewitterschlägen
einherfährt, trat in Kampf mit dem Windeber. Wenn der wütende
Wirbelwind (der Eber) das Getraide zerwühlt und niedertritt, dann
jagt Wôdan der segnende Gott im Gewittersturm hinter ihm her,
bis er ihn erlegt und der sanftere befruchtende Wind das vernichtende Unwetter besiegt hat. Der Answalt streitet wider die Windsau (s. S. 131). Ein Holzhacker, der in den Ardennen auf den Wunsch
des wilden Jägers die Jagd mitmachte, konnte 14 Tage lang Schweine-
fleisch einsalzen. So berichtet eine schon vermenschlichende Sage.
Aus Wind und Wolken hervor zucken die Blitze, die leuchtenden
Hauer des Ebers (S. 102). Wenn aber der wütende Wirbelwind aus-

---

Frea und ihren Ratschlag ganz aus dem Spiel. Die Langobarden kämpfen mit
den Hunnen. Um die Zahl ihrer Krieger zu vergrössern, müssen die Frauen
sich männlich schmücken und ihre langen Haare als Bärte an das Kinn binden.
Da ertönt über beiden kämpfenden Heeren aus der Luft herab Wôdans Stimme:
„Das sind Langbärte." „Gabst du uns den Namen, so gieb den Sieg," rufen die
Langobarden, und sie schlagen die Hunnen. — Die mythische Deutung des Namens Langobarden ist übrigens sprachlich unrichtig. Denn Langobardo bedeutet nicht „Langbart", sondern „Langspeer."

*) Vgl. über die Anschauung der Sonne als Türe oder Fenster des Him-
mels den Kinderreim:

Heiland tu dein Türle auf,
Lass die liebe Sonne raus,
Lass den Schatten droben!

getost hat, der leuchtende Hauer, der die Wolken durchschlitzte, verschwunden ist, naht auch des in Sturm und Blitz nachsetzenden Gottes Ende selbst. Er stirbt, um windstillem Sonnenschein Platz zu machen. Die Mythe erzählt so: Hackelberg hört einmal um Mitternacht aus dem nahegelegenen Bruche eine Stimme, welche fragt, ob der Stumpfschwanz schon da sei, der ihm den Tod bringen solle. Er träumt, wie er durch die Hauer eines wütenden stumpfschwänzigen Kämpen (Ebers) umkomme. Da nun andern Tags eine grosze Jagd angesagt ist, bittet ihn seine Frau flehentlich zu Hause zu bleiben. Er zieht aber dennoch aus, trifft im Walde das Tier, welches er im Traume gesehen, und erlegt es nach hartem Kampfe. In der Siegesfreude stöszt er nach dem Eber mit dem Fusze und ruft: „Hau nun zu, wenn du kannst! Du solltest mir das Leben nehmen und bist eher tot, als ich?" Doch so heftig hat er gestoszen, dass des Tieres scharfer Zahn durch seinen Stiefel ins Bein dringt. Er stirbt an der Wunde. Vor seinem Tode bestimmte er, man solle ihn ungewaschen, wie er sei, in einen Sarg legen und ihn da bestatten, wohin sein Schimmel ihn ziehen würde. Als man dies tat, führte das Ross den Leichnam auf die Spitze des Moosberges hinauf. Da liegt er nun begraben an einem leeren Platz im Walde, mit unartigem Gewächs und Schilf bewachsen. Heutzutage sieht niemand den Ort, der ihn sucht, nur zufällig trifft einer im Gehölze darauf, kann aber niemals die Stelle wiederfinden.

Der Tod Hackelberg-Wôdans hat aber noch eine weitere Bedeutung. Der milde segnende Gott, der die goldene Frucht des Ackers spendet, erschien als ein sommerlicher; im Winter konnte sich sein woltuendes Walten nicht bewähren: dann schlief er, war er tot oder verzaubert. Im Wolkenberge, in der Wolkenburg (S. 91), welche dann geschlossen ist und nicht befruchtenden Regen, sondern nur eisigen Schnee zur Erde sendet, träumt er mit seinem ganzen Totenheere dem Frühling entgegen. Dieser Mythus ist wieder auf die Erde übertragen und hier vielfach localisiert, Wôdan selbst ging in die Gestalten der Lieblingshelden unseres Volkes über. Zu Cochstädt im Berge sitzt Hackelberg auf seinem Schimmel und bewacht seine Schätze. An vielen Orten in Deutschland erzählt man, dass im Berge ein verzaubertes Kriegsheer sitze und schlafe, an seiner Spitze ein Fürst oder Kaiser. So schläft Kaiser Karl der Grosze im Desenberge bei Warburg, in der Burg Herstalla an der Weser, in der Karlsburg bei Lohr am Spessart, im Trautberge und Donnersberge in der Pfalz u. s. w. Im Sudemerberge bei Goslar ruht Kaiser Heinrich der Vogler verwünscht. Otto der Grosze sitzt ver-

zaubert im Kyfhäuserberge bei Tilleda, der alten Pfalz des säch-
schen Kaiserhauses.   Später hat die Volkssage Otto den Groszen mit
Friedrich Barbarossa vertauscht, dessen ferner Tod auf dem Kreuz-
zuge schon früh dem gemeinen Mann zu der Rede Veranlassung gab,
er sei nicht tot, er werde wiederkommen, worauf gestützt mehrere
Usurpatoren sich für ihn auszugeben wagten.   Da sitzt er nun in
einer unterirdischen Höle mit allen seinen Rittern und Knappen um
einen groszen Tisch, durch den sein Bart gewachsen ist.   Rund umher stehen zahllose Pferde und rasseln mit den Ketten, so dass es

einen gewaltigen Lärm giebt, in den Krippen aber liegt kein Heu,
sondern grosze Dornwasen.   An den Wänden ist der kostbarste Wein
von der Welt in groszen uralten Fässern aufgespeichert und, obgleich
es eine unterirdische Grotte im Berge ist, kann man daselbst doch
die gröszte Herlichkeit schauen.   Alles strahlt von Gold und Edel-
gestein und ein Licht waltet wie am sonnigsten Tage.   Ebenso berühmt ist der Untersberg bei Salzburg als Sitz des schlafenden
Karls des Groszen, oder Friedrich Barbarossas.   Einst gelangte ein
Hirte in den Kyfhäuserberg.   Den frug der Kaiser Friedrich, einen
Augenblick aus dem Schlummer erwachend: „Fliegen die Raben noch
um den Berg?"   Als der Hirte das bejahte, sagte der Kaiser „so
musz ich hundert Jahre länger schlafen!"   Wenn aber sein Bart

nicht nur durch den Tisch, sondern auch zum dritten male um denselben herumgewachsen sein wird, dann wird er mit allen seinen
Mannen zu heller Schlacht aus dem Berge hervorbrechen, und — so
setzt die Sage, einen alten mythischen Zug aus tiefster Sehnsucht des
Volksgemütes heraus historisch umdeutend, hinzu — sein Kommen
wird Deutschland aus tiefster Not und Bedrängnis befreien.*) Auch
in Schottland schläft König Arthus mit seinem Heere in den Hügeln
von Alderley Edge, ein Held Thomas Erceldoune in den Eildonhills.
Ein Jockey hat einmal sein Pferd an einen ehrwürdig und altertümlich aussehenden Mann verkauft und soll den Preis an einem Hügel
der Eildonhills, Namens Lucken Hare, in Empfang nehmen. Der
Jockey folgt seinem Führer durch eine lange Reihe von Ställen, in
deren jedem ein Pferd bewegungslos steht, während ein gewappneter
Krieger schlafend zu seinen Füszen liegt. „Alle diese Männer, sagt
der Führer leise, werden bei der Schlacht von Sherifmoor erwachen."
Ein Horn und ein Schwert hängen an einem Ende des Gewölbes.
Jenes ergreift der Jockey und als er darauf bläst, stampfen die Rosse,
die Männer erheben sich klirrend in ihrer Rüstung und eine Riesen-
stimme ruft:

---

*) Mit den Sagen vom **schlafenden Kaiser** und Geisterheer hat sich
schon frühe eine aus dem 14ten Jahrh. bezeugte orientalische Tradition verbunden, wonach ein Heerfürst Herr der Welt werde, dem es gelinge an einen gewissen **dürren Baum** seinen **Schild** aufzuhängen. Den Tartaren stand dieser
Baum in Tauris, vor Alters in Susa; andern Orientalen im Hain Mamre. In
älterer Zeit hiesz es, bei der Welt Ende werde Kaiser Friedrich, von dem man
nicht wisse, ob er noch lebe, oder gestorben sei, wieder aufstehen. Er hängt
seinen Schild an einen dürren Baum, der grünt aufs neue und der Kaiser gewinnt
das heilige Grab wieder aus den Händen der Türken. Am Untersberg erzählte
man später: Hat Friedrichs Bart die dritte Tischecke erreicht, so tritt das Welt-
ende ein, der Antichrist erscheint, die Engelposaunen ertönen und auf dem
Walserfeld wird eine blutige Schlacht geschlagen. Da steht ein **dürrer
Birnbaum**, der schon dreimal umgehauen wurde, seine Wurzel schlug immer
wieder aus. Hier hängt Rotbart seinen Schild auf, alles wird hinzulaufen und
ein solches Blutbad sein, dass den Kriegern das Blut in die Schuhe rinnt. Da
werden die bösen von den guten Menschen erschlagen werden. Ueber alle deutschen Gaue hat sich die Sage verbreitet und reiche Schossen getrieben. Einst
gerate Deutschland, ja die ganze Christenheit in groszo Not. Die Türken werden ins Land kommen und ihre Pferde in den Fluten des Rheines tränken. Wenn
aber alles verloren scheint, dann reitet ein **weiszer König** auf das Schlachtfeld, bindet sein Ross an einen dürren Baum und vernichtet den Erb-
feind der Christenheit und des Reiches.

Dem Feigling weh, der so sich selbst betrog,
Dass er das Horn blies, eh das Schwert er zog.

Dass die bergentrückt schlafenden Fürsten und Heere in der Tat nur
der Götterkönig Wôdan und sein Totenheer (vgl. S. 126), mit jünge-
rem Namen sind, sieht man daraus, dass der alte Kaiser im Kyfhäuser Leute, die zufällig in den Berg geraten, mit Pferdekeulen
beschenkt, die sich nachher in Gold verwandeln, grade wie der wilde
Jäger. Im Berge beim Rotbart finden sich viele Schweine, die aus
einem groszen Troge fressen (das sind die im wütenden Heer mit-
ziehenden Eber, S. 117): die Sau eines Hirten, welche sich Mittags
und Mitternachts in den Berg zu den verzauberten Tieren des Kaisers verliert, wird alle Tage fetter. Leute, welche den Eingang zur
unterirdischen Grotte finden, erfahren wenn sie ans Tageslicht heraus-
kommen, dass sie ein ganzes Jahr darin gewesen sind; denn bei den
Toten verschwindet jeder Zeitunterschied und hundert Jahre sind
wie ein Augenblick.

Die Schwächung des sommerlichen Wôdan durch die Macht des
Winters wird noch durch ein anderes Bild ausgedrückt, das der Mythe
von seinem Tode und Bergschlaf zur Seite geht. Man dichtete, er
sei verbannt oder auf weiter Reise entfernt, irre gleichsam wie der
Schatten eines Verstorbenen herum und habe seine Gattin verlassen,
um die nun ein anderer, der winterliche Wôdan wirbt (vgl. S. 31. 32).
Im Frühling, nachdem die sieben Wintermonate*) vorbei sind,
führt ihn, verwildert und mit allen Abzeichen eines Toten**), sein
wütendes Heer zurück. Er überwindet den Eindringling, giebt sich
der Gattin zu erkennen und übernimmt nun wieder erfreuend und
segnend die Herrschaft der Welt. Auch diese Mythe ist in Deutschland und den angrenzenden Ländern gar mannigfaltig auf menschliche Helden und Fürsten übertragen und seit sehr alter Zeit in vielfachen Gedichten und Prosaerzählungen behandelt worden. Am berühmtesten sind die Erzählungen von Heinrich dem Löwen und Ri-

---

*) Die anthropomorphische Sage macht daraus sieben Jahre.

**) Der Tod nimmt dem Menschen das Aussehen, welches er bei gesundem
Leibe hatte; daher lässt der Volksglaube Toten, welche wiederkehren, den Stempel der Verwesung aufgedrückt sein, ihr Gesicht ist fahl und entstellt; ihr
Körper mager, von grauschwarzem, zerrissenem Gewande bedeckt. Aus diesem
Grunde kehren in den aus unserer Mythe erwachsenen Sagen die Fürsten,
welche den im Winter toten oder verbannten Wôdan vertreten, mit dem Aussehen eines wilden Mannes, als Bettler mit zerrissenem Gewande, von Schmutz
u. s. w. entstellt, heim und niemand erkennt sie.

chard von der Normandie. Heinrich der Löwe träumte einst, dass er das heilige Grab besuchen solle. Vergebens sucht ihn seine Gemahlin davon abzubringen. Er nimmt von ihr Abschied und lässt ihr zum Andenken die Hälfte seines Ringes. Nach vielen Abenteuern im fernen Orient*) kommt er nach sieben Jahren unter das wütende Heer, wo die bösen Geister ihre Wohnung haben. Einen derselben, der ihm begegnet, beschwört er, ihm zu sagen, wie es zu Hause um Frau und Kinder stehe. Der Geist antwortete: „Braunschweig, du sollst wissen, deine Frau will einen andern Mann nehmen." Da beschwört ihn der Fürst, dass er ihn und seinen treuen Löwen, der ihm wie ein Schatten folgte, zu seinem Schlosse bringe. Der Geist willigt unter der Bedingung ein, dass der Fürst ihm gehören solle, wenn er ihn schlafend finde, sobald er den Löwen nachbringe. Darauf führt er zuerst den Fürsten schnell durch die Luft vor seine Burg. Als er aber mit dem Löwen kommt, findet er ihn entschlafen. Aber das Tier brüllt so laut, dass der Fürst erwacht. Er kommt zu den Seinigen mit langen Haaren umhangen, als ob er ein wilder Mann wäre. Niemand erkennt ihn, auch seine Gattin nicht. Als diese ihm nun beim Hochzeitmahle zu trinken bietet, lässt er den halben Ring ins Glas fallen, worauf sie ihn wieder erkennt und um Verzeihung bittet. Wenn diese Ueberlieferung schon bedeutende Veränderungen durch die Hand jüngerer Erzähler erfahren hat, so ist in der normannischen Sage der Verbannte und vom wütenden Heer heimgeführte in 3 Gestalten**) auseinandergezogen und gespalten (s. S. 31, 125). Herzog Richard I. Ohnefurcht hört, dass die Mesgnie Hellequin seine Wälder durchtobe. Eines Abends zieht er daher in den Wald von Moulineaux und versteckt sich in der Nähe des Baums, wo das wütende Heer gewöhnlich anhält. Um Mitternacht kommen die Toten, unter welchen Richard auch einen seiner verstorbenen Bekannten bemerkt, und breiten ein vielfarbiges Tuch auf der Erde aus. Richard springt auf das Tuch und erfährt vom König der Mesgnie Hellequin, dass er mit seinen Rittern Nacht für Nacht gegen die Saracenen kämpfen müsse, bei Tagesanbruch kehrten sie zurück. Richard fährt auf dem Tuche mit, das wütende Heer lässt ihn jedoch bei der h. Catharina auf dem Berge Sinai, wo er sein Gebet verrichten will, zurück. Darauf trifft er in einer der h. Jungfrau gewidmeten Capelle einen seiner Ritter, der schon sieben

---

*) Der Orient ist der Sage Ausdruck für weite Entfernung.

**) Richard sans peur; den gefangenen Ritter, und den König der Mesgnie Hellequin.

Jahre in der Gefangenschaft der Saracenen ist. Der Herzog verkündigt ihm, dass seine Frau, die ihn für tot halte, in drei Tagen
wieder heiraten wolle. Da giebt ihm der Ritter die Hälfte seines
Trauringes und bittet ihn, diesen seiner Frau als Zeichen, dass er
noch lebe, zu überbringen. Die Mesgnie kommt wieder, holt Richard
ab und führt ihn noch vor Tagesanbruch zur Normandie zurück.
Der Ritter wird durch seine Vermittelung aus der Gefangenschaft
befreit.

Wie nach den vorhergehenden Ueberlieferungen Wôdan während
der sieben Wintermonate seine Gemahlin verlassen muss, jagt
er nach noch anderer Sage seiner Gattin, die sich während dieser Zeit
in dem Zustande der Verzauberung befindet, und sich ihm entzieht, nach.
Aus diesem Grunde verfolgt er jenes geisterhafte Weib (S. 111. 116. 119)
die winterliche Wolkengöttin sieben Jahre (d. h. die sieben Wintermonate). Erst im Frühling erreicht er sie und tötet sie, so dass sie
nun aufs neue der Welt ihren Segen im befruchtenden Regenschauer
spenden kann. Mit der Vorstellung von Wôdans stürmischer Braut-
werbung um die verzauberte Wolkenfrau mag sich die andere ge-
mischt haben, dass er der im Winter immer schwächer werdenden
Sonne nachjage, um sie zurückzubringen, denn in einer Sage heiszt
es, dass die verfolgte Frau auf ihrer Flucht vor dem wilden Jäger
immer kleiner und kleiner wurde, bis sie zuletzt nur noch auf den
Knieen lief.

Die Wintersonnenwende (Dec. 21) bringt das Licht zurück, die
Tage werden wieder länger. Darum galt diese Zeit unseren Alten
als eine Vorbedeutung für die Wiederkehr des Frühlings und Sommers. Dann öffnete sich der Himmel, in welchem Wôdan mit seinem
Heere, vom Wolkenberge umschlossen schläft.*) Die auf das Wintersolstiz folgenden zwölf Nächte (der heutige Volksglaube nennt die
12 Tage von Weihnachten bis Epiphanias die Zwölften oder die
12 Nächte**) und auch in England sind diese Twelf nights
wolbekannt) gelten als vorbedeutend für das folgende Jahr. In ihnen
wird der Kalender für dasselbe gemacht d. h. wie das Wetter in den
12 Tagen ist, so wird es in den 12 Monaten, auch was man in den
Zwölften träumt, trifft ein.***) In dieser Zeit steigen die seligen

---

*) Der Volksglaube in Schwaben sagt, dass den Himmel offen sieht, wer
sich um diese Zeit auf eine Kreuzstrasze stelle.

**) Schon zu Tacitus Zeit zählten die Deutschen die Zeit nach Nächten und
Wintern, weil sie meinten, dass die Nacht die Mutter des Tages sei.

***) Man vgl. die Uebereinstimmung mit S. 50.

Geister aus ihrem Schlaf oder der Verzauberung im Wolkenberge erwachend zur Erde nieder, und wandeln unter den Sterblichen, man
darf daher in den Zwölften manche Tiere nicht beim rechten Namen
nennen, weil in ihrer Gestalt Seelen verborgen sein könnten: statt
Maus muss man Bönlöper (Bodenläufer), statt Fuchs Langschwanz
sagen u. s. w. In Wäldern und Feldern wird es laut; im Advent,
zu Weihnachten, in den heiligen Nächten, wie das Volk sagt, ertönt
das brausende Lied des wütenden Heeres. Mit den Geistern der
Verstorbenen steigen die Götter zur Menschenwelt herab und halten
wieder ins Land einziehend, einen segnenden Umgang in Dörfern und
Fluren. Dafür verlangen sie feiernde Verehrung, alle Arbeit muss
ruhen. Dann darf niemand spinnen oder Flachs auf dem Rocken
lassen, sonst jagt der Wôde auf weiszem Rosse hindurch; oder
der Wolf, das dem Gott der Schlacht und des Sieges (S. 133) folgende Tier*) zerreiszt den, welcher die aus solchem Garn gespon-
nene Leinwand trägt. Kein Backgerät, noch Holz darf vor dem
Ofen liegen bleiben, denn es ist heilige Zeit. Der Gott selber fordert seine Opfer ein (s. S. 118); auf den Bergen lohten heilige Feuer.
Uralte Cultusgebräuche stellten den Umzug Wôdans dramatisch dar.
Solche begreiflicherweise sehr einfache und unkünstlerische Darstellungen haben sich noch bis heute in Weihnachtsgebräuchen erhalten.
In vielen Gegenden Deutschlands zieht in der Adventszeit ein Bauer,
als Schimmelreiter verkleidet, von Hof zu Hof. Im Braunschwei-
gischen wird diese groteske Gestalt dadurch gebildet, dass einem
Burschen ein Sieb mit langer Stange an die Brust befestigt wird, an

---

*) Unsere alte Poesie ist durchdrungen von der Vorstellung, dass Wölfe,
Adler und Raben die Heere begleiten. Z. B.:

> Zum Gefecht auszogen fürder in Ordnung
> Die Helden unter Helmen von der hehren Burg
> Beim Tagrot früh: Die Schilde tönten,
> Laut sie erschollen. Des sich der schlanke
> Wolf im Walde freute und der wolkendüstre Rabe,
> Der waldgierige Vogel. Es wusten beide,
> Dass ihnen schaffen würden die Kriegerscharen
> Gefallne in Fülle. Ihnen flog auf feuchten Schwingen
> Der Adler eilend nach, aasverlangeed.
> Das Schlachtlied sang der schwarzgekleidete,
> Horngeschnäbelte.

Noch von Karl V. wird erzählt, als er den Krieg in Deutschland begann, habe
ein Adler in der Luft über seinem Heer geschwebt und ein Wolf sei zwischen
dem Fuszvolk herumgelaufen.

welcher sich ein Pferdekopf befindet, worauf man das ganze mit
weiszen Laken verhängt. In Schlesien sieht man den Schimmel
durch drei Knaben dargestellt, von denen die beiden letzten die
Hände auf die Schultern des Vordermannes legen, während der erste
durch seine vorgestreckten Arme, die wie das ganze seltsame Ross
mit einem Bettuch bedeckt sind, den Kopf des Tiers andeutet. Auf
den Schultern des mittelsten sitzt der Reiter, gleichfalls weisz verhüllt. Er trägt in der Rechten einen Stab mit einem Siebe und unter dem linken Arm den Kopf, einen Kürbis, in welchem Augen und
ein Mund mit spitzen Zähnen geschnitten sind, durch die hinter rotem geölten Papier hervor ein Licht strahlt. Auch in Schwaben tritt
dieser Reiter auf und nicht minder in England. Da heiszt er *Woodenhorse* (umgedeutet aus Vôden horse) Hodenhorse,[*] oder Hobbyhorse
(Steckenpferd) und der ganze Umgang „going a hodening." Zu Rams-
gate in Kent warf einer von den jungen Leuten eine Pferdehaut
über und trug als Kopf das Haupt eines toten Pferdes, an dessen
unterer Kinnlade eine Schnur befestigt war. An dieser zog er häufig
hin und her, so dass das Tier zu atmen und mit den Zähnen laut
zu knirschen schien. In abenteuerlichem Aufzuge, Handschellen in
den Händen, begleitete eine Schar junger Leute das Woodenhorse
unter Gesang von Haus zu Haus und forderte Gaben ein. In Straf-
fordshire hatte der Darsteller des Hobbyhorse in den Twelf nights
ein aus dünnen Brettern roh verfertigtes Pferd zwischen den Beinen
und trug Bogen und Pfeile in der Hand. Ihn umgaben 6 andere,
welche Renntierköpfe auf den Schultern trugen. Alle führten alter-
tümliche Tänze auf.

Dem deutschen Schimmelreiter schlieszen sich häufig noch
andere Weihnachtsmasken an, ein Schmied mit dem Hammer, der
den Schimmel beschlägt, ein Bär, den ein in Erbsenstroh gehüll-
ter Bursche spielt, welcher mit Fausthandschuhen angetan auf Händen und Füszen geht. In Sachsen zieht der Haferbräutigam, ein
ganz in Haferstroh gepackter Knecht; auf der Insel Usedom der
Klapperbock mit, d. i. ein Bursch, der eine mit einer Bocks-
haut überzogene Stange nebst daran befindlichem hölzernem Kopf
trägt. Ebenso wird das Woodenhorse häufig von einem solchen
Klapperbock begleitet; der auch in Schweden als Julebock (Weih-
nachtsbock) auftritt. In Obersteiermark heiszt er Habergais und
wird durch 4 mit weiszen Tüchern bedeckte Männer gebildet, deren

---

[*] Dieses Hoden ist aus Vôden hervorgegangen; da w im englischen oft in
h übergeht.

vorderster einen mit klappernder Kinnlade ausgerüsteten Ziegenkopf
emporhält. Hier lernen wir den schon in Erntegebräuchen (S. 101)
aufgefundenen Vertreter der Sturmwolke in einer neuen Rolle als
Begleiter des Gottes der Winde kennen. Mit solcher Gesellschaft
wandert der deutsche Schimmelreiter von vielen Burschen und anderen Zuschauern umgeben, von Haus zu Haus, um Gaben, als Würste,
Speckschnitte, Obst einzusammeln und endlich zu einer Spinnstube,
wo die Mädchen im Halbkreise aufgestellt sind. Nach mancherlei
Kurzweil muss hier der Schimmel Orakel erteilen. So wird er ge-
fragt, wann jedes der Mädchen heiraten werde, so oft er nickt, so
viel Jahre dauert es noch.

In einigen Gegenden Deutschlands (Halle, Usedom) heiszt der
Schimmelreiter selbst K n e c h t R u p r e c h t, oder Hans Ruprecht, in andern wird er wenigstens vom Knecht Ruprecht begleitet und in noch andern tritt derselbe für sich allein kinderschreckend und kindererfreuend
auf. Dann erscheint er als eine in Pelz oder Stroh gehüllte Gestalt,
das Gesicht vermummt, eine Rute oder Keule in der Hand, einen
Sack voll von Gaben, Aepfeln, Nüssen und anderen Leckerbissen auf
den Rücken. Die artigen Kinder beschenkt er, die unartigen droht
er in seinen Sack zu stecken. In dem alten Pelzträger ist aber kein
Knecht verborgen, sondern der ruhmstrahlende Gott Wôdan selbst,
wie schon sein Name Ruprecht aussagt.*) In Süddeutschland hat er
diesen seinen heidnischen Namen aufgegeben und heiszt nun Gram-
pus, Strohbartel, oder Klaubauf oder er nennt sich nach Heiligen
(Martin, Nicolaus).

Sogar in Gebäcken bildet man den segnenden Umzug Wôdans
zur Zeit der Wintersonnenwende nach. Noch heute verkaufen die
Dresdener Lebkuchenhändler um diese Zeit P f e r d e und R u p r e c h t e
aus Pfefferkuchenteig, in anderen Städten werden diese Figuren aus
Pflaumen oder Rosinen roh verfertigt feilgeboten. In märkischer Gegend backt man zu Neujahr P ê r e k e n, Kuchen in Pferdegestalt, in
Ostfriesland die N ü j a r s k a u k j e s, dünne Kuchen mit daraufgedruck-
ten Rossen u. dgl.

Die laute Festfreude der Zwölften verhallt, wieder tritt der Winter in seine Rechte ein, bis seine s i e b e n M o n a t e vorüber gehen,
und der Sommer beginnt. Dann tun die Wolkenberge sich auf, und
Wôdan zieht, völlig und dauernd erlöst und entzaubert aus ihnen
wieder als der sommerlich segnende Gott hervor (S. 129), liefert dem

---

*) Der Name Ruprecht, eine Zusammenziehung aus ahd. Hruodpêraht be-
deutet: der ruhmglänzende.

Winter eine Schlacht und hält als König seinen Einzug in die ergrünenden Lande. Die Nordfriesen feierten denselben bereits · am 22. Februar. Dann verlieszen die Schiffer wieder das Land und stachen von Wêdus (s. S. 107) segnendem Winde geleitet, in See. Auf den Thingstätten hielt man das Frühlingsgericht ab. Am Abend zündete man auf Hügeln am Strande grosze Feuer (Biiken) an, um welche die Männer, einen brennenden Strohwisch in der Hand, mit ihren Frauen und Bräuten tanzten. Die Brände schwingend rief man: Wêdke teare! (teurer, lieber Wêda!). Eine Schmauserei beschloss das Fest. Jene Hügel, deren jedes Dorf seinen eigenen hatte, hieszen Wêdeshoog, Wendshoog, Winjshoog*), oder Hilligenhoog (Wêdashügel, heiliger Hügel), und das erst im vorigen Jahrhundert in Abnahme gekommene Fest Biikenbrennen.

Gewöhnlich jedoch rechneten unsere Vorväter den Sommerbeginn erst vom Mai an, dessen erste zwölf Tage gleich jenen zwölf Nächten der Wintersonnenwende für heilig gehalten wurden. Dann hielt und hält in England Robin Hood seinen Einzug ins Land. Seinen Aufzug beschreiben uns Nachrichten des 16ten Jahrhunderts folgendermaszen. Im Jahre 1516 ritt König Heinrich VIII. mit der Königin Katharina, wie er jedes Jahr zu tun pflegte, von Greenwich nach Shooters Hill zum Maifest. Dort kam ihnen eine Schaar von hochgewachsenen Landleuten entgegen, bei zweihundert, alle in Grün gekleidet, Bogen und Pfeile in der Hand. Ihr Anführer nante sich Robin Hood.**) Dieser lud den König zu einem Freischieszen ein. Die zweihundert Schützen schossen zugleich mit lautem Geräusch ihre Pfeile ab. Nachher bewirteten sie den Hof mit Wein und Wildpret unter einem mit Blumen verzierten künstlichem Laubdach. An einigen Orten begleitete den Robin Hood bei seinem festlichen Einzug in das Land eine Maikönigin (Queen of May), auch Maid Marrian genannt; sie hatte eine Krone auf dem Kopf und eine rote Nelke in der Hand, an andern Stätten ersetzte den Robin ein Maikönig (King of May). In feierlichem Zuge wurde ein Maibaum aus dem Walde geholt und auf dem Marktplatze aufgepflanzt, um welchen der uns schon bekannte Reiter auf weiszem, unbeholfen

---

*) Zusammenziehung aus Wêdeneshoog. So heiszt den Nordfriesen der Mittwoch noch heute Winjsday, Winsday ≞ Wôdanstag. Vgl. S. 108.

**) Robin Hood soll ein geächteter Graf, Namens Robert Fitzhoothes gewesen sein, der als Räuber im 13. Jhd. im Walde von Sherwood lebte. Er ist jedoch mythisch. Der Name Robin ist aus Robert Rupreoht ahd., Hruodpêrabt ags. Hrôdhbeorht, Hrôdhbriht (s. S. 143) entstanden; Hood scheint wie Hooden (S. 142) aus Vôden entstellt.

dargestelltem Rosse (Hobbyhorse), die Maid Marrian und einige
Männer, die Morristänzer genannt, einen Reigen aufführten. Der
Mayor pflegte dabei ein Maigericht zu halten. Bei diesen Maispielen

tritt auch ein Drache auf, der dem Hobbyhorse auf den Rücken
springt, oder es wird ein förmlicher Kampf des heiligen Georg mit
einem Drachen (Snapdragon) dargestellt. — In den Städten Niederdeutschlands wurde gleichfalls ein Mairitt Jahr für Jahr gehalten.
In feierlichem Zuge der bewaffneten Bürger wurde der „Maigraf"
aus dem Walde in die Stadt eingeholt, er sasz in Laub eingehüllt
zu Rosz, oder auf dem mit grünen Büschen geschmückten Maiwagen,
den vier Pferde zogen und dessen Blumen und Laub in der ganzen
Stadt verteilt wurden. Unter dem Landvolk haben sich diese Gebräuche
z. T. noch in altertümlicherer Form erhalten, nur sind sie auf das christ-

10

liche Hochfest der Pfingsten übertragen. Man baut ein Holzgestell, in
dem ein Mensch stehen kann, umwickelt dies ganz mit Birkenbüschen
und setzt der so gebildeten Figur eine Krone von Birken und Blumen
auf. In dieses Gestell wird ein Bursche hineingesteckt und im nahen
Gehölz verborgen. Dieser Bursch heiszt der Maikönig.*) Die
junge Welt sucht ihn im Walde, bis er gefunden ist, und nun jubelnd,
hoch zu Rosse sitzend, ins Dorf geführt wird. In manchen Gegenden wird Pfingstkönig, wer in einem Wettlauf oder Wettreiten siegt, wobei mit Stecken nach einem auf eine Stange ge-
steckten Hut, nach einer über die Strasze gespannten Blumenkrone
oder nach einer Tanne, die mit Knochen oder einem *Pferdekopf* (vgl.
S. 148) bedeckt ist, gestochen wird.**) Festlich reitet, von allem
Mannsvolk zu Pferde geleitet, der König ins Dorf ein, sein Ross wird
mit Maien geschmückt, er selbst trägt einen roten Federbusch und
einen hölzernen Säbel, drei Vorreiter sprengen ihm voraus. Hierauf
folgt ein Vogel-, oder Scheibenschieszen,***) während dessen die Figur des Schimmelreiters (s. S. 142) durch die jauchzende Menge
trabt. Noch kriegerischer gestaltet sich dieser Gebrauch in Süddeutschland. Der in Tannenrinde und Laub gehüllte Pfingstbutz
wird zu Ross von einem Maiführer, Oberst, Fähndrich und Soldaten
ins Dorf geführt. Sie sagen, sie stritten mit dem Degen gegen die
Türken; darum müsse jeder vor ihnen den Hut abnehmen. Jetzt
brächten sie den armen Mann, der sieben Jahre im Wald gelebt
habe. Sie reiten dreimal um den Brunnen und baden den Pfingstbutz darin. In Baiern heiszt der in Laub gehüllte Bursche der
Wasservogel. Er trägt die Gestalt eines Schwanes mit langem
Halse, oder eines Menschen. Mit Wasserblumen, Erlen- und Hasel-
nusslaub umkleidet, wird er nach einem abgehaltenen Wettrennen zu
Ross ins Dorf gebracht, ein Nebenmann leitet sein Tier am Zügel
und alles Gefolge, das auf den stärksten und besten Pferden der
Bauern reitet, trägt entblöszte Schwerter. Sie bringen zugleich einen
Maibaum aus dem Walde mit und singen ein Lied, worin es heiszt,
sie kämen aus dem rechten Paradeis, wo viel Waizen,
Korn, Haber und Gerste wachse. Oder: „Wir reiten den
Wasservogel, wissen aber nicht woher er kam. Er ist über Berg,
Tal und Meer dahergeflogen. Stürmische Wogen wühlten dabei den

---

*) An manchen Orten Pfingstkönig, Küdernest, Füstge Mai, Pfingstlümmel
u. s. w.

**) Das ist fast ganz jener langobardische Brauch. S. 128 Anm

***) Aus diesen Gebräuchen sind unsere Schützenfeste, die meist zur Pfingst-
zeit statthaben, erwachsen.

Grund auf und trübten den Fischen das Wasser." Alles eilt nun den Einziehenden Gaben an Schmalz, Eiern u. s. w. darzubringen, dazwischen einen Pferdekopf. Weiterhin wird ein Umritt um die ganze Gemarkung gehalten, unterbleibt das, so würden die Bauern bald keine Rosse mehr zu hüten, kein Korn mehr zu schneiden haben. Nach Beendigung des Umganges wird das Bild (das Laubgestell) des Wasservogels ins Wasser geworfen, dann wieder herausgezogen und ausgewürfelt. Der Glückliche schenkt es seiner Jungfrau, die nun seinen Gürtel empfängt, und die Puppe auf das Dach setzt.

Derartige Sitten reichen bis weit nach Frankreich hinein. Im Département de Vaucluse z. B. halten auf einem von 30—40 Mauleseln gezogenen Wagen, der mit Pappelzweigen geschmückt und in seinem hinteren Teile von Musikanten besetzt ist, ein König und sein Lieutenant ihren Einzug am ersten Mai, eine zahlreiche Cavalcade umringt sie und hält nach dreimaligem Umzug um die Stadt ein Wettreiten nach einem bestimmten Ziele; ja sogar in der Bretagne tanzte am Pfingsttage das Cheval Mallet, welches ähnlich wie das englische Hobbyhorse und der deutsche Schimmelreiter hergestellt wird, dreimal um den auf dem Dorfplatz aufgesteckten Maibaum.

Aus vielfachen Spuren geht hervor, dass der eingeholte Maikönig, Maigraf, oder wie er sonst noch heiszt, einst Wôdan bildlich darstellen sollte, der als winterlicher Gott sieben Monate im beschneiten und bereiften Waldesdickicht gelebt hat, nun aber von seinem reisigen Heere wiedergebracht sich in den sommerlichen wandelt, mit dem Drachen des Winters den Strausz besteht, und Flur und Feld segnend umreitet. Mitunter scheint Wôdan nicht allein zu stehen; so ging die Sitte des Wasservogelreitens wol aus dem Glauben hervor, Wuotan führe bei seinem Frühlingseinzuge die neuverjüngte Sonne (den Schwan S. 29) mit sich.

Der Sturmgott Wôdan wird auch dadurch ein segnender Gott, dass er mit sanftem Wehen die Luft reinigt und Krankheiten verscheucht. Als Heilgott lehrt ihn uns noch ein unmittelbares Zeugnis des Heidentums, der zweite Merseburger Zauberspruch kennen:

Vol ende Wôdan	Vol und Wôdan
vuoron zi holza;	Fuhren zu Walde,
Dô wart demo Balderes volon	Da ward dem Fohlen Balders
sîn vuoz birenkit;	Der Fusz verrenkt.
Thu biguol en Sinthgunt,	Da besprach ihn Sinthgunt
Sunnâ era suister;	(und) Sonne ihre Schwester;

10*

Thuo biguol en *Friiâ*	Da besprach ihn *Friiâ*,
Vollâ era suister;	(und) Volla ihre Schwester;
Thu biguol en *Wôdan*,	Da besprach ihn Wôdan,
sô he *wola* conda:	Wie er wol verstand:
Sôse *b*ênrenki,	So die Beinverrenkung,
sôse *b*luotrenki,	Wie die Blutverrenkung,
sôse lidirenki:	Wie die Gliedverrenkung.
*B*ên zi *b*êna,	Bein zu Beine,
*b*luot zi *b*luoda,	Blut zu Blute,
*L*id zi ge*l*iden,	Glied zu Gliedern,
sôse ge*l*imidâ sin.	Als ob sie geleimt seien.

Auf einem Ritte, den Wôdan und Vol, der auch Balder heiszt, durch den Wald machen, bricht des letzteren Ross den Fusz. Durch Hersagung eines Zauberspruches suchen verschiedene Gottheiten den Bruch zu heilen; zuletzt Fria Wôdans Gemahlin, aber umsonst. Was die anderen insgesammt nicht vermögen, vollbringt der Götterkönig. Wie er das Götterross heilt, soll die Hersagung des Lieds nun auch die Heilung irdischer Rosse bewirken.

So teilte sich die Auffassung Wôdans in zwei Seiten. Als Gott der befruchtenden Sommerwinde milde und freundlich, fuhr er als Herr der vernichtenden Sturmgewalt und der Schlachten furchtbar einher. Dieser doppelten Auffassung entsprachen die ihm darge-brachten Opfer. Neben den Fruchtspenden zur Aerntezeit (S. 129), in welcher ebenfalls Tänze mit dem Schimmelreiter vom Land-volk angestellt werden, empfing er blutige Gaben; am liebsten Ross-opfer. Zumal nach den Schlachten wurden ihm die Häupter der gefallenen Rosse an Bäumen aufgehängt. Auszerdem forderte seine Verehrung Menschenopfer; die Kriegsgefangenen fielen groszen-teils unter dem Messer der Priester. Als Caecina im J. 15 n. Chr. sich dem Schauplatz der Varischen Niederlage nahte, sah er viele Pferdeköpfe auf Baumstämmen befestigt und in nahen Hainen die Altäre, an welchen die Tribunen und Centurionen der Römer hin-geschlachtet waren; und als im J. 59 n. Chr. die Hermunduren und Chatten um den Besitz von Salzquellen einen Vertilgungskrieg führ-ten, „weihten sie im Falle des Sieges dem Mars (Zio) und Mercur (Wôdan) die feindliche Schlachtreihe, ein Gelübde, nach welchem man Rosse, Männer, alles was bei den Besiegten sich findet, der Vernichtung anheimgiebt." Der übrige Körper der Rosse wurde als Opferfleisch genossen. Von jener Sitte, dem Gotte die Ross-häupter aufzuhängen, mag der Gebrauch an vielen Bauerhäusern in Holstein, Hannover, Oldenburg, Mecklenburg, in Oberbayern,

Rhätien u. s. w. sich herschreiben auf dem Giebel geschnitzte Pferdeköpfe als unheilabhaltende Aemlete anzubringen, welche zumal als Be-
lastung dienen, damit der Sturm das Stroh- oder Schindeldach nicht
abreisze und daher Wintwêrn (Windabwehrer) genannt werden.
Auch die vielen Hufeisen, welche selbst in Berlin als Schutzmittel
auf den Türschwellen angenagelt sind, dürfen vielleicht aus demselben Ideenkreis heraus gedeutet werden. Die Menschenopfer zu
Wôdans Ehren geschahen häufig durch Aufknüpfung der zum Tode
bestimmten am Galgen, daher der Aberglaube, so oft einer sich
erhängt habe, entstehe Sturm; Wôdan mit seinem Heere nimmt die
Seele in Empfang (vgl. S. 12).

Jene Kaiser und Könige (S. 135) in denen wir Wôdan erkannten,
finden wir nicht immer schlafend im Berge, sondern häufig trifft
sie auch wachend an, wem es zu Teil wird, zufällig zu ihnen gelangen. Ein Schäfer, der auf dem Kyfhäuser weidete, sah eines Tages eine Falltür, die er öffnete. Er stieg eine lange Treppe hinab
und kam in einen hochgewölbten Saal. Da saaz Kaiser Otto mit
seinem langen roten Bart an einem groszen steinernen Tisch und um
ihn her viele hundert Ritter und Schildknappen in voller Rüstung.
Schüchtern blieb der Hirt am Fusz der Treppe stehen. Doch der
Kaiser winkte freundlich und zeigte auf einen Haufen glühender
Kohlen, der im Winkel lag, davon solle er sich nehmen, aber nicht
zu wenig.. Widerstrebend füllte der Schäfer seine Hirtentasche, denn
er meinte, der Kaiser wolle ihn zum besten haben. Dann verneigte er
sich tief vor dem hohen Herrn, seinen Rittern und Knappen und
stieg die Treppe wieder hinauf. Droben wollte er die Kohlen aus
der Tasche schütten, aber er fand sie in gediegenes Gold verwandelt. Ein anderer Schäfer wurde in die Rüstkammer des Friedrich
Rotbart geführt und bekam hier den Fusz eines Handfasses geschenkt,
den der Goldschmied für echtes Gold erkannte. — Ein Schmied, der
in den Hecken des Odenbergs nach einem Weiszdorn zum Hammer-
stiel suchte, fand da ein vorher nie wahrgenommenes Loch im Stein-
gefälle und gelangte in den Berg zu Karl V. Starke Männer kegel-
ten da mit eisernen Kugeln. Der Schmied schaute ihnen zu. Sie
forderten ihn auf mitzuspielen, was er ablehnte, weil die Eisenkugeln
seinen Händen zu schwer seien. Die Männer blieben aber freundlich
und sagten, er solle sich ein Geschenk wählen. Der Schmied bat
um eine der Kugeln. Als er sie nach Hause brachte, war sie pures Gold.
Noch andere Leute haben öfter Semmel oder Pferdeheu für die Scharen der bergentrückten Fürsten liefern müssen. Herliche Gärten und
Wiesenpläne befinden sich in den Bergen und ein wunderbares Licht

erhellt die Gegend. Andererseits sitzen die Kaiser mit ihren Getreuen der Sage nach eben so oft unter dem Wasserspiegel heller
Brunnen auf leuchtenden Auen. Alles dieses zeigt uns, dass die
alte Volksmythologie das vom Wolkenhimmel (dem Wolkengebirge,*) dem Wolkenbrunnen) bedeckte himmlische Lichtreich (s.
S. 58. 70) für den Ruhesitz Wôdans und seiner Genossen ansah,
wenn dieselben nicht im Sturm umfuhren. Viel plastischer hat sich
diese Vorstellung alsdann später in der Mythologie der höheren
Stände herausgebildet. Ein himmlischer P a l a s t war Wôdans Wohnsitz, wo er mit den Seelen der Helden schmauste und zechte. Der
heidnische Friesenherzog Radbod zog den Fusz aus dem Taufbecken
zurück, als er hörte, seine fürstlichen Vorfahren weilten in der Hölle
(bei Wôdan) „So will ich lieber bei ihnen, den Edeln sein, als im
Himmel der Christen bei dem gemeinen Volke."

Der Legende nach erblickte er, im Begriff sich taufen zu lassen,
einen Mann, der ihn warnte, vom König der Götter abzufallen. Viel
schöner sei das g o l d e n e Haus und die schöne Wohnung,
welche dieser ihm bereiten werde, als der Himmel der Christen. Er
werde seinen Abgeordneten diesen strahlenden Palast zeigen. Ein
Diener Radbods und ein Diaconus machen sich auf den Weg. Ein
unbekannter Reisegefährte führt sie zu e i n e m g o l d l e u c h t e n d e n
Hause von unglaublicher Schönheit und wunderbarem Glanze. Der
Weg dahin ist mit e d l e m G e s t e i n gepflastert, in ihm steht
ein hoher Thron. „Das ist die für Herzog Radbod bereitete Wohnung." Als jedoch — so erzählt die Legende — der Diaconus das
Zeichen des Kreuzes darüber machte, verwandelte sich der kostbare
Palast in Kot, der goldschimmernde Weg in Sumpf und Moräste.
Noch lange im Mittelalter lebte die Vorstellung vom Himmel, als
einem H e l d e n s i t z e fort. Ein Gedicht des 12ten Jahrhunderts
spricht aus, dass das B u r g t o r des Paradieses nur vor Rittern, die
nach Kampfes Mühen (nâch urliuges nôt) Narben an sich tragen,
geöffnet, vor einem unnützen Spielmann verschlossen werde; und man
hoffte ganz ernstlich mit Gott und Christus dort oben die Gelage des
irdischen Lebens fortzusetzen.

*) Deshalb giebt es viele Ortsnamen, welche den Namen Wôdansberg
führen. So hiesz Godesberg bei Bonn ehemals Gudenesberg, und noch früher
Wôdenesberg. In Hessen lag ein Wuodenesberg (noch u. 1154 so genannt),
später Gudensberg geheiszen. Noch eine ganze Anzahl anderer Orte, Namens
Wôdenesberg sind nachweisbar. In Ditmarschen liegt der Wôdanslag, heute
Woenschlag (d. h. Wôdans Hügel) und in angelsächsischen Urkunden finden
sich öfter Plätze mit der Benennung Vôdenesbeorg Vôdenesbeorh bezeichnet.

Mit diesem Fortschritt in der Plastik der Wôdansmythe war eine
gröszere Anthropomorphose seines Characters verbunden. Bairische
Traditionen wissen noch davon zu sagen, wie er sich einst zu Lili,
der schönen Tochter eines Köhlers herabliesz. Er traf sie im Walde
beim Erdbeerenlesen, setzte sie vor sich auf sein Ross und trabte
mit ihr der Hütte des Vaters zu, wo er ein Nachtlager hielt und
wiederzukommen versprach. Monde vergingen dem Paar in süszer
Minne, aber erst in der Brautkammer wollte der stolze Ritter,
auf dem kohlschwarzen Ross mit Hunden und Falken, Stand und
Herkunft offenbaren. Am Abend vor Neujahr war die Hochzeit; ein
groszer Hofstaat, Ritter und Knappen waren zugegen in glänzenden
Rüstungen und hielten Turniere und die schöne Braut, Lili, glänzte
von eitel Gold und Edelsteinen. Um Mitternacht brach ein höllisches
Wetter los, es blitzte und donnerte und eine wilde Flamme schlug
in die Köhlerhütte, aus deren Mitte der Bräutigam mit der Braut in
schneeweiszem Gewand auf seinem Rappen fuhr und vom wütenden
Heer umgeben über die Waldbäume in die Lüfte sauste. Oft noch
sitzt Lili mit einem Korb roter Erdbeeren an der Quelle bei der
Buche, und klagt und singt mit lieblicher Stimme; oft sieht man im
Mondschein den wilden Jäger mit ihr durch die Lüfte traben, und
wer das wütende Heer hört, spricht den Namen Lili; dann lässt es
ihn vorüber.

So gewaltig und unbezwinglich Wôdans Göttermacht ist, achtet
er die selbstvertrauende Kraft oder Klugheit der Menschen, wo sie
ihm — seinem Wesen verwandt — entgegentritt. Einst kam ein Bauer
Abends trunken aus der Stadt. Sein Weg führte ihn durch einen
Wald. Da hörte er die wilde Jagd, das Getümmel der Hunde und
den Zuruf des Jägers in hoher Luft. „Mitten in den Weg! Mitten in
den Weg!" ruft eine Stimme, aber er achtet ihrer nicht. Da stürzt
aus ungesehenen Höhen, nahe vor ihm hin ein langer Mann, der
Wôde auf seinem Schimmel. „Hast Kräfte, spricht er, wir wollen
uns versuchen; hier die Kette, fasse sie an, wer kann am stärksten
ziehen?" Der Bauer fasste beherzt die schwere Kette, und hoch
auf schwang sich der wilde Jäger. Der Bauer hatte sie um eine
nahe Eiche geschlungen und Wôde zerrte vergeblich. „Hast gewiss
das Ende um die Eiche geschlungen?" fragte er herabstürzend.
„Nein, erwiederte der Bauer, der sie schon wieder in Händen hielt,
sieh! so halt ich sie in meinen Händen." „Und wärst du schwerer
als Blei, so musst du hinauf zu mir in die Wolken." Blitzschnell ritt
Wôde aufwärts, aber der Bauer half sich auf die alte Weise. Die
Hunde bollen, die Wagen rollten, die Rosse wieherten dort oben, die

Eiche krachte an den Wurzeln und schien sich zu drehen. Dem
Bauer bangte, aber die Eiche stand. „Hast brav gezogen, sprach
der Gott, mein wurden schon viele Männer, du bist der erste, der
mir widerstand. Ich werde dirs lohnen!" Laut ging die Jagd an.
Hallo! Hallo! Wol! Wol! Der Bauer schlich seines Weges. Da
stürzt hoch aus den Lüften ein Hirsch ächzend vor ihn hin, der
Wód ist da, springt vom weiszen Rosse und zerlegt das Wild.
„Blut sollst du haben und ein Hinterteil dazu!" „Herr, sagt der
Bauer, dein Knecht hat nicht Eimer noch Topf." „Zieh den Stiefel
aus!", ruft Wód. Er tats. „Nun wandre mit Blut und Fleisch zu
Weib und Kind." Die Angst erleichterte anfangs die Last, aber allmählich ward sie schwerer und schwerer, kaum vermochte er sie zu
tragen. Mit krummem Rücken, vom Schweisze triefend, erreichte er
endlich die Hütte und siehe da, der Stiefel war voll Gold und das
Hinterstück ein lederner Beutel voll Silber. — Ein Handwerksbursch
in Schwaben begegnete einst dem Muotesheer und sollte, da er weder auswich, noch sich mit dem Gesicht auf die Erde warf, mitgenommen werden. Er begann aber mit dem Anführer des Muotes-
heers ein Gespräch und wuste diesem so gut zu antworten,
dass er keine Macht über ihn bekam; wobei es namentlich
auf ein einziges Wort ankam, das der Bursch aussprach
und wuste, worauf das Muotesheer fortzog.

Wieweit sich in den edleren Kreisen Deutschlands Wódan-
Wuotans Gestalt mit geistiger Tiefe erfüllt hatte, vermögen wir heute
nicht mehr zu ermessen. Nur wenige Spuren von einem solchen
Bildungsprocess sind uns übrig. Der Gott, welcher den Sieg verlieh,
scheint allmählich zum Geber alles Glückes, aller höheren Güter, mit
einem Worte „des Wunsches" geworden, mit welchem Ausdruck
unsere Alten den Inbegriff von Heil und Seligkeit, die Erfüllung aller
Gaben bezeichneten. Ja Wódan selber hiesz nun Wunsch und noch
mhd. Dichter des dreizehnten Jahrhunderts stellen sich den Wunsch
als ein gewaltiges schöpferisches Wesen vor: „Der Wunsch hat ihn
so meisterlich gebildet, dass er seiner zu Kinde froh war; denn nichts
hat er an ihm vergessen und hätte er selbst gewollt, vollkommener
konnte er ihn nicht schaffen." „Enite war des Wunsches Kind, der
nichts an ihr vergasz." „Er war so schön und wolgestaltet, als
hätte ihn der Wunsch erkoren." „Der Wunsch fluchet ihm" u. s. w.
Der Name Wunschwind d. i. günstiger Wind bezeugt noch die
Einheit Wódans mit dem schöpferischen Wunsche.

Den Freunden freigibig und schatzmild, dem Feinde furchtbar,
im Kampfe kühn und für jede grosze Sache bereit in unwidersteh-

lichem Siegeslauf daherzustürmen, waren die deutschen Könige und
Fürsten Wôdans irdische Abbilder. Die alten Fürstenhäuser leiteten
daher auch ihr Geschlecht auf ihn zurück. Wenigstens wissen wir
das von den Angelsachsen. Vôden, heiszt es, hatte mit seiner Ge-
mahlin Frealâf sieben Söhne Vecta, Câsere, Saxneât, Vihtläg, Vägdäg, Bäldäg, Winta, von denen die Königshäuser von Kent, Ost-
angeln, Essex, Mercia, Deira, Wessex und Lindesfaran abstammen.
Die ältere Geschichte Englands lehrt deutlich, dass die Befähigung
eine Krone zu tragen nur Vôdens echten Nachkommen zuerkannt
wurde, Adel und göttliche Abkunft galt hier für gleich und als die
Wôdaninge von einem geringeren Stamm verjagt worden waren, ver-
fiel das ganze Gebäude der ags. Politik und das Volk liesz sich gefallen einem normannischen Herzoge statt einheimischem Königsblute
anzugehören. Durch weibliche Zwischenglieder lässt sich jedoch mit
Hilfe der angelsächsischen Königsregister selbst die Ahnenreihe der
Königin Victoria bis auf Vôden zurückführen. Wie den Fürsten galt
Wôdan auch dem Volke als leuchtendes Vorbild der .Tapferkeit.

Bei den nordgermanischen Stämmen finden wir die Lautung des
Namens Wôdan in Ódhinn verändert.*) Wir vermögen dieselben
Naturvorstellungen als Ausgangspunkte der Ódhinmythologie nachzuweisen, welche uns in Deutschland bei Wôdan begegneten. Als
Gott der Winde wurde er einst aargestaltig, später mit einem Adlerkopf gedacht. Diese Vorstellung erlosch jedoch vor der anthropomorphischen Gestalt des Gottes und dauerte nur in einem Beinamen
Ódhins Arnhöfdhi (adlerhäuptig) fort.**) Als Windgott hiesz er
auch Vidhrir (Wetterer), Vafudhr (wabernde bebende Luft), Ómi
(der rauschende, tönende). Wie Wôdan fuhr er mit den Geistern der
Toten im Sturme um.

Der Schwedische Bauer glaubt im Sturmgebraus Ódhins wilde
Jagd mit Wagen und Rossen zu vernehmen: „Odin far forbi,"
und in Schonen nennt man ein in November- und Decembernächten
von Seevögeln verursachtes Geräusch Odins Jagd. Als wilden
Jäger kennt ihn vorzüglich Dänemark, wenngleich häufig unter·jün-
geren Namen. Auf der Insel Möen liegt der Grünewald. Darin jagt

---

*) Vgl. S. 108 Aum. Im nordgermanischen fällt ein anlautendes *w* vor
o und u ab. Man vgl. z. B. die deutschen Wörter: Wolle, Wurzel (plattd.
Wurtel), Wurm, Wunder, Wunsch mit den skandinavischen, dän. uld., schwed.
ull, altnord. ull; dän. urt, altnord. urt; dän. orm, schwed. orm, altn. ormr;
dän. schwed. under; dän. œnske, schwed. önskan.

**) Vgl. S. 27. 97.

der Grönjette oder Gjöde Upsal*) hoch zu Roß, das Haupt unter
dem linken Arm, einen Spiesz in der rechten Hand, eine Meute
Hunde um sich her. Bald reitet er über die Häuser, bald mitten
hindurch, wenn 2 gegenüberliegende Türen offen stehn. Sein Wild
ist die Meerfrau. Ein Bauer sah ihn zurückkehren, wie er sie
über seinem Pferde liegen hatte. „Sieben Jahre, sprach er, jagte
ich ihr nach; auf Falster hab' ich sie nun erlegt." In einer Höle
am Ufer hat er seinen Sitz aufgeschlagen. Als einst ein Mann zu ihm
in den Berg kam, verlangte er dessen Hand zu drücken. Da reichte
ihm dieser die Mistgabel, welche Gjöde Upsal so drückte, dass seine
Finger im Eisen zu sehen waren. „Es freut mich, sagte er, doch
noch einige Kraft bei den Möenleuten zu finden." Wenn einst Möen
in grosze Kriegsgefahr kommen wird, soll Gjöde Upsal hervortreten
und die Feinde besiegen.

Auf Seeland und Falster jagt König Waldemar seine bestimmten
Jagdwege, welche das Volk Valdemarsstrasze, Waldemarsweg nennt.
Seine kohlschwarzen Hunde haben feurige Zungen und Zähne
(S. 102) und seines Rappen Mähnen glühn in leuchtenden Flammen.
Eine Frau mit groszen kreideweiszen Brüsten ist sein Jagd-
ziel. — In Fünen steht dem Palnajäger**) dieser Beruf zu, der mit
Köcher und Bogen, einen Helm mit wallendem Federbusch auf dem
Haupt, Sohlen unter den Füszen, ein Weib, die Langpatte (d. h.
Langbrust) hetzt. Auf Falster ist auch der Horsjäger (Rossjäger)
eine Localgestalt Ódhins, der bei Tag und Nacht in den Wäldern
gehört wird. Das Gebrüll von Kühen, Blöken von Schafen, und
Kälbern tönt dann aus der Luft herab. „Ho! Holloh! komm herauf!
Ho! holloh! willst du mit?" ruft er herunter und wer sich nicht
platt auf den Boden wirft, muss mit, hoch in die Wolken, um
bei brausendem Orkan über Busch und Strauch, Gräben und Gehöfte
umzufahren.***) Saxo Grammaticus erzählt, wie Ódhinn einst in

---

*) D. i. Riese von Upsala, ein Euphemismus für Ódhinn; ein Haupt-
tempel dieses Gottes stand zu Upsala.

**) So genannt, weil man den wilden Jäger für Palnatoki, einen alten Hel-
den des Volkes hielt.

***) Die Mythe von Ódhins wilder Jagd ist auch noch auf andere Fürsten
als Waldemar übertragen, z. B. auf den grausamen König Christian II., zu
Vennerslund auf Falster auf einen Edelmann Tersling, in Jütland reitet im
Sturmgebraus Movrits Padebusk in grauer und gesprenkelter Kappe mit
einer Schar von Reitern, deren Schwerter man klingen, deren Rosse man prusten
hört. Auch unter dem Namen Gade und der fliegende Markolf tritt der
wilde Jäger auf.

Gestalt eines einäugigen Greises den in Folge verlorener
Schlacht flüchtigen Hading von Dänemark in seinen Mantel hüllte
auf seinem Rosse in seine Wohnung mit sich nahm und durch einen
sehr lieblichen Trunk stärkte, der ihm höhere Kraft verlieh. Dann
führte er den Jüngling auf seinem Rosse auf denselben Platz zurück.
Unterwegs blickt Hading durch eine Ritze des Mantels und gewahrt
unter sich das Meer, über welches sie wie auf dem Lande dahin-
traben.

In Schweden und Norwegen tritt die Erscheinung des wütenden Heeres mehr in den Vordergrund. Es gab in Schweden eine
alte Weise vom Nachtgeist und seinem Heer. Wenn man die
spielt, so fangen Tische, Bänke, Kannen und Becher, Greise und
Groszmütter, Blinde und Lahme, selbst die Kinder in der Wiege zu
tanzen an (vgl. S. 114. 123 fgg.). In Norwegen braust auf schönen
groszen Rossen die Ásgardhreidh (Aaskerej, Aaskorreii)*) im Sturm
durch das Land. Es sind das (nach christlicher Auffassung) die
Geister von Trunkenbolden, Schlägern, Neidern und Betrügern, und
derartigem Volk, welches zum Himmel nicht reif, für die Hölle zu gut ist.
Die Gebisse ihrer Rosse, rotglühende Eisenstangen, rasseln wie
Kettengeklirr, hell tönen die Waffen der Männer, wenn sie den Spiegel des Wassers mit den Hufen nicht berührend, über Land und
Meer stürmen. Wo sie ihre Sättel auf ein Dach werfen, musz
angenblicklich ein Mensch sterben. Wo sie wissen, dass eine
Schlägerei, ein Mord oder Trinkgelage stattfinden werde, setzen sie
sich auf das Brett über der Tür. So lange keine Untat begangen
wird, verhalten sie sich ruhig, aber erfolgt sie, so lachen sie laut
auf und rasseln mit den Eisenstangen. Einst begegneten einige Männer der Aaskereia und hörten, wie eine Stimme aus der Luft rief:
Nach Skararu zur Arbeit! In Skararu war ein Gastgebot, da warfen
die Geister ihre Sättel ab und warteten. Es entstand eine Schlägerei,
wobei ein Mann den andern tötete. Oft zieht die Ásgardhreidh
Pferde aus dem Stall und lässt sie die Fahrt mitmachen. Am Morgen stehen sie schweisztriefend im Stall. Und mancher Mensch,
der es versäumte sich mit dem Gesicht zur Erde zu werfen,
ist fortgerissen und kam niemals wieder heim, oder ward betäubt in
weiter Entfernung am Boden gefunden. Als der furchtbare Gott des
Sturmes war Ódhinn Yggr (der schreckliche) und Grimnir (der grim-

---

*) Der Name bedeutet „Fahrt nach Ásgardh. So heiszt in der späteren,
höheren Mythologie Ódhins Sitz, wo er die Seelen der gefallenen Helden empfängt. Der Name ist daher jüngeren Ursprungs, die Vorstellung uralt.

mige genannt. Doch ist auch im Norden der wilde Jäger Ódhinn
schon früh zum Gott der milden Sommerwinde geworden. Er hiesz
daher Biflindi (der lind bebende). In Schonen und Blekingen
lieszen die Schnitter eine Gabe für Odins Pferd auf dem Acker
stehen; und auf Möen blieb das letzte Gebund Hafer unabgeerntet,
damit des Gjöde Upsal Pferd die Saaten nicht niedertrete. Er reite
Nacht's umher und sammle die Garben. Wer das unterliesz, hatte
im nächsten Jahr eine schlechte Ernte zu erwarten. (Vgl. S. 129 fgg.).

Als Himmelsgott wohnte Ódhinn nach ältester Vorstellung im
Wolkenberge. Er nennt sich daher noch in der Edda der Mann
vom Berge und von der Ásgardhreidh wird berichtet, dass sie
im Kviteberg (weiszen Berg) in Telemarken ihren Aufenthalt hat,
wenn sie nicht umzieht. Die Sonne trug er als Gestirnauge, und
daher erscheint er in den der niederen Volksmythologie angehörigen
Sagen stets als einäugiger Greis mit breitem Hut, weitem gefleckten, oder grünem Mantel und blauschwarzen Hosen. Von diesem Mantel (heckla) hat er den Namen Hecklumadhr (= Mantel-
mann = Hackelbärend S. 109), und vom Hute die Benennungen
Höttr oder Sídhöttr (Behutet, Breithut vgl. S. 108). Wie wir
Wödan als Robin Hood (S 144 fgg.) mit Bogen und Pfeilen gegen die
Macht des bösen Winters kämpfen sahen, zog Ódhinn in einer Schlacht,
seinen Schützlingen beistehend, eine Armbrust hervor, die erst ganz
klein schien, aber gespannt wuchs. Er legte zehn Pfeile zugleich
auf die Sehne und erlegte damit ebensoviel Feinde. Er reitet auf
weiszem Rosse.

Dass auch Ódhinn als winterlicher Gott, wie Wödan gedacht
worden ist, bezeugen uns die Sagen von Valdemars und des Grönjette siebenjähriger Jagd nach der Langpatte. Eine schöne Tradition,
deren Erzähler freilich den Zusammenhang nicht mehr versteht, meldet, dass Ódhr (Ódhinn s. S. 108 Anm.) seiner Braut oder Gattin
Freyja entfloh und auf fernen Wegen umherirrte. Von Ódhinn selbst
heiszt es, dass er lange abwesend war, indess seine Brüder Vili und
Vé sich der Götterherrschaft bemächtigten, auch seine Rechte bei
Frigg, Ódhins Gemahlin, einnahmen, bis er zurückkehrte. Reiner
erzählt Saxo nach dänischer Mythologie die Sache. Frigg liesz von
der goldenen Bildsäule ihres Gemahls durch zwei Schmiede Gold entwenden, um geputzter einhergehn zu können. Ódhinn hängt die Täter
an den Galgen, setzt das Bild auf ein Gestell und verleiht ihm Sprache.
Aber seine Gemahlin wendet ihre Liebe von ihm ab und lässt durch
einen Diener das Bild zertrümmern. Aus Verdruss geht Ódhinn freiwillig in Verbannung. Während seiner Abwesenheit macht sich ein
gewisser Mitódhinn, ein Zauberer, zum Gotte, der aber, als der

wirkliche zu Reich und Gemahlin zurückkehrt, entflieht und getötet wird. Wer sich seinem Grabe nahte, wurde schnell vom Tode weggerafft und das hörte nicht auf, bis ein Pfahl durch die Brust des Leichnams getrieben war. Es sind dies Erzählungen, welche besagen, dass der sommerliche Ódhinn im Winter entfloh und ein winterliches Scheinbild seines Wesens seinen Platz einnimmt. Noch eine andere Sage bei Saxo drückt denselben Gedanken aus. Die Götter verbannen Ódhinn und setzen einen gewissen Oller (Ullr), der mit Schneeschuhen von Knochen über das Eis läuft, an seine Stelle. Nachdem dieser etwa 10 Jahre (d. i. 10 Monate) geherscht hat, wird der wirkliche Ódhinn zurückberufen und gelangt zu seiner vorigen Ehre, indess Oller vertrieben und später getötet wird. (Vgl. S. 138).

Zur Zeit der Wintersonnenwende kehrte auch Ódhinn segnend ins Land zurück. Dann, und zwar besonders am Weihnachtsabend und in den 3 Weihnachtstagen lässt sich die Ásgardhreidh hören, so dass das Heer der Toten davon sogar in manchen Gegenden den Namen Jólareidh (entstellt Jularei, Jólaskrei) und Julfólk (Weihnachtsgereite, Weihnachtsvolk) empfangen hat. Dann macht es in den Häusern Halt, um Brod zu bereiten und verzehrt hungrig die Gerstenbrode, welche man zur Julzeit gebacken hat, ohne sie mit einem Messer zu bekreuzen. (Vgl. S. 96. 111). Ódhinn selbst hiesz Julvater (Jólfadhir).

Jene Frühlingseinholung (S. 144), die Ódhins Rückkehr im Frühling darstellte, hatte auch bei Schweden und skandinavischen Gothen statt. Am ersten Maitag versammelten sich 2 Geschwader Reiter. Das eine hatte einen mit Pelzen und dicken warmen Kleidern bedeckten und mit einem Spiesz bewaffneten Führer, der mit Schnee und Eis um sich warf; des andern Führer hiesz der Blumengraf, er war mit grünen Zweigen, Laub und Blumen bedeckt, trug leichte Kleider und keine Waffen. Diese beiden hielten ein förmliches Gefecht, wobei der Sommer den Winter zu Boden zerrte. Der Winter und sein Gefolge warfen wol mit Asche und Funken um sich, doch die Gesellen des sommerlichen Einzüglings wehrten sich mit laubigen Birkenzweigen und grün ausgeschlagenen Lindenästen; ihm wurde vom Volke der Sieg zugesprochen.

Ganz anders gestaltet sich das Bild Ódhins, wenn wir die Edda zu Rate ziehen. Unter den Händen der Skalden und in den von höheren Kultureinflüssen bewegten Kreisen der Edeln, war seine Gestalt eine wahrhaft erhabene geworden. Hiernach ist Ódhinn der König und väterliche Regierer der Welt und des Götterstaates. Allvater (Allfödr) wird er daher genannt. In der Gylfaginning heiszt

es, „er ist der vornehmste aller Äsen und waltet aller Dinge, und obwol auch andere Götter Macht haben, so dienen ihm doch alle, wie
die Kinder ihrem Vater." Das Leben der Götter wurde nach menschlicher Weise gedacht. Ódhinn ist darum Vorsitzer des Gerichtes der
Äsen, welches sich täglich unter der Esche Yggdrasill versammelt,
einer Personification des Weltgebäudes. Als König der Götter spielt
Ódhinn auch den Wirt und Herscher der im hohen Himmelsraum be-
legenen Götterburg Ásgardhr (d. h. Hof oder Stadt der Äsen). Dies
ist eine Burg, von fester Mauer umgürtet, welche viele herliche Paläste in ihrem Ringe umschlieszt. Der vornehmste dieser Paläste
heiszt Gladhsheim (Welt der Freude), wo geräumig die goldschimmernde Vallhöll (Wallhalla, d. i. die vorzügliche Halle) sich hebt.
Da empfängt Ódhinn Tag für Tag die waffentoten Könige und Helden. Leicht ist Vallhölls Saal zu erkennen für die, welche zu
Ódhinn wollen. Die Halle hat 540 Türen, Speerschäfte bilden des
Hauses Gebälk, das Dach ist mit goldenen Schilden gedeckt, wie mit
Schindeln, Panzer bedecken die Bänke. Hellglänzende Schwerter
strahlen an den Wänden ein durchdringendes Licht aus, durch welches die Halle beleuchtet wird. Westwärts vor der Tür hängt ein
Wolf, darüber schwebt ein Adler. Vor den Toren Vallhölls ladet
ein Hain, Glasir mit Namen, zur Erholung ein. Seine Blätter und
Stämme sind von Gold. Rund um den Saal läuft, heilig vor den
heiligen Pforten, ein Gitter, Valgrind mit Namen, uralt und verwittert;
und davor braust der Strom Thundr oder Valglaumir, in dessen Fluten Speerschäfte als Fische spielen. Sein Ungestüm ist zu grosz, als
dass jemand hindurchwaten könnte. In Vallhölls Saal sitzen die
Einheriar,*) die im Kampf gefallenen Helden am fröhlichen Mahl
sich ergötzend. Sie speisen vom Fleische des Ebers Sæhrimnir.
Durch jede der 540 Türen Vallhölls schreiten je 800 Einherien, aber
mag die Zahl dieser Helden, die sich täglich vermehrt, noch so grosz
werden; stäts genügt das Fleisch des Ebers, den ein Koch Andhrim-
nir im Kessel Eldhrimnir jeden Morgen zubereitet, zu ihrer Sättigung.
Wie viel vom Fleische des Ebers verzehrt wird, jede Nacht wächst
das ausgeschnittene Fleisch und am Morgen ist er wieder ganz. Vor
Vallhölls Tür steht ein Baum Læradhr, dessen Wipfel hoch über des
Hauses Dach emporragen. Im Wipfel weidet eine Ziege Heidhrún,
aus deren Eutern jeden Tag so viel Milch strömt, dass alle Einhe-

---

*) Das Wort Ein-heriar bedeutet die Krieger, welche einzig in ihrer
Art sind.

rien davon vollauf zu trinken haben.*)   Liebliche Jungfrauen, die
Valkyrien schenken ihnen den Met in goldenen Hörnern.   Odhinn

selbst sitzt indess auf hohem Stuhle und schaut dem Schmausen der
Helden zu.   Zwei Wölfe Geri (der heiszhungrige) und Freki (der

---

*) In diesen Schilderungen vom Schmausen der Einherien in Vallhöll er-
kennt man leicht die dichterisch veredelte Ausführung alter elementarer Anschauungen.   Von der Sturmwolke, dem Eber (S. 66) zehren die im Winde umher-
sausenden Geister der gefallenen Krieger, die Wolke = Ziege (S. 89) regnet
ihnen ihre Milch, die zugleich Met ist, herab.   Vgl. S. 62.   Anders freilich
wurde die Ziege Heidhrûn jetzt, in der Zeit der Anthropomorphose, aufgefasst.
Der Name Heidh-rûn bedeutet nämlich wahrscheinlich „Rune der Eigenthüm-
lichkeit".   Die mit -rûn zusammengesetzten Eigennamen sagen aus, dass den
sie tragenden Persönlichkeiten oder Wesen die Kraft beigelegt werde, welche
der Rune als Zauberzeichen innewohnt.   Somit führt die Ziege den Namen
Heidhrûn, weil sie durch den Met den Einherien ihre Heit d. h. ihre Art und
eigenthümliches Wesen erhielt und nährte.   Die Wiederbelebung des Ebers steht
der Wiederbelebung der Kuh (S. 117) gleich.

grimmige) liegen zu seinen Füszen. Sie füttert der kriegsgewohnte
herliche Heervater mit dem Fleische, das ihm vorgesetzt wird. Denn
er selbst, der waffenhehre Ódhinn lebt ewig nur von Wein,*) indess
die übrigen Götter Met mit den Einherien trinken. Zwei Valkyren
Hrist und Mist reichen Ódhinn das Trinkhorn. Zwei Raben sitzen
auf seinen Schultern, Hugin und Munin (Gedanke und Erinnerung)
mit Namen. Sie fliegen jeden Tag in die Welt aus, um alle Zeitun-
gen zu erkunden, und Allvater ins Ohr zu raunen. Hugin und Munin, sagt Ódhinn selbst im Grimmismál, einem Liede der älteren
Edda, Hugin und Munin müssen jeden Tag

> Ueber die Erde fliegen.
> Ich fürchte, dass Hugin nicht wiederkehrt;
> Doch sorg ich mehr um Munin.

Die Gesellschaft, welche im Saale Ódhins versammelt, ist eine
sehr auserlesene. Nur im Kampf gefallene Krieger und auch von
diesen nur die auserlesensten Könige, Herzoge, Adelige und reiche
Männer gelangen sterbend nach Vallhöll. Wenige, sagt das schon
angeführte Grimnismál, wenige ahnen, wie des uralten Gitters Valgrind Schloss sich schliesst und wenige erfahren, was die Einherien
speisen. In einem von Saxo Grammaticus (s. S. 81) übersetzten dänischen Heldenliede heiszt es: Siehe, o groszer Hrólf, deine Groszen
sinken, die treuen Geschlechter liegen dahingestreckt. Nicht niede-
res Volk von dunkler Abkunft, nicht Leichen des Pöbels und wert-
lose Seelen reiszt Pluto (Ódhinn) dahin, sondern der Mächtigen Geschicke verflicht er in den Kampf und mit ruhmvollen Heldengestalten füllt er den Phlegethon (Vallhöll).

Ódhinn und die Äsen bedürfen der Einherien. Denn einst am
Ende der Tage sollen die Götter mit dämonischen Mächten kämpfen,
welche den Untergang der Welt herbeiführen. Dabei können sie des
Beistandes der vorzüglichsten Menschenhelden nicht entraten. Tobt
auf Erden Schlachtgetöse, so sendet Ódhinn auf Wolkenrossen seine
Wunschmädchen, die Valkyrien herab, die sich unter die Kämpfenden mischen und diejenigen auswählen, welche ihnen nach Vallhöll
folgen sollen. Die Erkorenen sterben und werden zu Ódhins Halle
geleitet, wo festlicher Empfang ihrer harrt. Wir besitzen zwei sehr
schöne Skaldenlieder, welche die Aufnahme der Helden in Vallhöll
schildern. Das eine, Eiríksmál ist, nach dem Tode des Königs Erich
Blutaxt 935 gedichtet. Kurz vor Tag wacht Ódhinn auf, ihm hat

---

*) Der Wein war im Norden so selten, dass nur der Göttervater, nicht sein
Gefolge, ihn zu trinken würdig schien.

geträumt, dass er Vallhöll für gefallene Krieger bereite. Er weckt die Einherien. befiehlt die Bänke frisch zu bestreuen,*) die Gefäsze zu scheuern, die Valkyrien müssen Met herbeiholen. Freudig ist ihm das Herz, er erwartet aus der Welt einiger berühmten Könige Ankunft. Und schon donnert es auf der Brücke, wie wenn Tausende nahten, die Wände zittern. König Erich ist im Anzug mit den Helden, welche er selbst im Kampfe erlegt. Zwei sagenberühmte Helden der Vorzeit, Sigmundr und Sinfjötli, werden ihm entgegengesandt.

> Heil dir nun Erich, sprach Sigmund,
> Sei hier willkommen,
> Und gehe, stolzer, in die Halle!
> Das will ich dich fragen:
> Wieviel Könige
> Folgen dir vom Waffengeräusch?
> Fünf Könige sind es, sprach Erich,
> Ich sag dir die Namen aller,
> Ich selber bin der sechste.

Dem berühmten Helden Helgi ging Ódhinn selber entgegen und bot ihm an, mit ihm die Herrschaft zu teilen. Nach dem Muster des Eiríksmál dichtete Eyvind Skaldaspillir um das Jahr 951 auf den Tod Hákons von Norwegen, der im Kampfe gegen die Söhne des Erich Blutaxt, seine Neffen, fiel, das Hákonarmál. In voller Rüstung war Hákon mit dem gewohnten Zurufe im Hügel beigesetzt: „fahre nun hin zu Ódhinn, gehe ein zu der Einherien Versammlung." In dem Liede, dem Hákonarmál, schildert nun Eyvind die Heftigkeit des Kampfes auf beiden Seiten: Ódhins Valkyren, Göndul und Skögul, sind mitten in der Schlacht. Sie reden mit einander, die holden Mädchen, hoch auf des Rosses Rücken sitzend. Sorgsam sitzen sie, den Helm auf dem Haupt und vor sich halten sie ihre Schilde. Gestützt auf den Speerschaft sprach die Valkyre Göndul:

> Nun wächst der Götter Heer, da den Hákon haben
> Mit groszem Gefolge die Ásen zur Heimat entboten.

Hákon hört ihre Rede und beschwert sich, weshalb ihm der Tod und nicht der Sieg zugeteilt werde. „Wir walteten so, sprach Skögul, dass du das Feld behältst und deine Feinde fliehen. Nun aber lasst uns reiten zu der grünen Heimat der Götter, um Ódhinn zu sagen, dass der gewaltige Herscher kommt, ihn selber zu schauen." Bragi, der Dichtergott, geht dem Hákon bis vor Vallhölls Tür ent-

---

*) Bei feierlichen Gelegenheiten war es Sitte, Stroh auf Fuszboden und Bänke zu streuen.

11

gegen. „Aller Einherien Frieden sollst du haben, empfange du Bier
von den Ásen, du hast hier innen acht Brüder schon." — Man will
dem Hákon die Rüstung abnehmen. Helm und Panzer giebt der gute
König in Verwahrung, aber Schwert und Speer behält er bei sich,
um mannhaft vor des Siegvaters Angesicht zu treten.

In Vallhöll setzen die Einherien ihr irdisches Kriegsleben fort.
Wenn sie Morgens sich am Mahle genügend erlabt haben, gehen sie
in den Hof und bekämpfen und töten sich gegenseitig; wenn es dann
Zeit ist zum Mittagsmahl, erstehen die Gefallenen wieder und sitzen
friedlich beisammen. Mitunter erscheint Ódhinn selbst in der Schlacht,
um die Helden für Vallhöll zu wählen. Er trägt dann auf dem Haupt
einen leuchtenden Goldhelm, auf der Brust ein strahlendes Waffen-
hemd und reitet auf seinem grauen Rosse Sleipnir, das acht Füsze
hat, und auf dessen Zähnen zauberkräftige Runen eingeschnitten sind.
In der Hand schwingt der Gott seinen leuchtenden Speer Gúngnir,
der jedesmal in seine Hand zurückkehrt, sobald er ihn verschossen
hat. Bei Gúngnirs Spitze legte man Eide ab. Valkyren und Raben
begleiten Ódhins Zug in die Schlacht. Häufig erscheint er auch allein
in unscheinbarem Gewande. Wenn er seinen Speer Gúngnir über ein
Heer wirft, so fallen alle Krieger, über deren Häupter derselbe dahin-
saust. Ein König Erich kämpfte mit seinem Gegner Styrbjörn. Er
wandte sich im Gebete zu Ódhins Tempel und flehte um Sieg. Dafür gelobte er sich dem Gotte nach 10 Wintern. Dann wollte er
fröhlich von der Erde scheiden und in Vallhöll einziehen. Kurz
darauf erschien ein einäugiger Mann mit breitkrämpigem Hut in der
Schlacht. Der gab Erich einen Rohrstengel und hiesz ihn den über
Styrbjörns Heer werfen, mit den Worten: Ódhinn habe euch alle.
Kaum hatte Erich demgemäsz gehandelt, so sah man einen Speer
in der Luft über das feindliche Heer fliegen. Styrbjörn wurde mit
Blindheit geschlagen, er und alle die Seinen fielen. Hievon schreibt
sich die nordische Sitte her, wenn man seine Gegner dem Tode
weihen wollte, einen Speer über ihre Häupter zu werfen. Man rief
dabei: Erschreckt ist euer König, verfallen euer Herzog, hinfällig
eure Heerfahne, gram ist euch Ódhinn.*)

---

*) Der Speer des alten Sturmgottes Ódhinn ist deutlich von der Natur-
anschauung des Blitzes ausgegangen. (Vgl. S. 17). Wie Indras Speer (S. 64)
kehrt er entsendet jedesmal in die Hand des Besitzers zurück. Höchst bedeutsam ist es, dass eine auf einem anderen Baume gewachsene Açvattharute (S. 64,
ein Abbild des Blitzes also) angerufen wird, die Feinde zu zerschmettern, und
zu zerschlagen, ihre Häupter zu zerspalten und siegreich zu sein, wie er (der
Açvattha) des Vritratöters Indra Genosse im Luftmeer die Dämonen zerschmettert habe.

Sobald ein Kampf entbrennen will, sattelt Ódhinn sein Ross, um den Streit zu schüren; ist faules Stillsitzen im Lande, so erregt er Kampf, verfeindet die Fürsten, und wehrt dem Frieden. Noch spätere Volkssagen erzählen, wie er in einer norwegischen Schmiede einmal sein Pferd beschlagen liesz, und dann damit in ungeheuren Sprüngen nach Schweden eilte, wo grade ein Krieg ausbrach. Nach einer andern Sage fand Ódhinn, der im Kampf absteigen wollte, keinen bequemen Ort, sein Ross anzubinden. Er lief zu einem Stein, stach mit dem Schwerte hindurch und band sein Ross durch das Loch fest. Das Pferd aber riss sich los, der Stein sprang auseinander und wälzte sich fort. Dadurch entstand ein groszer Sumpf. Mehrere derartige Felsblöcke werden noch heute in Schweden gezeigt, man nennt sie Ódinssteine und die ins Feld ziehenden Krieger sollen ihre Schwerter daran geschliffen haben. — Auf dem Schlachtfelde lehrt Ódhinn den Königen neue Schlachtordnung und kämpft selbst unsichtbar mit. Man sieht ihn auf einem weiszen Rosz daherjagen, wenn man durch den Armring schaut.*) Mit eigener Hand tötet er häufig den ruhmreichen Fürsten, dem er eben erst den Sieg verlieh. So gesellte er sich dem Harald Hiltitand in der Brávallaschlacht als einäugiger Greis zu und lehrte ihn die keilförmige Schlachtstellung, später aber schlug er mit seiner Keule den König vom Schlachtwagen herab. Bevorzugten Helden verleiht er selbst nimmerfehlende Waffen. Helm und Panzer erbot er sich dem Dänenkönige Hrólf Kraki zu schenken. Da dieser den in menschlicher Gestalt erscheinenden Gott nicht erkannte und die Annahme weigerte, wich das Kriegsglück von ihm. Der Sieg hängt von Ódhinn allein ab, der ihn entweder persönlich, oder durch seine Valkyrien verleiht.

Als Erreger und Lenker der Schlachten heiszt Ódhinn Heervater, Sieger, Siegvater, Siegsgott, Kampfvater, Sigi. Den Kampf kennzeichnet die Skaldenpoesie als Ódhins Spiel, Ódhins Wetter u. s. w., das Schwert als Ódhins Wundenfeuer u. dgl. und wiederum heiszt er selbst Geirölnir Lanzenernährer, Geirtýr Lanzengott; ferner Gunnblindi Kampfblender, Herblindi Heerblender d. h. der die Heere blind macht. Die Raben und Wölfe werden Ódhins Habichte und Hunde genannt, weil sie dem Heere atzungsbegierig folgen, ein Zug, der in den Schlachtgemälden der alten Poesie immer besonders hervorgehoben wird. Z. B.

Nun bin ich so froh dich wieder zu sehen,
Wie die aasgierigen Habichte Ódhins,
Wenn sie Leichen wittern und warmes Blut.
Oder tautriefend den Tag schimmern sehn.

) Vgl. o. S. 128.   11

Derartige religiöse Vorstellungen aus Anlass des Ódhinkultus konnten nicht umhin, das menschliche Gemüt auf das tiefste zu ergreifen. Sie zogen jene gewaltigen Charactere, kernige Männer und ebenbürtige Frauen gross, die wir in den Sagen der germanischen Nordlande bewundern. Sie stählten jenen lebensverachtenden Kampfesmut, der vor keinem Schrecken, keinem Schmerze zurückbebte. Mit lachenden Lippen erlitt der Normann den Tod, wenn es galt Tüchtigkeit, Tatkraft, Treue, Freundschaft mit dem Blute zu besiegeln. Ein glänzendes Beispiel gewährt der Todesgesang des Ragnarr Lodhbrók, der am Abend seines kampffreichen Lebens bei einem Einfalle in England vom Könige Ella gefangen wird, nachdem alle seine Mannen um ihn her fielen. Er wird in einen Schlangenturm geworfen und haucht hier sein Leben aus. Da singt er denn sterbend das berühmte Bjarkamál:

Mit Schwertern wir schlugen,
Doch stäts ich es spürte,
Dass Nornen uns nachgehn,
Das Schicksal uns führet.
Nicht meint ich, dass Ella
Im Elend mich morde,
Da ich an der Küste
Sein Kriegsheer bekämpfte,
Und speiste an Schottlands
Gestaden die Wölfe.

Mit Schwertern wir schlugen.
Wol weisz ich, voll Wonne
Bereit sind die Bänke
Beim Vater des Baldr. (Ódhinn).
Bald trinken das Bier wir
Aus herlichen Hörnern.
Nicht fürchten die Heimfahrt,
Die mutigen Männer,
Nicht komm ich nach Vallhöll
Mit klagenden Worten.

Mit Schwertern wir schlugen,
Schon schau ich den Tod nah.
Die Nattern sie nagen
Und saugen mein Herzblut.
Doch werden noch Waffen

Den Ella verwunden.
Es schwillt meinen Söhnen
Zum strafen der Sinn.
Nicht ruhen die raschen,
Bis Rache geübt ist.

Mit Schwertern wir schlugen,
Ich scharte zu funfzig
Gefechten die Völker,
Mich freuend am Schwertspiel.
Sehr jung schon versucht ichs.
Jetzt fordert mich Ódhinn,
Nicht fürcht ich den Tod.

Wolan denn geschieden:
Valkyrien winken,
Die Ódhinn mir sendet
Vom Saale der Götter.
Auf dem Thron mit den Ásen
Soll freudig ich trinken.
Die Stunden des Lebens
Sie schwanden vorüber,
Mit lachenden Lippen erleid ich den Tod.

Die schönste Blüte des Ódhinglaubens ist aufgegangen in einem herlichen Wechselgesange zweier Kämpen Bjarki und Hjalti bei Bestattung ihres Herrn des Königs Hrólfr Kraki. Sie singen den Ruhm ihres groszen Königes und die Herlichkeit des Siegsgottes, zu dem sie ihrem Fürsten mit der ganzen Waffenbrüderschaft freiwillig nachfolgen wollen, um demnächst in Vallhöll zu sein. „So lange das Leben währt, heiszt es da, lasst uns streben, ehrenwert sterben zu können, und einen ruhmwürdigen Tod mit der Hand zu erwerben. Sterben will ich zu Häupten des gefallenen Herrn darnieder gestreckt, du sinke veratmend zu seinen Füszen nieder."*)

Es war natürlich, dass eine solche religiöse Erregung der Kampflust auch Auswüchse erzeugte. Bei manchen artete sie in einen unwillkürlichen Krampf, eine Art von Wahnsinn, die Berserkerwut

---

*) Wie sehr der Wôdancultus dieselben Gesinnungen bei den Südgermanen weckte, sehen wir u. a. aus der Nachricht, dass die Kimbern jauchzten, wenn sie in den Schlachtentod gingen, aber jammerten, wenn sie auf dem Krankenbett sterben sollten.

aus. Die davon Befallenen stürzten ohne Harnische sich in den Haufen der Gegner, bissen wie Wölfe oder Hunde rasend in ihre Schilde, und stärker als Bären oder Stiere erschlugen sie alles, was ihnen in den Weg kam, bis sie selbst erschlagen wurden. In der Erregung waren ihre Kräfte so erhöht, dass weder Feuer noch Eisen ihnen schadete. Solche Leute nannte man Berserkir (Panzerlose), ihr Gebahren Berserksgang. Ausdrücklich wird auch dieses Uebermasz von Kampfwut auf Ódhinn zurückgeführt, der seine Freunde mit Begeisterung und Stärke erfüllt, indess er die Feinde blendet oder taub macht und ihre Waffen abstumpft, so dass sie nicht schärfer als Ruten verwunden.

Wer alt und schwach auf dem Bette sein Ende herannahen fühlte, liesz sich, um nicht „den Strohtod" zu sterben, mit Speeren blutig ritzen, als wäre er auf dem Schlachtfelde lebensgefährlich verwundet, und hoffte durch diese symbolische Schlachtweihe der Aufnahme in Vallhöll würdig zu werden, und zu Ódhinn zu fahren (fara til Ódhins).

Ódhins Dienst war blutig, Menschenopfer fielen an seinen Altären. Bei einer groszen Hungersnot brachten die Schweden einmal ihren König Olaf Tretelgia dem Erntegott Ódhinn (S. 156) zum Opfer; und der König Ani von Schweden brachte ihm seine Söhne dar, um dafür Verlängerung seines eigenen Lebens zu erbitten. Eine beliebte Art und Weise des Ódhinopfers war das Erhenken. Ein König von Agdhir, Vikarr, wurde auf einer Seefahrt von widrigen Winden festgehalten. Das Schiffsvolk warf Losze, um Ódhins Willen zu erforschen. Der Gott verlangte, dass ihm ein Mann aus dem Heere erhenkt werde, und bei fortgesetztem Verfahren kam das Losz König Vikars heraus. In der folgenden Nacht beauftragte Ódhinn in Gestalt eines Greises, der sich HrossháÍrsgrani nannte,*) den riesigen Helden Starkadhr mit der Ausführung seines Willens und übergiebt ihm zu dem Ende seinen Speer, der menschlichen Augen nur wie ein Rohrstengel erscheinen werde. Am anderen Morgen

---

*) HrossháÍrsgrani bedeutet Rosshaarbärtig. Dieser Name deutet darauf hin, dass Ódhinn wie als Adler (s. S. 153), so einmal auch als Ross gedacht worden ist. Diese Vorstellung muss einst auch von Wôdan bestanden haben, denn die anerkannt mythischen Stammväter der Angelsachsen Hengist und Horsa (Hengst und Ross) erscheinen nach den angelsächsischen Königsregistern als blosze Hypostasen Vôdens, in denen eine Seite seines Wesens sich wiederholt. Wir werden sehen, dass auch noch eine deutsche und eine nordische Göttin Hrôsa und Gúró Rysserófa meine Vermutung unterstützen.

beschlieszen die Ratgeber des Königs an ihm das Opfer nur symbolisch zu vollziehen. Unter einem alten Fichtenbaum war ein junger
Schoss aufgewachsen neben einem hohen alten Stubben. An diesen
jungen Schössling knüpfte Starkadhr Kalbsdärme und sagte dem König, Galgen und Schlinge seien bereit, er möge hineintreten, es werde
ihm nichts schaden. Der König legte die Schlinge um seinen Hals.
Starkadhr warf nach ihm den Rohrstengel mit den Worten „Nun
gebe ich dich dem Ódhinn (Nú gef ek thik Ódhni). Sogleich ward der
Rohrstengel zum Speer und durchbohrte Vikarr, der alte Baumstub-
ben rutschte unter seinen Füszen fort, der junge Fichtenschössling
wuchs zum starken Baum in die Höhe und zog den König nach
oben, die Kalbsdärme wandelten sich in einen starken Strick und so
empfing Ódhinn sein Opfer. Von dieser Weise des Opfers empfing
der Gott die Beinamen Hángagud, Hángatýr, Gálgagramr, Gálga-
valldr (Gott der Erhenkten, Galgenherr, Galgenherscher). Vgl.
S. 149.

Neben solcher Härte begegnen wir der schönen Mythe, wie
Ódhinn selber sich junger Heldensöhne annimmt, um sie zu erziehen.
So nahm er die Gestalt des Greises Hrosshársgrani an, um Starkadhs
Pflegevater zu werden. Der Knabe hatte, drei Jahre alt, seinen
Vater verloren und war nun Pflegekind König Haralds von Agdhir.
Durch Heerfahrt brachte Hrosshársgrani das Heldenkind in seine
Gewalt und erzog es auf einer abgelegenen Insel Fenhring neun
Winter lang. — Der achtjährige Geirrödhr und der zehnjährige Ag-
narr, die Söhne König Hraudúngs, ruderten einst auf einem Boot
ins Meer hinaus und wurden vom Winde immer weiter in die Fluten hinausgetrieben, bis sie bei dunkler Nacht an einem Strande
scheiterten. Hier trafen sie einen Hüttenbewohner, bei dem sie über-
winterten. Die Frau pflegte Agnars, der Mann Geirrödhs und lehrte
ihn schlauen Rat. Das waren Ódhinn und seine Gemahlin Frigg,
welche herabgestiegen waren, um den Knaben Schutz und Erziehung
angedeihen zu lassen. — Zu anderen Zeiten fährt Ódhinn in eigener
Person aus seinem Himmel nieder und leitet junge Helden an, sich
ein mit wunderbaren Kräften, menschlicher Rede und göttlichem
Verstande begabtes Heldenross, das allein den Heros tragen kann,
zu wählen. So kam er zum Sigurdhr (dem Sigfrit des Nordens) und
lehrte ihn den Hengst Grani, einen Abkömmling des göttlichen Sleipnir, einzufangen.*)

---

*) Derartige Mythen mag es auch in Deutschland gegeben haben. Eine
solche klingt vielleicht noch leise im Ludwigsliede nach, wenn es daselbst

Ódhins Tätigkeit geht keinesweges im Heldenleben auf. Als Gott der Winde herscht Ódhinn auch über das Meer, dessen Wellen er mit bloszen Worten aufzuregen oder zu beruhigen vermag, wie es ihm gefällt. Er heiszt daher auch Hléfreyr (Herr des Meeres) und verleiht Schiffern günstigen Fahrwind. Am liebsten freilich lässt er auch diesen seinen Lieblingen zu Teil werden. Als der junge Held Sigurdh zur Vaterrache auszog, überfiel ihn ein Unwetter, hoch über die Masten schlug das Meer und sein Schiff drohte an einem Vorgebirge zu zerschellen. Da trat aus dem Berge ein Mann hervor, und zu Sigurdh ans Schiff. Es war Ódhinn. „Hnikarr, sagte er, hiesz man mich, wenn ich, o junger Völsung, Hugin auf der Walstatt[*]) erfreute, jetzt nenne mich, wie du willst, Fahrt will ich schaffen!" Er beschwichtigte die Wogen und dann belehrte er den jungen Helden noch über die günstigsten Glückszeichen vor dem Gefecht unter Göttern und Menschen. Gut sei für den Schlachtenlenker das Geleit des nachtschwarzen Raben, ein gutes Vorzeichen sei es, wenn man im Begriff in den Kampf zu ziehen zwei ruhmgierige Recken auf den Zehen zum Zweikampf bereit sehe, von glücklicher Vorbedeutung auch das Geheul des Wolfes unter dem Eschbaum. „Ueber Helmträger hast du Sieg zu hoffen, siehst du ihn (den Wolf) vorwärts eilen."[**])

Von ihren Seezügen brachten die nordischen Vikinge und Seekönige fahrende Habe und die Schätze aller Länder nach Hause; die Kaufleute teilten ihren Erwerb. Der fahrwindspendende Ódhinn wurde daher zum Herrn der Frachten (Farmagudh, Farmatýr) von ihm kommt der Reichtum, er ist der Beschützer der Kaufleute und noch später war es in Schweden Sprichwort, dass dem Ódhinn wol diene, wer grosze Schätze sammelt.

Der Met, welchen Ódhins Ziege Heidhrún den Einherien spendet d. i. das himmlische Regennass, ist das Vorbild des irdischen Biergebräus, für dessen Zustandekommen der Gott das lebhafteste Interesse zeigt. Eine Frau Geirhildr opferte dem Ódhinn ihr erstes Kind, indem sie es an einem hohen Galgen aufhängte, um im Herzen

---

heiszt, Gott selbst habe den vaterlosen Königssohn geholt und sei sein Erzieher geworden. (Kind warth her faterlôs, thes warth imo sar buoz; holod a inan truhtin, magazago warth her sin).

[*]) D. h. die Raben fütterte. S. S. 160. 163 fgg.

[**]) Auch die Deutschen achteten auf dergleichen Vorzeichen. Noch heute gelten fliegende Rabenschwärme als Vorboten eines Krieges und wer bei seinem ersten Ausgang am Morgen einem Wolfe begegnet, soll Glück zu erwarten haben. Vgl. S. 141.

König Alfreks den Sieg über eine Nebenbuhlerin davonzutragen. Der König wollte sich für diejenige entscheiden, welche ihm das beste Bier brauen würde. Da berührt Ódhinn Geirhilds Bierhefe mit seinem Speichel und verleiht dadurch ihrem Bier eine unübertreffliche Güte.*) Geirhildr siegt und ihre Nebenbuhlerin wird verstoszen. Ja Ódhinn selbst unterzieht sich Gefahren, um einen göttlichen Met zu Göttern und Menschen zu bringen. Ein Mann Namens Kvásir war so klug, dass er auf keine Frage eine Antwort schuldig blieb und niemand war so geschickt oder gelehrt, alle seine Weisheit zu erkunden. Er zog weit in der Welt umher, um die Völker Weisheit zu lehren. Einmal luden ihn die Zwerge Fjalar und Galar zu einem Gastmal ein. Als er kam, riefen sie ihn abseits und töteten ihn. Sein Blut lieszen sie in zwei Gefäsze und einen Kessel laufen. Darin mischten sie Honig und bereiteten aus dieser Mischung einen kräftigen Met, welcher jedem, der ihn trank, die Gabe der D i c h t - k u n s t und W e i s h e i t verlieh. Den Kessel nannten sie Ó d h r e y - rir,**) die beiden Gefäsze Són und Bodn. Den Ásen berichteten die Zwerge, Kvásir sei in der Fülle seiner eigenen Weisheit erstickt. Darnach luden die Zwerge einen Riesen, Namens Gilling sammt seiner Gattin zu sich. Sie fragten ihn, ob er mit ihnen ins Meer rudern und fischen wollte. Als sie eine Strecke vom Lande waren, gerieten sie auf eine Klippe und das Boot stürzte um; Gilling, der nicht schwimmen konnte, ertrank. Den Zwergen gelang es das Schiff wieder umzukehren und zum Strand zu rudern. Sie erzählten der Riesin das Unglück; sie nahm es sich sehr zu Herzen und weinte laut. Fjalar fragte sie, ob es ihr Gemüt erleichtern würde, wenn sie nach der See hinaussehe, wo Gilling umgekommen sei. Das wollte sie tun. Aber der hinterlistige Fjalar hiesz seinen Bruder Galar einen Mühlstein auf ihren Kopf herabwerfen, wenn sie aus der Türe ginge, denn ihr Gejammer sei unerträglich. So tat der. Aber nun machte sich Suttúngr,***) Gillings Brudersohn, auf, um Oheim und Muhme zu rächen, ergriff die Zwerge, führte sie auf's Meer und setzte sie an einer öden Klippe aus. Da baten sie erbärmlich um ihr Leben und boten dem Suttúngr zur Vaterbusze den kostbaren Met aus

---

*) Ódhins des Himmelsgottes Speichel ist der Regenguss. Er kräftigt als himmlisches Gebräu (S. 92) das irdische Bier, wie die himmlische Milch die Sühne im irdischen Butterfass mehrt (S. 89). Vgl. auch S. 129. Anm.

**) Ódhreyrir bedeutet Geisterreger.

***) Suttúngr bedeutet den brausend daherfahrenden, oder nach anderer minder wahrscheinlicher Etymologie den Säufer (d. i. der die Wolkengewässer verschlingt?).

Kvásirs Blut. Suttúngr schloss die Sühne, führte den Weisheitstrank
mit sich nach Hause, verschloss ihn im Hnitberge und setzte ihm
seine Tochter Gunnlödh zur Hüterin. Ódhinn erfuhr das, beschloss
den Met zu entwenden, und machte sich auf die Fahrt. Als er auf das
Grundstück kam, welches Suttúngs Bruder Baugi gehörte, traf er
dessen neun Knechte bei der Heuernte. Ódhinn schärfte ihnen mit
einem Schleifstein, den er aus dem Gürtel zog, ihre Sensen, so dass
sie schnitten, wie nie zuvor. Ein jeder wünschte jetzt den kostbaren
Wetzstein zu erwerben und darüber gerieten sie so in Streit, dass
sie sämmtlich einander erschlugen. Ódhinn, der sich das Aussehen
eines Knechtes und den Namen Bölverkr*) gab, nahm Nachtlager
bei Baugi und erbot sich ihm zu dienen und Neunmännerarbeit an
Stelle der Getöteten zu verrichten, wenn er ihm zum Lohn einen
Trunk von Suttúngs Met verschaffen wolle. „Ich habe freilich, sagte
Baugi, über den Met nicht zu gebieten, Suttúngr will ihn für sich
behalten, doch will ich mit dir dahinfahren und versuchen, ob wir
des Mets bekommen können." Bölverkr verrichtete den Sommer über
Neunmännerarbeit für Baugi, im Winter aber begehrte er seinen
Lohn. Da fuhren sie beide zu Suttúngr und Baugi erzählte, wie er
den Bölverk gedungen habe; Suttúngr aber verweigerte gradezu
jeden Tropfen Mets. Da sagte Bölverk zu Baugi, sie wollten es nun
mit List versuchen und jener hatte nichts dagegen. Bölverk zog
einen Bohrer, Namens Rati aus der Tasche und bat Baugi damit ein
Loch in den Berg zu bohren, wenn der Bohrer scharf genug sei.
Baugi tat dies, sagte aber bald, der Bohrer sei durchgebohrt. Bölverk bliesz ins Bohrloch, da flogen die Splitter heraus, ihm entgegen. Daran erkannte er, dass der Riese mit Trug umgehe und
bat ihn ganz zu durchbohren. Baugi bohrte weiter und als Bölverk
nun zum zweiten Mal hineinbliesz, flogen die Splitter einwärts. Da
wandelte Bölverk sich in einen Wurm und schloff in das Bohrloch
zwischen den Riesensteigen gefahrvoll dahinkriechend. Baugi stach
ihm zwar mit dem Bohrer nach, verfehlte ihn aber. Da stand
nun Bölverkr-Ódhinn in aller Götterherrlichkeit vor Gunnlödh, der
erbebenden Riesenmaid im Berge, ein liebegehrender Mann. Drei
Tage sasz er auf goldenem Sessel bei der guten Jungfrau, die in des
heiligen Herzens glühender Gunst den weiszen Arm um ihn schlang.
Gunnlödh erlaubte ihm drei Schlucke des teuren Mets zu trinken.
Im ersten Zuge trank Ódhinn den Ódhreyrir ganz aus; im zweiten

---

*) Bölverkr heiszt Uebelthäter; so nennt Ódhinn sich, weil er eine List im
Sinne hat.

leerte er Bodn, im dritten den Són, und hatte nun den Met alle. Trunken ward der Göttervater selbst und übertrunken von dem kostbaren Nass. Dann wandelte er sich in Adlergestalt (vgl. S. 153) und flog eilends davon. Aber Suttúngr sah den Adler fliegen, warf sein eigenes Adlergewand über und flog ihm nach. Doch schon hatte der Gott Ásgardhs Hof erreicht. Die Ásen setzten Gefäsze auf den Estrich und in diese spie er den kostbaren Met aus. Den giebt er den seligen Göttern und allen groszen Dichtern zu trinken. So stieg Ódhreyrir zur weit bewohnten Erde.

Man erkennt in dieser Mythe sehr leicht verschiedene ältere und jüngere Bestandteile. Die ursprüngliche Erzählung besagte, dass das als begeisternder Unsterblichkeitstrank aufgefaszte Himmelsgewässer im Wolkenberge *) durch einen riesigen Dämon eingeschlossen, von der Wolkenfrau gehütet wird. **) Mit dem Blitze als Bohrer ***) öffnet Ódhinn der Himmelsgott den verschlossenen Wolkenberg, als Schlange dringt er hinein und trägt als Vogel gestaltet den Met Göttern und Menschen zu. (Vgl. S. 62. 102). Das übrige gehört späterer Ausschmückung an; und längst ist die alte Naturmythe vergeistigt. Ódhinn der Geisterreger schenkt den Dichtern den Trank der Begeisterung (Ódhreyrir). Diesen Met hat er nach manchen Hindernissen aus der Tiefe heraufgeführt. Dienstbar ist er darum dem Baugi, denn ohne Anstrengung wird die Dichtkunst nicht erworben. In den Berg eingedrungen, vermag er nur mit Gunnlödhs Hilfe den Trank zu erobern. Denn ohne Liebe keine Poesie. Der Gott selbst wird trunken und übertrunken in dreifachem Rausch, trunken von Met, trunken von Liebe und trunken von dichterischer Begeisterung.

Wir sehen hier Ódhinn, der schon wegen des wundersamen Sturmliedes (S. 155) darauf Anspruch hatte, zum Gotte der Dichtkunst gediehen. Von ihm heiszt es, dass er selber der Liederschmiede bester war und mehrfach wird erzählt, wie er berühmten Skalden und Helden die Gabe der Poesie verlieh, so dass sie gleich fertig dichten wie sprechen konnten. Aus diesem Grunde schrieb man denn dem Ódhinn selbst eine Anzahl ererbter Sinnsprüche zu, die der Volkspoesie entsprossen, ohne dass man ihre Verfasser kannte, Jahrhunderte lang von Mund zu Mund getragen waren. Sie sind ge-

---

*) Daher der Name Hnitbjörg d. h. die tönenden, (vom Donner) wiederhallenden Berge.

**) So hüten auch die Ápas das Amrita. Vgl. S. 55.

***) Dieser in den Wolkenberg eindringende Bohrer ist nur ein anderer Ausdruck für das Drehholz, mit welchem der himmlische Blitzfunke entlockt, die himmlische Milch gewonnen wird. S. 61. 62.

sammelt unter dem Namen Hávamál d. i. „Sprüche des Hohen
(Ódhins)," der in mehreren persönlich eingeführt wird.

Diese kleinen dem Ódhinn in den Mund gelegten Sprüche enthalten Lehren für Reisende und Gäste, für den freien Grundbesitzer,
zumal in Beziehung auf Freunde, Ratschläge aller Art über Kampf,
Liebe und Frauen. Einige wenige mögen als Probe dienen.

1. Feuer ist das beste dem Erdgebornen
   Und der Sonne Schein;
   Nur sei Gesundheit ihm nicht versagt
   Und lasterlos zu leben.

2. Laster und Tugenden liegen dem Menschen
   In der Brust beisammen.
   Kein Mensch ist so gut, dass ihm nichts mangle,
   Noch so böse, dass er zu nichts nützt.

3. Brand entbrennt an Brand, bis er zu Ende brennt,
   Flamme belebt sich an Flamme.
   Der Mann wird durch den Mann mit der Rede vertraut,
   Im Verborgenen bleibt er blöde.

4. Das ist Seelentausch sagt einer getreulich
   Dem andern, was er denkt.
   Nichts ist übler, als unstät sein.
   Der ist kein Freund, der zu Gefallen spricht.

5. Zu sagen, zu fragen verstehe jeder,
   Der nicht dumm will dünken.
   Nur einem vertraue er, nicht auch dem andern,
   Wissen es dreie, weiss es die Welt.

6. Der Dornbusch dorrt, der im Dorfe steht,
   Ihm bleibt nicht Blatt noch Borke.
   Ihm ähnelt der Mann, den Niemand mag.
   Wie lang erträgt er das Leben?

7. Dem Freunde sei Freund und vergilt sein Geschenk
   Mit Waffen und andern Geschenken;
   Heimsuche ihn häufig, hoch grünt das Gras
   Auf wenig betretenem Wege.

8. Ein Umweg ist's zum untreuen Freund,
   Auch wenn er am Wege wohnt;
   Doch ein Richtsteig führt zum trauten Freund,
   Auch wenn in der Ferne er weilte.

9. Witz bedarfst du auf weiter Reise,
   Daheim hat man Nachsicht.
   Festeren Freund als kluge Vorsicht
   Mag der Mann nicht haben.

10. Nicht bessere Bürde bringt man auf Reisen,
Als Wissen und Weisheit,
So frommt das Gold in der Fremde nicht,
In Nöten ist nichts so nütze.

11. Nicht üblern Begleiter giebt es auf Reisen
Als Neigung zum Trunke.
Oft bringt es dir Unheil, wenn Ael du getrunken
Und Weisheit verloren.

12. Mit Schimpf und Hohn verspotte nicht
Den Fremden noch den Fahrenden;
Selten weiss, wer zu Hause sitzt,
Wie edel ist, der einkehrt.

13. Es wünschet die Wärme, wer ankommt vom Weg,
Die Knie erkältet.
Mit Kost und mit Kleidern erquicke den Wandrer,
Der über Felsen fuhr.

14. Ist auch klein dein Haus bist du Herr doch daheim:
Wenn in eigener Wohnung du wohnst:
Zwei Ziegen auch nur und ein Strohdach dazu
Ist besser, als andern vertrauen.

15. Früh aufstehen soll, wer erstreiten will
Von Anderen Haupt und Habe.
Dem schlummernden Wolf glückt selten ein Fang,
Noch schlafendem Manne der Sieg.

16. Volle Scheuern sah ich bei Fettlings Söhnen,
Die heuer am Hungertuch nagen;
Ueberfluss währt einen Augenblick,
Dann flieht er der falscheste Freund.

17. Das Vieh stirbt, die Freunde sterben,
Endlich stirbt man selbst;
Doch nimmer mag dem der Nachruhm sterben,
Welcher sich guten gewann.

18. Das Vieh stirbt, die Freunde sterben,
Endlich stirbt man selbst;
Doch eines weiss ich, das immer bleibt,
Das Urteil über den Toten.

Neben dieser Spruchweisheit war Odhins Rätselweisheit berühmt.
König Heidhreckr von Gotland hatte auf Freys, des Sonnengottes
Sühneber am Julfeste geschworen, jeden, der sich gegen ihn ver-
schworen, zu begnadigen, sobald er dem König unlösbare Rätsel und
Fragen vorlegen könne. Aber so weise war Heidhreckr, dass er jede

Frage beantwortete. Einst liesz er Gesti den Blinden vor sich fordern, einen reichen und mächtigen Mann, der sich vielfältig strafbar gezeigt hatte. Dieser opferte dem Ódhinn und flehte um Hilfe in der Not und nun ging der Gott statt seiner zum Könige, erinnerte ihn an seinen Eid und legte ihm zuerst mehrere Rätsel vor, die jener auflöste z. B.:

1) Wer sind die zwei, die zum Thing fahren?
Drei Augen haben sie zusammen,
Zehn Füsze und einen Schweif die beiden.
Und reisen so über Land.

Antw.: Der einäugige Ódhinn auf dem achtfüszigen Sleipnir.

2) Vier gehen, vier hangen,
Zwei den Weg weisen, zwei den Hunden wehren;
Einer schleppt hinten nach alle Tage,
Der ist allezeit schmutzig.

Antw.: Die Kuh mit Füszen, Zitzen, Augen, Hörnern und Schwanz.

3) Es trugen Weiber weiszgekleidete,
Zwei Mägde Bier zur Kammer;
Es war nicht mit Händen gerührt, noch mit Hämmern geschlagen,
Der war draussen bei den Inseln tätig, der es machte.

Antw.: Schwanenei mit Dotter und Eiweisz.

4) Von Hause ich fuhr, von Hause ich reiste,
Da sah ich Wege auf dem Weg.
Weg war unten, Weg war oben
Und Weg war allerwegen.

Antw.: Du fuhrst über die Brücke, der Vogel flog oben, der Fisch schwamm unten.*)

Zuletzt aber stellte Ódhinn dem König eine Frage, welche dieser nicht beantworten konnte. Erzürnt zog er sein Zauberschwert Tyrfing und hieb damit, aber Ódhinn nahm Falkengestalt an und flog zum Fenster hinaus. Einen weit höheren Ton schlägt der Wettstreit an, wenn Ódhinn auszieht, sich mit den weisen Riesen in Rätsel-

---

*) Die Erzählung von Heidbreck gehört dem 13ten Jahrh. an. Die hier dem Ódhinn in den Mund gelegten Rätsel finden sich auch in Deutschland noch im heutigen Volksmunde wieder. So lautet 1) Kam ein Tier aus Norden, hatte vier Ohren, hatte sechs Füsze, hatte 'nen langen Schwanz. Aufl.: Rosz und Reiter. 2) Vier gangen, vier hangen, zwei spitzige, zwei glitzige, und einer zottelt hinten nach. Aufl. Kuh. 3) Kommt 'ne Tonne aus Engelland ohne Boden und ohne Band und ist doch zweierlei Bier darin. Aufl. Ei.

fragen zu messen. Die Riesen galten als die urältesten Wesen der
Welt, älter als die Ásen. Sie hatten aller Dinge Entstehung ge-
schaut. Darum wissen sie die heiligen Kunden der Vorzeit und verstehen, was das Weltgebäude im Innersten zusammenhält. Einst
teilte Ódhinn seiner Gemahlin Frigg mit, er habe Lust zum Riesen
Vafthrúdhnir zu reisen, um dessen Weisheit zu erproben. Frigg
wiederriet es, weil jener der weiseste aller Riesen sei; Ódhinn aber,
vertrauend auf seine bisherigen Siege, beharrt auf seinem Entschluss,
und Frigg wünscht ihm Glück auf die Fahrt. Ódhinn tritt als schlich-
ter Wanderer, der sich Gangrádhr (d. i. Reisewalter) nennt, in Vafthrúdhnirs Halle und kündigt demselben den Zweck seines Kommens an.
Der Riese empfängt ihn hochmüthig und sagt, er solle nicht lebendig aus der Halle kommen, wenn er nicht der weisere sei und weist
ihm einen Platz auf der Bank am Ende des Saales an. Ódhinn
bleibt stehen und beantwortet genau die Fragen Vafthrúdhnirs nach
den Rossen des Tages und der Nacht (s. S. 106), nach dem Flusse,
der die Riesenwelt von der Götterwelt trenne, und nach dem Felde,
auf welchem einst der letzte grosze Kampf beim Weltuntergange aus-
gefochten werde. Da nun Vafthrúdhnir sieht, dass sein Gast weise
ist, bietet er ihm einen Sitz neben dem seinigen und zugleich einen
Wettstreit an, in welchem der Besiegte das Haupt verlieren solle.
Ódhinn beginnt nun eine ganze Reihe von Fragen über die Entstehung der Welt und der Götter, die Vafthrúdhnir richtig beantwortet, bis endlich bei der Frage nach dem Wort, welches Ódhinn
seinem Sohne Baldr ins Ohr gesagt habe, ehe er den Scheiterhaufen
bestieg, der Riese den Göttervater erkennt und sich für besiegt erklärt.*) „Du wirst immer der Männer weisester sein."
   Ódhins weise Kenntnis des Weltzusammenhangs in Vergangenheit
und Zukunft findet auch in anderer Weise schönen Ausdruck. Eine
hohe Halle erhebt sich in Ásgardhr, Sökkvabekkr (d. i.
sinkender Bach) mit Namen. Kühle Flut überströmt sie immer. Dort trinken Ódhinn und die Göttin der Geschichte,
Saga, selig Tag für Tag aus goldenen Schalen blinkenden
Met. Welche andere Mythologie hat der Geschichte eine eigene
Göttin gegeben? Welches lieblichere und zugleich einfachere Bild
möchte erfunden werden, um die Wirkung der Geschichte zu schildern? Tief und weit von Umfang ist ihr Strom. Saga schöpft aus
seiner Tiefe und weisz zu erzählen, Ódhinn denkt darüber nach, so

---

*) Dies erinnert an das eine Wort, welches jener Handwerksbursch (S.
152) dem Anführer des Muotesheeres zu antworten wuste.

sitzen sie bei einander und beleben den Geist, aus den klaren Fluten für die Aufgaben der Zukunft sich stärkend.

Eine tiefsinnige Mythe sucht den Ursprung von Ódhins Weisheit zu erklären. Unter einer Wurzel des Baumes Yggdrasill, dessen Zweige die ganze Welt beschatten, liegt in der Tiefe ein Brunnen, dem weisen Riesen Mimir gehörig. Weisheit und Verstand sind in diesem Brunnen verborgen und der Eigner des Brunnens ist des höchsten Wissens kundig, weil er täglich aus vollem Horne davon trinkt. Einst kam Allvater und verlangte einen Trunk aus den geistbegabenden Fluten, erhielt ihn aber nicht eher, bis er das eine seiner Augen zum Pfand in den Brunnen setzte. Daher sei Ódhinn einäugig. — Diese Mythe ist wiederum eine alte Naturmythe, welche ursprünglich erklären sollte, weshalb nur dem Tage eine Sonne leuchtet; in der Nacht weilt sie in der Gewalt des Riesen d. h. der Dämonen des himmlischen Gewässers, oder in den Fluten des Meeres. Aber allmählich hatte sich in dieser Mythe die natürliche Anschauung verloren und man erblickte im Wasser nicht mehr das Wasser, sondern einen angenommenen Inhalt, die Weisheit. Vgl. S. 24.

Ódhins Weisheit verleiht ihm Allmacht über die ganze Natur. Diese Allmacht bewährt er, indem er sich des Runenzaubers gewaltig zeigt. Das Wort Rune bedeutet eigentlich Geheimnis, es ist mit dem Zeitwort raunen (ins Ohr raunen) aufs engste verwandt. Im engeren Sinne ist es technischer Ausdruck für die Buchstaben des Alphabets, welches von den Altsemiten erfunden und von diesen zu Römern und Germanen gekommen, bei letzteren aber eigentümlich angewandt ist. (s. S. 71). In älterer Zeit wurden diese Lautzeichen unter Germanen nicht zum Schreiben d. h. zum buchstabierenden Zusammensetzen der Worte aus ihren Lautbestandteilen gebraucht; sie waren vielmehr mystische Zeichen, welche beim Loszwerfen, bei Segens- und Verwünschungsacten in Stäbe, meistens Buchenzweige eingeschnitten oder eingeritzt wurden, daher unser Wort Buchstabe. Aus diesen eingeritzten Zeichen setzte sodann der Kundige religiöse Formeln und Gesänge, welche bei jenen Handlungen gesungen wurden, zusammen. Allem Zauber nämlich, wie aller Weiszagung gingen Gebet und Opfer voraus und die Weiszagung wie der Zauber ward in Liedern vollbracht, in deren einzelnen Versen je drei Worte allitierierten d. h. mit demselben Buchstaben (oder, wie der technische Ausdruck lautet, dem gleichen Liedstabe) begannen. Die mit Runen gemerkten Buchenstäbchen wurden — so fand wenigstens eine Art der Loszung statt — auf ein weizes Linnen geworfen und davon je drei aufgenommen; aus den aufgenommenen Runen erschloss man die Liedstäbe des Verses durch ein Verfahren, das hier nicht des weiteren erörtert werden kann. Auch ritzte man die Runen als mystische Zauberzeichen auf verschiedene Dinge ein, denen man Kraft des Segens oder Fluches beilegen wollte und sang dazu ein Lied, in welchem die eingeritzte Rune den mächtigsten Stab, den Anlaut des bedeutungsvollsten Wortes bildete. Durch das Lied wurde „die Zauberkraft der Rune entbunden"; jetzt erst konnte sie ihre Wirkung üben. Ein Beispiel gewährt uns das Eddengedicht von des Gottes Freyr Freiwerbung um die schöne Jungfrau Gerdhr. Als sie seinem Boten Skirnir kein Gehör schenkt, droht dieser ihr mit runischen Verwünschungen; er werde ihr die Rune (für th) ᚦ, welche Thurs (Riese) genannt wird, schneiden. Er singt darauf das Verwünschungslied:

> Hört es Joten, hört es H r i m t h u r s e n
>
> (d. i. Riesen und Reiffriesen),
>
> Wie ich verbiete, wie ich banne
>
> Mannes Gesellschaft der Maid, Mannes Gemeinschaft.
>
> Hrimgrimnir heiszt der Riese, der dich haben soll
>
> Hinterm Totentor.
>
> Ein Thurs (ᚦ, th) schneid ich dir und drei Stäbe
>
> Ohnmacht, Unmut (Wut), Ungeduld.

Indem die Rune ᚦ (Thurs) eingeschnitten, und durch den Spruch ins Leben gerufen wird, setzt der Beschwörer der Thursen böse Macht gegen diejenige in Tätigkeit, welche der Fluch treffen soll.

Solche Zauberrunen wandte man in der mannigfaltigsten Weise an. Auf des Schwertes Griff wurde die Rune ↑ (Týr; so heiszt die Rune nach dem gleichnamigen Kriegsgott) eingegraben, wenn man Sieg haben wollte. Auf die Hand ritzte man unter Anrufung göttlicher Frauen Bergerunen bei der Entbindung Gebärender; auf den Steven, das Steuerblatt und die Ruder des Schiffes schnitt und brannnte man Brandungsrunen, um vor Schiffbruch behütet zu sein, auf den Becher Aelrunen, um sich vor Vergiftung zu hüten; auf dem Thing d. h. der Gerichtsstätte bediente man sich der Malrunen, um vor der Rache jemandes, dem man Schaden getan, sicher zu gehen. Aus derartigem Gebrauche vermochte sich leicht die Anschauung zu erzeugen, dass auf jedem Gegenstand von hervorragenden Eigenschaften eine Rune vermerkt stehe, welche ihre eigentümliche wesentliche Kraft (heidhr),[*] den Geist oder die Seele der Dinge bezeichnet.

---

[*] Vgl. S. 159. Dieses Wort goth. haidus, ahd. heit (Art und Weise), welches das ganze äuszerliche und natürliche Verhalten und Wesen einer Person oder Sache ausdrückt, steckt auch in unseren Compositis auf — heit (Klug-heit,

Solche Runen heiszen altn. Hugrúnar (Geistrunen) oder Meginrúnar
(Kraftrunen). Sie stehen z. B. auf dem Schild der Sonne, auf Ár-
vakr des frühwachen, ihres Rosses Ohr und auf Allsvídhr des all-
geschwinden, ihres anderen Rosses Huf (s. S. 105), auf des Bären
Tatze, auf des Dichters Zunge, auf des Wolfes Klauen, des Adlers
Schnabel und blutigen Schwingen, auf der Brücke Ende; auf des
Lösenden Hand und des Lindrungbringenden Ferse, auf Glas und
Gold und allen Heilmitteln der Menschen, auf des Speeres Spitze,
des Rosses Bug, dem Nagel der Schicksalsgöttin und der todverkündenden Nachteule Schnabel. Aus demselben Gedankenkreise heraus
heiszt u. a. auch „die Kampfrune entbinden" den Kampf in seiner
eigensten Wildheit entfesseln, allen Zauber desselben walten lassen.

Der Runen nun und aller Zauberkräfte, sie zu wecken, ist Ódhinn
gewaltig: er hat sie selber erfunden. Noch in junger euhemirisieren-
der Quelle heiszt es: Ódhinn redete so geschickt und flieszend, dass
sein Wort allein Wahrheit zu sein schien; er sprach nie anders als
in Versen. Durch sein bloszes Wort vermochte er das Feuer zu
löschen, das wildbewegte Meer zu stillen und die Winde zu drehen,
wohin er wollte. Zuweilen weckte er tote Männer aus dem Grabe auf
und liesz Erhenkte aufleben. Das bewirkte er durch Runen und
Gesänge, welche man Zauberlieder nennt; die Ásen heiszen nach
ihnen Zauberschmiede. Auch die Seidhkunst verstand er, er wuste
durch sie der Menschen Schicksale und ungeschehene Begebenheiten
voraus, vermochte den Menschen Tod, Unglück, oder anderes Geschick
zuzusenden, Witz und Stärke von dem einen zu nehmen und einem anderen zu verleihen. Ódhinn kannte alle Schätze der Erdtiefe und
wuste Lieder, bei deren Gesang der Boden vor ihm sich aufschloss,
Berge, Felsen und Hügel; mit Worten band er alle, die da wohnten,
ging hinein und holte heraus, was ihm beliebte. Um dieser Kräfte
willen fürchteten ihn seine Feinde, seine Freunde aber trauten auf
seine Kraft und ihn.

Ódhinn selbst rühmt sich im Hávamál, dass er Zauberlieder kenne,
die des Königs Hausfrau nicht weisz und keines Menschen Kind.
Sie gewähren Hilfe in Streiten und Zwisten und in allen Sorgen.
Andere kennt er, deren jeder bedarf, welcher heilkundig genannt sein
will; mit noch anderen stumpft er seiner Feinde Waffen ab und verwirrt ihre List. Liegen Männer in Banden und Stricken, dann singt

---

Beschränktheit, Schönheit, Blindheit, Kindheit u. s. w., mhd. wîpheit). Im
altnord. kommt es fast nur noch in der abgeleiteten Bedeutung Stand,
Würde vor.

er so, dass die Fessel von den Fűszen springt, die Haft von den Händen. Fliegt ein Pfeil gefährdend über das Heer dahin, niemals fliegt derselbe so hurtig, dass er ihn nicht hemmen möge, sobald er ihn zu Gesicht bekommt. Will ein Mann ihn versehren mit wilder Wurzel des Holzes, so wird der Widersacher versehrt, der schaden will, er selbst bleibt unversehrt. Wächst Hader unter Heldensöhnen, Ódhins Runenspruch besänftigt ihn. Sieht er Zauberweiber in Lüften spielen, da wirkt er, dass sie verwirrt aus ihrer eigenen Haut fahren, ihrem eigenen Sinn. Will er zum Angriff seine Langfreunde (altbewährten Fr.) führen, da singt er in den Schild, so ziehen sie unverletzt aus dem Kampf und in den Kampf. Ódhins Runenlied während der Wassertaufe junger Kriegersöhne (auch die nordgermanischen Heiden übten eine solche) gesungen, macht das Heldenkind unverletzbar im Volksgefecht. Soll er in der Versammlung des Volkes die Götter alle aufzählen, so weisz er so genau den Unterschied der Ásen und Alfen allzumal, wenige sind so weise (er kennt alle Naturkräfte). Zu allen diesen Runensängen kennt er einen, den der Zwerg Volkrührer (Thjódhreyrir) vor Dellings (s. S. 106) Schwelle sang. Er sang den Ásen Stärke und den Alfen Gedeihen und hohe Gedanken dem Heldengott (Hróptatyr d. i. Ódhinn). Will er wackerer Frauen Liebe und volle Hingebung, sein Lied wandelt der weiszarmigen Willen, so dass sich ganz ihr Sinn ihm gesellt und nimmer wieder die holde Maid ihn meidet. Aber allen diesen Runensprüchen Ódhins setzt einer die Krone auf, den singt er nie vor Maid oder Mannes Weibe, sondern vor ihr allein, die ihn umarmt, der Himmelskönigin Frigg.

Die Hugrunen hat Ódhinn erfunden aus dem Saft, der aus dem Schädel Heidhdraupnirs (des Arttrüuflers S. 177 Anm.) und dem Horn Hoddropnirs (des Horttröpflers) herableckte. Nach anderer Vorstellung stand er goldbehelmt auf dem Berge bei Mimirs Quell, und Mimirs Haupt sagte ihm wahre Stäbe. Als Ódhinn die Geistrunen erfunden hatte, wurden sie alle, die eingeritzt waren, geschabt, mit hehrem Met geheiligt (d. h. durch Ódhreyrirs sangerweckende Macht in Kraft gesetzt) und auf weite Wege gesandt, um teils unter den Asen, teils bei den Alfen (Elfen), teils bei den weisen Vanen (S. 69), teils unter den Menschen zu wirken. Da die Hugrunen die Wesenheit der Dinge bedeuten, so sagt dieser Mythus aus: als Ódhinn den Dingen ihre Eigentümlichkeit aufgedrückt, wurde den gleichsam von den Dingen „abgeschabten" Runenzeichen durch Zauberspruch Leben eingehaucht und die Wesenheit der Dinge in zauberkräftigwirkende Bewegung gesetzt, um in der Hand der verschiedensten Wesen in allen

12*

Welten ihre Kraft zu üben. Eine noch tiefere Mythe von der Runen
Entstehung wird dem Ódhinn im Hávamál in den Mund gelegt. Ich
weisz, sagt er, dasz ich hing neun lange Nächte an dem windigen
Baum, dessen Wurzel niemand kennt, mit dem Speer geritzt und dem
Ódhinn geweiht, mir selber ich selbst. Niemand bot mir Brod oder
Met, spähend sah ich nieder und nahm Runen auf, laut rufend nahm
ich sie auf und fiel dann vom Baume nieder. Vom weisen Sohne
Bölthorns, Bestlas Vater*) erlernte ich neun Hauptlieder und trank
einen Trunk des teuren Mets, aus Ódhreyrir geschöpft. Da begann
ich zu sprossen und weise zu werden, ich wuchs und gedieh; Werk
aus dem Werk erzeugte mir das Werk. Runen, o Mensch, sollst du
finden und Ratstäbe, sehr starke und mächtige Stäbe, welche der
Erzredner ersann, welche die hohen Götter schufen und der Himmels-
mächte Herscher einritze. Für die Ásen hat sie Ódhinn eingeritzt,
für die Alfen Dáinn, für die Zwerge Dvalinn, für die Riesen :Als-
vidhr, Thundr (Ódhinn) ritzte sie ein den Völkern zur Richtschnur,
dann entwich er dorthin, von wannen er wiederkehrt. Vom weisen
Noch niemandem ist es gelungen, alle Dunkelheiten dieses tief-
sinnigen Mythus zu lösen. Ich führe im wesentlichen die Deutung
eines der verständigsten nordischen Forscher an. Am alles überschattenden Weltbaum Yggdrasill hängt Ódhinn, um die Runen ans
Licht zu fördern, sich und Göttern und Menschen die Herrschaft über
die Wesenheit der Dinge, dem Geiste das Scepter über die Materie
zu erwerben. Diese Herrschaft kann nicht ohne Kampf, ohne Opfer,
ohne Hingabe seiner selbst errungen werden. Ódhinn weisz das,
aber er will, er begiebt sich aus freiem Antrieb in den Kampf —
das ist seine Grösze — er opfert sich selbst, damit aus dem Ódhinn,
der auszer der Welt steht, der Ódhinn in der Welt geboren werde.
Dieser entwickelt sich aus jenem; deswegen hängt er neun lange
Nächte am Weltbaum — jede Geburt bedarf der Zeitigung —, er
genieszt weder Trank noch Speise, er fastet und sinnend schaut
er zur Tiefe nieder, die er sich zu eigen machen und mit seiner
Macht durchdringen will.

Da erkennt er der Dinge geheimste Art und Eigentümlichkeit,
die Runen und das ihre schlummernden Kräfte erweckende Lied dazu,
er beginnt zu reden, und siehe mit der Herrschaft über den Stoff,
die er so zu gewinnen anfängt, fällt er selbst als reife Frucht vom
Weltbaum und taucht sich in die Tiefe nieder, der Geist senkt sich

---

*) Bestla, die Tochter des Riesen Bölthorn war nach der Gylfaginning mit
Bör vermählt, beider Sohn war Ódhinn.

in die Materie. Seine Verwandten, die Urriesen, die Vertreter der Materie, des Chaos lehren ihn neun Hauptlieder, um von des Begeisterungstrankes Ódhreyrir Kraft durchflammt, der ihn zu den Runen die Sangessprüche wissen macht, zauberkräftig zu walten. Nun ist die Schöpfung gesichert, Ódhins Runen beherschen und bewältigen sie, sie ist durchdrungen von seines Geistes beschirmender Kraft. Ásen, Alfen und Riesen haben seine Runen gelernt; sie beugen sich unter seinem mächtigen Willen.

Die Raben Huginn und Muninn (S. 160) und das allsehende Sonnenauge, der Trunk aus Mimirs Brunnen sind Ausdrücke für Ódhins Allwissenheit; dieselbe ist freilich nicht unbeschränkt, wie wir später sehen werden. Ódhins Runenkunde sagt seine Allmacht aus. Derselben ist keine andere Grenze gesetzt, als die, welche im Wesen der Dinge liegt; denn eben dieses wird durch den Runenzauber geltend gemacht und über dieses hinaus vermag der Gott nichts. Insofern Ódhinn mit seiner Allmacht den Menschen die höchsten Güter des Leibes und Geistes verleiht, ist auch er Herr des Wunsches (Ósk s. S. 152). Daher heiszt er Óski d. i. der des Wunsches teilhaft machende. Óskabyrr (Óskis Wind) wird ein günstiger Wind genannt, die Einherien sind Ódhins Wunschsöhne (óskasynir) und die Valkyrien seine Wunschmädchen (óskmeyjar).

Als allmächtiger Gott des die Welt durchdringenden Geistes ist Ódhinn der Schöpfer und Ordner im Reiche der Natur und alles höheren Lebens. Mit seinen Brüdern Vili (der Wollende, der selbstbewuste ordnende Wille) und Vé (Weiher, Heiliger, der läuternde Geist) hat er aus dem Chaos Himmel und Erde erhoben und die organische und sittliche Weltordnung geschaffen. Aus Bäumen hat er die Menschen gebildet und ihnen die Seele eingehaucht. Fort und fort erhält er, als König dem Götterstaate vorstehend, seine Weltordnung aufrecht. Mjötudhr, der Abmesser, Abwäger der Dinge, des Schicksals und allvalldr aldar der allmächtige Herr der Zeit ist er davon genannt. Er ist daher das Vorbild der Gesetzgeber und wacht über der Heilighaltung des Eides. Auf Island rief man beim Schwur: „So helfe mir Freyr, Njördhr und der allmächtige Áse." Ódhins Versprechen heiszt auf den Orkneysinseln ein gegenseitiges Versprechen, wobei die Parteien sich durch eine Oeffnung in dem schwarzen Ódhinssteine (black stone of Odin) die Hände geben; ja auf Ódhinn wurde die Sitte, Blutbrüderschaft zu trinken, zurückgeführt.

So gedieh Ódhinn allmählich zum Allgott, Allvater (Alfadhir, Alfödhr oder Valfödhr d. i. der vorzügliche Vater). Als solcher ist er Vater der Götter und Menschen (Haptagudh, Aldafadhir, Veratýr, Aldagautr*) und alles dessen, was er durch seine Kraft hervorgebracht hat. Im ausgebildeten Mythensysteme werden wirklich im einzelnen die Hauptgötter als seine Kinder aufgeführt. Mit Frigg hat Ódhinn den lichten Baldr erzeugt, mit der Erdgöttin Jördh den starken Donnergott Thórr, mit Rindr den Vali, mit der Riesin Gridhr den schweigenden Vidharr; auch die Kampfgötter Týr und Hödhr, der Dichtergott Bragi, der Götterwächter Heimdallr und Hermódhr, der Götterbote, nannten den Allvater Ódhinn ihren Erzeuger. Die nordischen Fürstenhäuser legten einen groszen Wert darauf, Ódhins echte Nachkommen zu sein; Skjöldr, der mythische Stammvater der dänischen Königsfamilie der Skjöldúngar, Sæmíngr, der Ahnherr des norvegischen Fürstenstammes von Hálogaland, Sigi, der erste König des Völsungengeschlechtes u. a. leiteten ihren Ursprung auf Ódhinn zurück Vgl. S. 153.**)

An des Himmels Ende steht ein groszer Saal, Valaskjálf mit Namen, den die Götter schufen und mit schierem Silber deckten. In diesem Saale steht der Hochsitz Hlídskjálf. Derselbe eignet Ódhinn als Allvater. Auf ihm thront er mit seiner Gemahlin Frigg. Wenn Allvater sich auf diesen Hochsitz setzt, so überschaut er alle Welten und aller Menschen Tun und weisz alle Dinge, welche geschehen. (Vgl. S. 134).

Wir hätten somit Wôdan-Ódhins Entwickelung aus dem Naturgrund eines Sturmwesens bis zur höchsten Stufe als Gott des lebendigen Geistes verfolgt, welcher rastlos die Welt durchforscht und unterwirft und die Stärke der Götter vermehrt, indem er überall in

*) Haptagudh bedeutet „der Götter Gott;" Aldafadhir „der Menschen Vater," Veratýr „der Männer Gott," Aldagautr „der Menschen Urvater, Ahnherr, Erzeuger."

**) Aus diesem Grunde und in Folge verdunkelter und brotomorphisierter Naturmythen wuste die Sage auch zu erzählen, wie Ódhinn zu irdischen Frauen liebend herabstieg. Solche Geschichten hat man schon früh komisch parodiert. So soll denn auch Ódhinn einmal erfahren haben, dass kein ärger Uebel den Edeln quälen mag, denn Liebesleid. Um Billings Tochter, die sonnenweisze Maid, die ihm Herz und Seele war, und ohne welche er aller Fürsten Freude nichtig fühlte, sasz er einst in hohem Schilfe versteckt. Zu heimlichem Liebesgeflüster beschied ihn die Schöne falschen Sinnes Abends ins Haus; aber als er kam, fand er alles Kriegsvolk beim hellen Schein des Lichtes noch wach, und als er am Morgen wiederkehrt, ist die Jungfrau nicht da und statt ihrer bellt ihm ein Hündchen entgegen, ans Bett festgebunden. Als Allvater wirkt er in allem Leben (Allfödhr orkar).

Krieg und Frieden geistiges Leben weckt und den irdischen Helden-
geist zu höherem Berufe, zur künftigen Teilname an dem grozen
Götterkampf in seine himmlische Halle heranzieht. Mancher Zug in
der Wôdanmythologie ist noch dunkel und erwartet erst durch künf-
tige Forschungen Licht. So soll Ôdhinn einen wunderbaren Goldring Draupnir (Träufeler) am Finger tragen, von welchem in jeder
neunten Nacht neun ebensoschwere Ringe niederträufeln. Nach Wôdan war der Daumen Wôdenfinger, Woenlet geheiszen und der
Raum zwischen dem Daumen und Zeigefinger (van den duym ofte
Woenlede en deerste vinger) Woedenspanne, ich meine deshalb,
weil Wôdan nach alter Sage (vgl. S. 144. 146. 156) den Bogen
spannte und Pfeile abschoss, wie er sonst des Speeres und Schwertes
waltete. Wie uralt die später verdunkelte Vorstellung von Wôdan
als göttlichem Bogenschützen war, zeigt die Vergleichung mit den
bogenkundigen Maruts und ihrem Vater Rudra. Schon die ober-
flächliche Beobachtung muss uns lehren, dass von den Gestalten der
Maruts die Geister der wilden Jagd und des wütenden Heeres ausgegangen sind*), während dem Wôdan eine Gottheit zu Grunde liegt,
welche einst den Rudra und Indra in sich vereinigte.**) Aber die germanischen Völker haben in der schönsten Weise mit dem ererbten
Gute gewuchert und aus den ihnen und ihren Stammverwandten gemeinsamen Urmythen eine durch und durch eigenartige Gestalt geschaffen, welche an Hoheit den Zeus der Hellenen nahezu erreicht,
an Tiefe ihn übertrifft.

––––––––––

Noch haben wir von Wôdan und Ôdhinn zu erwähnen, dass die
christliche Zeit viele Züge ihres Mythus und Cultus auf den Erz-
engel Michael und die Heiligen Martin, Nicolaus und Bartholomäus

––––––––––

*) S. S. 49. 52. 66. Man vgl. namentlich die Sage vom Melken und
Wiederleben der Wolkenkuh aus der Haut. S. 50. 62. 117. 118.

**) Selbst jene Sage von Wôdans Verbannung im Winter (S. 138. 156) fin-
det sich in Indien von Indra wieder. Indra hat den bösen Vritra — so erzählt die jüngere indische Sage — durch List getötet. Aus Reue flieht der
Gott und verbirgt sich am äussersten Ende der Welt in einem Teich, wo er in
ganz verschrumpfter Gestalt im Stengel einer Lotosblume weilt. Da verdorrt
und vergeht alles Leben in der Welt. Die Götter wählen zur Abhilfe den Na-
husha zu ihrem König, einen frommen Büszer, der nun plötzlich stolz und frech
wird und Indras Gemahlin zur Gattin verlangt. Diese bittet sich Bedenkzeit
aus und bewegt einige der Götter Indra aufzusuchen, der nun wieder zurückkommt, den Thronräuber und Nebenbuhler tötet und die Zügel der Weltregierung kräftig aufs neue ergreift.

übertragen hat. Als oberster Engel Gottes, als Diener des höchsten Stuhles, Abwäger und „Fürst der Seelen", „Fahnenträger der himmlischen Heerscharen", streitbarer Bekämpfer des Teufels, wie er in der Legende bezeichnet wird, war Michael sehr geeignet Wôdans Vertreter zu werden. Das neubekehrte Volk glaubte in ihm den alten Gott der streitbaren Heldenseelen zu erkennen. Nordische Heiden, welche bei ihrer Taufe einen Schutzheiligen zu wählen hatten, sahen mit Eifer darauf, dass der kampfgewaltige Michael ihr „Folgeengel" werde. Deshalb lieszen die Bekehrer es sich angelegen sein, Michaelskirchen an Stelle alter Wôdanstempel zu errichten. So stand eine Kapelle des Erzengels Michael auf dem Wudins- oder Gudinsberge, dem heutigen Godesberge bei Bonn. (s. S. 150). Im Jahre 1813 setzte das Concilium zu Mainz einen Gedächtnistag des h. Erzengels auf den September fest, d. h. auf eine Zeit, in welcher ehedem dem Wôdan Ernteopfer dargebracht waren. So konnten sich unter den deckenden Namen des Erzengels verschiedene, einst dem Wôdan-Ódhinn geweihte Gebräuche retten. Im Norden hält man am Michaelstag grosze Schmäuse, welche Herbstgilde oder Mickelsgilde*) genannt werden, ab. In Schweden lohen Michaelsfeuer (wie im Frühjahr das Biikenbrennen zu Wêdas Ehren in Friesland Statt hatte); die Dünen und Norweger beobachteten die Milchstrasze und nahmen daher Vorzeichen für die Fruchtbarkeit des kommenden Jahres. Andere schlossen aus der Beschaffenheit einer geöffneten Eichel auf Fruchtbarkeit, Hungersnot, Krankheiten, Kriege u. s. w. in der kommenden Zeit. Zu Ehren des h. Erzengels trank man St. Michaelis Minne.**) In England asz man am Michaelistage eine Gans als Festgericht, und das Volk glaubt, das ganze Jahr mit Geld versehen zu sein, wenn diese Sitte nicht unterbleibt. In Schottland wird in jeder Pfarrei ein festlicher Umzug gehalten und verschiedene Familien backen einen Kuchen „St. Michaels Bannock." An manchen Orten in Deutschland wird am Michaelistage auf dem Felde nicht gearbeitet, in der Altmark nicht gesponnen.

In Deutschland hat in ausgedehnterem Masze der h. Martin den Deckmantel für Wôdansdienste hergeben müssen. Bekanntlich war er ein Kriegsmann, welcher der Legende nach einst dem in Bettlergestalt umwandelnden Heiland ein Stück seines Mantels mit dem Schwerte abschnitt und schenkte. Dieser Mantel (Kappe, Kapuze) wurde zu Paris in einem kleinen Bethaus, der ältesten aller Capellen

---

*) Das Wort Gilde bezeichnet ursprünglich Opfer, Opfermahl.

**) Minne bedeutet Gedächtnis, dann Gedächtnistrunk. Man trank bei hohen Festen der Götter, vor allem Ódhins Minne.

verwahrt.*) Wenn die Merwingischen Könige in die Schlacht ziehen wollten, beteten sie zunächst am Grabe des h. Martin um Sieg, dann wurde sein Mantel aus der Kapelle geholt und dem Heere voraufgetragen. Clôdwîg weihte dem Heiligen sein Streitross und kaufte es ihm später um hohen Preis wieder ab. Was Wunder, wenn grade St. Martin den deutschen Heidenaposteln vorzüglich dazu angetan schien, die Verehrung Wôdans, des kampffrohen Gottes auf dem weiszen Rosse und mit dem grauen Wolkenmantel zu ersetzen? Durch die Gründung vieler Martinskirchen gewöhnte sich das Volk an die Gleichstellung beider und manch alter Heidenglaube verlor sich in die Legende. Schon im J. 590 muste heidnischer Unfug, der sich mit der Feier des Martinstages verbunden hatte, verboten werden. In Schlesien sagt man, wenn es um Martini schneit, „Der Märten kommt auf seinem Schimmel geritten." An vielen Orten stellt man am Martinstage den Heiligen als Schimmelreiter dar. Er verteilt Aepfel und Nüsse, so wie Backwerk in Form eines Hornes. Dieses Gebäck scheint sich auf die dem Wôdan geopferten Böcke (s. S. 128) zu beziehen. Zu Schneeberg sasz am Mertenstag der h. Merten auf einem Pferd, „welchen die Bauerweiber als einen Patron des Viehes sonderlich ehreten und dabei Geld und anderes opferten." Jene Martinshörner werden auch in Niedersachsen gebacken. In der Mark feiert man zu Martini das Erntefest. Dabei giebt es dann einen bestimmten Erntebraten, und fast allgemein ist die Sitte, zu Ehren St. Martins am 11. November eine Gans zu essen. In England schlachtet man am St. Martinstage für den Winter ein und verzehrt dem Heiligen zu Liebe das Martilmas-beef. Ein weiterer Bestandteil des auf altheidnischen Gebräuchen beruhenden Martinfestes sind Freudenfeuer, wozu die Kinder sich Scheite einsammeln, indem sie zugleich Birnen, Aepfel und Nüsse als Ernteopfer unter Absingung von Liedern zusammenbetteln. An manchen Orten sind die Martinsfeuer zu einem bloszen Umgang mit bunten Laternen eingeschrumpft.

Während St. Martin in Nord- und Mitteldeutschland mild und segenspendend beim Erntefest auftritt, zeigt er sich in Schwaben zu Weihnachten in der Rolle des Knecht Ruprecht als Pelzmärte, der geschwärzten Gesichtes mit Gaben und Schlägen zu der Kinderwelt kommt.**)

*) Nach dem Mantel (cappa) des h. Martin führte dieses Kirchlein zuerst den Namen Kapelle.

**) In den Martinsliedern wird oft ein Vogel mit vergoldetem Schnabel erwähnt. In Frankreich war ihm der Martinet, eine Art Schwalbe heilig, für

Endlich hat auch St. Nicolaus, der kinderfreundliche Bischof von
Mira, dessen Festtag (December 6) in die Zeit der Wintersonnenwende
fiel, seinen Namen dem Wôdan borgen müssen. In der Weihnachtszeit
zieht er bald als Schimmelreiter hoch zu Ross, bald als vermumm-
Knecht, bald in bischöflichem Ornat in Begleitung eines Engels unter
den Namen Nicolaus, Sinte Claes, Claesvaer (Vater Nicolaus), Rauher Kläs (Rûklas), Aschenkläs, Bullerkläs durch niederländische, nord-
deutsche und oberdeutsche Dörfer. Am Vorabend seines Tages setzen
die Kinder in Holland und am Niederrhein ihre Schuhe, oder Stiefel,
unter den Tisch, auf den Heerd, oder den Schornstein und dahinein
oder daneben eine Handvoll Heu für des h. Nicolaus Pferd.
Nachts kommt er dann auf seinem „weiszen Schimmel" und legt
den artigen Kindern Aepfel, Birnen, Nüsse und Backwerk, den unartigen Rossäpfel in das Schuhwerk. Haben die Eltern keine Zeit,
oder keine Mittel den Kindern etwas zu kaufen, so sagen sie des h.
Nicolaus Ross habe gläserne Beine, sei ausgeglitten, habe den Fusz
gebrochen und könne nicht kommen.

So lebt denn in der mannigfaltigsten Weise die Gestalt des
Göttervaters Wôdan-Ôdhinn im Andenken der germanischen Völker
fort, bald in unheimliche Gespenster verwandelt, bald in die lichte
Gestalt von Heiligen umgeschaffen. Ueberall schwebt er der Volks-
erinnerung weit persönlicher vor, als der zweitgröszte der einheimischen Götter, Thunar-Thôrr, zu dessen Betrachtung der nächstfolgende
Abschnitt uns einladet.

---

welche man bei jeder Hanfernte die beste Hanfähre auf dem Felde stehen
lässt. Auch giebt es einen Martinet pêcheur, eine Art Halcyon, welchem
ein anderer Wasservogel, tringa palustris, der im Norden Odinshane genannt
ist, entspricht.

VI.

Thunar-Thórr.

Nur ein einziges unmittelbares Zeugnis nennt uns den Namen
des deutschen Gewittergottes, dessen Wesen aus vielfachen Sagen,
Gebräuchen und sonstigen Mythenresten mit Sicherheit wieder er-
schlossen werden kann. In Verbindung mit einem Verzeichnis heidnischer Sitten, welche der grosze Apostel von Thüringen und Franken Bonifacius im Jahre 743 auf der Synode zu Lestines in Flandern
verbieten liesz, ist uns eine Abschwörungsformel erhalten, welche der
neubekehrte Heide vor Ablegung des christlichen Glaubensbekennt-
nisses zu bekräftigen hatte. Danach schwört der Täufling feierlich
ab allen Teufels Opfern, Werken und Worten, dem Thunar, dem
Wôden und dem Saxnôt und allen den Unholden, die ihre Genossen
sind.*) — Längst vorher glaubten die römischen Legionen ihren
Jupiter in dem deutschen Thunar wiederzufinden und daher wurde
im 4ten Jahrhundert der 5te Wochentag, der Tag des Jupiter Jovis
dies, franz. Jeudi, in den deutschen Namen Thunaresdag ahd. Do-
narestac übertragen und diese neueingeführte Benennung nach dem
heidnischen Gotte hatte sehr bald eine wöchentlich wiederholte Festfeier

---

*) Forsachistu diobolae? „Ec forsacho diabolae." End allum diobol-
gelde? „End ec forsacho allum diobol geldae." End allum dioboles wercum?
„End ec forsacho allum dioboles wercum and wordum, *Thunaer* ende Wôden
ende Saxnôte ende allem them unholdum, the hira genôtas sint. D. h.: Sagst
du ab dem Teufel? „Ich sage ab dem Teufel." Und allem Teufelsopfer? „Und
ich sage ab allem Teufelsopfer." Und allen Teufels Werken? „Und ich sage
ab allen Teufels Werken und Worten, *Thunar* und Wôden und Saxnôt und
allen den Unholden, die ihre Genossen sind."

zu Ehren des Gewittergottes zur Folge. Im 7ten Jahrhundert sehen
wir den heiligen Eligius unter heidnischen Burgunden gegen die
Heilighaltung des Donnerstages, an welchem das Volk sich der
Musze von aller Arbeit hingab, eifern:*) ebenso muste Bonifacius
den Franken und Thüringern die Opfer für Jupiter d. h. Thunar und
die Feier seines Festes ausdrücklich verbieten. Aber nicht überall
liesz sich das Volk den alten Glauben nehmen. Noch heute scheut
sich der Bauer in der Mark wie in Holstein und anderswo am Donnerstage gewisse Arbeiten, besonders am Hopfen vorzunehmen; keine
Menschenseele wagt am Donnerstagabend zu spinnen; geschähe
dies dennoch, so würde der Böse eine leere Spindel in die Stube
werfen mit dem Zuruf „spinnt auch diese voll." Teilweise hat sich
dieses Verbot auf die Donnerstage beschränkt, welche mit christlichen Festen zusammenfallen. Wenn ein Weib am Himmelfahrts-
tage auch nur eine Nadel einfädelt, so ziehen die Wolken ihr nach,
ins Haus schlägt ein Blitzstrahl und tötet oder lähmt die Uebertre-
terin der heiligen Festordnung.

Während Wôdan im sausenden Sturm auf weiszem Wolkenrosse
reitet, fährt Thunar auf einem Wagen durch die Wolken, den
vermutlich zwei Böcke zogen. Unter ihren Füszen fliegen die Funken, so scharf ist die Fahrt, und im Donnerhall rasseln die Räder des
himmlischen Gefährtes. Des Gottes Kinn umwallen die feuerroten
Haare seines Bartes, in der Rechten trägt er einen steinernen Keil
oder einen gewichtigen Hammer, der, so oft er ihn von sich schleudert, von selbst in seine Hand zurückkehrt.

Die einzelnen Züge dieses Bildes müssen wir uns freilich erst
aus verschiedenem Aberglauben zusammenlesen. In Ditmarschen
umschreibt man das Gewitter mit den Worten „nun fährt der Alte
schon wieder da oben und schlägt mit der Axt an die Räder;" die
Angelsachsen nannten es gradezu Thunorrâd, d. h. Donnerfahrt
oder Wagen; das Volk in Baiern deutet sich Blitz und Donner durch
den Glauben, dass Gott und unsere liebe Frau im Himmel spazieren
fahren, wobei die Rosse mit ihren Hufen auf den Stein schlagen,
dass die Funken sprühen.

Aus dem Schosz der Wolke fährt im Blitzstrahl ein spitziger
Stein, der Donnerkeil, Donnerstein oder Strahlstein, der unfehlbar
alles zerschmettert was er trifft. Man findet ihn oft in den ver-

---

*) Doch schon früher war dergleichen in römischen Provinzen Gebrauch.
Zu Augustins Zeiten, im Anfang des 5ten Jhdts., feierten Männer und Frauen
zu Ehren des Jupiter den 5ten Tag der Woche, während sie am Tage des
Herrn sich nicht zu arbeiten scheuten (August. Sermo 215).

kohlten Teilen eines vom Blitz zerklüfteten Baumes und das Volk hält gemeinhin gewisse Versteinerungen, die Belemniten, für solche aus dem Gewitter herstammende Steine; nach anderen haben dieselben

die Form eines spitzwinkligen Dreiecks, graue Farbe und auszerordentliche Härte. Wer sie bei sich trägt, wird nie vom Blitze getroffen. Schabt man ein kleines Stück davon ab und steckt es unter die Haut der Hand, so fällt jeder, den man berührt oder schlägt,

tot zu Boden. Selbst die höfischen Dichter des dreizehnten Jahrhunderts leben in dieser volkstümlichen Vorstellung, sie verwünschen
sich „ein Donnerstein möge mich erschlagen" und Wolfram von
Eschenbach sagt von einem felsharten Herzen „es sei von Vlinsstein
im Donner gewachsen."

Von Vlins- oder Feuerstein war die älteste nationale Waffe unseres Heidentums, der Streithammer gefertigt. Neben dem Namen
Donnerstein oder Donnerkeil ist für den Belemniten auch die Bezeichnung Donnerhammer, oder Blitzhammer und Donneraxt
gebräuchlich und ein angelsächsisches Gedicht sagt, dass der Donner
mit einer feurigen Axt dresche.*) Wiederum wird in Flüchen für
„der Donner schlage dich" der Ausdruck gebraucht „der Hammer
schlage dich," „beim Hammer" lautet eine Beteuerung; potz
Donnerhammer ist Ausruf der Verwunderung. Hieraus folgt, dass
die Waffe in der Hand des Gewittergottes auch als Streithammer
gedacht worden ist, und hiervon schreibt es sich, dass in Niederdeutschland der Teufel, der an die Stelle des heidnischen Thunar
trat, bisweilen gradzu Hamer, oder Meister Hämmerlein genannt
wird.

Auch in den Streithämmern von Stein oder Bronce, die in heidnischen Grabhügeln sich finden, glaubt der Landmann Donneräxte
zu erkennen. — Bei starkem Gewitter öffnet man in Baiern an manchen Orten die Fensterflügel soweit als möglich, damit der Donnerkeil oder Donnerhammer, wenn er etwa hereinkäme, Luft hat wieder
hinauszufahren, d. h. in persönlicher Beziehung zum Gewittergott
gedacht in seine Hand zurückzukehren. Wie „beim Hammer" schwört
das Volk in den Niederlanden bei Gottes heiligen Steinen,
anderswo ward der Donnerkeil auch in Form einer Gewitterkugel
gedacht, und von diesen Gewitterkugeln müssen die runden Erbsen,
wie aus einer Fülle von Ueberlieferungen hervorgeht, als Abbilder
betrachtet sein, worauf u. a. das stätige Donnerstagsgericht der Ber-
liner Erbsen mit Sauerkohl seinen Ursprung zurückführt.

„Dies walte der rotharige Donner!" fluchen die Nordfriesen
noch heute und deutlich erkennt man, dass das Sprichwort „roter Bart,
Teufelsart" aus christlichem Abscheu vor dem rotbärtigen Gotte
hervorgegangen ist. Die Abneigung des Volkes gegen feuerfarbenes
Haupthaar beruht somit auf einem ähnlichen Grunde, wie der jetzt
tiefeingewurzelte Widerwille gegen das Pferdefleisch, das im Heidentum mit Vorliebe genossen, von den Bekehrern aber als einstige

---

*) Se Thunor hit thryscedh mid thære fyrenan äcxe.

Opferspeise (s. S. 148) streng verboten wurde. Ja man ging soweit, dem Verruchtesten der Menschen, dem Judas Jschariot rotes Barthaar anzudichten und ihn auf diese Weise gleichsam mit dem alten Gewittergotte zu identifizieren. Ebenfalls in Erinnerung an Thunar wird ein rot oder gelbblühendes Kraut, Hauslauch, in Deutschland mit dem weitverbreiteten Namen Donnerbart belegt; in ehemals fränkischen Gegenden Frankreichs heiszt es Joubarbe, Bart des Jupiter. Man pflanzt es hier wie dort auf das Dach des Hauses, um das Einschlagen des Blitzes zu verhindern und der französische Landmann spricht daher den frommen Segen:

> Sainte barbe, sainte fleur,
> La vraie croix de notre seigneur!
> Partout où cette oraison se dira
> Jamais le tonnerre ne tombera.

Des Waldes mächtigster Baum, die Eiche, war unserem Gotte geweiht. Um das Jahr 725 fällte Bonifaz mit eigener Hand die Rieseneiche des Donar zu Geismar in der Nähe von Fritzlar in Hessen. Rund umher stand die Schaar der Heiden, welche den Feind ihrer Götter verwünschten und das furchtbarste Unheil für den Frevler vorhersagten. Aber wie von Gottes allmächtigem Hauche angeblasen, sank der gewaltige Stamm unter wenigen Schlägen und an der Stelle des heidnischen Heiligtums wurde eine Kirche des Apostelfürsten Petrus errichtet, der unter allen christlichen Heiligen dem deutschen Gotte am meisten zu entsprechen schien. Eine andere derartige Eiche steht in Westphalen bei Warburg an der Diemel im Fürstentum Paderborn neben einem Donnersberge, der in Urkunden des 12ten Jahrhunderts noch Thunaresberg (Berg des Thunar) heiszt und wegen seines altheiligen Ansehens noch lange im Mittelalter zum Versammlungsort eines groszen Volksgerichtes diente. Noch jetzt ziehen die Einwohner der umliegenden Dorfschaften jährlich einmal feierlich zu der heiligen Eiche. An der Heiligkeit des Baumes, dessen rote Borke an Thunars Feuerstrahl erinnerte und dem noch eine erhöhte Wichtigkeit beigelegt wurde, wenn der Wetterstrahl seinen Stamm zerklüftet hatte, nahm der Hirschkäfer Teil, der auf Eichen seinen liebsten Aufenthalt hat. Man nennt ihn in Süddeutschland Donnerpuppe, in Niedersachsen Fürböter d. i. Feueranmacher und glaubt von ihm, dass er glühende Kohlen auf die Dächer trage, dass er den flammenden Blitz auf Gebäude herablocke, in welche ein Menschenkind ihn mit sich führt. Im Frühling vergraben Bursche im Harz einen Hirschkäfer in ein Erdloch, so dass nur noch seine

Hörner aus dem Boden hervorblicken und schlagen verbundenen
Auges mit einem Stecken danach. Hat einer den Käfer getroffen,
so trägt man ihn, den Boten des Blitzgottes, jubelnd ins Dorf.

Noch andere Bäume und Tiere wurden wegen ihrer blitzähn-
lichen roten oder blauen Farbe zu Thunar in Beziehung gesetzt,
ja diese beiden Farben scheinen überhaupt Symbole des Gewittergottes gewesen zu sein. Wegen ihrer roten Früchte galten der
Hagebuttenstrauch und der Vogelbeer- oder Quitschenbaum (auch
Ebereschenbaum genannt), wegen ihrer rötlichen Blätter die Hasel-
nussstaude, wegen seiner blauen Blumen der Erdepheu oder Gundermann für heilige Pflanzen. Man steckt während des Gewitters Hasel-
nuss- oder Hagedornzweige zur Abwehr ins Fenster oder aufs Dach
und der Gundermann heiszt auch Donnerrebe. Von Tieren stand
das rote Eichhörnchen und das Rotkehlchen oder Rotschwänzchen
unter dem Schutze des Gottes. Die Asche eines verbrannten Eich-
hörnchens ward zum Wetterzauber benutzt. Ins Wasser geworfen
soll sie Donner und Blitz erzeugen. Wo die Rothkehlchen weilen,
meint man sich entweder vor dem Wetterstrahl geschützt, oder man
fürchtet das Einschlagen des Blitzes. Ein unnützer Knabe wollte
einmal das Nest eines Fliegenschnäppers, eines zur Art der Rotschwänzchen gehörigen Vogels auf einer alten Eiche ausnehmen.
Da stand ein steinalter unbekannter Mann hinter der Eiche mit langherabwallendem Bart, der rodete mit einem hammerartigen Werkzeug,
mit einer goldenen Hacke alles Buschwerk um den Baum aus und
brummte bei dieser Arbeit fortwährend in seinen Bart „knax, narrax!"
Der Junge spottete zuerst dem Alten nach, dann scheuchte er die
alten Vögel aus dem Neste und war eben im Begriff sich an der
jungen Brut zu vergreifen, als ein Sturmwind aus der Eiche losbrach,
wie wenn sie zerbersten wollte. Der Alte fuhr mit feurigen Augen
hinter dem Baume hervor, sein Bart prasselte, und die goldene Hacke
schleuderte er wie eine Schlappschleuder um den Kopf und dem
Jungen nach. Diesem sauste es am Ohre weg wie ein Feuerstrahl
und das heftigste Gewitter krachte mit einmal aus den Wolken, Blitz,
Donner und Regen wollte kein Ende nehmen. Als der Himmel endlich wieder in Heiterkeit lachte, fand man die goldene Hacke im
nassen Grase blinken.

Nicht so sehr seiner häufig roten Farbe wegen, sondern weil
man sein Krähen mit dem Donner verglich, zählt auch der Hahn zu
dem Kreis jener geheiligten Tiere und Abbilder des Blitzes, und
auszer vielem anderen Aberglauben hängt damit die Redensart „einem
einen roten Hahn auf das Dach setzen" zusammen. Wenn beim Ge-

witter der Platzregen zur Erde rauscht, singen die Schwäbischen Kinder noch immer: „Regen, Regen wubre, der Geisbock liegt im Turme, er hat ein gstumpets Kitteli an, er krähet wie ein Göckelhahn." Die Wolke ist also hier als Bock oder Ziege, wie sonst als Kuh, aufgefasst, der Donner als Krähen eines himmlischen Hahnes. Und wie die irdischen Böcke als Abbilder der Wolkenziege dem Thunar geweiht waren, ist die Benennung Donnerbock, Donnerziege und Gewitterziege wiederum auf einen Vogel, die Heerschnepfe übertragen, welche bei herannahendem Regen ein eigentümliches Pfeifen hören lässt. In Schwaben sowol, wie in der Mark Brandenburg halten Bauern mit groszem Viehstande einen Ziegenbock im Stalle, damit das Vieh nicht behext werde. Denn Thunar war der Gegner und Vernichter der bösen Geister.

Nicht weniger hat man das Gebrumme des Bären mit dem Donner verglichen und deshalb glaubte man, dass wenn Hexen im Viehstall einen schädlichen Zauber vergraben haben, ein Bär denselben herauskratzen und entfernen könne.

Mehrere der schon angeführten Pflanzen, so die Hasel und den Vogelbeerbaum hielt man gradezu für eine Verkörperung des Blitzes selbst, und von vielen Tieren wähnte man, dass sie das himmlische Gewitterfeuer zur Erde herabbrächten, ein Glaube, welcher auf der uralten Vorstellung des geflügelten Blitzes als eines Vogels beruht. (S. S. 62). Am deutlichsten tritt diese Mythe beim Storch, dem Vogel mit den roten Beinen, hervor. Tötet man ihn, oder stört man sein Nest, so zuckt der Blitz aus der Wolke hervor und setzt das Haus des Frevlers in Flammen. Flattern die Störche um den Turm, so zeigen sie eine baldige Feuersbrunst an. Ein gereitzter Storch, dem die Jungen aus dem Nest gestoszen waren, kam mit einem Feuerbrand im Schnabel geflogen und warf ihn in sein Nest, so dass das ganze Gebäude in Brand geriet. Legt man dem heiligen Vogel aber ein Wagenrad (ein Abbild des Sonnenrades, in welchem nach uralter Vorstellung der Blitz entzündet wurde S. 62. 104) aufs Dach, so ist die Wohnung vor dem Gewitter gesichert. Brüten die Störche auf einem Hause, so bleibt es von jedem Feuer verschont, auch wenn die Nachbarschaft abbrennt. Sie tragen sogar Wasser im Schnabel herzu und lassen es hoch aus der Luft in die Flammen fallen. Sie helfen löschen. Wer erkennt nicht in diesen Bildern den blitztragenden Vogel, dem der Gewitterregen nachrauscht? Noch andere Vögel bewahren aus gleichem Grunde wie der Storch das Haus vor Feuer und Blitz. So die Eule, deren glühende Augen schon die Griechen an den Blitz erinnerten. Sie sagt nach englischem

Glauben durch ihren Schrei Regen und Hagel voraus und man nagelt sie mit ausgebreiteten Flügeln an das Scheunentor, um den Blitz vom Kornhause abzuhalten. Vor allem aber gehört hieher die trauliche Freundin der Menschen, die Schwalbe, welche Glück und Segen ins Haus bringt, „denn sie ist ein Herrgottsvogel." *) Aus sicheren Anzeichen geht hervor, dass der Specht und der Kuckuck sich den Blitzträgern einreihen.

Mit Hilfe dieser Elemente lassen sich noch weitere Vorstellungen von dem Wesen und den Verrichtungen des Gottes selbst aus dem Dunkel der Vergangenheit wieder hervorziehen. Thunar melkt mit schimmerndem Blitzstrahl die vollen Euter der Wolkenkühe, so dass sie ihre Milch, den Regen, befruchtend zur Erde niederrinnen lassen. Diese Anschauung lebt in vielfachen Spuren fort; nur sind die irdischen Abbilder an die Stelle der himmlischen Naturbilder getreten.

Ein vom Blitz entzündetes Feuer soll nur durch Kuhmilch, Kuhhaare oder Kuhmist gelöscht werden können, ursprünglich lautete dieser Satz: nur durch die himmlische Milch, den Regen ist die himmlische Flamme, die der Wetterstrahl anfacht, zu stillen. Aus gleichem Grunde ist es in einigen Dörfern Baierns Sitte, in ein brennendes Haus eine dreifarbige Katze zu werfen. Eine solche Katze mit schwarzen, roten und weiszen Streifen heiszt Feuerkatze. Die Katze ist Abbild der Wolke (S. 89). Wer ein Rotkehlchen, Thunars heiligen Vogel tötet, oder sein Nest der Jungen beraubt, dem fällt im Stall das beste Rind, oder die Kühe geben rote Milch.

Mit dem Donnerkeil als Vertreter des Blitzes, bestreicht man das Euter der Kuh, wenn ihr Milchreichtum versiegt ist, um neue Saftfülle hervorzulocken; und zu gleichem Zwecke, um die Kühe milchreich zu machen, legt der Hirt am ersten Maitag, wenn sie zum ersten mal auf die Weide getrieben werden, eine rote Weiberschürze, oder eine mit rotem Weiberstrumpf überzogene Holzaxt vor die Stallschwelle und lässt sie darüberschreiten. Am ersten Maitag wiederum schlägt in Westphalen der Hirt die jungen Kühe, welche noch nicht gekalbt haben, dreimal mit einer Gerte des rotbeerigen, Thunar geweihten Vogelbeerbaums auf die Lenden, damit, wie in einem bei dieser Ceremonie gesungenen Liede gesagt wird,

---

*) Bei den Kelten wird ganz übereinstimmend vom Zaunkönig (poulette au bon dieu) gemeldet, dass seine Tötung den Blitz herablocke. Man bedurfte eines Boten, um das Feuer des Himmels zur Erde herabzuholen. Der Zaunkönig übernahm diesen Auftrag, verbrannte sich aber an dem herabgeholten Feuer sein Gefieder. Wetteifernd gab ihm von sämmtlichen Vögeln ein jeder eine Feder ab, um seine Blösze zu decken.

die heilige Donnerrute Milch in das Euter bringe. In andern Orten
wird derselbe Gebrauch mit der gleichbedeutenden Haselrute geübt. Und wie Thunar mit seiner Donneraxt die Himmelskühe
melkt, sollen Hexen aus dem Stiel einer in den Pfosten der Haustür
geschlagenen Axt Milch hervorrufen können. Dies wäre denn eine
kleine Auswahl aus einem groszen Reichtum der mannigfaltigsten
Gebräuche, welche alle denselben Grundgedanken verkörpern, häufig
sinnbildliche Nachahmung der göttlichen Tat des wolkenmelkenden
Thunar sind, um auf diese Weise das himmlische sich irdisch anzueignen und heilsam zu machen. Vgl. S. 61. 63. 89.

Die älteste Weise der Feuerbereitung bestand in dem Reiben
zweier Hölzer, von denen das eine von länglicher Form in dem andern, das die Gestalt einer in der Mitte ausgehöhlten Scheibe hatte,
quirlartig so lange umgedreht wurde, bis es sich erhitzte und in helle
Lohe ausbrach. Bei dem sogenannten Notfeuer, das bei allgemeiner
Viehkrankheit von den Bauern angezündet wird, um die Tiere dadurch zu treiben, wird noch heute nur diese uralte Feuerbereitung
und keine andere angewendet. Auch von Thunar herschte einst die
Vorstellung, dass er so das Feuer des Himmels, den Blitzstrahl entzünde. Diese Vorstellung ist aber später einerseits in die ähnliche übergegangen, dass er an einem Feuerstein die Gewitterflamme entfache-
andererseits hat sie sich mit der Vorstellung vom Melken der Wolkenkühe zu dem Glauben verbunden, dass der Gott mit dem Blitzstrahl
als Stoszholz die Milch im himmlischen Butterfass umrühre. Daher
schreibt der Volksglaube in Holstein vor, das Stoszholz des Butter-
fasses aus dem Holz des den Blitz versinnbildlichenden Vogelbeerbaums
zu machen; daher melkt man in Schwaben und der Schweiz die
Kühe durch das Loch eines angeblich aus dem Gewitter gefallenen
Steins, der davon Kuhstein heiszt, daher legt die karnende Hausfrau
ein rotes Tuch unter das Butterfass und daher endlich entspringt
die Sage, dass Hexen in Brunnen einen Stab herumdrehen, als wollten sie Milch im Butterfass karnen, und dann Köpfe der schönsten
und wolschmeckendsten Butter aus dem Wasser, das hier als Abbild
der Himmelsgewässer zu fassen ist, heraufziehen. Durch diese Handlung sollen sie aber auch Blitz und Donner verursachen können. Ein
Mädchen von zehn Jahren nahm einen Pfahl und rührte damit im
Brunnen umeinander. Fragt sie der Nachbar: „Was tust du da?"
„Ha, erwiederte sie, tut es meine Mutter auch, sie nimmt einen
Stecken und rührt damit im Brunnen um, dann kommt das Wetter."

Vom göttlichen Feuer des Blitzes leitete das fromme Altertum
den ersten Ursprung der Heerdflamme ab, die des Hauses heiligstes

13*

Schatz und Mittelpunkt ausmacht. Der Donnerer selbst hatte sie
anfangs entzündet und aufgehalten wird sein strafender Arm, wenn
er beim Nahen seines Gefährtes auf dem Heerde das Feuer prasseln
hört. Um den Heerd erbaut sich das Leben des Hauses, der Familie, des Stammes. Und so ergab sich aus der Bedeutung des Gewittergottes als Schützer der Heerdflamme eine Fülle von Beziehungen
gen zur sittlichen Welt. Er ward als Schützer der Ehe, Spender
von Kindersegen, Vorsteher der Sippe, Vertheidiger der Gemarkung.
Das heilige Heerdfeuer, das die Himmelsflamme vergegenwärtigte,
muste die Braut dreimal umwandeln. Dreimal wurden neueinziehen-
des Gesinde, neuerworbene Haustiere um dasselbe geführt. Sie traten dadurch sittlich und rechtlich in den geweihten Bann des Hauses, der Familie ein. Aus dem steinernen Herde entstand später der
Ofen, wie die Etymologie des Wortes ergiebt, und so wurde auf diesen manche Sitte übertragen, welche sich jener anfänglich zueignen
durfte. Neue Mägde soll man zuerst in den Ofentopf schauen lassen.
In der Neujahrnacht, wenn die Tore der Zukunft sich öffnen, gucken
die Jungfrauen in den Ofen, und gewahren darin das Bild des zu-
künftigen Bräutigams. Ja noch mehr als ein holdes Kind ist schon
vor alters ernsthaft, in neueren Zeiten scherzweise im Pfänderspiel
vor dem Ofen auf die Knie gesunken und hat mit Innbrust gerufen:

> Lieber Ofen ich bete dich an,
> Gieb mir einen frommen Mann.

Daher wird auch der Ofen im Kinderspiel zu Gevatter gebeten.

Prasselt das Feuer, brennen die Erbsen an, so ist die Köchin
verliebt. So ist die Beziehung des Feuergottes zum Eheleben denn
auch der letzte dunkle Naturgrund, auf welchem mit Beimischung
eines doppelten Vergleiches, der Liebe mit der Glut, des Streites mit
dem Knistern des Feuers der Volksglaube ruht, dem wir Moerikes
schönes Gedicht von der Köchin zu verdanken haben:

> Früh, wenn die Hähne krähn,
> Eh die Sterne schwinden,
> Muss ich am Herde stehn,
> Muss Feuer zünden.
> Hell ist der Flammen Schein,
> Es sprühen die Funken.
> Ich schaue so drein,
> In Leid versunken.
>
> Plötzlich da kommt es mir
> Treuloser Knabe.

Dass ich die Nacht von dir
Geträumet habe.
Trähne auf Trähne dann
Rinnet hernieder!
So kommt der Tag heran;
O ging er wieder!

Ein christliches Verbot heidnisch heiligen Tages ist es, wenn die
Volkssitte Trauungen am Donnerstage widerrät. Landeigentum
ward mit einem Hammer, den man im Fahren aus dem Wagen warf,
in Besitz genommen und an Grenzscheiden standen Thunars heilige
Eichen.

Von allen Göttern erschien er der kräftigste; Kraft und Stärke
teilte er den Menschenkindern mit. Hebt die junge Frau, wenn es
während des Brautzuges donnert, einen schweren Gegenstand, so
wird ihr Stärke und Gesundheit verliehen. Ja die Fürsorge des
Gottes erstreckte sich auch auf die Heilung Erkrankter, die seiner
Hilfe vertrauten. Beim ersten Donnerwetter wälzt sich der bairische Bauer im Grase und reibt sich mit dem Rücken drei mal auf
dem Boden. Hier hofft er von Kreuzschmerzen frei zu bleiben. An
Donnerstagen ist das Bad in heilkräftigen Quellen am wirk-
samsten; kranke Augen gesunden, wenn man sie mit Wasser benetzt,
in das an Donnerstagsabenden nach Sonnenuntergang stillschweigend
ein Groschen geworfen wurde, in rote Unterröcke hüllt das Schweizer-
volk Fieberkranke und sieche Frauen misst man mit rotem Garn-
faden. Zu gewissen Eichen, deren Stamm in der Mitte in Aeste
sich teilt und oben wieder in eins zusammengewachsen ist, zieht das
Landvolk noch immer zu Ross und zu Wagen, um Kinder, die
Bruchschäden haben, dadurch kriechen zu lassen. Wie der gespal-
tene Baum sich wieder eint, wird ihr Schaden verwachsen. · Aber
nur die Eiche und der Hagedorn, des Donnerers heilige Bäume
sind zu solchem Werke tauglich.

Auch die Feuerkatze (S. 194) schützt durch ihre Anwesenheit
die Genossen eines Hauses vor Fieber, und heisst daher auch
Fieberkatze. In der Maserkrankheit muss man die Kinder mit Erb-
senbrühe waschen, dagegen straft Thunar diejenigen, welche es
unterlassen, in den Zwölften diese seine heilige Festspeise zu essen, mit
Krätze. Mithin sind Augenkranke, Fieberkranke und mit Haut-
krankheiten behaftete Leute vorzugsweise des Donnergottes Obhut
befohlen; nicht minder die Rose „das heilige Ding," wie sich sonst
ergiebt;*) erinnerte doch die Fieberhitze an die Glut des Feuers, der

---

*) Man bestreicht sie z. B., um sie zu heilen, mit dem Donnerkeil.

rote Ausschlag an Thunars heilige Farbe, das Augenlicht stellt der Donnergott wieder her, weil nach uralter Mythe sein Wetterstrahl den erblindeten Sonnengott wieder sehend machte. (S. 61). Ueberhaupt aber verleiht er dem menschlichen Körper Wachstum und Leben. Deshalb ruft man seinen Boten den Kuckuck an, die Dauer der Lebensjahre, des Brautstandes und die Zahl der Kinder in der Ehe vorauszusagen, und im Schaumburgischen trägt der Hochzeitlader auf seinem Stabe einen Kuckuck.

Wie Thunar das Leben und die Gesundheit der Menschen beschützt, hilft er auch dem unter seiner Obhut stehenden Vieh in Krankheit und Nöten. Kranken Haustieren gab man am Donnerstag Heiltränke ein; oder band ihnen ein mit dem Zeichen des Donnerhammers (T) beschriebenes Papier um den Hals. Hauptsächlich dem Gewittergott zu Ehren entflammte man und entflammt man vieler Orts noch heute, wie schon erwähnt ist, das sogenannte Notfeuer, sobald eine Seuche unter dem Vieh ausbricht. Es wird in urältester Weise durch Drehung erzeugt. In der eichenen Nabe eines Wagenrades wird eine eichene Achse mit Hilfe eines darumgelegten Seiles so lange hin- und hergedrillt, bis durch die Reibung sich Funken erzeugen; oder man ruft die letzteren durch bohrende Drehung einer Walze in dem Loche eines oder zweier Pfähle hervor. Ein Augenzeuge beschreibt das Verfahren, wie es noch 1828 im hannöverschen Dorfe Edderse statt hatte. Da unter den Schweinen die Bräune, unter den Kühen der Milzbrand grassierte, beschlossen die Bauern im groszen Rate, ein Notfeuer am nächsten Morgen zu entzünden. Der Bauermeister befahl Haus bei Haus den folgenden Tag kein Feuer in den Wohnungen anzumachen und zum Austreiben des Viehs frühzeitig bereit zu sein. Am Nachmittage noch wurden die notwendigen Vorarbeiten beschafft. In einer engen, durch zwei stehende Planken eingeschlossenen Strasze bohrte der Zimmermeister des Ortes ein etwa drei Zoll tiefes und eben so weites Loch in einen eichenen Plankenpfahl, richtete dann einen zweiten Pfahl, mit gleichem Loche versehen, ungefähr zwei Fusz gegenüber auf, passte in die beiden Löcher eine eichene, etwa 4 Zoll im Durchmesser haltende Welle ein und befestigte am äuszersten Pfahle noch einen Hebebaum, um mit diesem die Welle gehörig einpressen zu können. Gegen zwei Uhr Morgens brachte jeder Hauswirt etwas Stroh und Buschholz mit zur bezeichneten Stelle und legte es nach vorgeschriebener Weise quer über die Strasze. Die jungen Leute des Dorfes waren bestimmt das Feuer anzureiben. Zu diesem Zwecke legte man um die beschriebene Welle ein neues hanfenes Seil zweimal herum, und an jedes Ende derselben fassten die kräftigsten Junggesellen an, um durch Hin- und Herziehen des Seils die Welle in rasche Bewegung zu bringen. Nachdem nun noch die Zapfen der Welle mit Wagenpech und Teer gehörig versehen und in unmittelbarer Nähe derselben viele feuerfangende Stoffe als Hede, Werg und aus Leinewand gemachter Zunder angebracht waren, ging die eigentliche Arbeit an. Mit einer wahren Wut ward gerissen, es dampfte auch bald; aber wirkliches Feuer wollte es zum Schrecken aller Umstehenden immer nicht geben. Schon sprachen einige den Verdacht aus, es müsse wider Verbot in einem Hause doch Feuer sein. Da auf einmal verklärten sich alle Gesichter, die Zündstoffe hatten Feuer gefangen und gerieten bald durch rasches Schwingen in der Luft in helle Flammen. Hierauf zündete man das zurechtgelegte Brennmaterial an, und als dasselbe ziemlich niedergebrannt war, eilte jedermann zum bereitstehenden Vieh. Dieses wurde nun mit Gewalt **durch das Feuer getrieben**, zuerst die Schweine, darauf die Kühe, zuletzt die Pferde. Die Hirten führten nach dieser Procedur das Vieh auf ihre Weide, und die Hauswirte nahmen einen abgelöschten Brand mit in ihr Haus, die Asche ward weitum gestreut. (Vgl. S. 61).*)

Der einschlagende Blitzstrahl lockert das Erdreich, der nachrauschende Regen befruchtet den Boden. Darum danken die Pflanzen vorzugsweise Thunar ihr Wachstum und viele Kräuter und Gewächse sind nach ihm benannt.**) In die Saat warf man Thunars Erbsen oder Nüsse, um sie fruchtbar zu machen. Da das Gewitter die verhüllte Sonne neu aufleuchten lässt, indem es die schwarze Wolke vernichtet, ergab sich als natürlicher Fortschritt im Gedankengang des Volkes der Glaube, dass der Blitzgott auch das Feuer der Frühlingssonne entzünde. Im Beginn des wonnevollen Maimonds, beging man zu seinen Ehren ein Frühlingsfest, der h. Eligius bezeichnet besonders die Heilighaltung des Donnerstages in dieser Jahreszeit als heidnischen Gräuel. Daher schreibt sich die Sitte am 2ten Mai, oder zu Pfingsten als Abwehr gegen die Hexen (böse Dämonen) Vogelbeerzweige vor den Stalltüren aufzustecken; an

---

*) Schon Karlmann verbietet 842 in einem Capitulare „jene gottesschänderischen Feuer, welche man N i e d f y r nennt," und 843 verhandelte die Synode zu Lestines über „Feuer, welches aus Holz durch Reibung gewonnen wird d. h. N ö d f y r" und in noch viel älterer Zeit trieben die Römer ihre Heerden durch das Frühlingsfeuer der Palilien.

**) So Donnerfluch, Donnerwurz, Donnernelke, Donnerdistel, Donnerbesen, Blitzkraut u. s. w.

anderen Orten wechseln dieselben mit Birkenbüschen. Doch schon
früher im Jahre um Fastnacht feierte man den lenzbringenden Don-
nergott. In Holstein tragen dann Kinder von Haus zu Haus einen
toten Fuchs, der seiner roten Farbe wegen ebenfalls zu Donars
Tieren gehört, und sammeln Eier ein. In Westphalen sucht man zu
Ostern oder im Mai feierlich den Kuckuck im Walde, und führt
Spiele auf, in denen er dargestellt wird, wie er zum Fenster seines
Hauses herausguckt. Hört man seinen ersten Ruf, so wälzt man
sich, wie beim ersten Donnerschlage, auf dem Boden und hofft
Glück und Freude, wenn er fortfährt zu guckzen. An vielen Orten
lohten um dieselbe Zeit dem Donnerer auf Bergen mächtige Feuer,
um welche das Volk unter dem Gesange alter Lieder jubelnd tanzte.
Sie haben sich teilweise unter dem Namen des Petersfeuer,
Judasfeuer oder Osterfeuer bis heute erhalten. In Althenneberg
hatte das Judasbrennen noch vor 50 Jahren am Charsamstag in folgender Weise statt. Am Abend nach der Auferstehungsfeier steckten
die Bursche des Dorfes an der Kirchtüre mit dem geweihten Lichte
der Kirche ihre Laternen an und in vollem Laufe gings zu dem
auf dem Getreidefelde errichteten Holzstosz. Wer zuerst ankam
zündete ihn an. Keine Frau, kein Mädchen durfte der Feier
beiwohnen. Man rief dabei: „Brennen wir den Judas!" Zwei Bursche
musten die ganze Nacht sorgfältig das Feuer gegen Entwendung bewachen. Bei Sonnenaufgang sammelten diese beiden Bursche die
Asche und warfen sie in das flieszende Wasser des Rötenbaches.
Die ganze Feier hatte zum Zweck den Hagelschlag abzuwenden.
Im Lechrain, einer bairischen Landschaft, wird das Charsamstags-
feuer mit Stahl und Stein, nie mit Schwefelspan auf dem Kirchhof entzündet; jedes Haus bringt dazu ein Scheit, einen Astprügel
von einem Wallnussbaum, welcher beim Gewitter aufs Heerdfeuer
gelegt zur Abwehr des Blitzschlages dient. In noch anderen
Gegenden entzündet man das Feuer am Ostertag auf einem steilen
Hügel. Die jungen Männer befestigen an eine Rute einen hölzernen
Pfeil, dessen Spitze in Pech getaucht und angezündet wird.
Nun wird die Rute so geschwungen, dass der Pfeil hoch in die Luft
fährt und bei der Nacht einen schönen Bogen beschreibt; ein deut-
liches Nachbild des Blitzes. Bevor die Glut aufprasselte, trieb man
mitunter schreiend und lärmend im Walde die roten Eichhörnchen zusammen, bis sie tot oder ermattet in die Hände ihrer Ver-
folger fielen. Dieses war eine symbolische Handlung, welche anzeigen sollte, dass der Gewittergott, der Blitz, dessen Abbild die Eichhörnchen sind (s. S. 192) das Feuer der Frühlingssonne entzünde.

Wie man in vedischer Zeit glaubte, dass um die Zeit der Hundstage der Gewittergott das Feuer der verderblich werdenden Sonne
verlösche und dieselbe dann wieder mit dem Blitzstrahl entzündet
(S. 66), muss Thunar in ähnlicher Function um die Zeit der Sommersonnenwende, deren Feier zumeist auf das Fest Johannis des Täu-
fers Juni 25 verlegt ist, tätig gedacht haben. Dann leuchten aufs
neue zahlreiche Feuer auf den deutschen Bergen, auf Marktplätzen
und Straszen auf, die Sunewendfeuer, Johannisfeuer, Him-
melsfeuer oder Zündelfeuer. Dieselben werden häufig in derselben uralten Weise wie die Notfeuer angefacht; an ihrer Glut setzt
man ein mit Stroh umflochtenes Rad, ein Bild der nun abwärts eilenden Sonne, in Flammen und wirft es in weitem Bogen von hohem
Berge in ein im Tal flieszendes Gewässer. An einigen Orten in
Frankreich umtanzt man das Feuer dreimal mit einem Haselnuss-
zweige in der Hand und Hausväter streichen einen Nussbaum-
zweig durch die Glut und hängen ihn vor der Türe des Viehstalles
auf. In Schwaben kocht man Erbsen (s. S. 190) am heiligen Feuer
in Wasser ab und verzehrt sie trocken aus der Hand. Das ist gut
gegen allerlei, zumal gegen Quetschungen und Wunden. Am Sune-
wendtage sammelt man das Johanniskraut und steckt es kreuzweis
ins Eck des Fensters, so schlägt das Gewitter nicht ins Haus.
Gräbt man an diesem Tage den Boden der Wiese auf, so findet man
schwarze Kohlen in der Erde. Die muss man heimtragen und auf
den Fruchtboden legen, so schützen sie das Korn vor Würmern, das
Haus vor dem Blitze. Ja sogar in der Kleidung der Festfeiernden
wurde teilweise Thunars heilige Blitzfarbe bewahrt; die Salzsieder
in Schwäbisch-Hall tragen am Johannistage rotwollene Hemden,
angeblich weil sie einst bei einer Feuersbrunst die Dorfmühle gerettet. Es war ein frohes Treiben im Mittelalter, als noch die Fürsten
selber am Feste teilnahmen. Zu Augsburg entlohte 1497 in Kaiser
Maximilians Gegenwart die schöne Susanna Neithard das Johannisfeuer mit einer Fackel und machte dann zuerst den Reigen um die
Flamme an Philipps Hand. Und 1401 tanzten Herzog Stephan von
Baiern und seine Gemahlin zu München auf dem Markt mit den Bür-
gern und Bürgerinnen bei dem Sunwendfeuer. In Paris wurde das
Johannisfeuer auf dem Gréveplatz in Gegenwart des Königs in Brand
gesteckt. In der Mitte desselben stand ein hoher Baum (in manchen
Gegenden Frankreichs wurde dazu der am 2ten Mai aufgerichtete
Maibaum verwandt), an dessen Spitze ein Korb mit Füchsen und
Katzen befestigt war, welche mitverbrannt wurden.*)

---

*) Zu Kelso, einer Stadt auf der schottischen Seite des Tweed, zog im vo-
rigen Jahrhundert eine Gesellschaft oder Bruderschaft an einem gewissen Tage

Auch bei der Wiederkehr der Sonne im Wintersolstiz, scheint Thunar tätig gedacht zu sein. Hierauf weisen mehrfache Weihnachtsgebräuche; sowol der Schmied mit groszem Hammer, welcher in Erbsenstroh gehüllt dem Umzug des Schimmelreiters sich zugesellt, der ebenfalls mit Erbsenranken geschmückte Bär, welcher dann auftritt und möglicherweise der Klapperbock (s. S. 142). In England hatte die Sitte, Eichhörnchen zu jagen, beim Weihnachtsfeuer am Christtage statt und in Suffolk verfolgte man an demselben Tage Eulen (S. 193).*)

Auf seinem Wagen durch die Lüfte fahrend, vollführt der Donnerer in den Wolken selbst den gewaltigsten aller Kämpfe, welche die Welt erschauen kann. Er verfolgt die Dämonen, welche das Licht des Himmels, den Glanz der Sonne mit dem Schatten der schwarzen Gewitterwolke, dem Dunkel der Nacht, der Finsternis und Kälte des Winters verdecken und den Lauf des erquickenden Regens zur Erde aufhalten, oder wie die älteste Sage dies concreter ausdrückte.

---

des Jahres in festlichen Gewanden, den Hut mit lang über die Schulter herabwallenden Bändern geschmückt, hoch zu Ross und Keulen und hölzerne Hämmer in der Hand, unter rauschender Musik und wehenden Fahnen zu einer Gemeinwiese vor der Stadt; der Anführer hatte den Titel Mylord. Auf dem Felde hängten sie eine Katze in einem Fass zwischen zwei Pfählen an einem Kreuzbaum auf und warfen dann das Fass mit ihren Keulen und Hämmern entzwei, so dass die Katze darin umkam. Zu Ypern stürzte man an Christi Himmelfahrt (s. S. 188) oder an Mariae Assumption (August 15) drei Katzen vom Turme des Kastells, angeblich zum Andenken der Bekehrung der Stadt von der Abgötterei des Heidentums zum katholischen Glauben, und die Bewohner von Attendorn in Westphalen tragen den Spottnamen Kattenfillers, weil sie einst eine Katze mit Rinderblasen vom Turme warfen. Auch ein Bock mit vergoldeten Hörnern, der mit Bändern geschmückt war, wurde in ehemals sorbenwendischen Gegenden, die von Deutschen entlehnt haben können, vom Rathause oder Kirchturme am 25. August hinabgestürzt. Sobald er unten ankam, stach man ihm das Blut ab, welches gedorrt als kräftiges Heilmittel in vielen Krankheiten galt. Wahrscheinlich sollte einst das Verbrennen der Wolkenabbilder Katze und Bock, den Gewitterregen versinnbildlichen, den man zur Löschung des Glutbrandes der Hundstage herabzuziehen wünschte.

*) Bei Kelten und in keltischen Landschaften Frankreichs und Brittanniens ist am Weihnachtstage der Zaunkönig (S. 194) Gegenstand der Verfolgung. Wer einen erlegt, wird zum König ausgerufen. Den Tag darauf zieht dieser König in feierlichem Aufzuge um den Ort, ihm vorauf wird der erlegte Vogel getragen, an zwei rechtwinklig zusammengefügten Reifen, oder an einer Stange aufgehängt.

die Wolkenfrauen, die Himmelskühe, den Schatz des Sonnengoldes
in ihrer Berghöle, in ihrer Burg gefangen halten. Aus diesen Dämonen sind im Laufe der Entwickelung die plastischen Gestalten
der Riesen und Drachen geworden, deren Sagenkreis eine eingehen-
dere Betrachtung uns weiterhin näher kennen lehren wird. Von beiden Seiten wird der Streit mit Blitz und Donner geführt, bis der
milde Gott den Sieg errang, der Riese, der Dämon tot zu Boden
sank und sein Goldhort, oder die Frau, die er geraubt, erbeutet und
befreit sind. Noch in mittelalterlichen Gedichten werden Riesen-
weiber bedroht, der Donner werde ihnen in drei Tagen das Leben
nehmen, heutzutage sagt man nur, dass Gott im Gewitter dem Teufel nachjage, der in Gestalt eines Knäuels, einer Katze, einer glühenden Kugel u. s. w. zu entrinnen sucht. Doch lebt noch folgende
Sage fort. Ein Bauer ladete mal einen Riesen zur Kindtaufe „Wer
ist sonst noch geladen?" Christus und Maria! „Gut ich komme!
Sonst noch wer?" Ja Donnerwetter! „Nein, dann muss ich zu
Hause bleiben, aber hier ist ein Goldklumpen als mein Patengeschenk."
In dem bekannten Märchen vom Tischchen deck dich, ist ein vollständiger Mythus aus diesem Anschauungskreise bis auf unsere Tage
fortgepflanzt, wenn schon in Form einer karrikierenden Parodie. Ein
Bursche, so ist die Grundgestalt der Erzählung, wie sich aus kriti-
scher Vergleichung der erhaltenen Fassungen ergiebt, ein Bursche
zieht aus mit seinen Schätzen, die aus einem wunderbaren Bocke,
einem ebenso merkwürdigen Tische und einer Henne bestehen. Der
Bock speit Goldklumpen aus seinem Munde, die Henne legt goldene Eier,
der Tisch deckt sich von selbst mit den kostbarsten Speisen. Unterwegs raubt ein Wirt dem Jüngling diese Kostbarkeiten und setzt
wertloses Gerät an die Stelle, aber mit einem Stocke, der von selbst
aus dem Sacke, worin er sonst verborgen ist, hervorspringt und ohne
leitende Hand sich schwingt, wird der Räuber zur Wiedergabe des
entwendeten Gutes genötigt. Von selbst kehrt der Stock in die Hand
des Besitzers zurück.*) Das Tischchen deck dich ist ein Bild der regenspendenden allnährenden Wolke, wie unsere Zwergsagen beweisen;
der Bock, eine andere Personification der Wolke speit insofern Gold,
als das goldrote Licht der Sonne durch den Schleier der lichten

---

*) Von der dem Thunar geheiligten Haselrute, dem Abbild des Blitzes,
glaubt das Volk, dass eine solche einjährig am Charfreitagsmorgen mit drei
Schnitten vom Stamme abgelöst dazu dienen könne, um Abwesende damit zu
prügeln. Man braucht nur auf ein Kleidungsstück loszuschlagen und den Namen des Verhassten dabei zu nennen, so empfindet er alle Schläge. Vgl.
S. 162 Anm.

Wolke hervorquillt; das Goldei der Henne bedeutet — wie sich
ebenfalls sicher erweisen lässt — den Sonnenball selbst.   Der nächt-
tige Dämon hat diese Dinge geraubt, die Wolke regnet nicht, sondern hängt düster am Himmel, den Sonnenglanz verhüllend.   Da fährt
Thunars Gewitterkeule aus dem Sack, der Wolke, der Räuber fällt,
der Regen rauscht, die Sonne leuchtet.   Dass auf solche Manier verschiedene Bilder ein und desselben Naturphänomens in einem Mythus nebeneinandergestellt werden, und dass dieselbe Naturgewalt in
ihrer woltätigen Macht und Wirkung als Gott, in ihrer zerstörenden
oder schadenden als Dämon aufgefasst sich gleichsam selbst bekämpft,
ist ja eine in allen Mythologien oft wiederholte Erscheinung. (S. 32. 35).
Thunars heiliger Hammer selbst wird Jahr für Jahr im Herbste von
den Riesen gestohlen und die sieben Wintermonate hindurch tief in
ihrem Berge versteckt gehalten, bis im Frühling der Gott ihn
wiederholt.   Daher sagt man, mit Uebertragung des himmlischen auf
das irdische, dass der Donnerkeil in die Erde gefahren, erst innerhalb 7 Jahren, 7 Tagen und 7 Stunden an die Oberfläche herauf-
steige.   Die 7 Jahre sind stäts in der heimischen Sage der Ausdruck
für die 7 Wintermonate.   Noch heute behauptet der Bauer im Hildes-
heimischen, im ersten Frühlingsgewitter liefere der Sommer dem
Winter eine Schlacht.   Und wie der Gewitterstrahl, der Donnerkeil
nach dieser Zeit des Winterleides im Frühling wieder heraufsteigt,
so erhebt sich dann auch am Himmel der reiche Goldhort der Sonne
in neuem Glanze aus der Tiefe.   Wir werden daher verstehen, was
der Volksglaube ursprünglich damit meinte, wenn er bald im März-
monat, bald alle 7 Jahre die in der Erde verborgenen Schätze an
das Licht des Tages heraufsteigen lässt.   Dann liegen sie da, wie
ein Haufen glühender Kohlen, oder wie Feuer anzusehen; oder sie
sonnen sich auf Leintüchern ausgebreitet im hellen Mittagsschein.
Wirft der glückliche Finder schnell und schweigend einen Feuerstahl
darauf, so liegt statt der Kohlen blinkendes Metall vor ihm und bleibt;
im andern Fall sinkt der Schatz wie er gekommen in die Tiefe zurück.   In Norddeutschland wie Süddeutschland hegt man ernstlich
den Glauben, dass der Donner Gold ins Haus schlage und in Tirol gebietet man Münzen, die einer nach dem Gewitter finde, an den
Hals zu hängen, denn das Geld sei vom Himmel gefallen.   Wie Wôdan mit seinen Windgeistern in der sich türmenden Wolke ausruht,
wenn der Orkan vorüber ist, weilen im Berge auch liebliche Mädchen, die Wolkenfrauen, und hüten unnennbaren Reichtum an Gold
und Edelsteinen.   Alle sieben Jahre öffnet sich der Berg.   Für gewöhnlich findet den Eingang zu den wunderbaren unterirdischen Hal-

len nur ein Hirt, welcher eine vorher nie gesehene rote, gelbe oder
blaue Blume gefunden hat, oder sich im Besitz einer Springwurzel
befindet. Vor Blume oder Wurzel springt eine dem Auge aller Sterblichen verborgene Türe auf, und der Glückliche tritt in die Wunder
des Berges. Die Jungfrau leitet ihn zu den Schätzen, mit denen er
sich die Taschen füllt, und erlaubt ihm wiederzukommen. Beim Ab-
schiede ruft sie ihm zu „Vergiss das Beste nicht;" er hat in
der Freude seinen Hut, auf den er die Blume gesteckt, zurückgelas-
sen. Unachtsam eilt er weiter; da kracht die Türe zuprallend auf
seine Fersen und schlägt ihm die rechte Hacke ab; die Blume fehlt und
nie wieder findet er den Zugang zu den einmal geschauten Herlichkeiten.
Thunar, der Hirt der Wolkenkühe, ist es, der mit der roten Blume des
Blitzes den Wolkenberg öffnet und zum Schatze den Zugang gewinnt;
die Hacke wird ihm abgeschlagen, wie der griechische Hephästos
lahmt; man verglich das zuckende Hinundherspringen des Blitzes mit
dem Gange hinkender Menschen. Von der blauen, gelben oder roten
Blitzblume aber, die im Frühling die Himmelsfelsen erschlieszt, glaubte
man in irdischen Pflanzen Abbilder zu sehen und vielleicht die wenigsten ahnen, dass daher unser blaues Vergissmeinnicht und die
gelbe Schlüsselblume, die Primel, den Namen leiten.

Die Springwurzel wird gewonnen, indem man das Nest eines
Grün- oder Schwarzspechts (s. S. 194), wenn er Junge hat, mit
einem hölzernen Keil zuspündet. Der Vogel, sobald er es gewahrt,
entfliegt und weisz eine wunderbare Wurzel zu finden, die Menschen
vergeblich suchen würden. Er bringt sie im Schnabel getragen und
hält sie vor den Keil, der alsbald wie vom stärksten Schlage getrieben, herausspringt. Breitet man nun ein rotes Tuch unter das
Nest, setzt man eine Gelte mit Wasser hin, oder facht man ein
Feuer unter dem Baume an, so lässt der Specht die Wurzel da-
hineinfallen, da er sie niemandem anderem gönnt. Vor einer solchen
Springwurzel springen alle Schlösser und Türen auf. Auf der
Spitze von Bergen vergraben, zieht sie die Blitze an, oder verteilt
die Gewitter. Gleich der Glücksblume ist die Springwurzel deutlich
ein Abbild des Blitzes und der Sage von Gewinnung derselben liegt
nach Kuhns Vermutung der Gedanke zu Grunde, dass der Vogel die
Wurzel dem Element, welchem sie entstammt, dem Wasser der Wolke,
oder dem in ihr sich bergenden Gewitterfeuer zurückbringen
muss. Wie auf ähnliche Weise die Krone des Schlangenkönigs gewonnen wird (S. 103), soll nach einer in der Normandie verbreiteten
Sage die Schwalbe (S. 194) an den Ufern des Meeres einen Edelstein zu finden wissen, welcher die wunderbare Gabe besitzt, Blinden

das Augenlicht wiederzugeben (vgl. S. 197. 98). Sie wirft ihn auf ein
Stück Scharlachtuch, das man unter ihr Nest breitet, in der Meinung es sei Feuer.

Mit dem Glauben an die Erwerbung des Sonnengoldes und
Wolkenschatzes durch den Gewittergott, ist schon frühe die uralte
Vorstellung von der Wünschelrute in Verbindung gesetzt. Unter
dem Horte liegt sie verborgen, golden schimmernd, ihre Wunderkraft
enthält alles Heil, alle Wonne. So heiszt es bei Beschreibung des
Nibelungenschatzes:

> Der Wunsch lag darunter, ‖ von Gold ein Rütelein.
> Wer dessen Wert erkennte, ‖ der möchte Meister sein
> Wol über alle Menschen ‖ in der ganzen Welt.

Gewöhnlich brach man aus einer wilden Haselstaude am
Johannisabend (S. 201) beim Mondschein einen jährigen Zweig
von 4—5' Länge, welcher in eine Gabel oder Zwiesel sich spaltete,
und dreifach zusammengewunden war, aus, indem man das Angesicht gegen Morgen wandte, sich vor dem Baum verneigte und sprach:
Gott segne dich edles Reis und Sommerzweig. Eine solche Rute,
mit allerlei Beschwörungsformeln geweiht, wurde zur Erforschung
von vergrabenen Schätzen, Erzadern, Wasserquellen, zur Entdeckung
von verborgenen Dieben und Mördern, entfernten Unglücksfällen,
Feuersbrünsten u. dgl. angewandt und man unterschied danach mehrere Arten, als Feuerrute, Brandrute, Springrute, Schlagrute, Beberute.
Ueber den Boden gehalten, dreht sich die Wünschelrute mit unwiderstehlicher Gewalt der Stelle zu, wo ein Erzfeld, eine Wasser-
ader oder eines der anderen gesuchten Gegenstände vorhanden ist.
Sie macht aber auch alles Glückes teilhaftig und daher brauchen
mittelhochdeutsche Dichter häufig den schönen Ausdruck „alles hei-
les ein wünschelris" und verwenden für schöne und geliebte Frauen
das Bild „schoene als ein wünschelgerte kam sie geslichen ûfreht,"
„der gnâde ein wünschelruote." *) Die aus der Hasel gefertigte
Wünschelgerte zeigt auch in der Mitternacht des ersten Maitages den
Ort an, wo die den Schatzberg öffnende Glücks- oder Schlüsselblume (S. 205) blüht, und wer diese erlangt, hat fortan Gedeihen
in allem, was er angreift. Sein Vieh wird nie von Seuchen geplagt,
sein Feld nimmer vom Hagel verwüstet. Dem Farrenkraut und
der als Schmarotzerpflanze auf Bäumen wachsenden Mistel, welche
in der Schweiz Donnerbesen heiszt, stehen mit geringen Modifi-

---

*) Es ist möglich, dass unser Altertum neben Thunar auch Wôdan, den
Wunschgott (S. 152), als Herrn der Wünschelrute dachte. Vgl. S. 178.

cationen dieselben Kräfte zu, wie der Springwurzel und Wünschelrute.

Mit der ältesten Erwähnung unseres Gottes, will ich meine Betrachtung der deutschen Thunarsage beenden. Den Römern der Varnsschlacht und der nächstfolgenden Zeiten schien der kraftvollste der deutschen Götter mit dem Hammer oder der Keule in der Hand, nur auf Hercules deutbar und Tacitus erzählt, wie die alten Germanen diesen Hercules als das leuchtende Vorbild aller Helden in feierlichem Chorreigen besangen, wenn sie Angesichts ihrer hinter der Schlachtreihe aufgestellten Weiber und Kinder nach den von Thunar beschützten Sippen oder Stämmen geordnet, in das Treffen zogen. Dem Heere voran trug man des Gottes Symbol, wahrscheinlich Keule oder Hammer.

In Skandinavien führte Thunar den Namen Thórr.*) War dem Ódhinn der Mittwoch (altn. Ódhinsdagr, schw. dän. Onsdag) geweiht, so heiligte man den Donnerstag (altn. Thórsdagr, schwed. Thorsdag, dän. Torsdag) dem Thórr. An ihm enthielt man sich des Spinnens. Wie der Domherr Adam von Bremen um 1070 aus dem Munde nordischer Männer vernahm, fasste man damals in Schweden die Wirksamkeit des Gottes in die Angabe zusammen: „Thórr führt den Vorsitz in der Luft, er lenkt Donner und Blitz, giebt Winde und Regen, heiteres Wetter und Fruchtbarkeit. Wenn Pest und Hungersnot droht, opfert man dem Thórr." Es sind das dieselben Grundzüge, welche wir in der Thunarsage kennen lernten; auch in den Einzelheiten entspricht ihr Thórs Mythenkreis vollkommen. In Wolkenhöhen zündet er, der gewaltige Donnergott, den Blitz, das Feuer des Himmels an, und giebt dadurch der Sonne ihren verdunkelten Glanz wieder. Zu diesem Ende führt er einen von Zwergen stammenden Stahl und Feuerstein von dreieckiger Gestalt, weiz auf der einen Seite, gelb auf der zweiten und rot auf der dritten. Auf die rote geschlagen sprüht der Feuerstein Donner und Blitz mit fliegenden Funken aus, auf der weizen Seite entströmt er Hagelwetter von solcher Stärke, dass niemand dagegen ansehen kann, schlägt Thórr aber mit dem Stahl auf die gelbe Seite, so strahlt der Stein hellen Sonnenschein aus, so dass jeder Schnee sogleich schmilzt. Mag der Gott Stahl und Stein werfen,

---

*) Das Wort Thórr ist entweder eine Zusammenziehung aus Thunar, Thonar (Thonrr goth. Thunrs) oder aus Thonars, einer Nebenform von Thunar, welche dem Namen der keltischen Donnergottheit Taranis genauer entsprechen würde, als der deutschen Benennung des Gottes.

wohin er will, sobald er ruft, kehren beide in seine Hand zurück.*)
Ein andermal aber dachte man sich Thórs Waffe als einen aus den
Wolken herabgeschleuderten Stein, die Belemniten heiszen daher
Thórviggar, tordenstène u. s. w.; nach noch anderer Vorstellung
schwingt der Gott einen zermalmenden Hammer, dessen Abbilder man in Tempeln heilig hielt. Noch im Anfang des 12. Jahrhunderts
zerstörte Prinz Magnus Nielsson von Dänemark auf einer schwedischen
Insel ein Heiligtum, in welchem eherne Hämmer von ungewöhnlicher
Grösze verehrt wurden, die man Thórshämmer (mallei Joviales)
nannte, und mit welchen man bei feierlichen Cultushandlungen den
Donner nachahmte. Die dänische Mythologie schrieb dem Thórr
vorzugsweise eine ungeheure Keule zu, welche jeden Schildrand
zerhieb. Kein Panzer, kein Helm leistete ihm Widerstand, was sie
traf wurde unfehlbar von ihr zerschmettert. Im Donnerhall erkannte
man das Gerolle seines Wagens; reidharthruma Wagendonner war
derselbe genannt, und noch jetzt sagt das schwedische Landvolk
beim Gewitter „Godgubben àkar" (der gute Vater fährt).

In alten Zeiten ist Thórr selbst einmal als Bär gedacht worden;
er führte noch später den Beinamen Björn (Bär) und die jüngere
Mythe wusste noch zu erzählen, wie er schon als Kind 10 Bären-
häute auf einmal aufzuheben vermochte. Eine andere uralte, aber
später verdunkelte Mythe war die vom Melken der Wolkenkühe und
der Umquirlung himmlischer Milch mit dem Blitze. Doch noch heute
nennt man in Schweden die blitzvertretenden Donnerkeile smör-
dubbar d. i. Butterschläger. Man bestreicht mit ihnen das Euter
der Kühe, um reichliche Milch zu erzielen. Am Gründonnerstag
quirlte man das Wasser der Bäche mit einem Stocke um, wie die
Milch im Butterfass und glaubte so den Bauern die Milch und Butter zu stehlen. Viel anders freilich schaut uns Thórs Bild aus den
Eddaliedern entgegen. Òdhinn, der Himmelsgott, umarmte die uralte
Riesin Jördh oder Hlodhyn (die Erde). Da gebar sie ihm den gewaltigen Thórr, der die segenreichste aller Kräfte im Naturleben
spendet. Nach anderen ist Thórr ein Sohn der Fjörgyn d. i. der
Göttin des Felsgebirges, denn von den Gipfeln herab scheinen im
Norden die Blitze von Klippe zu Klippe ins Tal zu springen und
vielfach verdoppelt hallt des Donners Ton in den Klüften wieder.
Oben in den Wolken bewohnt Thórr den gröszten aller Paläste, die je
gemacht wurden. Er hat 540 Hallen oder Golfe**) und heiszt Bils-

---

*) Der Besitz dieses Steines wird in der jüngeren Sage auf einen Helden
Thorstein, eine Hypostase Thórs, übertragen.

**) Golf ist im nordischen Hause die Vorhalle, der Hausflur, in dessen Mitte
auf einem Steine das Heerdfeuer brannte.

kírnir. Rund umber dehnt sich des Gottes Reich Thrúdhheimr
d. i. Kraftwelt aus. Da thront er nun „der Kraftherscher unter
den Göttern," der „liebe Freund der Menschen" an der Seite seiner Gemahlin Sif (d. h. Sippe, Stammbewustsein, denn Thórr, der
die heilige Heerdflamme zuerst entzündete, schützt das Leben der
Familie und Verwandtschaft). Eine Tochter Thrúdhr d. i. Kraft und
zwei Söhne Módhi und Magni (Mut und Stärke) erblühn ihm im
Hause. Die Riesin Jarnsaxa, die Eisenfelsige d. i. das Felsgebirg,
das er auf seiner Sprungfahrt zur Erde durchfliegt, hat ihm diese
Söhne geboren. Der Einherien unendlichen Durst übertrifft Thórs
gewaltige Trinklust. Er leert, seine Ueberkraft bewährend, in seiner
Halle oder auf Ódhins Bänken in Vallhöll sitzend, so mächtige Schalen, wie niemand, und einmal soll er sogar das halbe Weltmeer aus-
getrunken haben.*) Sind die Menschen in Not, besonders vor den
bösen Riesen, so rufen sie Thórs roten Bart um Hilfe an. Heftig
schüttelt er denselben in der Luft, es rollen seine feuerflammen-
den Augen, deren Schärfe kein Gegner ertragen kann. Um den
Leib schnallt er den Stärkegürtel Megingjardhr und zwei Krafthand-
schuhe erhöhen die Götterstärke seiner Arme. Mit ihnen ergreift er den
ungeheuren Krafthammer Mjölnir (d. i. Zermalmer) den Zwerge geschmiedet haben. An den Wagen spannt er seine beiden Böcke, Zahn-
knisterer und Zahnknirscher**) (Tanngniöstr und Tanngrisnir)
und fährt zum Orte des Kampfes. Dann tönt der Mondweg, die Himmels-
gefilde brennen, Felsen krachen, Klüfte heulen und die alte Erde fährt
ächzend zusammen. Sogar das Meer entloht in Glut.***) Sieht er
sich nun seinen Gegnern gegenüber, so entbrennt er in Ásenzorn
(ásmódhr), laut bläst er in seinen roten Bart und erweckt die
Bartsprache, den lauten Donnerhall; der ungeheure Hammer, dessen Schaft sehr kurz ist, entfliegt seiner Hand und kehrt nach jedem
Wurfe, mag ihn derselbe noch so weit getragen haben, von selbst
dahin zurück. Niemals verfehlt die göttliche Waffe ihr Ziel, kein
Gegenstand, selbst der härteste nicht, stumpft sie ab und will es der
Gott, so wird sie so klein, dass sie sich im Busen tragen lässt.

---

*) Diese Trinklust des Gewittergottes entspringt aus der alten Naturmythe,
dass er beim Gewitter durch den himmlischen Unsterblichkeitstrank, das Wolken-
nass, sich zum Kampfe stärkt. S. 65.

**) Vgl. S. 89. 102.

***) Von solcher Fahrt heisst er Einridhi d. h. der fahrende Gott, der
ohne Vergleich dasteht, einzig in seiner Art ist; Hlorridhi der durch die Luft
fahrende: Ökuthórr, Wagenthórr u. s. w.

14

Wäre Thórr nicht, so würde die Welt bald von den Riesen, den
Vertretern der chaotischen verderblichen Naturmächte unterjocht sein.
Thórr ist daher mit ihnen in ewigem Kampfe begriffen.

Bald sind es die finsteren Riesen der Luft, welche die Wasser-
frau, Sonne und Mond mit düstern Schatten, dem Dunkel der schwarzen Wetterwolke oder den Finsternissen der Nacht umhüllen, bald die
riesigen Ungeheuer des Sturmes, des Föhns, der vernichtend durch die
Gebirgshöhen brüllt, mit denen Thórr beständig zu kämpfen hat. Ein
andermal hat er dem allzufurchtbaren Wetterstrahl des Gewitterriesen ein Ende zu machen, die Gewalten der verwüstenden Bergströme zu bändigen, oder den wilden Schwall des sturmflutenden
Weltmeers in seine Schranken zu weisen; wiederum gaben die reif-
bärtigen Unholde des Winters die Hrimthursen (Reifriesen) seinem
Hammer unaufhörliche Arbeit. „Sie kennen denselben wol, wenn er
geschwungen wird, denn Thórr hat ihren Vätern und Freunden den
Kopf damit zerschlagen." Hat Thórr sie vernichtet, so führt er das
Licht wieder am Himmel hinauf und befestigt die Gestirne am Fir-
mamente. Alle jene Unholde setzen dem Fortschritt des geordneten
Ackerbaulebens Hemmnisse entgegen, ihnen muss die Saat jedes
Jahres abgewonnen, ihrer schädigenden Wirkung das urbare Feld
entzogen werden. Indem Thórr in ewigem Streite ihre Macht ver-
kürzt, erweitert er das ackerbare Land. Deshalb wird das felsige
Gebirge vorzugsweise als Gebiet der Riesen gedacht, in welches
Thórr sich hineinwagt, den steinigen Grund mit seinem Blitzstrahl
lockernd. Als ein Mann in Drontheim, Finnr, welcher sich später
taufen liesz, Verachtung gegen die alten Götter zeigte, stellte ihm
sein Vater vor, wie schlecht es ihm gehen werde, wenn er Thórr
nicht ehre, der so gewaltige Taten getan, die Berge durchfahren und
ihre Klippen zerklüftet habe, indess Ódhinn des Sieges waltete. Noch
heute zeigt man ein Tal bei Ureboe in Telemarken, wo Felsentrümmer an Felsentrümmer sich reihen, durch welche ein kaum erkenn-
barer Pfad sich hinzieht. Hier gab es einst zwei Hochzeiten, [bei
denen nach alter Nordlandsitte fleiszig das schäumende Bierhorn
kreiste. Da fiel es Thórr mit dem schweren Hammer (Thórr med
tùngum hamri) ein die Tellemärker, seine guten Freunde, zu besuchen. Er kehrte zuerst in dem einen Gehöfte ein und wurde wol
aufgenommen. Der Bräutigam hob eine ganze Biertonne empor und
trank Thórr zu, der sie alsbald leerte. Zufrieden mit der Bewirtung brach
er zum zweiten Hause auf, um auch hier das Hochzeitsbier zu schmecken.
Aber da erwies man ihm nicht die gebührende Ehre und reichte den
Trank aus einer kleinen Schale. Zornig warf er das Gefäsz zu Boden,

schwang seinen Hammer und ging davon. Er führte das gastliche Brautpaar auf einen Hügel abseits und schlug nun mit seiner Waffe auf die Berge los, so dass sie krachend in Trümmer stürzten und unter ihrem Schutte das Gehöfte der ungastlichen Bauern begruben; zwei Steine, Brautsteine (Brudesteine) *) genannt, bewahren das Andenken dieser Begebenheit. Dabei hatte Thórr seinen Hammer verloren; indem er hin und her suchte, bahnte er den Weg durch die ungeheuren Felsblöcke. — Als Zerschmetterer des öden unfruchtbaren Felsgebirgs steht Thórr dann auch besonders denjenigen Mächten gegenüber, welche das nordische Heidentum als unmittelbare Vertreter des Gesteines selbst (als Bergriesen), oder als Geister der unwirtsamen Haide dachte. Bei der Beförderung des Anbaus gehen dem Thórr zwei Diener zur Seite Thiálfi (der durch Arbeit bändigende) und Röskva (die rasche), alte Personificationen des Blitzfunkens, also Hypostasen (s. S. 30) Thórs selbst. Zu diesem Dienstgefolge kam Ökuthórr (Wagen-Thórr) auf einem Riesenzuge, auf den er mit Wagen und Böcken ausfuhr. Abends nahm er Herberge bei einem Bauer. Thórr schlachtete seine Böcke, zog ihnen die Haut ab und sott sie im Kessel. Als die Speise fertig war, bat er den Bauer mit Weib und Kindern mitzuessen und hiesz ihn und seine Hausleute die Knochen auf die Bocksfelle werfen, welche er neben den Heerd gelegt hatte. Thiálfi des Bauers Sohn zerbrach mit seinem Messer das Schenkelbein des einen Bocks, um zum Marke zu gelangen. Thórr blieb die Nacht über da. Am Morgen stand er vor Tag auf, kleidete sich, hob den Hammer Mjölnir und weihte damit die Felle. Da standen die Böcke auf, doch hinkte der eine am Hinterfusze.**) Als Thórr befand, dass das Schenkelbein zerbrochen sei, sagte er, der Bauer oder seine Hausgenossen müsten unverständig mit den Knochen umgegangen sein. Wie da der Bauer erschrak, als Thórr im Zorn die Brauen über die Augen sinken liesz! Was er dabei von des Gottes Augen sah, war so scharf, dass er vor dem bloszen Anblick in die Erde versinken zu müssen glaubte. So mächtig schlug Thórr die Hände um den Hammerschaft, dass die Knöchel weisz wurden. In tiefster Herzensangst riefen ihn die Bauersleute um Frieden an und boten ihm ihre ganze Habe zur Sühne. Als er ihre Furcht sah, ver-

---

*) Auch in Deutschland weist man an vielen Orten Brautsteine auf d. h. Felsblöcke, in welche unter Blitz und Donner Brautpaare verwandelt sein sollen.

**) Wer erkennt nicht in dieser Sage von Wiederbelebung der Böcke aus der Haut die uralte Mythe wieder, welche sonst von der Kuh erzählt wird (S. 50. 117)?

liesz ihn der Zorn und er nahm zum Vergleiche. Thiálfi und Röskva
die Kinder des Bauers. So wurden diese Thórs Dienstpflichtige und
folgten ihm fortan beständig, in seiner Begleitung die Haide ent-
wildernd, Anbau fördernd.*) Als ein anderer Gefährte Thórs tritt
Loki auf, ein böser Feuerriese, der im Systeme der nordischen Mythologie in die Gesellschaft der Ásen aufgenommen ist und bald ihren
verschlagenen Diener, bald den heimtückischen Verräter ihres Woh-
les spielt.

Eine nicht geringe Anzahl der Grosztaten Thórs, welche er allein oder mit seinem Gefolge vollbrachte, haben uns die Edden in
ausführlicher, wenngleich häufig durch jüngere Ausschmückungen
und Allegorien verunstalteter Form erhalten.

Zornig ward Thórr einst, als er erwachte; sein Hammer fehlte.
Heftig schüttelte er den Bart, heftig das Haupt und sprach zu Loki:
„Höre nun Loki, ich künde dir, was noch auf Erden niemand ahnt,
noch im Ueberhimmel, mein göttlicher Hammer ist geraubt." Beide
gingen zum herlichen Hause der Göttin Freyja und baten sie um ihr
Falkengewand, das sie dem Loki lieh. Loki flog, dass das Feder-
hemd rauschte, bis er der Götter Gehege hinter sich hatte und die
Riesenwelt vor sich sah. Da sitzt auf einem Hügel Thrymr der
Riesenfürst, schmückt seine Hunde mit goldenen Halsbändern und
schlichtet seiner Rosse Mähnen. „Wie stehts mit den Ásen?" fragt
er spöttisch, „wie stehts mit den Alfen? Was führt dich so einsam
nach Riesenheim?" „Uebel steht es mit den Ásen, übel mit den
Alfen! Hältst du des Hlórridhi Hammer verborgen?" Der Riesenfürst bekennt, acht Meilen unter der Erde habe er Thórs Mjölnir
versteckt. Doch wiedererwerben fürwahr sollen die Götter ihn nicht,
wenn nicht Freyja seine Gemahlin werde. Rauschend fliegt Loki
nach Ásgardh zurück. Wild vor Zorn braust Freyja auf, da sie des
Riesen Ansinnen vernimmt; ihr leuchtender Brustschmuck bricht, und
die ganze Halle der Götter erbebt. „Nimmer werde sie nach Riesenheim fahren." Da halten die Götter und die Göttinnen insgesammt
Rat, wie Abhilfe zu schaffen und die Stütze der Welt gegen die
Riesen, Thórs Hammer wiederzuschaffen sei; und Heimdallr schlägt
vor, den Thórr als Freyja bräutlich aufzuputzen und den Riesen zu-

---

*) Als Hypostase des schnellen Blitzes bekundet sich Thiálfi, indem er der
fuszrüstigste der Ásen (föthvatastr Ása) genannt wird Die Insel Gutland
(Gotland), soll im Anfang ganz lichtlos gewesen sein, so dass sie Tags unter-
sank und Nachts oben war, bis Thielvarr (d. i. Thiálfi) zuerst Feuer auf
das Land brachte, und die Insel zu Bauland umschuf.

zuschicken. Er lässt sich nach einigem Sträuben dazu überreden.
„Denn bald würden die Riesen Ásgardh bewohnen, holte Thórr den
Hammer nicht heim." Schon besteigt er in bräutliches Linnen gehüllt den Wagen; weiblich Gewand umwallt seine Knice, auf der
Brust blitzt ihm Freyjas schimmerndes Halsband Brisingamen, Schlüssel erklingen am Gürtel und hoch umflieszt der Schleier sein Haupt.
Loki begleitet ihn als dienende Magd verkleidet. Felsen brachen,
Funken stoben, da Ódhins Sohn mit seinen Böcken gen Riesenheim
fuhr. Thrymr rüstet sein Haus zur Hochzeit, er freut sich seiner
goldgehörnten schwarzen Rinder und seines Reichtums; das beste
der Güter werde ihm nun auch zu Teil. Am Abend wird das Mahl
aufgetragen, die Braut isst einen Ochsen, acht Lachse und alle
Leckerspeisen, die für die Frauen bestimmt sind, sie trinkt drei
Tonnen Met, so dass der Bräutigam sich verwundert.[*] Loki aber,
die schmucke Magd der Braut zur Seite, beschwichtigt ihn, Freyja
habe aus Sehnsucht nach ihm lange gedürstet und gehungert. Da
neigt sich Thrymr unter das Brautlinnen, die Freyja zu küssen, aber
die Augen des Liebchens sprühen Feuer und entsetzt fällt er
in den Saal. Doch auch das erklärt ihm Loki; die Augen glühten
der Braut, denn acht Nächte habe sie vor Sehnsucht nicht geschla-
fen. Da heiszt Thrymr den Hammer des Donnerers hereinbringen,
und ihn der Braut in den Schosz legen, um die Ehe nach der Sitte
zu weihen. Dem Thórr aber lacht das Herz in der Brust, da er,
der hart gemute, den Hammer erkannte; er erfasst ihn und schwingt
ihn wetternd über Thrymr und sein ganzes Geschlecht. Diese Mythe,
deren Seitenbild wir (S. 204) in Deutschland wahrnahmen, besagte,
wie Thrymr (der lautbrausende) der Riese des winterlichen Sturmes
dem Himmel den befruchtenden sommerlichen Wetterstrahl raubt und
während der 8 Wintermonate des Nordens in der Tiefe (des Wolken-
berges) begräbt. Er sucht die Göttin der Sonne und lichten Wolke,
Freyja, gänzlich in seine Gewalt zu bringen. Thórr verhüllt sich selber in das Kleid der Wolkenfrau und gewinnt so im Frühling den
Hammer wieder, den er aus dem Schosze der Wolke hervorwetternd
schwingt.

Ein ähnlicher Riese wie Thrymr war Hrúngnir (der rauschende,
schallende). Einst, als Thórr gen Osten gezogen war, Unholde zu
bekämpfen, ritt Ódhinn auf seinem Rosse Sleipnir, den Goldhelm auf
dem Haupt, durch Luft und Wasser gen Riesenheim und begegnete
da dem Riesen Hrúngnir. Der rühmte sich, als er den Sleipnir sah,
seines guten Rosses Gullfaxi (Goldmähne) und wettete, es mache viel
weitere Sprünge. Um dies zu beweisen sprengte er dem heimreitenden

[*] Vgl. S. 65. 209. 218. 223.

Ódhinn in Riesenzorn nach, und bemerkte in Eifer nicht, dass er
sich unversehends innerhalb der Ásenmauer befand. Gastlich luden
ihn die Götter zum Trinkgelag. Trotzig trat er da in die Halle und
begehrte einen Trunk. Er leerte die beiden Schalen, aus welchen
Thórr zu trinken pflegte, und da er davon trunken ward, liesz er es
an groszsprecherischen Drohungen nicht fehlen. Er wolle Vallhöll
nehmen und nach Riesenheim tragen, sonst aber ganz Ásgardhr versenken und alle Götter töten, ausgenommen Freyja und Sif; die
werde er mit sich zu den Riesen entführen. Freyja war die
einzige, welche ihm einzuschenken wagte, und er würde noch, meinte
er, den Ásen all ihr Bier austrinken. In ihrer Bedrängnis riefen die
Götter nach Thórr, und kaum war sein Name genannt, so stand er
in der Halle mit feuersprühenden Augen; schwang zornig den Hammer und fragte wer Schuld sei, dass hundweise Jötune da trinken
dürften, wer ihm erlaubt hätte in Vallhöll zu sein und warum Freyja
ihm einschenke beim Göttergelag. Hrúngnir wird kleinlaut und be-
ruft sich auf Ódhins Einladung. Um die Heiligkeit des Gastrechts
nicht zu brechen, wird ein Zweikampf an der Landesgrenze zwischen
dem Reich der Ásen und Riesen, bei Griottúnagardhr (Geröllgehege)
zwischen ihm und dem Gotte ausgemacht. Den Schild von Stein
hielt der Riese vor sich, seinen Schleifstein schwang er, als er Thórr
erwartete. Nicht mild war er anzuschauen und fest saß ihm und
unbeweglich das steinerne, dreikantige Herz in der Brust. Neben ihm
pflanzten die Riesen als Kampfgenossen den Möckrkálfi, einen Mann,
der aus Lehm neun Meilen hoch und drei über die Brust breit gemacht war. Damit er Herz habe, hingen sie ihm ein Stutenherz in
den Leib. Doch ist ein solches, wie die nordische Rede meint, nicht
mutvoll, und so liesz Möckrkálfi vor Angst sein Wasser, als Thórr
mit dem Donnerwagen im Flammen der Berge daherrollte. Voraus
lief des Gottes Diener Thiálfi und trat höhnend vor Hrúngnir. „Uebel
behütet bist du, Jötun, du hältst den Schild vor dich, aber Thórr
hat dich gesehen und wird von unten herauffahren." Da warf
Hrúngnir seinen Steinschild unter die Füsze und stand ungedeckt
dem Feinde gegenüber. Er fasste seine Steinwaffe mit beiden Händen. Jetzt gewahrte man Blitze und vernahm laute Donnerschläge
und Thórr in seiner Ásenkraft war da und warf den Mjölnir aus der
Ferne nach Hrúngnir. In der Luft trafen sich des Gottes und des
Riesen Geschoss, das letztere zerbrach in tausend Trümmer; daher
stammen alle Wetzsteinfelsen der Erde; ein Splitter fuhr in Thórs
Haupt; Mjölnir aber traf und zertrümmerte Hrúngnirs Schädel. Beide
Kämpfer stürzen zu Boden, und des sterbenden Riesen Bein fällt

über Thórs Hals und keiner vermag ihn davon zu befreien, bis sein
dreijähriger Sohn Magni (Kraft) kommt. Der wirft leichten Spieles
den Riesenfusz von des Vaters Nacken. „Schmach und Schaden,
dass ich zu spät kam, um am Kampfe teilnehmen zu können.“
Thórr stand auf und empfing den Sohn wol „Du wirst ein tüchtiger
Mann werden.“ Und er schenkte ihm das Riesenross Gullfaxi. Unterdessen hatte Thiálfi mit Möckrkalfi leichtes Spiel gehabt.

　　Die Sage von Hrúngnir ist die Umdeutung einer älteren Gewitter-
mythe im Sinne der ackerbaufreundlichen Auffassung des Donnergottes.　Sie zeigt uns Thórs milde Gewittermacht im Kampfe

gegen das „tosende Unwetter im Gebirge, welches sich verwüstend
über die milderen, angebauten Abhänge stürzt, und von Thórr durch
das Vorwärtstragen des Anbaus geschwächt und ganz vernichtet wird."
Darum geschieht der Kampf auf Griottúnagardh, dem Geröllfelde
an der Grenze des bebauten Landes, darum hält der Riese, der ein
Blitzross (Goldmähne) reitet, den Steinschild unter sich und in seinem, des Unwetters und Wolkendunkels Leibe steht als steinernes
Herz ein Berg (vgl. S. 56). Von Thórs Blitzen gerüttelt und gelöst
braust das Unwetter des nackten Felsgebirges mit Geröllsturz herunter. Doch ist der Sieg nicht vollkommen, denn der Blitz selbst wird
unter dem Geröllsturz begraben und der Anbau ist im Anfang küm-
merlich und wird oft genug beschädigt. Möckrkálfi (Nebelwade) ist
eine komische Figur, welche in älteren Darstellungen des Mythus
nicht vorkommt und erfunden wurde, Thiálfi zu beschäftigen. Man
deutet ihn auf den wässrigen Lehmboden am dunstigen Fusze des
Steingebirges.

Nach dem groszen Siege über Hrúngnir kehrte Thórr nach
Thrúdhheim zurück. Aber noch immer stak der Wetzstein des Riesen
in seinem Haupte. Um ihn los zu werden, suchte er eine Weisza-
gerin Gróa (die Grünende), Örvandils des Kecken Weib auf, damit sie durch Zaubergesänge den Stein löse. Schon spürte der Gott
Wirkung, da wollte er ihr die Heilung in seiner Freude und Dank-
barkeit mit der frohen Mähre lohnen, dass er über die weiten winterlichen Eisströme, welche das Riesenreich von der Götter- und
Menschenwelt trennen, die Elivágar, den Örvandill in einem
Korbe auf seinem Rücken getragen habe, die Fluten durchwatend.
Als Wahrzeichen gab er an, dass dem Örvandill eine Zehe abfror,
die aus dem Korbe hervorstand, die habe er (Thórr) an den Himmel
geworfen und zu einem Stern gemacht, der jetzt Örvandils Zehe
heisze. Nicht lange werde es anstehen, bis Örvandill heimkomme.
So erfreut war Gróa über diese Nachricht, dass sie ihre Zauberlieder
vergasz und so blieb der Stein in Thórs Haupt stecken. Deswegen
darf niemand Feldsteine quer über den Boden werfen, denn da rührt
sich der Stein in Thórs Haupte.

Mehrere Mythen erzählen, wie Thórr (der Blitzstrahl) die heiligen lohenden Wasser (heilög vötn) des Himmels, die flammenden
Wolken durchwatet.*) Im Winter sind diese zu Schnee, Eis ver-

---

*) Vadhi der Water mag er davon zubenannt gewesen sein. Es ist mir
wahrscheinlich und ich habe an anderem Orte ausgeführt, dass der alte Wate
in unseren Gudrûnliedern eine Hypostase des watenden Donnergottes sei.

froren, fremde Wogen (Elivágur) geworden. Aber der Frühling
kommt und mit ihm trägt der getreue Thórr den Blitzfunken Örvandill (d. h. Strahl) auf seinen Götterschultern durch die eisigen Ströme,
den Sitz alles winternächtigen Grauens, zur Erde, der erwartenden
Gattin Gróa entgegen d. i. dem Pflanzengrün,*) welches mit seiner
Decke das Felsgestein zu überziehen, den Stein aus des Anbaugottes
Haupt zu lösen versucht. Am gereinigten, klaren Frühlingshimmel
glänzt Örvandils im Winter erfrorene Zehe, der Blitzgott gab den
Lichtern des Firmamentes den Schein wieder, zündete ihn aufs neue
mit dem Blitzfunken an (vgl. S. 66) und befestigte die Gestirne hoch
oben. Als Blitzfunken, als Hypostase Thórs werden wir den Örvandill noch weiterhin kennen lernen.

Als einst die Götter bei Oegir, dem Meerriesen ein Mahl halten
wollten, fanden sie, dass es dem Jötun an einem Bierkessel fehle.
Scharf sah Thórr dem Oegir in die Augen, dass der Riese sich ent-
setzte: „Gieb alsbald den Göttern Trank." Oegir, der Rache brütete,
bat ihm einen Kessel zu schaffen, worin man für alle Ásen Bier
brauen könne. Aber einen solchen Kessel wusste niemand nachzuweisen, bis der Gott Tyr sich eines geräumigen Kessels erinnerte,
den der Riese Hymir ostwärts von den Elivágar besitze, der sei eine
Meile tief. Doch lasse sich derselbe nur mit List gewinnen. Thórr
und Tyr machten sich auf den Weg, sie fuhren den langen Tag, bis
sie zu Egils Gehöfte kamen. Da spannte Thórr selber die Böcke
aus und stallte sie ein. Dann gingen sie zu des übeln Riesen Hause,
der grade auf der Jagd abwesend war. In der Halle empfing sie
Hymirs Mutter, eine alte Riesin mit 900 Häuptern nicht eben freundlich, aber noch eine andere ging hervor, weiszbrauig allgolden, Hymirs Hausfrau, Tyrs Mutter, und brachte dem Sohne kräftiges Bier.
Sie hielt es für nötig die Ankömmlinge hinter acht Kesseln zu verbergen, die am Saalgebälk hingen, „denn Hymir, sagte sie, ist manchmal seinen Gästen gram und schlimmes Mutes." Spät erst kommt
Hymir vom Waidwerk heim, Eisberge schallen als er in den Saal
tritt, gefroren ist des Greises Backenwald (der Bart). Stracks erzählt die leidige Riesenmutter, der Stiefsohn sei gekommen, den sie
lange vom Weg erwartet und Thórr mit ihm, der Freund der Menschen, der Heiliger der Erdenwelt; beide sitzen, sich zu wahren, hinter der Säule. Die Säule zerspringt vor des Riesen Blicke; acht

*) Ein ganz ähnliches Bild ist es, wenn nach vedischem Mythus Indra den
Kutsa (d. i. der personifizierte Donnerkeil) auf seinen Wagen nimmt und mit
ihm zur Dämonentötung auszieht.

Kessel fallen herab, nur ein hartgeschmiedeter bleibt ganz. Die Gäste gehen hervor und dem alten Jötun ahnt nichts Gutes, als er Thórr mit Blicken misst. Er lässt drei Stiere sieden, von denen Thórr allein vor Schlafengehen zwei verzehrt. Der graue Hymir findet daher nötig, für die Mahlzeit des nächsten Abends durch Fischfang zu sorgen und Thórr ist bereit mit auf das Meer zu rudern, wenn der Riese ihm Köder gebe. Der Riese heiszt ihn solchen in der Heerde suchen, worauf Thórr in den Wald eilt und einem schwarzen Stiere den Kopf abreiszt. Er heiszt den Jötun immer weiter hinausrudern, wozu dieser jedoch wenig Lust bezeigt. Hymir zieht an der Angel zwei Wallfische zugleich auf, im Hinterboot aber ködert Thórr mit dem Stierhaupte. Und schon schnappt nach demselben die den Göttern verhasste Midgardhschlange, welche im Meere liegt und alle Lande umgürtet. Kühn zieht Thórr die giftglänzende zum Schiffsrand empor und trifft mit dem Hammer ihr hässliches Haupt. Felsen krachen, die Erde stöhnt und die Schlange sinkt ins Meer zurück. Auf der Rückfahrt ist Hymir misgelaunt und still, dann heiszt er seinen Gefährten den Fang heimtragen, oder das Boot befestigen. Thórr hebt das Schiff gesammt Schöpfwasser und Schiffsgerät am Vorderteil auf seine Schulter, und trägt noch dazu die beiden Wallfische nach Hymirs Hofe. Aber noch will der Jötun ihn nicht für einen starken Mann erkennen, wenn er nicht einen Kelch, den er ihm einhändigt, zu zerbrechen vermöge. Thórr fasst den Kelch und schlägt sitzend damit den Fels entzwei und Säulen mittendurch, doch bleibt derselbe ganz. Da rät die schöne Freundin, ihn auf des Jötuns Hirnschale zu schlagen „härter ist die dem kostmüden Jötun, als irgend ein Kelch." Ganz in Ásenkraft wirft sich Thórr zu solchem Schlage, heil bleibt des Greises Haupt, aber der Becher ist zerbrochen. Hymir bedauert den Verlust. „Die liebste Lust weisz ich verloren, da mir der Kelch vor den Knieen liegt." Doch sagte er, die Gäste sollten den Kessel haben, wenn sie es vermöchten ihn vom Boden aufzuheben. Tyr versucht zweimal vergeblich, ihn zu rücken. Thórr aber fasst ihn am Rande, tritt den Estrich des Saales durch und lüpft sich den Kessel aufs Haupt, an die Fersen schlagen ihm die Heberinge. Nicht weit sind sie damit gekommen, als Thórr zurückblickt und von Osten her aus Höhlen vielhauptiges Volk mit Hymir nacheilen sieht. Er hebt sich den Kessel von den Schultern, schwingt den mordlustigen Mjölnir und erschlägt Hymirs ganzes Gefolge. So bringt er glücklich den Braukessel, den Hymir hatte, zur Versammlung der Götter, die nun jede Leinernte bei Oegir zechen.

Hymir, dessen Hirnschale nach Skaldenliedern der Himmel ist, erscheint in dieser Sage als ein Riese des wildflutenden Meeres, das Thórr in seine Schranken zurückweist, sein Kessel ist des Weltmeers unendlich tiefes Becken. Zu Grunde aber scheint eine ältere Mythe zu liegen, wonach Thórr und Týr (der Himmelsgott) von dem Riesen den geraubten Kessel des himmlischen Wassers, das Himmelsgewölbe wiedererwerben.

Loki flog einmal zur Kurzweil mit Freyjas Falkengewand. Aus Neugier fliegt er bis Geirrödhsgardh, sieht dort eine grosze Halle, lässt sich nieder und schaut zum Fenster hinein. Geirrödhr erblickt ihn und befiehlt den Vogel zu greifen und ihm zu bringen. Der Ausgesandte gelangt mit Not die hohe Hallenwand hinan. Loki ergetzt sich daran, wie jener mühsam ihm nachstrebt, und er gedenkt nicht eher aufzufliegen, als bis der Mann den schwierigen Weg zurückgelegt. Jetzt langt derselbe nach ihm, aber er schlägt die Flügel und spreitzt die Füsze; da kleben dieselben fest; er wird ergriffen und dem Jötun Geirrödhr gebracht. Diesem sind die Augen des Vogels verdächtig, aber Loki schweigt auf seine Frage. Da schlieszt ihn Geirrödhr in eine Kiste und lässt ihn darin drei Monate hungern. Als er den Gefangenen wieder herausnimmt und sprechen heiszt, gestht Loki wer er sei und löst sein Leben damit, dass er dem Jötun schwört, den Thórr ohne Hammer und Stärkegürtel nach Geirrödhsgardh zu bringen. Es gelang ihm den Donnergott zur Reise zu überreden, mit Loki und Thjálfi machte dieser sich auf den Weg. Abends nahm Thórr Herberge bei der Riesin Grídh, der Mutter Vidhars des Schweigsamen; sie sagte ihm die Wahrheit von Geirrödhr als einem klugen und übel umgänglichen Jötun; auch lieh sie ihm ihre eigenen Eisenhandschuhe, ihre Stärkegürtel und ihren Stab. Damit zog Thórr zu dem Flusse Vimur, aller Flüsse grösztem. Er umspannte sich mit den Stärkegürteln, stemmte Grídhs Stab gegen die Strömung, Loki aber hielt sich unten am Gurte. Als nun Thórr mitten in den Fluss kommt, da wächst dieser so stark an, dass er bis zu Thórs Schulter reicht. Aber Thórr ruft dem Strome zu: „Weist du, wenn du wächsest, wächst mir die Ásenkraft himmelhoch?" Beim Aufblick in ein Geklüfte sieht Thórr, dass Gjálp, Geirrödhs Tochter, queer über dem Strome steht und das Wachsen desselben verursacht. Er nimmt einen groszen Stein aus dem Flusse, wirft nach ihr und spricht: An der Mündung muss man den Strom hemmen. Sein Wurf fehlt nicht; in demselben Augenblicke naht er sich dem Lande, erwischt einen Vogelbeerstrauch und steigt aus dem

Flusse. Daher heiszt der Vogelbeerbaum Thórs Hilfe
(Thórs björg).

Als die Reisegefährten zu Geirrödhr kamen, wurden sie zuerst
ins Gästehaus gewiesen. Hier befand sich nur ein Stuhl, auf den
Thórr sich setzte. Er bemerkte, dass der Stuhl sich unter ihm gegen
das Dach emporhob, stiesz daher mit Grídhs Stabe aufwärts in das
Sparrwerk und drückte sich auf den Stuhl herab. Da entstand
groszes Gekrach und lautes Geschrei folgte. Unter dem Stuhle waren Geirrödhs Töchter Gjálp und Greip, beiden hatte Thórr das Genick gebrochen. Darauf hiesz ihn Geirrödhr in die Halle zu den
Spielen rufen. Dort befanden sich grosze Feuer, der ganzen
Länge der Halle nach. Als nun Thórr dem Jötun gegenüberstand,
fasste dieser mit der Zange einen glühenden Eisenkeil und warf
nach ihm. Thórr aber fiug den Keil mit den Eisenhandschuhen auf
und warf ihn zurück. Geirrödhr lief hinter eine Eisensäule, um sich
zu wahren. Doch von Thórs Wurfe fuhr der Keil durch die Säule,
durch Geirrödhr, durch die Wand und darüber hinaus in die Erde.

Die Mythe von Geirrödhr d. h. der Speermann schildert den
Wettkampf zwischen dem mit Blitzen um sich werfenden verderb-
lichen hochgebirgischen Dämon der Wetterwolke (vgl. S. 56. 65) und
dem segnenden Thórr; wenn der norwegische Bauer am Gebirge
zwei Gewitter gegen einander stoszen sah, erinnerte er sich des
Kampfes Thórs und Geirrödhs, in dessen Töchtern man lohende
Gewittergüsse und anschwellende Bergströme nicht verkennen kann.
Um diesen Kern hat das übrige sich festgesetzt. Die Unholdin Grídh
(Heftigkeit), welche nach einer jüngeren Sage Platzregen, Sturm und
Hagel aus ihrer Nase bläst, ist eine Wetterriesin; Gürtel und Hand-
schuh bezeichnen ihre unbezwingliche alles packende Kraft und
Herrschaft über das Wetter, ihr Stab ist der Blitz. Sie leiht diese Dinge
Thórr, er bedarf ihrer Unterstützung, um den Riesen Geirrödhr auf
seinem eigenen Gebiete, mit seinen eigenen Waffen zu schlagen. Er
muss im Gebirge erst das vernichtende riesische Gewitter entfalten,
ehe sein segnender Strahl durchbrechen kann.

Wenn Thórr in Geirrödhr den Gewitterriesen bändigt, erschlug
er nach einer anderen Mythe am ersten Sommertage den riesigen
Baumeister, welcher während des Winters Ásgardh mit einer
festen Mauer umzog, und wenn er dies vollendet hätte, die Sonne,
den Mond und die Göttin Freyja mit sich nach Riesenheim entführt
haben würde (vgl. S. 56). Ueberhaupt bekämpft Thórr die vielfachen
Genossen des Geschlechtes der Reifriesen (Hrimthursen) — Hýmir

der Meerjöttun wird uns in der Gestalt eines solchen „reifkalten"
Hrimthurs geschildert — die winterlichen Mächte.

Ein andermal sind wieder die schwarzen Wolkenmassen, welche
das Regennass zurückhalten, in Thórs Feinden deutlich gekennzeich-
net. Noch heute glaubt das schwedische Landvolk, dass der Blitz
die Riesen verfolge, die beim Gewitter in Form eines geballten
Knäuels oder in Gestalt von Katzen (s. S. 89. 90) und anderen Tieren aus der schwarzen Wolke stürzen und unter der Schürze vorüber-
gehender Bäuerinnen Schutz suchen.

Im Kampfe gegen die finsteren Mächte der schwarzen Wolke
und des Winters erbeutet Thórr den Schatz des Sonnengoldes, die Kühe
und Frauen zurück. Deshalb sollen nach dänischem Volksglauben
die Drachen am Gründonnerstage ihren Goldhort sonnen, und
in heute noch in Norwegen gesungenen Hirtenliedern wird erzählt,
wie ein Riese die Tiere eines Hirten mit Rufen der Hirtensprache an
sich zu locken suchte. Da schreit der Mensch nach vergeblicher
Mühe, sein Vieh zurückzuhalten, zu Oekuthórr, Sifs Gemahl (Soeke
Thore, Skälvers man) und dieser kommt mit seinem Hammer und rettet den Hirten.

Oft setzen die Riesen Thórs Gewalt trügerisches Blendwerk entgegen und wo er schon das gewaltigste vollbracht hat, feiern auf
einen Augenblick noch die feindlichen Mächte einen scheinbaren Sieg.
Auch giebt es eine natürliche Grenze, über welche Thórr nicht
hinauskann. Im Winter ist er aus der heiteren Welt der Menschen
und Götter Midhgardh (d. h. dem Mittelreich) verschwunden und
wagt sich in die Auszenwelt (Utgardhr) in das Gebiet der Riesen
und Dämonen selbst, aber hier reicht seine Kraft nicht aus, vermag
keine bleibende Erfolge zu erfechten, die Bösen brechen inzwischen
selbst in die bewohnte Erde verwüstend ein. Diese Gedanken sind
mit Benutzung verschiedener älterer Naturmythen und Hinzunahme
bewust allegorischer Züge in einer schönen Erzählung der jüngeren
Edda verarbeitet. Auf einer Fahrt nach Jötunheim zog Thórr mit
Thiálfi, Röskva und Loki über das Meer. Am jenseitigen Ufer im
Riesenland angekommen, wanderte er sammt seinen Gefährten durch
einen groszen Wald, in der Absicht um den Riesenkönig Utgardhaloki heimzusuchen. Als der Abend kam, fanden sie ein Haus, worin
die Tür ebensohoch als das ganze Haus war. Da blieben sie des
Nachts. Um Mitternacht entstand ein groszer Lärm. Die Erde bebte
und das Haus zitterte. Die Begleiter Thórs fürchteten sich sehr und
zogen sich in die Seitengebäude des Hauses zurück, das sehr geräumig schien. Thórr dagegen ergriff seinen Hammer, um sich zu

wehren. Als der Tag anbrach, ging Thórr hinaus und sah einen
ungeheuren Riesen, der schlief und schnarchte gewaltig. Jetzt begriff er, woher der Lärm gekommen. Bald nachher erwachte der
Mann, der sich Skrýmir nannte und fragte, ob sie seinen Handschuh
nicht gesehen. Da merkte Thórr, dass jenes Haus, worin sie des
Nachts gewesen, der Handschuh des Riesen war, das Seitengebäude
war der Daumen des Handschuhes. Skrýmir, Thórr und seine Begleiter wanderten jetzt den ganzen Tag miteinander; Skrýmir trug
den Esskorb. Des Abends sagte er, dass er schlafen wolle. „Ihr
anderen, fuhr er fort, möget den Esskorb nehmen und Mahlzeit halten." Nachdem er dies gesprochen schlief er ein. Thórr wollte nun
den Esskorb öffnen, konnte aber — wie unglaublich es scheinen
mag — nicht damit zu Stande kommen. Mit so festen Knoten war
der Speisebündel vom Riesen zusammengeschnürt. Da ward Thórr
zornig und wollte den Riesen töten. Er ergriff seinen Hammer Mjölnir und schlug ihn damit an den Kopf. Skrýmir erwachte und fragte,
ob nicht ein Blatt herabgefallen wäre. Als der Riese eingeschlafen
war und schnarchte, dass der Wald hallte, schlug Thórr ihn mit dem
Hammer zum zweiten, und nach einiger Zeit noch zum dritten male
und jetzt so stark, dass der Hammer ihm das einemal tief durch den
Wirbel ins Haupt, das anderemal in die Schläfe bis an den Schaft
eindrang. Jedesmal erwachte der Riese und klagte, dass die Buch-
eicheln und herabfallendes Moos ihn im Schlafe störe. Des Morgens
endlich schied Skrýmir von ihnen, suchte sie aber zuvor noch zu erschrecken und von dem Besuche bei Utgardhaloki abzuhalten. Allein Thórr und seine Begleiter wanderten immer zu und am Mittag
erreichten sie eine Burg, so hoch, dass ihr Auge kaum über die
Dachspitze reichte. Sie gingen hinein und sahen viele Riesen. Endlich traten sie vor Utgardhaloki und grüszten ihn, er aber sah sie
kaum an „Ist denn dieser kleine da der Ásathórr?," fragte er, „doch
vielleicht bist du mehr als du scheinst. Aber welche Fertigkeiten
wollt ihr jetzt zeigen. Bei uns wird niemand geduldet, der sich nicht
durch irgend eine Kunst oder Geschicklichkeit vor anderen auszeich-
net." Da antwortete Loki, der zuletzt hereingekommen war: „Ich
verstehe eine Kunst, die ich gern gleich zeigen möchte; denn ich
denke, dass niemand hier im Saale sei, der schneller als ich zu essen
verstünde." Sogleich rief Utgardhaloki einen Mann herbei, der sich
Logi (Glut, Lohe) nannte. Es wurde eine grosze Schüssel mit
Fleisch herbeigebracht und nun fingen die beiden an zu essen; am
Ende aber begegneten beide einander in der Mitte der Schüssel.
Aber Loki hatte nur das Fleisch gegessen, der andere auch noch

die Schüssel und die Knochen verzehrt; deshalb waren alle darin
einverstanden, dass Loki überwunden sei. Hernach sollte Thiálfi
seine Geschicklichkeit im Laufen zeigen. „Du must sehr schnell
sein," sagte Utgardhaloki, „wenn du dich in dieser Kunst zeigen
willst." Nun rief er einen jungen Mann, der Hugi hiesz. Doch als sie
den Lauf anfingen, hatte augenblicklich Hugi das Ende der Bahn erreicht,
wonach er umkehrte und Thiálfi begegnete, bevor dieser noch an
das Ziel gekommen war. „Du must besser ausholen, sagte Utgardhaloki, wenn du das Spiel gewinnen willst." Trotzdem gestand er noch
keinen Schnellfüsizigeren gesehen zu haben. Gleich fingen sie zum
zweiten male an, allein als Hugi das Ziel erreicht hatte, war Thiálfi
noch einen Pfeilschuss davon entfernt. Sie versuchten es endlich
zum dritten male; da hatte Thiálfi noch nicht die Mitte der Bahn
erreicht, als Hugi schon am Ziele gewesen war und sich umkehrte
und ihm wieder begegnete. Alle erklärten diese Proben für hinlänglich. Endlich kam die Reihe an Thórr selbst, der nun ebenfalls
seine Tüchtigkeit zeigen sollte. Thórr sagte, er wolle sich am liebsten
mit jedem im Trinken messen. (vgl. S. 213). Auf den Wink Ut-
gardhalokis brachte der Schenke das Horn herein, woraus die Höf-
linge gemeinhin zu trinken pflegten. Thórr schaute sich das Horn
an, es schien ihm nicht sehr weit, doch war es ziemlich lang. Dann
sagte Utgardhaloki „Aus diesem Horne scheint uns wol getrunken,
wenn es auf einen Zug leer wird, einige trinken es auf den zweiten
aus, keiner aber unter uns ist ein so schwacher Trinker, der es nicht
auf drei leerte." Thórr ist sehr durstig. Er hebt an zu trinken und
schlingt gewaltig. Dreimal setzt er an zu immer mächtigeren Zügen,
aber erst beim dritten Zuge ist eine Abnahme des Getränks im Horne
bemerkbar. „Jetzt ist es offenbar, sagte Utgardhaloki, dass deine
Gewalt geringer ist, als wir glaubten; willst du mehr Spiele versuchen?" — Thórr war dazu bereit und der Riesenkönig fuhr fort:
„Junge Bursche pflegen hier, was wenig besagen will, meine Katze
vom Boden aufzuheben; nie wagt' ich solches dem Ásathórr vorzu-
schlagen, hätt' ich nicht zuvor gesehen, dass du viel weniger ver-
magst als ich dachte." Jetzt sprang eine sehr grosze graue Katze
in den Saal hinein. Thórr schritt auf sie zu, ergriff sie unter dem
Bauche; die Katze machte einen Buckel, und als Thórr sie so hoch
erhoben hatte wie er mochte, standen noch drei Beine auf der Erde,
nur die eine Pfote schwebte in der Luft. „Das Spiel ist so abgelau-
fen, wie ich gedacht, sagte Utgardhaloki; denn die Katze ist grosz
und Thórr ist nur klein neben den ansehnlichen Männern, die hier
bei mir sind." Hierauf Thórr: „So klein ihr mich nennt, so komme

nun jeder her und ringe mit mir; jetzt bin ich zornig." „Ich sehe
keinen Mann hier, antwortete Utgardhaloki, der es nicht als eine
leichte Sache betrachten würde, mit dir zu kämpfen, allein wir wollen lieber das alte Weib Elli (Alter) hereinrufen. Sie ist meine
Säugamme gewesen; mit ihr mag Thórr streiten, wenn er Lust hat,
sie hat Männer erlegt, die stärker als er schienen." Jetzt trat ein
altes Weib in den Saal und Thórr begann mit ihr zu ringen; je mehr
er sich aber abmühte, um so fester stand das Weib. Endlich fing
Thórr an zu straucheln und der Kampf endigte damit, dass Thórr
auf die Knie sank. Da hiesz Utgardhaloki sie aufhören und fügte
hinzu, dass Thórr es wol schwerlich versuchen werde mit mehreren
an seinem Hofe zu kämpfen.

Den folgenden Morgen, als Thórr mit seinem Gefolge fortging,
begleitete sie Utgardhaloki auf den Weg. „Nun werde ich dir die
Wahrheit bekennen, sagte er, weil du meine Burg verlassen hast,
nach der du, wie ich hoffe, nie zurückkehren wirst; und hätte ich
die Grösze deiner Kraft früher gekannt, so wärest du nie dahin gekommen. Ich habe dich durch Zauberkünste verblendet. Ich selber
war der Riese Skrýmir (d. h. Gaukler), den Esskorb hatte ich mit
eisernen Bändern zugeschnürt, deshalb war es natürlich, dass du
den Knoten nicht lösen konntest. Mit dem Hammer aber hättest du
mich gewiss getötet, wenn du mich getroffen; allein ich schob dir
einen Felsen in den Weg; bei meiner Burg sahst du diesen Felsen,
drei gewaltige Löcher befanden sich darin, das eine noch tiefer als
das andere, die hast du mit deinem Hammer geschlagen. Der Mann,
mit dem Loki um die Wette gegessen, Logi war das Wildfeuer.
Deshalb frasz er nicht allein das Fleisch, sondern auch die Knochen
und die Schüssel. Hugi der Mann, mit dem Thiálfi im Laufe stritt,
war mein Gedanke (hugi minn) und nicht war zu erwarten, dass Thiálfi
es mit dessen Geschwindigkeit aufnehmen könne. Das Ende des
Hornes, aus dem du trankst, lag in der See, was du nicht sahest,
und die Ebbe des Meeres wird nun davon zeugen, wie gewaltig du
getrunken hast. Als du aber die Katze in die Höhe hobst, da ent-
setzten wir uns alle; denn es war keine solche Katze, als sie dir
schien, es war die Midhgardhschlange, die sich um alle Lande herum-
windet, allein du hast sie so hoch erhoben, dass sie beinahe an den
Himmel reichte und kaum noch berührten ihr Kopf und Schwanz die
Erde. Die alte Frau mit der du gerungen hast, war die Zeit (das
Alter; elli), und niemand ist und wird kommen, den sie nicht am
Ende zu Falle brächte. Thórr ward jetzt zornig, erhob den Ham-

mer, um Utgardhaloki zu töten, dieser aber war verschwunden und Thórr konnte weder ihn noch seine Burg wiederfinden.

Mit einem Worte fasst der Skálde Eilif Gudhrúnarson alle die gewaltigen Riesenkämpfe Thórs zusammen, indem er ihn **Fäller der luftigen Götterstühle Fornjóts** d. h. des Urriesen und seines Geschlechtes nennt. Des Fornjótr Söhne und Enkel sind Kári der Wind, Jökull (der Eisberg), König Schnee (S. 95), Frosti (der Frost), Illér (das Meer), Logi (die Flamme, das wilde ungebändigte Wildfeuer).

Durch den Streit mit diesen Gewalten ist Thórr in allen 4 Elementen wirksam; aber alle seine Tätigkeit bezieht sich darauf, den Himmel von den hereindringenden dämonischen Mächten rein zu halten „Thórr sammt Ódhins Einherien wehrt mit Stärke Ásgardh," und die Erde von den Riesen zu säubern und dem heiligen Werke des friedlichen Ackerbaus immer mehr zu eröffnen. „Uebermächtig würden die Riesen, wenn sie alle lebten, mit den Menschen wäre es aus in Midhgardh; wäre Thórr nicht, längst hätten sie die Erde öde gelegt." Midhgardhs Véorr d. h. der **Heiliger der Erde** ist Thórr daher genannt.

Noch zu König Ólaf Tryggvason, dem Bekehrer von Norwegen, soll Thórr als ein rotbärtiger Jüngling von stattlichem Wuchse aufs Schiff gekommen sein, und, nachdem er durch allerlei Kurzweil und scherzhaftes Wettspiel die Hofleute ergetzt, gesprochen haben: Damit heb' ich an, Herr, dass dieses Land, dem wir vorbeisegeln, ehemals von Riesen bewohnt war. Diese kamen schnelles Todes um, bis auf zwei Weiber. Hernach begannen Leute aus östlichen Landen (die Menschen) sich hier anzubauen; aber jene groszen Weiber taten ihnen viel Gewalt und Bedrängnis an, bis die Landbewohner beschlossen, diesen roten Bart um Hilfe anzuflehen. Alsbald ergriff ich meinen Hammer und erschlug die beiden Weiber. Das Volk dieses Landes blieb auch dabei, mich in seinen Nöten um Beistand anzurufen, bis du, o König, meine Freunde vertilgt hast, was wol der Rache wert wäre." Bitter lächelnd blickt Thórr darauf zum König zurück, schieszt wie ein Pfeil über Bord ins Meer und wird nicht mehr gesehen.

Die Inselschweden legen noch heute bei der Aussaat des Kornes einen Donnerkeil in das Gefäsz, woraus sie streuen; auf Seeland wirft man Gründonnerstags Aexte ins Saatfeld (vgl. S. 199. 208) und viele Pflanzen z. B. Thórhat, Thórhialm, Thórböll, sowie Ortsnamen Thórlöf, Thórslund, Thórsakar, Thóreng (d. i. Thórslaub, Thórshain, Thóracker, Thórswiese) bezeugen des Donnergottes Für-

sorge für den Pflanzenwachstum. Doch auch der Tiere des Feldes
nimmt er sich an. Als des Blitzes Abbild galt auch im Norden der
Vogelbeerbaum (vgl. S. 192). Ein als Schmarotzerpflanze auf
einem anderen Baum wachsender Vogelbeerzweig (vgl. S. 63. 64) wurde,
wie in Deutschland (S. 194) dazu verwandt die Kühe damit milchreich zu machen. Am heiligen Thórstage (Himmelfahrt), zu dessen
Ehren die Weiber rote Schürzen tragen, flicht man in Schweden,
sobald der Hirte das Vieh in den Wald getrieben hat, einen Blumen-
kranz und setzt ihn auf einen Pfosten der dem Dorfe zunächst gelegenen Heckentür, durch welche der Hirt heimtreiben muss. Unterdessen verschafft sich der Hirt, nachdem er die Hörner der Tiere
aufs beste mit Blumen geschmückt hat, einen Vogelbeerzweig
und nimmt, wenn er um Mittag ans Dorf kommt, den Kranz vom
Heckenpfosten und setzt ihn auf die Spitze des Vogelbaums, hält
diesen mit beiden Händen vor sich und zieht so an der Spitze der
Heerde ins Dorf ein, wo er den Vogelbeerbaum auf den Scho-
ber steckt. Hier bleibt derselbe während der ganzen Weidezeit
stehen. Danach bindet man zum erstenmale den Kühen die Schellen
an und wenn sich Jungvieh findet, das zuvor noch keinen Namen
hatte, so schlägt man mit einer Rute vom Vogelbeerbaum dreimal auf seinen Rücken, wobei der Name ausgerufen wird.*) Das Vieh
wird nun am Mittag mit bestem Futter gespeist und auch die Hausleute nehmen an diesem Tage ihre Mahlzeit am Eingange des Vieh-
hofs ein. Schallt der Ruf des Kuckucks (S. 194) um diese Zeit
von Süden her, so zeigt er ein gutes Butterjahr an.

Die Rute des als Schmarotzerpflanze gewachsenen Vogelbeerbaums diente auch als Wünschelrute (S. 206), und man schrieb ihr
überhaupt riesen- und hexenvertreibende Kraft zu, und weil Thórr
in mächtigen Zügen das Wolkengewässer schlürft, mussten, um sie
zu weihen, die Biergefässe aus dem heiligen Vogelbeerholz gefertigt
sein. Wiederum bekreuzte man mit Thórs Hammerzeichen den Becher.
Wie in Deutschland lohten auch im Norden Notfeuer und Johannisfeuer.

Schon Thórs Gattin Sif (d. h. Sippe) bewährt uns, dass er auch
als der Schützer der edelsten Güter des Hauses und der Familie galt.
Die Ehe wurde eingesegnet, indem man Thórs Symbol, einen Hammer in den Schoss der Braut legte. Noch jetzt gelten die Donnerstage für günstige Heiratszeit. Thórr vermochte blühende Kinder zu
geben, oder, wenn er zürnte, den Schoss der Mütter unfruchtbar zu

---

*) Das dreimalige Schlagen der Kühe bezieht sich auf die uralte Sitte der
dreimaligen Melkung im Sommer.

machen, so dass nicht Sohn, nicht Tochter das Elternherz erfreute. Die Säulen des Hochsitzes, des heiligsten Platzes in der Wohnung nächst dem Heerde waren ihm geweiht und trugen häufig sein Bild. Die isländischen Kolonisten brachten diese Säulen meistens aus der norvegischen Heimat mit und warfen sie bei der Annäherung an die Küste ins Meer, damit Thórr ihnen die Stätte zum Anbau weise. Dafür galt die Stelle, wo die Balken ans Land trieben. Thórs Gabe war der Grundbesitz und bei Besitzergreifung herrenloser Gründe wurde häufig ihm die Landnahme geweiht, von herrenlosen Grundstücken sowol, als von erkauftem Lande nahm man mittelst angezündeten Feuers Besitz. So wurden die Thórstempel denn auch als Thingstätten benutzt, wie es von Thórr selber heiszt, dass er täglich zu Fusz zum Göttergericht bei der Esche Yggdrasill gehe, die heiligen Wasser (der Himmelsburg) Körmt und Örmt und beide Kérlög durchwatend.

Alle diese mannigfaltigen Beziehungen machten Thórr, den Riesenbetrüber, zum lieben Freunde der Menschen. Einzelne suchten noch in besonderer Weise seine Gunst, indem sie sich Thórs Freunde, Thórs vinar hieszen, ihre Kinder nach ihm (Thórsteinn, Thórólfr und dergl.) benannten und dieselben ihm heiligten.

In allen nordischen Landen war Thórr hochgeehrt, im Tempel zu Upsala stand sein Bild neben Ódhinn und Freyr. Es hielt ein Scepter in der Hand und war einer späteren Nachricht zufolge von Sternen umgeben.*) Besonders aber lag den norvegischen Stämmen seine Verehrung an. Unter diesen hatte er viele prächtige Tempel. In dem zu Mæroe war der Gott mit dem Hammer in der Hand auf seinem von Böcken bespannten Karren in lebendiger Leibhaftigkeit zu sehen, mit vielen Kostbarkeiten aus Gold und Silber geschmückt. Die Tiere waren zu gröszerer Annäherung an die Natur mit wirklichen Fellen bezogen. Der Tempel zu Möstaroe war so heilig, dass sein Eigner, der mächtige Thorólfr Mostrarskegg bei seiner Uebersiedelung nach Island Erde aus den vier Ecken des Heiligtums mit sich nahm, um darauf einen gleichen Tempel in der neuen Heimat zu erbauen. Er baute ihn beim heiligen Berge (Helgafjöll) auf und glaubte sammt seinen Verwandten nach seinem Tode in diesem Berge zu hausen. Ja der gewaltige Donnerer galt dem norvegischen Volke vorzugsweise als Landesgott (Landáss) und auf einer der von Norvegen aus bevölkerten Orkaden stand ein hei-

---

*) Ein Ausdruck des Gedankens, dass Thórr das verdunkelte Gestirnlicht wiedererzeugt.

liger Vogelbeerbaum, an dessen Unverletztheit die Selbständigkeit und Macht des Volkes geknüpft war.

Das felsige Norvegen, von dem noch heute wenig mehr als der zwanzigste Theil bewohnbar ist, war es auch, welches die Auffassung Thórs als Anbaugottes zu der vorhin dargelegten Ausbildung gebracht hat. Zwischen die starrenden Gipfel des Ostens und Nordens, die mit ewigen Schnee und Eise bedeckt sind, erstrecken sich wenige Täler, wie in den Fels hineingehauen, wie mit gewaltiger Faust zerspalten und zerklüftet; in ihnen herscht frischer Waldwuchs, üppigste Fruchtbarkeit und höhere Wärme. Musten nicht die Normannen, als sie sich zuerst in diese Täler und Wälder hineinrodeten, die Vorstellung gewinnen, dass erst die gewaltige Kraft eines Gottes den Weg in solche Steinmassen habe bahnen müssen, dass ursprünglich die Erde, als sie noch ganz riesischer Natur war, eine festgeschlossene, unzugängliche Felsmasse gebildet habe?

Wiederum gewannen diese Gedanken vorzüglich bei dem Stande der kleineren ackerbauenden Grundbesitzer Anklang und Reife, welcher allmählich gegen den kriegerischen Adel stärker und stärker hervortrat. Es bildete sich dadurch der Gegensatz zwischen beiden Ständen schärfer hervor. Dieser verehrte mit Vorliebe Ódhinn, den edeln Heldengott, bei dessen Anblick — wie die Ýnglingasaga sagt — jedem, der ihn schaut, das Herz im Leibe lacht; den Urheber und Quell aller tieferen Weisheit und Kunst, der unter allen Göttern jene geistige Feinfühligkeit besitzt, die ihm das Zukünftige in seinen feinsten Regungen erschlieszt; auf Hlidhskjálf lauscht er. Mitten unter Schwertern horcht er den Klängen der Liebe, Minneabenteuer suchend, und den Kampf treibt er als des Kräftigen höchste Lust, als freies Spiel. Der praktische Bonde (Bauer) dagegen erschaute in Thórr sein Ideal, dessen derbe Bauerngestalt feineren Regungen fern steht. Ohne viel Denken erfüllt er mit der Faust sein groszes Geschäft für die Welt; kurz von Ueberlegung braust er gleich auf, wo er einen seiner Erbfeinde gewahrt. Darum heiszt Thórr auch der ackerbestellenden Knechte Gott — und während man früher wahrscheinlich allerlei Seelen ohne Unterschied bei ihm dem Blitzgott als Windhauche oder Blitzfunken (s. S. 51) sich in den Wolken sammeln liesz*) — besagte die eddische Mythologie, dass das im Leben unter der Arbeit Last und Mühen gedrückte Geschlecht der Knechte

---

*) Deshalb wurden die Scheiterhaufen mit Thórs Hammer geweiht. Die im Blitz gekommene Seele soll im Blitzfeuer zum Himmel zurückkehren.

(Sclaven, Thraele) nach dem Tode bei seinem Freunde Thórr einen
Ruheplatz finde. Dieser Gegensatz war den Edleren des Volkes wol
bewust und dieses Bewustsein hat in den Kreisen der Ódhinsverehrer
in einem sehr geistvollen Liede seinen Ausdruck gefunden, welches
in die Form eines Mythus eine Reflexion über den Cultus der beiden
Götter und ihre einander entgegentretende Bedeutung für das Leben
der Nation kleidet. Der Anbau mit seinen bescheidneren Tugenden,
so wollen sie, solle noch nicht in die Regionen des Lebens eindringen,
in denen der kriegerische Geist der Nation sich aufs glänzendste in
Königstum und Gefolgschaften eben jetzt entfaltet. Darum ergehen
sie sich in harmlosem Spott über den Bauerngott, ohne seinen gewaltigen Grosztaten Dank und Ehre zu verweigern. Thórr kehrt im
Frühling von einer Ostenfahrt gegen die Jötune zurück und ist eben
im Begriff über den Strom heimzuziehen, der die Götter- und Riesenwelt von einander scheidet. Allein ist er und bescheiden zu Fusz.
Da stellt sich ihm auf der anderen Seite des Sundes in Gestalt eines
Hirten, der sich Harbardhr nennt, Ódhinn als Fährmann entgegen
und ruft dem nach Ueberfahrt verlangenden Donnerer in souveränstem
Humor zu, als er kenne ihn nicht: „Wer ist der Bauer der Bauern,
der übers Wasser ruft?" Der gutmütige Thórr erkennt den Spott
nicht, sondern bietet ihm auf den nächsten Tag Beköstigung an,
wenn er ihn überführe, aus dem Speisevorrat, den er selbst im Korb
auf dem Rücken trage, mit Häringen und Haferbrei gefüllt; bessere Kost gebe es nicht; er habe am Morgen davon gegessen und
noch sei er satt davon. Spottend erwiedert Ódhinn: Als fette Arbeit
rühmst du dein Frühmahl, doch weist du das bevorstehende nicht;
ich sollte denken, dass deine Mutter tot ist.*) Thórr: „Das sagst
du nun, was jedem das drückendste ist zu wissen, dass meine Mutter
tot wäre." Aber Harbardhr spottet weiter, als habe er ihn noch zu
vornehm taxiert, wenn er ihn für einen Bauern halte: „Und doch
siehst du mir nicht danach aus, als wenn du drei gute Höfe hättest,
nacktbeinig stehst du da und hast Landstreicheransehn!" Auf das
erneuerte Andringen Thórs, ihn über den Sund zu fahren, meint
Ódhinn, sein Herr, dem das Schiff eigne, habe ihm verboten, unbe-
bekannte Bettler und Pferdediebe überzusetzen. Da fällt Thórr auf
den Gedanken, einer seiner Feinde, ein Riese stehe ihm in Harbardhr
gegenüber. Mit Emphase nennt er seinen Namen, obwol er und sein

---

*) Fjörgyn die Erde liegt im Winter wie tot, bis Thórr im Frühling nach
Hause kehrt.

ganzes Geschlecht hier im Riesengebiet vogelfrei sei. „Ich bin
Ódhins Sohn, Meilis Bruder und Magnis Vater, der Kraftwalter der
Götter. Aber wer bist denn du?" Ódhinn spottet seiner pathetischen
Namensnennung. „Harbardhr heisz ich, ich pflege meinen Namen
überhaupt nicht zu verbergen." Thórr: „Wie solltest du auch, wenn
dich niemand verfolgt?" „Wenn mich auch jemand verfolgte, vor
dergleichen Leuten, wie du bist, rette ich schon noch mein Leben,
ich müste denn Unglück haben." Da reiszt dem ehrlichen Thórr die
Geduld und er zweifelt nicht mehr einen seines Hammers würdigen
Gegner, einen Riesen sich gegenüber zu haben; er droht durchs Wasser zu waten, es solle ihm nicht darauf ankommen den Rock nass
zu machen; aber leider er kann nicht. Ódhinn bestärkt indess seine
Meinung „Ich werde dich erwarten, du fandest keinen stärkeren
Gegner, seit Hrúngnir tot ist" Auf dieses Abenteuer tat Thórr sich
am meisten zu gute. Er geht sogleich in die Falle, und um zu
sehen, ob sein Gegner auch wirklich dem Hrúngnir ebenbürtig sei,
antwortet er in gutmütiger Ruhmredigkeit „Dessen willst du jetzt
gedenken, wie Hrúngnir und ich miteinander kämpften, er der mächtige Riese mit dem Haupt von Stein. Dennoch muste er fallen und
kopfüber stürzen. Was tatest du derweil Harbardhr?" Mit absicht-
licher Dunkelheit rühmt sich Ódhinn nunmehr verschiedener Kriegs-
taten, Zauber- und Liebesabenteuer, die der Hörer des Liedes an dem
kriegerischen Gotte der Edeln leicht versteht, die Thórr aber für die
ungeberdigen Taten eines Riesen hält. Pathetisch hält er dem seine
ernsten Riesenkämpfe entgegen, um den Gegner bange zu machen: wie
er den furchtbaren Riesen Thiassi besiegte, wie er im Osten schaden-
kundige Bräute der Jötune erschlagen, als sie zum Berge gingen.
Im Osten war er und wehrte den Stromübergang, da griffen Svarángs
Söhne ihn an und schlugen mit Steinen, doch erfolglos; denn sie
musten ihn um Frieden bitten. Auf Hlésey tötete er Berserkerbräute,
die das Schlimmste verübt, alles Volk betrogen hatten. Werwölfinnen,
kaum Weiber, wanden sie sein Schiff los, das er auf Stützen gebracht hatte, bedrohten ihn mit dem Eisenknüppel und vertrieben
Thiálfi. Ódhinn wiederum rühmt sich neckend, während er fünf
Winter lang auf einer Insel gekämpft und Männer gefällt, in Val-
land Fürsten aufgehetzt und hieher Kriegsfahnen erhoben habe, den
Speer zu ritzen, habe er weit anmutigere Kämpfe mit Riesentöchtern bestanden, bei deren Erzählung er sich geflissentlich die Miene eines frivo-
len Abenteurers giebt. Wol kann er so scherzen, der mit höchster
Freiheit der Allweisheit über allen Verhältnissen waltet, je mehr

seine Vermählungen mit den Riesinnen ernster, weltbeglückender Natur sind, denn grade aus ihnen, aus der Verbindung des Geistes mit der rohen Materie, sind die heilsamsten Zeugungen für die Welt hervorgegangen, Thórr selbst ist sein Sohn von der Riesin Jördh. Dem Thórr, dem Gotte der Unfreien, wirft er vor, er habe Stärke genug, aber nicht Herz, aus Furcht und Feigheit habe er sich in Skrymirs Handschuh (S. 222) verkrochen und nicht zu niesen gewagt, so dass der Riese es hörte. Als Thórr nun vor Zorn aufbraust, verspricht Ódhinn seinen Schaden mit einen Goldring zu büszen; aber das klingt im Munde des vermeintlichen Riesen wie der bitterste Hohn und Thórr droht, den Gegner mit dem Hammer zu hauen, dass er lauter wie ein Wolf aufschreie. Besser, meint Harbardhr werde er sich an den Buhlen machen, der daheim (im Winter vgl. S. 138. 156. 183) um Sifs Liebe werbe. Thórr schilt das eine arge Lüge, verlangt noch einmal die Ueberfahrt und fordert dann den Fährmann auf, ihm sonst den Weg zu zeigen. Nicht weit ist es, sagt Harbardhr; eine Weil' ist zum Stocke, eine andere zum Steine, bis du nach Verland (d. h. Menschenland) kommst, dort wird Fjörgyn (die im Frühling wiedererwachte Erde) ihren Sohn treffen, sie wird dich der Verwandten Wege lehren zu Ódhins Lande. Mit Drohung und übelm Wunsche trennen sie sich.

Niemandem kann es entgehen, wie uralte, bereits unter dem Muttervolk in Asien gangbare Vorstellungen den Thunar-Thórmythen zu Grunde liegen. Bei den vedischen Indern gewahren wir dieselben zumeist an Indra, Trita und Agni geknüpft. Aber wiederum haben Germaniens Land und Leute dem Urstoff den Stempel ihres besonderen Geistes aufgedrückt, und wie Wódan-Ódhinn nach einer Seite, ist Thunar-Thórr nach einer anderen Richtung hin als lebendiger Ausdruck heimischen Volkscharacters zu betrachten.

Wie für Wódan-Ódhinn St. Michael, Martin und Nicolaus in christlicher Zeit als Maske dienten, übertrug man in Norvegen viele Züge von Thórs Sage auf den h. Olaf mit seinem roten Barte; im Süden, wie im Norden ward aus Anlass der Örvandilsaage (S. 216) St. Christoph, welcher Christus durch einen Fluss getragen haben sollte, zum Blitz und Hagelabwender gemacht und ihm ein roter Bart beigelegt. Ihm opferte man Hähne. — Vor allen Heiligen jedoch trat der Fischer*) Petrus, der die Schlüssel des Himmels trägt, dem ger-

---

*) Vgl. Thórs Fischfang bei Hýmir. S. 218.

manischen Heiden an Thunars Stelle. (Vgl. S. 191). Ihn ruft das
Volk an „wenn die sieben Ziegen (die Wolken S. 89 des Winters)
ausgemolken seien den Schüssel über den Rhein zu werfen, morgen solle es gut Wetter sein." Er schüttelt beim
Schneefall die Betten, kegelt im Himmel, wenn es donnert. Am
St. Peterstage (Febr. 22) lohen heilige Feuer, in Westphalen klopft
man dann mit Hämmern an die Haustürpfosten, um das Ungeziefer
(böse Geister) zu vertreiben. Wer das unterlässt, dem erkrankt
das Vieh.

VII.

Die übrigen Götter.

FRÔ-Freyr, Fródhi.

Neben den groszen Göttern des Sturmes und Gewitters trat als dritter Hauptgott ein Sonnengott hervor, dessen Namen in Deutschland nicht mehr nachweisbar ist, obgleich sich bedeutende Spuren seines Wesens erhalten haben. Die nordische Form seines Namens würde in deutscher Zunge ahd. Frô, ags. Freá d. i. Herr lauten.*) In einer Auszenwand der Kapelle zu Belsen in Schwaben finden sich mehrere Steine eingemauert, welche zwei rohgemeiszelte Bilder eines Mannes enthalten, der von einigen Thierhäuptern und Sonnen umgeben ist. Aus Vergleich mit mehreren ähnlichen Darstellungen, welche in Oberdeutschland und den Niederlanden sich finden, wird wahrscheinlich, dass dies das Bild eines deutschen Sonnengottes ist, der zugleich als Herr der tierischen Fruchtbarkeit, der Ehe und des Kindersegens gegolten hat. Wir wollen zu seiner Bezeichnung den nur hypothetischen Namen FRO beibehalten. Jene Wahrnehmungen erlauben uns weitere Beobachtungen über Reste des FRO-cultus, welche sich in Volksgebräuchen erhalten haben. Schon S. 201 gedachten wir der beim Johannis- oder dem Sunewendfeuer angezündeten Sonnenräder. Dieselbe Sitte herschte in Süddeutschland auch bei den Osterfeuern. Sie macht wahrscheinlich, dass die Feier neben Thunar auch dem FRO gegolten hat. Zu Konz a. d. Mosel hatte

---

*) Dieses alte Wort frô Herr ist in Frohn-Dienst, Frohn-Leichnam bewahrt, und im fem. mhd. frouwe, nhd. Frau d. i. Herrin; die goth. Form frauja Herr übersetzt bei Ulfila das griech. $\varkappa \acute{v}\varrho\iota o \varsigma$, d. i. Gott. Doch haben wir keinen Beweis dafür, dass Frô ein heidnischer Göttername war.

beispielsweise der Gebrauch beim Sunewendfeuer in folgender Weise
statt. Jedwedes Haus liefert ein Gebund Stroh auf den Gipfel des
Strombergs, wo sich gegen Abend die Bursche und Männer versam-
meln; Frauen und Mädchen sind beim Burbacher Brunnen aufgestellt.
Nun wird ein mächtiges R a d dergestalt mit Stroh bewunden, dass
gar kein Holz zu sehen ist, und durch die Mitte eine starke, drei
Fusz vorstehende Stange gesteckt, welche die Lenker des Rades erfassen; aus dem übrigen Stroh bindet man eine Menge kleiner Fackeln.
Auf ein vom Maire zu Sieck (der dafür nach altem Brauch einen Korb
Kirschen empfängt) gegebenes Zeichen erfolgt mit einer Fackel die
A n z ü n d u n g d e s R a d e s , d a s n u n s c h n e l l i n B e w e g u n g g e -
s e t z t w i r d . Jubelgeschrei erhebt sich, alle schwingen Fackeln in
die Luft, ein Teil der Männer bleibt oben, ein Teil folgt dem rollenden bergab zur Mosel gleitenden Feuerrade. Erlischt das Rad vorher, so weiszagt man daraus eine gesegnete Weinernte, und die Kon-
zer haben das Recht, von den umliegenden Weinbergen ein Fuder
weiszen Weins zu erheben. Während das Rad vor den Frauen und
Mädchen vorüberläuft, brechen sie in ein Freudengeschrei aus, die
Männer auf dem Berg antworten; auch die Einwohner der benachbarten Dörfer haben sich am Ufer des Flusses eingefunden und
mischen ihre Stimmen in den allgemeinen Jubel. — In bairischen,
schwäbischen und Tiroler Landschaften heiszt der Gebrauch S c h e i -
b e n t r e i b e n oder S c h e i b e n s c h l a g e n . Eine grosze Scheibe
aus Holz, vom R a d m a c h e r gefertigt und am Rande gleich einem
strahlenden Stern ausgesteckt, wurde mit Stroh umwunden, und mit
einer den Strahlen oder Zacken parallel laufenden Lage Pech versehen; dann aber von einer länglichen und schräge laufenden Scheiben-
bank mit einem Stock i n d i e H ö h e getrieben, so dass sie in der
Luft einen groszen Bogen beschrieb und endlich vom Abhange des
hohen B e r g e s ins Tal niederrollte. Dabei rief man

> Scheib' aus, Scheib' ein
> Flieg' über den Rain.
> Die Scheib', die Scheib'
> Soll dem und dem sein!

So treibt man die Scheibe der h. Dreifaltigkeit, ferner geliebten
und geehrten Personen, besonders dem S c h ä t z c h e n zur Ehre, ihnen
zeigt sie sich hold. Lächerliches und Unziemliches beschämt und
rügt sie, brandmarkt das Laster*), enthüllt das Verbrechen und ver-

---

*) Z B.: Ei da hab' ich 'ne Scheibe,
   Die will ich auszen treiben.
   Der Michel hat dem Hans zehn Gulden gestohlen u. s. w.

schont selbst den Teufel nicht. Sicher dachte man sich dabei früher ein göttliches Wesen, welches die Scheibe lenkte und wer sollte nicht auf den allsehenden Sonnengott raten, der das Verborgene ans Licht bringt und die Scharen der Finsternis hasst? — Die Sonnenräder lassen sich aber noch weiter verfolgen. Um die Wintersonnenwende spielen sie eine grosze Rolle. In den Zwölften darf sich im Oldenburgischen kein R a d drehen, in Belgien darf man den Bäumen kein R a d zeigen d. h. es darf nicht gesponnen und gefahren werden. In einigen Schleswiger Dörfern dagegen rollt man zu Weihnachten ein R a d ins Dorf. Im Saterlande, einem Teil von Oldenburg, bringen die jungen Bursche zu N e u j a h r den Mädchen, die sie freien wollen, eine Wêpelrôt ins Haus. Die Wêpelrôt wird von einem Weidenstab gemacht, an welchem oben ein Kranz in Radform mit Speichen befestigt ist; diese Speichen ragen über die Felgen hinaus und auf ihren Spitzen sind Aepfel befestigt. In der Mitte des Rades befindet sich ein breiter Zierrat von G o l d b l e c h und von diesem aus laufen über den ganzen Kranz weg dichte strahlenartige Büschel abgeschabter Weidenspäne von weiszer Farbe. Am Stephanstag (December 26), wann die Lehnsmänner Pfennigzins und Weiszbrod geliefert hatten, muste ihnen gütlich getan werden. Dann ward ein W a g e n r a d, das sechs Wochen und drei Tage in Wasser (oder im Miste) gesteckt hatte, in ein F e u e r gelegt und das Gastmahl währte so lange, bis die N a b e, die man weder drehen, noch stochern durfte, ganz zu Asche verzehrt war. Das ist ein Rest alten Opferfeuers zu Ehren der im Wintersolstiz neu angezündeten (S. 201. 202) Sonne und ihres Herschers.*) Ein weiteres Abbild des neubelebten Sonnenlichtes waren die Weihnachtsfeuer, welche in den Häusern, wie auf den Märkten lohten. Den Schöffen wurde dazu in deutschen Gegenden „ein B l o c k zu hauen auf Christabend" augewiesen. In der Halle der englischen Lords und Pächter flammt noch heute der grosze J u l - k l o b e n (Y u l e c l o g) im Kamin, wie in Frankreich ein bûche de Noël verbrannt wird. Ueberhaupt wurde das Fest der Wintersonnenwende, oder das J u l f e s t*) bei allen deutschen Stämmen sehr feier-

---

*) Das Sonnenrad sollte wahrscheinlich auch durch die als Weihnachtsgebäck, so wie bei anderen Jahresfesten auftretenden Bretzeln versinnbildlicht werden.

**) Wie man vermutet ist der Name J u l ags. giuli, geola, altn. hiôl, jol, schwed. dän. bjul, jul; altschwed. hiugbl aus dem alten Worte fries. jule, jole, ags. hveohl, hveol; engl. wheel = gr. κύκλος, skr çakra für kvakra d h. das R a d entstanden, zumal da das alte Kalenderzeichen für die Wintersonnenwende die Form des Sonnenrades ⊙ zeigt.

lich begangen, nach welchem den Gothen der ganze Monat juleis,
den Angelsachsen der December gjuli, in späteren Denkmälern der
December forma geola, der Januar äftera geola (erster, zweiter Jul-
monat) hiesz. Glaubte man doch, dass dann die schlafende Erde auf
einen Augenblick erwache. Der Hopfen sollte unter dem Schnee
Schossen treiben, die Apfelbäume Blüten und Frucht tragen. Das
Seelenreich tat sich auf und seine Bewohner stiegen zur Erde hinab;
das Zukünftige war zu schauen. In den Wohnungen und auf den
Straszen war zwölf Tage lang festlicher Jubel laut, wobei jeder Gast
willkommen war, die Dienstknechte arbeitsfreie Zeit hatten. Uns ist
eine angelsächsische Zeichnung erhalten, welche die Feier des Jul-
festes am Hofe des Hláfordh (Lord) veranschaulicht. Da sitzt der
Lord in der Halle auf dem kunstreich geschnitzten mit Eber- und
Hundsgestalt gezierten Hochsitz des Hauses, dem Hochsessel (heáh-
setl), zu beiden Seiten jüngere Männer, seine Söhne. Alle drei haben
Trinkgefäsze, der Lord ein Trinkhorn, der ihm zur Rechten sitzende
einen kleinen Becher, sein linker Nachbar einen hohen Henkelpokal
(steáp). Der Mundschenk (birel) sitzt an der Erde und füllt ein
neues Horn. Es wird wacker gezecht. Ein Mann mit dem Stabe in
der rechten Hand, die Linke declamierend in die Höhe gehoben,
steht vor den Zechern, es scheint er trägt ihnen etwas vor. Es ist
der Beorscóp, der beim Mahle singende Dichter. Auf der anderen
Seite des Hochsitzes sieht man einen so eben ankommenden Gast vor-
treten, einen noch in den Mantel verhüllten, mit Spiesz und Schild
bewehrten Mann, dessen Ankunft durch einen kleinen Kerl mit dem
Alphorne angekündigt wird. — Man vergnügte sich mit allerlei Spielen
und Rätselfragen. Als Festgericht wurde ein Eber aufgetragen; und
ein Eberkopf mit Rosmarin besteckt blieb bis ins 17te Jahrhundert
der allgemeine Weihnachtsbraten in England. Noch heute wird dieses Gericht am Weihnachtsfeiertage in Queens College in Oxford aufgetragen. Man singt dazu:

> Den Eberkopf, ich bringe ihn
> Bedeckt mit Laub und Rosmarin.
> Ich bitte, singt mit frohem Sinn:
> Qui estis in convivio,
> Caput apri defero,
> Reddens laudes domino. u. s. w.

Nach thüringischem Aberglauben bekommt derjenige, welcher sich
am Christabend bis zum Nachtessen der Speise enthält, ein goldenes junges Ferkel zu Gesicht (dies war ehedem die Festspeise

beim Nachtmahl des Weihnachtabends). Ein Lauterbacher Weistum von 1599 verordnete, dass zu einem auf Dreikönigstag gehaltenen Gericht die Hübner ein reines, noch säugend verschnittenes Goldferch ((Goldferkel) liefern sollten. Es wurde rund durch die Bänke geführt und wahrscheinlich nachher geschlachtet. In der ganzen Uckermark isst man in den Zwölften, besonders zu Weihnachten grünen Kohl, einen Schweinskopf und Lungenwurst. In Gelderland glaubt man, dass in der Christnacht Derk met den beer (d. i. Dietrich, Volksfürst mit dem Eber) seinen Umgang halte, man sieht sich vor, alles Ackergeräte unter Dach und Fach zu bringen, sonst trappelt der Eber darauf herum und macht es unbrauchbar. Ob mit diesem heiligen Eber, die alte, namentlich bei den Angelsachsen nachweisbare Sitte Eberbilder auf den Helmen zu tragen, zusammenhange, lässt sich nicht mehr entscheiden.

Auf unseren Sonnengott scheint sich auch die Sitte zurückzuleiten, am Weihnachts- oder Neujahrstage mit Hirschlarven durch die Straszen zu laufen (S. 23. 104).

Auf die besprochenen deutschen Volksgebräuche wirft die nordische Mythologie ein helleres Licht. Sie kennt einen leuchtenden (skírr) Gott mit seligem Sitz, Namens Freyr*) (schwed. Frö, Fricco), der dem lichten Stamme der Vanen**) entspross. Er waltet über dem Regen und Sonnenschein, wie über der Erde Ergrünen und Wachstum. Bald fährt er jugendlich auf seinem zu Lande wie zu Wasser segelnden***) Schiff Skidhbladhnir, in welchem er stäts mit gutem Winde steuert, und welches — wenn es gebraucht ist — wie ein Tuch wieder zusammengelegt werden kann; bald zieht seinen Wagen ein goldborstiger Eber Gullinbursti oder Slídhrugtanni (d. h. Spitzzahn), der mit seinem leuchtenden Fell weithin die Nacht erhellt und schneller als ein Pferd durch Luft und Wasser rennt, bald reitet er auf demselben. Jenes Schiff und dieser Eber sind Naturbilder der lichtdurchstrahlten Wolken, auf denen die Sonnenstrahlen über die Weiten des Himmels schweben (vgl. S. 66. 90. 102). Ein andermal reitet Freyr wieder ein Ross, Blódughofi (Bluthuf) mit Namen.

Freyr ist der trefflichste der Götter, der beste von allen, die über die Götterbrücke Bifröst zu Ásgardhs hoher Halle reiten, keine Maid und keines Mannes Weib macht er weinen und löst jedem die Bande.

---

*) Freyr ist entstanden aus Fravis d. h. der erfreuende, frohe, der Herr.

**) Daher heiszt er Vanr. Vanagudh, Vananidhr, Vaningr (Vane, Vanengott, Vanenverwandter, Vanensprössling). S. S. 69.

***) Ein solches Schiff hat sich auch in deutsche Märchen verloren.

Seine Hausfrau ist die liebliche Gerdhr, des Riesen Gýmir Tochter.
Einst war Freyr zur Kurzweil auf Ódhins Hlidhskjalf (S. 182) ge-
stiegen und überschaute alle Welten. Da sah er Gerdhr weit im

Norden in Jötunheim, wie sie aus ihres Vaters Haus in ihre Frauen-
kammer ging. Sie war so lieblich und schön, dass vom Wiederschein ihrer Arme Luft und See in hellem Glanze strahlten. Da
schlug die Liebe in des Gottes Brust ihren Wohnsitz auf. Er konnte
vor Sehnsucht weder schlafen, noch trinken. Sein Vater Njördhr
bat Freys Diener Skirnir (d. i. der Glänzer, der Sonnenstrahl,
eine Hypostase Freys) zu erkunden, was dem klugen Sohne fehle
und warum „der volkwaltende Gott"*) so allein im weiten Saale
weile. Nun gestand Freyr seine Liebe, befahl aber dem Skirnir zu
Gerdhr zu reisen und für ihn zu freien. Skirnir gelobte das und

---

*) Vgl. o. S. 237 Dietrich d. h. Volksfürst mit dem Eber.

Freyr gab ihm sein leuchtendes Schwert, welches sich von selbst gegen die Brut der Reifriesen schwang, sammt eilf Goldäpfeln zum Brautgeschenk. So nahm Skírnir Abschied und richtete seinen Auftrag aus, auf Freys raschem Rosse dahinjagend, zu dem er ermunternde Worte spricht. Wabernde Feuerglut umloht der Jungfrau Saal. Aber kühnlich reitet der Liebesbote hindurch, dass die Erde und alle Wohnungen in Gýmisgardh davon erzittern. Gerdhr empfängt den Gast und bietet ihm milden Met. Er bringt seine Werbung vor und bietet ihr die elf allgoldenen Aepfel und den Ring Draupnir (S. 183) als Brautschatz, wenn sie Freyr bekenne, dass ihr kein lieberer lebe, als er. Sie aber weist beides zurück; genug der Schätze spare ihr der Vater im Hause, von keines Mannes Minne wolle sie wissen, und „niemals mag ich und Freyr, so lange wir beide atmen, beisammen sein." Da erhebt Skírnir eine Beschwörung, in Folge deren Gerdhr ihren Sinn wandelt. Doch folgte sie ihm noch nicht gleich zu den Göttern, erst nach neun Nächten versprach sie Freyr im Haine Barri, dem Wald von stillen Wegen, zuerst begegnen. Der Gott wollte bis dahin fast vor Harme vergehen. Sein Schwert gab er Gerdhrs Vater Gýmir.

Später vermisste Freyr sein gutes Schwert. Im Kampf mit dem Jötun Beli (d. i. der Brüller, der heulende Sturm, den die Sonne vertreibt) muste er eines Hirschhorns sich bedienen, um den Gegner zu töten und wenn einst das Ende der Welt und der grosze Götterkampf herannaht, wird ihm der Verlust sehr fühlbar werden.

Mit segnendem Sonnenschein bestrahlte der milde Freyr die Welt und seine Verehrer. Als Thorgrim auf Sœbol, ein eifriger Verehrer Freys getötet und im Hügel beigesetzt war, blieb kein Schnee auf seiner Grabstätte hängen und niemals fror es daselbst, sondern ewiges Grün bedeckte fröhlich die Stelle. Denn der Gott hatte seinen Diener so lieb, dass er keinen Frost an seinen Hügel kommen lassen wollte.

Um Fruchtbarkeit der Erde rief man Freyr an; er spendete den Erntesegen durch alle Lande. Darum hiesz er freundlich, woltätig, fruchtbarglücklich und gabmilde. Von ihm erwarteten seine Verehrer die friedliche Vermehrung der Güter ihres Hauses, und ehrten ihn als Schatzspender (fégjafi). Im Frühling wurde in Schweden eine Bildsäule des Gottes auf einem Wagen durchs Land gefahren. Man meinte, das sei der lebende Gott. Freyr und eine Priesterin, die man sein Weib nannte, saszen im Wagen, ein Diener schritt voraus. Ueberall auf den Wegen stömte das Volk zusammen und empfing den Wagen mit Opfermahlzeiten, um ein fruchtbares Jahr zu erbitten, mit Gaben von Gold, Silber, guten Kleidern und anderen kostbaren Dingen. Wo der Gott einkehrte, klärte sich alsbald das Wetter auf und man erwartete reiche Ernte. Als einst in den letzten Zeiten des Heidentums ein Mann, Namens Gunnar Helmingr auf den heiligen Wagen geschlichen und, ohne dass die schöne Priesterin es merkte, des Götterbildes Kleider angezogen hatte, ward dieselbe schwanger, das Volk sah das für ein günstiges Vorzeichen an und die Sonne lachte auch so hell und freundlich und alles deutete so sehr auf ein gesegnetes Jahr, dass man nicht anders urteilen konnte.

Wie mit Jahressegen die Scheuer, füllte Freyr das Haus mit blühenden Kindern, er spendet den Sterblichen Liebeslust. Im Tempel zu Upsala stand ein Bild von ihm nach Art des Gottes von Lampsakus geformt, und man opferte ihm, wenn Hochzeiten zu feiern waren.

Nicht die kleinste aller segnenden Gaben, welche Freyr mit freigebiger Hand ausstreut, ist der Friede. Friedselig heiszt er selbst. Man trank seine Minne (S. 184) um Frieden und Fruchtbarkeit und als König Olaf Tryggvason das Bild Freys in Drontheim stürzte, sagten die alten Verehrer desselben, er habe oft mit ihnen geredet, ihnen die Zukunft vorhergesagt, gute Ernte und Frieden geschenkt. Daher schrieb man ihm auch den Fródhfrieden zu, von dem gleichnachher zu reden sein wird. In seinem Tempel zu Thverá duldete der Gott keine Waffen; kein Mörder, oder Geächteter durfte das Heiligtum betreten.

Besonders um die Mittwinterzeit wurden Gebete zu Freyr laut; dann leitete ein dreiwöchentlicher Julfriede, während dessen alle Fehden schweigen musten, das grosze Fest der Wintersonnenwende, das Julfest ein, welches ehedem in der Mitte des Januar, seit König Hákon Adalsteins Zeit vom 25sten December an drei Tage lang gefeiert wurde.

Auf das feierliche Opfer im Tempel vor Freys Bild, folgte am Abend ein groszes Gastgebot, wobei allerlei Spiele ausgeführt und das ausgedehnteste Gastrecht geübt wurde. Sogar den Vögeln des Himmels setzte man eine Garbe mitleidig vor die Tür. Zum Nachtmahl trugen die Diener den dem Freyr und der Freyja geweihten Sühneber (sónargaltr) auf den Tisch und man legte darauf das Gelübde ab, im beginnenden Jahre grosze und kühne Taten zu tun. So liesz König Heidhreckr einen Eber aufziehen, so grosz wie man nur einen finden konnte und so schön dass jedes Haar desselben von Gold zu sein schien. Den brachte man am Julabend in die Halle vor den König. Dieser legte die eine Hand auf sein Haupt, die andere auf die

Borsten seines Rückens und gelobte ein Abenteuer, die Mannen folgten dem Beispiel des Königs nach. Ein Zauberweib verwünschte den jungen Helden Hedhinn. Am Julabend wurden bei des Dichtergottes Becher Gelübde getan. Man führte den Sühneber (sónargaltr) vor, ein jeder Mann legte die Hände auf ihn und schwor. Da vermasz sich Hedhinn Sváva, die Braut seines Bruders Helgi zu erwerben. Gleich nachher reute es ihn; auf wilden Stegen durchs Land reitend suchte er den Bruder auf, dem er kündete, welches grosze Unheil ihn betroffen: „Ich habe bei Bragis Becher die Königstochter, deine Braut erkoren." Aber Helgi, der schon den Tod ahnt, tröstet ihn und da er nach drei Tagen in einer Schlacht gegen König Alf die Todeswunde empfängt, wird er selbst dem Bruder bei der Braut ein Fürsprecher, die jedoch erklärt, nach Helgi keinen andern Mann im Arme hegen zu können. Noch jetzt wird in Ostergotland am Julabend ein mit einer Schweinshaut überzogener Block (júlbucken) auf den Tisch gesetzt. Der Hausvater tritt heran und schwört, in dem nun beginnenden Jahr ein treuer Hausvater und liebevoller Herr gegen seine Dienstleute sein zu wollen. Dann legen die Hausfrau und das Gesinde ebenfalls das Gelübde treuer Pflichterfüllung ab. An anderen Orten aber backt man Kuchen von Roggen- oder Weizenmehl in Ebergestalt. Bei den Inselschweden z. B. sind dies Brode von 1½' Länge, einem Schweine ähnlich gebildet, vorn mit einem Maul, Augen und Naslöchern versehen. Auf dem Rücken macht man der Länge nach 4—5 Streifen oder Striche, zwischen denen man den Teig zu kleinen Spitzen formt, welche die Borsten vorstellen. Dieser gebackene Juleber (Julgalt) wird gegen 12 Uhr Abends in die Stube getragen, nachdem dem Vieh etwas Brod, Bier und Salz gespendet ist. Der schwedische Bauer bewahrt ihn bis zum Frühjahr auf, um bei der Aussaat Stücke davon in das Saatgefäsz zu legen, andere den pflügenden Pferden unter den Hafer zu mischen, das übrige dem säenden Knechte vorzusetzen; auch die Hüterjungen empfangen einen Anteil, wenn sie die Kühe zum erstenmal heimtreiben. Von dem allen hofft man gesegnete Ernte und reichlichen Milchertrag.

Auszer dem heiligen Schwein, dem Tiere der Fruchtbarkeit (S. 24) fielen dem Freyr Stiere als Opfer, ja der Stier hiesz nach dem Gotte selbst Freyr.*) Ein Häuptling auf Island Thórkill der hohe, den Glum aus seinem Hofe Thverá verdrängt hatte, führte, bevor er flüchtete, einen Ochsen in Freys Tempel und sprach: „Freyr, der du lange mein Vertrauen gewesen und viele Gaben von mir angenommen und wol gelohnt hast, nun gebe ich dir diesen Ochsen um

---

*) Der Gott wird einst als himmlischer Stier gedacht worden sein, wie Indra.

16

das, dass Glum nicht weniger ungern fahre aus Thveráland und lass
sehen durch ein Zeichen, ob du es annimmst oder nicht." Da
brüllte der Ochse laut und fiel tot nieder. Einige Zeit darauf
träumte dem Glum, der den Hof an einen andern abstehen muste,
dass da viele Männer nach Thverá kamen, um Freyr zu besuchen.
Sie setzten sich rund um den Stuhl, auf welchem Freyr sasz. Es
waren Glums verstorbene Verwandten, die den Gott für ihn um Beistand anflehten. Aber Freyr antwortete ihnen kurz und zornig und
man konnte daran sehen, dass er Thórkils Opfer gnädig angenommen habe. — Um andere Tempel Freys weideten heilige Sonnen-
rosse, ein solches hiesz Freyfaxi (Freymähne) und durfte von
keinem Menschen geritten werden.

In einem einzigen Eddenliede hat sich noch ein uralter Mythus
von Freyr erhalten. Die Götter schenkten ihm im Anfang der Zeiten das Land der lichten Alfen (d. h. der in den Sonnenstrahlen und
dem Leben der Natur als Elementargeister waltenden Seelen der
Seligen) Álfheimr als Zahngebinde. *) Im Stjórdaladistrict in Norwegen lag neben Freytempel (Freyshof) eine Alfenstätte (Álfstadhr).

Wie Thórr vorzugsweise in Norvegen, ward Freyr besonders
in Schweden verehrt; die Sagas bezeichnen ihn gradezu als „der
Schweden Gott," „der Schweden Opfergott" (blótgudh Svía, Svía
gudh). Während Norvegens raube Gebirgsnatur den Thórsmythen
jene starre und gewaltige Kraft eingeflöszt hatte, welche der menschlichen Arbeit im Ringkampf gegen das harte Gestein und seine
Schrecken zu Hilfe kommt, zeitigten die lachenden und fruchtbaren
Fluren der Tiefebene von Ost- und Westgothland das friedliche
Bild des Sonnengottes, wie wir es geschildert haben. Von hier aus
wanderte sein ausgebildeter Kult nördlicher zu den eigentlichen
Schweden. Den groszen Haupttempel zu Upsala soll Freyr selbst
gegründet und den Grund zu den bedeutenden Besitzungen desselben gelegt haben, welche Upsalaschatz (Upsala audhr) genannt wurden. Hier im Tempel standen auch Thórs und Ódhins Bild, aber
Freyr herschte als „der Götter Fürst" und als „Gott der Welt" (Ve-
raldar gudh). Doch auch der norwegische Stamm befleiszigte sich
der Verehrung Freys.

Eine Hypostase des Freyr war Fjölnir. Fjölnir (der Füllege-
währende) heiszt Freys Sohn. Er war mächtig, fruchtbarglücklich
und friedselig wie sein Vater und waltete kräftig als Herscher von
Schweden. Einst war er auf einem groszen Gastgebot. Da stand

---

*) Es war Sitte, den Kindern, wann sie den ersten Zahn bekamen, ein
Geschenk zu machen.

ein Metfass, viele Ellen hoch und aus Zimmerstöcken zusammengesetzt. Darüber hin lief ein Söller mit einer offenen Bodentür, durch welche die Flüssigkeit hineingelassen wurde. Als Fjölnir von dem starken Gebräu trunken über den Söller ging, fiel er ins Metfass und kam darin um. Wer erkennt hierin nicht eine Mythe, wie die von Phaethon (S. 30. 36) dem Sonnengott, der Abends in den Fluten des Meeres (sei das himmlische oder irdische gemeint) seinen Tod findet.

Der Mangel unmittelbar schwedischer Quellen aus der Heidenzeit erklärt die lückenhafte Ueberlieferung über Freys Wesen. Eine willkommene Ergänzung findet dieselbe in der dänischen Sage bei Saxo Grammaticus (S. 81), welche uns in der Form geschichtlicher Erzählungen von dänischen Königen eine nicht geringe Anzahl von Freymythen erhalten hat. Freyr hiesz bei den Dänen Fridhleifr (Fridlev, Friedenserbe), Fródhi (der Weise) oder Fridhfródhi.

Fridhleifr warb um die schöne Frey-gerdhr (Frögertha) König Amunds Tochter. Der Vater behandelte die werbenden Gesandten schimpflich und als Fridhleifr die Werbung wiederholen liesz, tötete er die Boten. Da zog der Liebende mit Heeresmacht gegen Amund zu Felde. Unterweges verkünden ihm singende Schwäne, dass ein dreiköpfiger Riese Hythin, der mit seinem Scheitel beinahe die Wolken erreicht, nachdem er gewöhnliche Menschengestalt angenommen, ein Königskind geraubt habe. Bald darauf begegnet Fridhleifr dem Riesen, erlegt ihn, befreit das Königskind und gewinnt die im Berge verborgenen Schätze des Unholds. Amund fällt im Kampfe und Fridhleifr vermählt sich mit der lieblichen Freygerdhr. Auf der Heimfahrt wird er auf eine unbekannte Insel verschlagen, wo ein Drache im Wasser auf ungeheuren Goldhaufen lagert. Durch ein Traumgesicht belehrt, deckt er sich mit einer Ochsenhaut und greift das gifthauchende Ungetüm an, dessen schuppige Haut lange seinen Speerwürfen widersteht. Mit dem Schwanze reiszt der Drache Bäume aus und schleudert sie gegen den Gegner, bis dieser das Tier vom Bauche her mit dem Schwerte durchbohrt und den Goldhort entführt. Freygerdhr gebar darnach den Fródhi.

Fródhi, der auch Fridhfródhi (Friedensfródhi) hiesz, war milde und gut. Unter ihm nahm der Fródhifrieden den Anfang, während dessen alle Lande der Welt nach hartem Strausze langer Waffenruhe sich erfreuten und die Völker durch reiche Ernte beglückten. Niemand beschädigte da den andern und wenn er auch seines Vaters oder Bruders Mörder getroffen hätte, los oder gebunden. Die

16*

Blutrache hatte aufgehört. Kein Dieb oder Räuber war zu finden.*)
Auf Kreuzwege, Felsen und Haiden liesz Fródhi goldene Arm-
bänder von schwerem Gewicht ausstreuen; unberührt blieben sie
liegen und niemand nahm sie fort. Kein Mensch verschloss Kasten
oder Haus; dies zu tun war sogar strenge untersagt und Fródhi hatte
sich erboten jeden Schaden, der dadurch entstehe, dreifach zu büszen.
Seine mannigfachen Gesetze trugen den Stempel der wolwollendsten
Menschlichkeit. Er erlaubte Reisenden, welche die Furt eines Flusses überschreiten wollten, sich eines Pferdes von den zunächst gelegenen Wiesen zu bedienen, aber sie musten absteigen, ehe ihre
Füsze den Boden des jenseitigen Ufers berührten, und wehe dem,
welcher das Ross zur Weiterreise verwandt hätte! Jedermann sollte
auf Reisen von fremder Speise und fremdem Weine soviel nehmen
dürfen, als er zur Mahlzeit bedurfte, hätte sich einer mehr angeeig-
net, so wäre er als Dieb bestraft und neben einem Wolfe aufgehängt
worden. Bevor jedoch dieser Frieden allen Landen gesetzt war, gab
sich Fródhis Gefolge der gröszten Zügellosigkeit in Liebessachen
hin und weder Frau noch Jungfrau war vor ihren Bewerbungen
sicher.

Fródhi war unermesslich reich, da er einst, in die Haut
eines Stieres gehüllt, auf einer Insel einen Drachen getötet
hatte, der in einer Berghöle glänzenden Goldhort hütete. Fródhis
Sitz war mit roten Goldblechen belegt und mit gemahlenem Golde
pflegte er seine Speisen zu bestreuen. Er besasz eine Riesenmühle,
welche die Eigenschaft besasz, alles zu mahlen was der Müller wollte;
sie hiesz die Grottenmühle. Zwei vorwissende Riesenmägde waren
dabei angestellt, Namens Fenja und Menja, und man hatte ihnen
aufgetragen Gold, Frieden und Fródhis Glück zu mahlen.**)

---

*) Den mythischen Fródhifrieden warf man mit dem Frieden unter Augustus
zusammen und urteilte, dass Christus unter Fródhis Regierung geboren sei.

**) Die Mühle Grotti wird als eine Handmühle beschrieben, welche aus
zwei kreisrunden Mühlsteinen bestand, die vermittelst eines durch die Mitte ge-
steckten Stabes umgedreht wurden. Unzweifelhaft ist unter der mythischen
Wunschmühle die Sonne gemeint (S: 62), in welcher der Blitzstab umgedreht
wird, da unsere ältere Sprache dasselbe Wort für Mühle und Butterfass ver-
wendet. Noch heute heisst unter dem deutschen Volke die Milchstrasze der
Mehlweg, oder Mühlenweg; sie drehe sich nach der Sonne. Auf ihr also
dachte man sich das himmlische Mehl entführt. — Die Mythe von Fródhis
Mühle ist als Märchen auch in Deutschland erhalten und unsere Volkslieder
bewahren die Erinnerung an eine Mühle, die Gold, Silber und Liebe malt.

Da ihnen aber keine Ruhe verstattet wurde, so sangen sie ein un-
heilvolles Lied, den Grottensang und mahlten dem Fródhi ein feind-
liches Heer. Das stieg unter der Anführung eines Seeköniges Mysingr Nachts aus den Schiffen des Meeres auf und entführte die
Mühle sammt den Mägden. Mysingr befahl ihnen Salz zu mahlen.
Sie aber mahlten so stark, dass das Schiff von der Last zerbrach
und die Mühle ins Meer sank. Seitdem ist die See gesalzen.

Fródhis Gemahlin war Álfhildr (Alvilda); sie gebar ihm den
Álfr (Alvo); durch seine Tochter Hlédis (Meergöttin) war er Grosz-
vater Álfs der Alten. Er stand also auch zu den Álfen (Elfen) in
vertrautem Verhältnis. Als König der Alfen ist Freyr = Fródhi selbst
Alf genannt, und die dänische Sage erzählt von ihm, wie er an
Geist und Körper über andere Menschen hervorragte. Sein lang
herabwallendes Haar war von purem Silber. Er erschlug eine
Schlange und einen Drachen, welche vor dem Hause seiner geliebten
Braut Alfhildr Wache hielten und den Eingang wehrten.

Solche Sagen erweisen, dass die ältere Mythe auch dem Sonnengott Freyr die Tötung der Dämonen, der Drachen und Riesen,
welche das Licht des Tagesgestirns mit Wolkenschatten und Winter-
dunkel verhüllen, so wie die Erlösung der göttlichen Frauen aus der
Haft jener Unholde zuschrieb.

Njördhr — Haddíngr.

Freys Vater war Njördhr genannt. Weise Mächte schufen ihn im
lichten Vanenlande. Davon heiszt er Vane, Vanengott, Vanenverwandter (Vanr, Vanagudh, Vananidhr). In Vanaheimr war die Geschwister-
ehe noch erlaubt, da vermählte Njördhr sich mit seiner Schwester
und sie schenkte ihm zwei Kinder, den leuchtenden Freyr und die
herliche Freyja. Mit ihnen wurde er zu den Asen als Geiszel geschickt, doch am Ende der Zeiten kehrt er wieder zu den weisen
Vanen zurück.

Hoch im Himmel liegt eine Stätte, Nóatún (Schiffstadt? Toten-
stadt?) mit Namen, da hat Njördhr sich die Halle gebaut, da waltet
er über sein hochgezimmertes Heiligtum. Er weist den Winden die
Bahn, stillt das wildbewegte Meer und lescht die verzehrende Flamme
des Feuers; bei Seefahrten und Fischzügen rief man seine Hilfe an.
Er ist so reich und schatzselig, dass er Güterfülle und fahrende

---

Auch Fródhi lebt als Fruote in deutschen Gedichten des M. A. fort (z. B. in
der Gûdrûn, in Konrad von Würzburg's Engelhart und Engeltrût) aber seine
Gestalt ist in diesen Gedichten aus dänischer Sage entlehnt.

Habe allen seinen Verehrern in Ueberfluss verleihen kann. „Reich wie Njördhr" bezeichnete dem Nordmann dasselbe, was wir unter Krösus Schätzen verstehen. Neun Töchter hat er, die Wogen des Meeres; Rádhvör heiszt die älteste, Kreppvör die jüngste.

Keine sittliche Schuld ist an Njördhr zu finden, er ist „der Männerfürst ohne Falsch und Makel." Er überwacht die Heiligkeit der Eide und auf Island schwor man bei ihm die Eide auf den im Tempel liegenden Schwurring (S. 181).

Die Vögel des Meeres, die Schwäne, sind dem Njördhr geweiht.*) Vermählt war er mit Skadhi, der Tochter des Riesen Thjassi. Thórr hatte ihren Vater erschlagen. Da nahm Skadhi Helm, Panzer und volle Rüstung und zog nach Ásgardhr, Thjassi zu rächen; aber die Äsen boten ihr Vergleich an. Sie sollte sich einen von den Göttern zum Manne aussuchen, aber ohne mehr als die Füsze von denen zu sehn, unter welchen sie wählte. Da sah sie eines Mannes Füsze vollkommen schön und rief: „Diesen kies ich, Baldr ist ohne Fehl." Es war aber Njördhr von Nóatún. Die Gatten lebten nicht glücklich mit einander. Skadhi wollte da wohnen, wo ihr Vater gewohnt hatte, auf den Felsgipfeln von Thrymheimr (Donnerwelt, Sturmwelt), Njördhr am Gestade der See. Sie verglichen sich darum, neun Tage in Thrymheim und die nächsten neun Tage am Meeresufer zubringen zu wollen. Da aber Njördhr vom Gebirge nach Nóatún zurückkam, sang er:

> Leid sind mir die Berge, nicht lange war ich dort;
> Nur neun Nächte.
> Der Wölfe Heulen däuchte mich widrig
> Gegen der Schwäne Singen.

Skadhi erwiederte:

> Nicht schlafen konnt ich am Ufer der See
> Vor der Vögel Lärm.
> Da weckte mich vom Wasser kommend
> Jeden Morgen die Möve.

Darnach zog Skadhi nach Thrymheim und wohnte da.

In der dänischen Mythologie führte Njördhr den Namen oder Beinamen Haddíngr = goth. Hazdiggs, ags. Hearding, ahd. Hartunc d. h. der gelockte, haarschöne. In Deutschland ist Njördhr

---

*) Bei den Angelsachsen wurden auf den Schwan, wie im Norden auf den Eber Freys Gelübde abgelegt. König Eduard I. gelobte auf zwei Schwäne, welche an einem Goldbande vor ihn geführt wurden, Kriegsabenteuer.

nicht nachweisbar; sein Name würde goth. Nairthus, ahd. Nirdu ge-
lautet haben; wol aber werden wir einer Göttin Nerthus begegnen,
welche im Namen mit ihm genau übereinkommt.

Ingvus — Ýngvi.

Tacitus nennt uns als mythischen Ahnherrn der nördlichen, dem
Ocean zunächst wohnenden Völker Deutschlands den Ingu, goth.
Iggvs, ags. Ing, von dessen Verehrung sie den hieratischen Namen
Ingävonen (oder Ingueonen) führten. Eine Stammtafel vom Ausgang
des 5. Jahrhunderts bestätigt diese Nachricht, und zahlreiche, schon
im ersten Jahrhundert n. Chr. nachweisbare Eigennamen (z. B. Inguio-
mêr. Ingupercht, Ingadëo u. s. w.) bezeugen das Dasein und Alter dieses Gottes. Die Rune für ng (gg) goth. ◊ ags. ☒ hiesz nach ihm
goth. Iggvs (enguz) ags. Ing, Inc und ein zu den angelsächsischen
Runennamen erhaltenes Lied meldet von ihm:

> Ing war zuerst | unter den Ostdänen
> Gesehen von den Männern, | bis er hernach ostwärts,
> Ueber die Flut ging. | Der Wagen rollte nach.
> Also die Heardinge | den Helden nannten.

Dieses dunkle Lied spielt auf einen verlorenen Mythus an, doch
kann man nicht umhin, bei dem nachrollenden Gefährt an den Sonnenwagen zu denken. (Etwa wie er Nachts die Rückfahrt von Westen
nach Osten macht?) Weiteres ergiebt sich aus deutschen Quellen
nicht, wol aber aus nordischen. Ýngvi*) (Ingvâr, Ingvin) war
ein Beiname des Freyr, der auch Ingunarfreyr oder Ýngvifreyr heiszt.
Neben dem Namen Freygerdhr kommt auch Ingigerdhr vor. Man
mag die Mythe von Freyr und Gerdhr auch von Ýngvi erzählt haben.
In solchen Familien, welche dem Freyrdienst ergeben waren, scheint
es Sitte gewesen zu sein, die Kinder nach Ýngvi zu benennen. Ein
Norweger, Namens Ingimundr, war ein eifriger Verehrer Freys,
dessen aus Silber gefertigtes Bild er stäts bei sich trug. Einst war
es aus seiner Tasche verschwunden. In Island, wohin er vor Harald
Hárfagr floh, fand er das Bildchen des Gottes wieder. Er nahm dies
als ein Zeichen von Seiten des Gottes auf, dass er sich an jener

---

*) Ýngvi ist graphische Form für Ingvi = ahd. Inguio. Freyr heiszt
„mit anderem Namen Ýngvi" oder Ingunarfreyr d. h. Ingvinarfreyr, was ich
als Genitiv erkläre, wie Yggdrasils askr, Fenris úlfr, so dass Freyr hier appellativisch ist und „Herr" an sich bedeutet.

Stelle anbauen solle. Ingimunds Enkel Ingolfr war so schön, dass
alle Jungfrauen mit ihm tanzen wollten, selbst die alten
Mütterchen mit zwei Zähnen im Munde. Er liebte die Tochter Óttars
und dichtete Liebeslieder auf sie. Als er an einer Wunde starb,
wünschte er in einem Hügel am Wege begraben zu werden, damit
die Mädchen Islands sich seiner desto länger erinnern
möchten. So erzählt die halbmythische Vatnsdaelasaga. Hier spielt
um den treuen Freysdiener und sein Geschlecht der Wiederschein
von den Mythen seines Gottes, des liebegebietenden Ýngvifreyr.

Wenn demnach Ýngvi mit Freyr auf der einen Seite zusammen
fiel, machte er auf der anderen eine selbstständige Gestalt für sich aus.
Auf ihn leitete das in mythische Vorzeit sich verlierende schwedische Kö-
nigshaus der Ýnglingar seinen Ursprung zurück, gradeso wie Ingu in
Deutschland für den Ahnherrn des groszen Ingävonenstammes gehalten wurde. Ýngvi oder Ingi, heiszt es, war der erste König von
Schweden, sein Sohn war Njördhr und dem folgte Freyr.

Die nächsten Glieder im Geschlechtsregister der Ynglinge sind
nur Hypostasen oder mythische Wiederholungen Ýngvifreys selbst.
Doch nicht allein die schwedischen Herrscher ehrten Ýngvi als ihren
Ahnherrn. Nach dem Haleygjatál, einem Liede des 10. Jahrhunderts,
rühmten die Könige des norvegischen Hálogaland sich der Abkunft
von Ýngvi. Die von beiden Königshäusern, den Ynglingern und Há-
leygiern, nach ausdrücklichem Zeugniss der Sagas verschiedenen
Fürsten von Vestfold in Norvegen, die Lofdhunge, wollten ebenfalls
von Ýngvi abstammen. Sogar dem sagenhaften fränkischen Geschlechte
der Völsunge masz man diese Abkunft bei; das alte Volkslied von
Helgi Hundingstöter nennt den Völsungen Helgi „Ýngvis Stamm-
halter," ein anderes Eddenlied (Sigurdharqu. II. 14) den Völsungen
Sigurdhr „Ýngvis Abkömmling." Im angelsächsischen Beovulf wiederum führt der Herrscher des gothisch-dänischen Volkes von Scede-
nigge, d. h. Schonen, den Namen Herr oder Schirm der Ingvinen
(freâ Ingvina, eodor Ingvina). Später verwandten die nordischen
Hofdichter, die Skalden, Ýngvi ganz im allgemeinen als apellative Benennung jedes Königs. Aus diesen Tatsachen lässt sich schlieszen,
dass Ýngvi als ein mythischer Urkönig und Stammvater in allgemeiner
Ausdehnung gegolten hat. In der Saga von Sturlaugr hinn Straf-
sami tritt Ingifreyr als Urkönig vor Sviariki auf. Er erteilt dem
Sturlaugr den Königsnamen und teilt mit ihm sein groszes Reich. *)

---

*) Dieser Sturlaugr ist der Sohn eines Ingolfr, der auf Njardharey (d. h.
Njördhrinsel) in Naumadal wohnte. Er liebt Ása (dh. die Åsentochter), welche

Wenn Freyr Herrscher der Alfen war (S. 242), so muss Yngvi in noch vertrauterem Verhältniss zu diesen seligen Elementargeistern gestanden haben. In Sage und Poesie finden wir die Namen Yngvi und Álfr stäts auf unauflösliche Weise verbunden. So begegnen sie uns in zwei alten Eddaliedern.*) Der ältere und bessere Text des um das Jahr 750 entstandenen halb mythischen, halb historischen Hyndhluliódh**) lässt von Tag und Sonne und deren Kindern, Schwanweisz Goldfeder und Schwan dem Roten, (S. 29) Alf den Alten und dessen Sohn Ingimundr abstammen. — Ueber die Brávallaschlacht, mit der das erste Licht der Geschichte über den skandinavischen Norden aufzudämmern beginnt, gab es eine aus der halbmythischen Skjöldúngasaga und dem fast ganz mythischen Starkadhsliede geschöpfte Erzählung, die uns teils bei Saxo, teils im Bruchstück eines isländischen Auszugs erhalten ist. Arngrim Jónsson besasz noch ein vollständigeres Exemplar dieses Auszuges und teilte daraus die Sage mit, dass König Sigurdh Ring am Abende seines Lebens die schöne Alfsól (Alfensonne) sah und sich in sie verliebte. Ihre Brüder waren Álfr und Ingi. Sie gönnten ihre Schwester dem Greise nicht und töteten sie mit Gift. Sigurdh setzte sich zu dem Leichnam der Geliebten in ein Schiff, liesz es in Brand stecken und fuhr todsuchend in's offene Meer hinaus. Auch sonst brachte die Sage den Sigurdh Ring mit den Alfen in Verbindung. Seine Gemahlin soll Álfhilldr aus Álfheimr gewesen sein, „sie und ihr Geschlecht waren schöner, als alle Menschen," sagt die Saga und grade dasselbe bezeugt der Verfasser von Gylfaginning von den himmlischen Lichtalfen. In der Brávallaschlacht kamen dem Sigurdh nahe Verwandte, Ingi und Alf zu Hilfe, von denen ausdrücklich bemerkt wird, dass sie den Ursprung ihres Geschlechtes auf Freyr zurückleiteten.***) Dieser Álfr heiszt Alrecks Sohn. Nun kennt auch die

alle Jungfrauen ihrer Zeit überstrahlt, wie rotes Gold rostiges Kupfer und die Sonne alle übrigen Himmelsgestirne. Sie wird von Vé-freyja erzogen, die dem Sturlaugr viele Kämpfe bestehen hilft.

*) Völ. 15 „Yngvi ok Álfr" unter den Zwergnamen. — Helgaqu. Hund I. 51. Völsúngus. c. XIII ziehen „Atli, Yngvi und Álfr der Alte" dem Höddbroddr zu Hilfe.

**) Derselbe ist in der Saga frú Farnjóti ok hans aettmönnum benutzt und so erhalten.

***) Saxo: Ingi quoque et Oly, Alver, Folki, patre Elrico nati Ringonis militiam complectuntur, viri quidem manu prompti, consilio vegeti, proximaque Ringonem familiaritate complexi. Iidem quoque ad Frö deum generis sui principium referebant. Der erwähnte Auszug (Sögubrot af nokkrum fornkongum) nennt nur: Alreks Söhne und Yngvi (Alreks synir ok Yngvi).

mythische Stammsage des Ynglingengeschlechts, die mit Ýngvifreyr
anhebt, einen König Alreckr, der im Wechselmorde von seinem Bruder Erich (Eirikr) getötet wird. Seine Söhne, Ýngvi und Álfr,
besteigen nach dieser Begebenheit den Thron. Ýngvi war Seekönig
und streifte auf den Meeren herum, indess Álfr bei seiner schönen
Gattin Bëra*) schweigsam zu Hause sass. Als Ýngvi einmal einen
Winter bei Álfr rastete, lauschte Bëra gern den Erzählungen ihres
Schwagers. Der Gatte fand sie einst noch spät im Königssaal auf
dem Throne beisammen sitzen und von Yngvis Heerfahrten unterhalten. In eifersüchtiger Wut trat er näher und mit Ýngvis eigenem
Schwert, das auf dessen Knieen lag, tötete er den Bruder. Der raffte
sich sterbend auf und nahm Rache.

Die Vorstellungen von Ingu — Ýngvi als Urkönig, Stammvater
und Verwandter der Alfen lassen sich zu der Combination vereinigen,
dass er Herscher und König im Lande der lichten Alfen, der
selig Verstorbenen im lichten Raume hoch über dem Wolkenhimmel
war, wo der Sonne eigentliche Heimat ist, die daher auch Alfen-
strahl genannt wurde. Von hier aus dachte man sich in älterer
Zeit auch die Seelen der zur Geburt bestimmten Menschen ausgehen.
Nach der ursprünglichen Sage war Ingu mit einem Worte Stammvater des ganzen Menschengeschlechtes oder, da der Begriff des
Menschengeschlechtes erst allmählich aus dem der Nation erwuchs,
des ganzen germanischen Stammes, der erste Mensch und König auf
Erden, und der erste Verstorbene und Herrscher im Seelenreiche der
Alfen.**) Bei zunehmender Verdunkelung und Verengerung der Mythe
konnte zuerst ein einzelner gröszerer Stamm, dann ein Königsgeschlecht ausschliesslich für sich die Ehre in Anspruch nehmen,
aus Ingus Stamme entsprossen zu sein.***)

Skeáf — Skildu (Skjöldhr).

Aus demselben Vorstellungskreise, wie Freyr und Ýngvi sind
Skeáf und Skildu hervorgegangen, deren Kult ebenfalls dem Ingä-
vonenstamme angehörte. Die Angelsachsen haben von ihnen eine aus

---

*) D. h. „die Urmutter" schlechthin.

**) Nach S. 247 empfing Ing seinen Namen von den Heardingas. Nordisch
lautet dieser Name Haddingjar (S. 246). So hiess ein norwegisches Geschlecht,
an welches sich die Sage geknüpft haben muss, dass bei ihnen das Todten-
reich war. In dem vergessenheitbewirkenden Lethetrunk, den die böse Grim-
hild dem Sigurdh reicht, war „der Haddinge" ungeschnittene Aehre.

***) Seine Gestalt berührt sich so dem zu Grunde liegenden Gedanken nach

ihrer alten deutschen Heimat mitgebrachte Sage bewahrt. Ein unbekannter neugeborner Knabe (recens natus) kam auf steuerlosem
Schiff, auf einer Korngarbe (oder einem Bunde Stroh) schlafend
und von Waffen umgeben, über das Meer gefahren und landete in
Angeln bei der Stadt Schleswig (nach andern in Schonen). Er wurde
von den Einwohnern wie ein Wunder empfangen, auferzogen und
zum König gesetzt. Nach den Umständen seiner Landung war er
Skeáf*) benannt. Seit ihm trugen die Sachsen ihren Namen, d. h.
durch ihn wurde das Volk consistent. Sein Sohn hiesz Skyld Skifing
(Schild Skeáfs Sohn). Von ihm wird mit geringer Abweichung dieselbe Mythe, wie vom Vater erzählt. Mit lichtem Geschmeide geschmückt war er einst nackt und blosz und ungeboren (umbor-
wesende) im Schiff über die Woge zu den Geerdänen hergetrieben
und dort ein gefürchteter Volksfürst geworden, der mancher Sipp-
schaft die Metbänke entriss und unter den Wolken an Würde gedieh,
bis weithin über die Bahn der Wallfische (die See) die umwohnenden
Stämme ihm Zins gaben. Als nun seine Schicksalsstunde geschlagen
hatte, da legte das süsze Gesinde ihn, den lieben Landesfürsten, der
so manche Schätze verteilt hatte, wiederum in sein Schiff, wie er
selbst gebeten. Mit herrlichen Kleinodien war das Fahrzeug geschmückt, strahlende Kriegsgewande, Waffen und Panzer und aus
fremden Landen entführte Schätze lagen am Mast, um des Königs
Leiche zu geleiten. Hoch zu Häupten wehte ihm ein flatternd Banner.
So lieszen die Getreuen mit traurigem Herzen und sorgendem Sinn
das Schiff in die Flut, es entschwebte auf den Wogen, entschwand
und niemand weisz, wer die Habe empfing. Angelsächsische Geschlechtsregister bekunden, Scild sei der erste Bewohner Deutschlands gewesen.

Noch heute heiszt am Niederrhein „auf dem Schof liegen"
gestorben sein, weil es Sitte war, die Toten auf ein Schaub Stroh
zu betten; zu Schiff sollen nach niederländischem Glauben die
Seelen der ungeborenen Kinder (aus dem über dem Wolkenhimmel
gelegenen Lichtlande, das der Luftstrom von der Menschenwelt
trennt) zur Erde kommen, um geboren zu werden; nach uralter Sitte
im Norden, wie in Deutschland, wurden Leichen in Schiffen bei-

auf das engste mit Yama (S. 53). Bei Betrachtung der Schöpfungssagen wird
sich das durch Ingu's Vater Mannus und Yamas Bruder Manu und die Iden-
tität der Ribhus und Pitris mit den Alfen, Elfen weiter bestätigen.

*) D. h. Schauf, Schaub, Schof ahd. scoub, scoup, mh. schoup = Bund,
Bündel, Strohbündel, Korngarbe.

gezetzt und den Wellen übergeben, um symbolisch anzudeuten, dass
sie über den Luftstrom zum Seelenlande zurückkehren müsten. Man
kann demnach nicht zweifeln, dass Skeáf der hehre Sonnengott war,
der als erster Mensch zur Erde herabstieg, Kultur und Anbau und
den Bestand des Volkes gründete und dann als erster Gestorbener
zum Himmel zurückkehrte, um fortan im Reiche der Seligen (der
Lichtalfen) zu gebieten.

Die Sonne wurde unter dem Naturbilde eines Schildes aufgefasst (S. 104). Deshalb heiszt Skeáfs Sohn Skyld — goth. Skildus,
altn. Skjöldhr (Schild). Von Skjöldhr wird in nordischen Quellen
gemeldet, es sei der Gott der Einwohner von Schonen (Skánunga
gudh) gewesen, wo Skeáf nach einem Berichte landete. Von ihm
leitete das dänische Königsgeschlecht der Skjöldhúngar seinen Ursprung ab. Saxo schildert ihn als das Ideal eines Fürsten an Gerechtigkeit, Tapferkeit und Milde.

In der Heldensage hat dieser Mythus noch weitere Schösslinge
getrieben. So erkennen wir ihn z. B. in den Sagen vom Schwanritter wieder. Ein neidischer Graf verklagte vor dem Kaiser eine
Herzogin, die am Rheine wohnte, sie habe ihren Gemahl vergiftet
und während dessen Abwesenheit sich den Umarmungen eines andern
hingegeben. Da wird ihr aufgegeben, an einem bestimmten Tage
einen Kämpfer gegen den Kläger zu stellen. Noch hat der Kaiser
nicht ausgeredet, da hört man vom Rheine her helle Horntöne klingen. Alle eilen an das Fenster und sehen, wie ein Schifflein durch
die Wogen zieht, das ein Schwan an silberner Kette zieht. Ein
Ritter steht darin, herrlich gewaffnet und mit silbernem Schilde be-
wehrt. Der springt heraus und nimmt für die Unschuld der Herzogin
den Kampf auf, den er siegreich besteht. Auf die Frage nach seiner
Abkunft antwortet er, dass man ihn das nimmer fragen dürfe. Die
Fürstin vermählte ihm ihre Tochter und beide lebten in glücklicher
Ehe. Aber einst übermannte Neugier die junge Herzogin und sie
wiederholte die verbotene Frage. Da war sogleich der Schwan mit
dem Schifflein wieder da und führte den Ritter hinweg und niemand
weisz, wohin er verschwunden.

Diese Sage vom Schwanritter ist auf sehr verschiedene Weise
an den Ufern des Rheins localisiert worden. Bald soll die gerettete
Herzogin Beatrix die Erbin von Kleve und Geldern gewesen sein
und die Fürsten dieses Landes von dem Schwanritter Helias abstammen. Nach andern aber kam der wunderbare Fremdling der
bedrängten Herzogin von Bouillon zu Hilfe und die tapferen Brüder
Gottfried, Balduin und Eustach von Bouillon waren seine Enkel. Im

Lager vor Jerusalem erblickte Gottfried einen Schwan, der dreimal sein Haupt umkreiste, dann nach Jerusalem flog und sich auf den Turm setzte, von welchem aus später die Stadt eingenommen wurde. — Am bekanntesten aber ist die Anknüpfung der Schwanrittersage an den Gralsmythus. Da die Herzogin Elsani von Brabant und Limburg in grosser Not ist, wird ihr vom Gral, dem Lande der Wunder im fernen Osten Parzivals Sohn Loherangrin (Lohengrin) zu Hilfe gesandt. Mit dem Gesange eines Engels führt ihn der Schwan binnen einer Woche im Schifflein nach Antwerpen, wo er den bösen Telramunt, Elsanis Bedränger, tötet. Als er später auf die verbotene Frage hin scheidet, lässt er seinen Kindern Ring, Schwert und Horn als heilbringende Kleinode zurück.

Der Schwan, den wir schon als Njördhs des Vanengottes heiliges Tier kennen lernten, wurde für einen Vogel angesehen, dessen Gestalt die Geister von Verstorbenen anzunehmen pflegen. Er verkündet den Tod vorher und bringt die Seelen der zur Geburt bestimmten Kinder zur Erde. Mithin sagt die Ankunft und Abreise des Schwanritters nichts anders aus, als Skeáfs wunderbare Landung. Der Held kommt aus dem Seelenlande, nach dem niemand fragen darf, und kehrt dahin zurück; nur mag sich mit der Vorstellung von dem ersten Menschen, der Anbau und Gesittung zur Erde bringt, noch ein Naturmythus von dem Sonnengott verbunden haben, der im Frühling zur Erde steigt und die bösen Mächte, welche die schöne Jahresgöttin bedrängen, tötet, im Winter aber stirbt, wieder zu den Toten davonscheidet.

Dass Skeáf, Skild und ihr Geschlecht als Begründer des Anbaus aufgefasst werden müssen, geht aus den mythischen Nachkommen Skilds, Beáv und Taetva hervor. Beáv (Beóv, Beáva) ahd. Púwo, altn. Búi bezeichnet den Anbauer, Landbauer; Taetva-ahd. Zeizo bedeutet den heiteren lieblichen, unter dem das Volk sich wohl fühlt, da das Leben durch die Bestellung des Ackers und durch die Ordnung des gemeinen Wesens gesichert ist. In der Geschlechtsreihe: Skeáf — Skild — Beóv — Taetva ist ein und derselbe Mythus in seine einzelnen Momente zerlegt und auf mehrere Personen verteilt; die verschiedenen Glieder der mythischen Familie sind nur Praedicate ein und desselben Gottes. Beóv begegnet uns in der Heldensage als Beóvulf wieder.

Balder-Baldr; Hödhr, Vali; Fosite-Forseti.

Ein mildes Sonnenwesen, ein Gott der Sommerherlichkeit ist auch Balder (d. h. der Fürst). Von ihm und seinem Rosse singt

uns der zweite Merseburger Zauberspruch (S. 147)*). Mit anderen
Namen hiesz er Vol **), und giebt sich dadurch als Gott der Jahres-
fülle im Sommer zu erkennen. Ausführlichere Kunde ist uns im Norden von Baldr, dem Guten, dem Sohn Ódhins und der Frigg erhalten. Auf Grund der ihm ursprünglich innewohnenden Naturbedeutung ist er allmählich zum Gotte der Frömmigkeit und Unschuld
erwachsen. Er ist so licht und lieblich von Antlitz, dass weithin
heller Glanz von ihm ausstrahlt. Leib und Haare waren von reinster
Schönheit (vgl. S. 246), die weisze Kamillen-Blume, das lichteste aller
Kräuter wurde vor allem damit verglichen und Baldrs Augenbraue
(Baldrs brá) genannt. Niemand vermochte je Baldr zu tadeln, so
weise und milde ist er und zugleich der beredteste der Ásen. Aber
die besondere Eigenschaft wohnt ihm bei, dass seine Urteilssprüche
niemals gehalten werden können. In seinem himmlischen Wohnsitz
Breidhablik (d. i. weit und breit blindender Glanz) wird nichts
unreines geduldet. In der ganzen Gegend ist nichts Böses, keine
Untat verborgen. Sein Weib ist die treue Nanna (d. h. die Kühne).
Baldr wurde überall im Norden verehrt. In Norwegen hatte er einen
weitberühmten Tempel in Sogn, Baldrshagi (Baldersgehege), eine
eingehegte Friedstätte, die niemand schädigen durfte.

Die dänische Mythe wuste zu erzählen, dass er für sein dürsten-
des Heer in der Hitze der Schlacht einen Brunnen schuf; unweit
Roeskilde auf Seeland wurde noch spät dieser Quell Baldersbrönd
gezeigt.

Von Baldrs Liebe zu Nanna und seinem Tode hat sich eine
schöne Mythe einerseits in den Edden, andererseits in dem enheme-
ristischen Bericht des Saxo nach dänischen Liedern erhalten. In den
Edden ist diese Mythe auf das tiefste in das System vom Leben und
Untergang der Welt verflochten; wir werden sie bei Besprechung
dieser Vorstellungen im Zusammenhang erwähnen. Die dänische Sage
erzählt, wie Hödhr (Hotherus d. h. Kampf, Kämpfer) die schöne
Nanna liebte; aber Baldr, Ódhins Sohn, der einmal die züchtige Jungfrau im Bade gesehen, liebte sie auch und wurde von Sehnsucht so
verzehrt, dass er sie beständig im Traume sah und vor Harm krank
zu werden begann. Die Nebenbuhler bekriegten einander, aber Baldrs
„heiliger Körper" konnte nicht versehrt werden. Doch Hödhr erfuhr
von einem siegverleihenden Schwerte, womit er getötet werden konnte.

---

*) Einige Ortsnamen in Deutschland mögen nach diesem Gott geheissen
sein z. B. Baldersteti (jetzt Belstadt) in Schwarzburg-Sondershausen.

**) Diese Schreibung erfordert der Stabreim, die Handschrift gewährt Phol.

Ein Waldgeist Mimring hatte es sammt einem goldzeugenden Ring in Besitz. Er wohnte hoch im eisigen Waldgebirg in einer schattenreichen Höhle. Auf schnellem mit Hirschen bespanntem Wagen eilte Hödhr dorthin, fing und band den Waldgeist und nahm ihm Schwert und Ring ab. Jetzt kam es zur Schlacht, in welcher Thórr und Ódhinn und der Götter heilige Schaar auf Baldrs Seite stritten. Doch Hödhr trug einen Waffenrock, den kein Schwert durchschnitt, und mit mächtiger Faust durchhieb er den Schaft von Thórs Keule. Da flohen die Götter und Hödhr führte Nanna heim. Als aber der Winter vorüber war, begab er sich allein und ohne Gefolge nach Schweden, wo er lebensmüde zu wüsten und unbebauten Landstrecken floh. Hier empfing er von Waldjungfrauen eine überaus liebliche Speise, die Baldrs Stärke vermehrte. Jetzt erhob er aufs neue die Kriegsfahne, schlich sich als Harfenspieler in Baldrs Zelt und verwundete ihn tötlich im Zweikampfe. Die Unterweltgöttin Hel erschien Baldr im Traume und verkündigte ihm seinen Tod. Am dritten Tag starb er an seiner Wunde. ˙

Weit im Osten, in Russlands öden Gefilden wohnte eine Königstochter Rindr. Ódhinn war geweissagt, dass von ihr allein Baldrs Rächer geboren werden könne, und so zog er an ihres Vaters Hof und warb unter manchen Verkleidungen als kunstreicher Schmied, als junger tüchtiger Reiter, als siegreicher Feldherr um ihre Liebe, aber er erntete nur Schläge und Hohn. Da berührte er sie mit seiner Zauberrute und schlug sie mit Wahnsinn. Er nahm jetzt Frauengestalt an und trat unter dem Namen Vecha in ihren Dienst; er erbot sich die Jungfrau zu heilen. So gewann er ihre Gunst und sie gebar den Bous (Bûi), der den Hödhr bekriegte und erschlug.

Nach den Edden ist Hödhr Baldrs Bruder. Man erkennt in ihm den Gott der zweiten finsteren Jahreshälfte, welcher gegen den Gott des Sommerlichtes, den engverwandten, Streit erhebt und obwol alle Götter des Lichtes, Thórr und Ódhinn für den Bestand des Sommers kämpfen, ihn vertreibt (in der Sommersonnenwende), aber bei neu zunehmendem Lichte wieder fliehen muss in die wüsten Einöden, wo er seine Heimat hat *). Doch der Kampf erneut sich, Hödhr kehrt zurück,

---

*) Denselben Gedanken drückt ein altes westphälisches Lied aus. Auf St. Peterstag klopft man mit Hämmern an die Haustürpfosten und ruft dem Winter (Süntevuegel d. i. altn sût fugla, Vogeltrauer) zu: Heraus, heraus Vogeltrauer! St. Peter ist gekommen. Er verbietet dir Haus und Hof, Land und Sand, Laub und Gras! bis zum nächsten Jahr auf diesen Tag, soll dir altem Schelm der Hals ab. Geh in Steinklippe, da sollst du innen sitzen! Geh in die Steinkaule, darin sollst du verfaulen! Geh nach dem Klausenstein und zerbrich dir Hals und Bein.

die Natur verödet, der Acker liegt brach, Baldr muss aufs neue sterben (denn Flucht und Tod sind mythisch eins, S. 138). Die winterliche Oede oder die unbebaute Haide Rindr **) muss den Sohn Bui (Anbauer) gebären, der allein Baldr rächen, in neuem Frühling den Acker zur Fruchtbarkeit führen kann. So sehr Rindr sich auch sträubt, der Allvater und Allherscher Ódhinn erzeugt diesen Sohn, welcher den Hödhr tötet. Bui, Baldrs Rächer, wird in den Edden auch Ali (Nährer) oder Vali genannt. Er ist kühn in der Schlacht und ein guter Schütze. Eine Nacht alt rüstet er sich zum Kampf mit dem Mörder und wäscht und kämmt sich nicht eher, bis er diesen erlegt hat. Er scheint ein uralter Gott zu sein. Denn vermutlich hatte die Halle Valaskjálf (S. 182) nach ihm den Namen.

Baldr, der Gott der Unschuld, und die treue Nanna zeugten den herlichen Forseti (Vorsitzer), den Pfleger des Rechtes und der Gerechtigkeit und Vorsteher der Gerichte. Alle, welche sich in Rechtsstreitigkeiten an ihn wenden, gehen verglichen nach Hause, bei ihm ist der beste Richterstuhl für Menschen und Götter. Sein Palast Glitnir (der schimmernde, glitzernde) ruht auf goldenen Säulen und ist mit silbernen Schindeln gedeckt, da tront Forseti den langen Tag und schlichtet alle Streitigkeiten.

Die Insel Helgoland (d. h. Heiligenland) hiesz einst Fositesland nach einem friesischen Gotte Fosite, dessen Cultus dort im 8. Jahrhundert blühte. Ihm war eine Quelle geweiht, deren Wasser man nur schweigend schöpfen durfte. Niemand unterfing sich, die daselbst weidenden Tiere, noch irgend etwas anderes zu berühren. Noch im elften Jahrhundert wagten die friesischen Seeräuber und Schiffer von der Insel Helgoland keine Beute zu entführen, aus Furcht bald nachher durch Schiffbruch umzukommen, oder im Kampfe erschlagen zu werden; keiner kehrte ungestraft vom Raubzuge zurück. Ja sie brachten den dort lebenden Eremiten sogar mit groszer Ehrfurcht den Zehnten ihrer Beute. I. Grimm vermutet, dass der Name Fosite (vermöge der Assimilation Fossite) aus Forsite (Vorsitzer) entstanden und der friesische Gott dem nordischen Forseti identisch gewesen sei.

Alces.

Der Bruderstreit zwischen Hödhr und Baldr beruht auf einer uralten Mythe von zwei Zwillingsbrüdern, von der auch der Zwist

---

*) Auf Island bedeutet rindi eine unfruchtbare Landstrecke, in Norwegen Rindr einen spärlich begrasten Erdrücken.

und Wechselmord Alrecks und Erichs, Álfs und Ýngvis (S. 250) Ausläufer sind. Diese Mythe steht in der engsten Verbindung mit der Sage von den Dioskuren, denen wir bereits in vedischer Zeit unter dem Namen der Açvins (S. 60) begegneten. Nun meldet Tacitus, dass bei den Naharnavalen, einem deutschen Volke, ein Hain von uraltem religiösem Ansehen bestand, in welchem zwei jugendliche Brüder Alces bildlos verehrt wurden, die in ihrem Wesen dem Castor und Pollux entsprachen. Ein Priester in weiblicher Kleidung stand dem Gottesdienst vor. Der Name Alces goth. Alkeis bedeutet nach Zachers Untersuchungen „die leuchtenden, glänzenden"*).

Hoenir.

Dem auf den vorausstehenden Blättern in Betracht gezogenen Vorstellungskreise scheint sich auch Hoenir anzureihen, ein sehr alter Gott des Nordens, dessen Bedeutung freilich im System der skandinavischen Mythologie schon sehr verdunkelt ist. Er ist ein groszer und schöner Mann mit langen Füszen, im Gebrauche des Bogens gewandt und heiszt daher „der schieszende Gott, der Pfeilkönig". Oft erscheint er in Ódhins Gefolge. Bei der Schöpfung verlieh er dem Menschen den Geist (ódhr). Mit Loki ist er auf das engste befreundet. Ein färöisches Volkslied erzählt von ihm, Ódhinn und Loki, wie sie einem Bauer gegen den Riesen Skrýmsli Beistand leisteten. Skrýmsli hatte dem Landmann im Spiele seinen Sohn abgewonnen und verstand sich nur unter der Bedingung dazu, ihn bei den Eltern zu lassen, wenn es gelinge, das Kind vor ihm zu verbergen. Da riefen die Leute zu Ódhinn. Kaum war das Wort gesprochen, da stand der Ásenkönig schon vor des Tisches Bord, nahm den Knaben mit sich und verbarg ihn als Aehre in einem Kornfelde. Aber der Riese fand ihn hier und Ódhinn rettete ihn nur noch soeben zu den in banger Sorge daheimsitzenden Eltern. Jetzt betet die ganze Familie, Vater, Mutter und zwei Söhne zu Hoenir und fleht ihn um Schutz an. Hoenir tritt in die Halle und verwandelt den Knaben in eine Flaumfeder am Halse eines Schwanes, der mit sechs andern Schwänen weit über den Sund auf grünes Gefilde fliegt. Aber Skrýmsli zieht einen Schwan nach dem andern zu sich heran und reiszt dem siebenten den Hals ab. Der darin verborgene Knabe schreit in seiner Not zu Hoenir, der ihn heil zu den Eltern entführt.

---

*) Damit verwandt sind ags. colb-sand, eolesand, Bernstein, ahd. elo, elaho altn. elgr. fem. ilgja lat. alces, is gr. ἄλκη das Elenntier; ahd. elch fem. olha Edelhirsch. Der Hirsch war den Vanen heilig. Vgl. S. 104. 237.

Endlich wenden sich die Bauersleute an Loki, der das Kind als Ei im Rogen einer Flunder versteckt und, als Skrymsli ihn auch hier auffindet, mit List den Ungefügen tötet.

VULDOR-Ullr.

In den angelsächsischen Liedern wird das Wort vuldor häufig sowol für die göttliche Herlichkeit, als für Gott persönlich gebraucht und einige Spuren scheinen zu ergeben, dass dies Erinnerungen an einen Gott des sächsischen Stammes, Namens Vuldor waren. Dieser Gott hiesz im Norden Ullar oder Ullr*). Er ist Sifs Sohn, Thörs Stiefsohn, schön von Angesicht und kriegerisch von Gestalt. Im Bogenschieszen kann sich niemand mit ihm messen. Da das Holz des Bogens meistens von der Eibe genommen wurde, heiszt sein Wohnsitz Ýdalir d. h. Eibental. Bei Zweikämpfen rief man ihn an. Auf Schneeschuhen, aus Knochen gemacht, lief er über das Eis; er ist der Schlittschuhläufer bester und auf Schilden fuhr er über das Meer. Daher heiszt der Schild Ullrs Schiff. Als der lichte umschweifende Gott der Jäger muste Ullr die Sif (das Geschlechtsbewustsein, den Geist der Brüderlichkeit) zur Mutter erhalten, da die Geschlechter wie zum Kampf (S. 207) sich im Frieden zum fröhlichen Spiele der Jagd und des Schneelaufs zusammentaten, ohne dass es nötig war. Thörr, den Gott des Anbaus, zu Ullrs Vater zu machen. Er ist Baldrs Freund oder naher Verwandter. Bei Ullrs Ring schwur man heilige Eide. Als Ódhinn (im Winter) verbannt war, setzten die Götter den Oller (Ullr) an seine Stelle (S. 157). Da die Strahlen der Sonne häufig als Pfeile gedacht wurden, der Sonnenball als Schild, vermute ich, dass Ullr ursprünglich ein Gott der winterlichen Sonne war. Verschiedene Ortsnamen Ullarakr (Ullsacker), Ullerslöv, Ullersvang (Ullershain, Ullerswiese) lassen erraten, dass Ullr auch mit der Fruchtbarkeit des Feldes zu tun hatte und bestätigen zugleich, dass er keine unbedeutende Verehrung genoss. Eine Liederstelle hebt ihn sogar vor den andern Göttern hervor: „Ullers Gunst hat und aller Götter, wer zuerst zum Feuer greift".

Heimdallr (Rigr), Oervandill-Orendel.

Dem Reigen der Lichtgottheiten reiht sich im Norden auch Heimdallr oder Hallinskidhi ein, der seiner Grundbedeutung nach wahrscheinlich ein Gewittergott war. Heimdallr (d. h. Weltglänzer) ist Ódhins Sohn, ein weiszer (d. h. reiner, unschuldiger) Áse, er

---

*) In Betreff des Namens Ullr-Vuldor vgl. S. 153 Anm. Ags. Vuldor ist = goth. vulthus, Herlichkeit.

ist grosz und heilig. Einzig in seiner Art haben ihn, den gnaden-
reichen Gott, im Anfang der Zeiten auf wunderbare Weise neun Rie-
senschwestern am Rande der Erde geboren. Es waren Gjálp und
Elgja Wesen der Brandung, Ángeyja die Nixe der Meerenge, Jarn-
saxa die eisenfeste Klippe, Greip (die Rafferin), Gneip, Atla, Ulfrún
(die wölfische Zauberin) Riesinnen der räuberischen opferfordernden
Wogen, endlich die begabende Seemaid Oergjafa. Mit der Erde
Kraft, windkalter See und der Sonne Strom ward er gekräftigt.
Die Wolken des Gewitters steigen von der Erde und dem Meer zum
Firmamente auf. Da wohnt er nun am Ende des Himmels in der
Burg Himinbjörg *). Sie liegt an der Brücke Ásbrú (Ásenbrücke)
oder Bifröst (bebende Rast, bebender Weg) und zwar am Kopf
der Brücke, wo diese den Himmel berührt. Da waltet er des Heilig-
tums und schlürft in schöner Wohnung selig den süszen Met (vgl.
S. 62. 171). Seine Zähne **) sind von Gold. Er heiszt daher auch
Gullintanni (Goldzahn) und die Skalden sagten für Gold Heimdalls
Zähne. Sein Ross heiszt Gulltoppr (Goldzopf, Goldmähne).

Die Brücke Bifröst ist der Weg zwischen Himmel und Erde,
die Menschen nennen sie Regenbogen. Sie ist sehr stark und kunstvoll gezimmert und hat drei Farben, das rote in der Mitte ist brennendes Feuer. Denn die Bergriesen und Hrimthursen würden den
Himmel ersteigen, wehrte nicht lohende Glut Unberufenen den Ueber-
gang. Als Wächter der Götter schützt Heimdallr die Brücke vor den
Unholden. Stöszt er in seine Trompete, das Gjallarhorn (gellendes
Horn), so wird der Schall in der ganzen Welt gehört. Für gewöhnlich ist Heimdalls Horn unter dem himmelhohen heiligen Baume
Yggdrasill ***) verborgen, der einst am Ende der Tage bei seinem
Getön sich in Flammen entzünden wird †). Heimdalls Haupt hiesz
Schwert und das Haupt wiederum wurde Heimdalls Schwert genannt.
Da das Gewitter die Sterne wieder hervorleuchten macht, wurde Heimdallr weiterhin zu einem Gott der Tageshelle. Bedenken wir die
langen Sommertage des Nordens, in denen die Sonne fast gar nicht
untergeht, so begreifen wir die Angabe, der Götterwächter bedürfe
weniger Schlaf als ein Vogel und sehe sowol bei Nacht als bei Tag
hundert Meilen weit. Er hört das Gras in der Erde und die Wolle
auf den Schafen wachsen, mithin auch alles, was einen stärkeren

---

*) D. h. die Himmelsberge. S. 91.

**) Die leuchtenden Blitze. S. 20. 67. 102. 134.

***) Der Wolke S. 59. 92. 158. Das Gjallarhorn ist der Donner.

†) Wie dem Thórr der Bock, war dem Heimdallr der Widder heilig, welcher nach dem Gotte heimdali oder hallinskidhi hiesz.

Laut giebt. Seit Beginn der Schöpfung fängt er Nachts mit feuch-
tem Rücken den Tau auf, aber beim Anbruch des Morgens steigt er
die Brücke Árgjöll (die frühtönende) hinan zu den Himmelsbergen.
— Als Gott des Gewitters und der Tageshelle kämpfte Heimdallr
Freyjas leuchtendes Halsband Brisingamen aus der Gewalt des
bösen Riesen oder Gottes Loki los.

Im Blitze stieg nach uraltem Glauben die Seele des ersten Menschen zur Erde (S. 53). So sind denn die Sterblichen Heimdalls
Kinder. In einer Versammlung, die zusammengekommen ist, um
die heiligen uralten Göttersagen der Vorzeit zu vernehmen,
redet der Vortragende die Zuhörer an: „Lauschet nun alle heilige
Geschlechter, kleine und grosze Söhne des Heimdallr". Nicht minder
verdanken die drei Stände der Thräle (Sklaven), Karle (Freien), Jarle
(Fürsten) diesem Gotte ihre Entstehung. Unter dem Namen Rigr
wandelte Heimdallr, der vielkundige, rasche und rüstige Áse, einmal
grüne Wege den Strand entlang. In einer Hütte fand er zwei Ehe-
leute, Eltervater und Eltermutter (Ái und Edda), die ihn mit grobem
Kleibrod bewirteten. Bei ihnen blieb er drei Nächte. Neun Monate
darnach gebar Eltermutter den hautschwarzen Knecht (Thraell),
von dem das Geschlecht der Knechte (Thräle) stammt. Schon früh
lernte er mit roher Kraft Bast binden, Bürden schnüren und den
ganzen Tag Reiser tragen. Rigr wanderte weiter und fand in einem
Hause, das ihnen eigen gehörte, Groszvater und Groszmutter
(Afi und Amma); der Mann schälte eine Weberstange, das Weib führte
den Faden zu feinem Gespinst. Wieder blieb er drei Tage dort und
nach neun Monaten genas Amma eines Sohnes Kerl (Karl) geheiszen.
Sobald er erwuchs, zähmte er Stiere, zimmerte Pflüge, baute Häuser
und Scheunen und bestellte das Feld. Von ihm stammt das Geschlecht
der freien Grundbesitzer (Karle). Bei fortgesetzter Reise erreichte
Rigr eine Halle mit leuchtendem Ring, in welcher Vater und
Mutter (Fadhir und Módhir) saszen; Vater wand Bogenschnen und
schäftete Pfeile, in lichtem Geschmeid und wallendem Schleier schmiegte
sich das Weib an seine Seite. Bei des Gastes Ankunft erhob sie
sich, deckte den Tisch mit schneeigem Linnen, trug Wildprät und
Vögel auf silbernen Schüsseln auf und kredenzte Wein in kostbaren
Kelchen. Auch hier verweilte Rigr drei Tage und nach neun Monaten gebar Mutter ein Kind mit feurigen Augen und weiszer Wange,
den lichtgelockten Jarl (Herzog), der schon jung Bogen spannen,
Spiesze werfen, Hengste reiten, Hunde ziehen und den Sund durch-
schwimmen lernte. Rigr kam selbst und lehrte ihn Runen kennen,
und wie man Land und Leute und Ahnenschlösser zu eigen besi-

tzen und verwalten müsse. Von Jarl stammt der Edeln und Fürsten
Geschlecht.

Dem Heimdallr sehr ähnlich muss Örvandill gewesen sein, den
wir schon S. 216 kennen lernten. Die dänische Mythologie wuste
zu erzählen, wie Horvendill (Örvandill) König von Jütland auf
einer Insel im Inneren frühlingsgrüner Gehölze mit Kollr (dem
Kalten) von Norvegen einen Zweikampf hielt, und mit beiden Händen das Schwert erfassend den rüstigen Gegner erlegte. Den Toten
setzte er in prächtigem Grabhügel bei und büszte ihn mit 10 Pfun-
den Goldes. Dann heiratete er die schöne Gerutha (== altn. Gró-
dhi die Grünende), die ihm den Hamlet (Amlethus, Amlódhi) gebar.
Neidisch tötete ihn sein Bruder Fengo, und nahm die Wittwe des
Erschlagenen zur Frau. Hamlet aber rächte blutig des Vaters Tod*).
Örvandill, der Strahl des Frühlingsgewitters, tötet den kalten Winter, der aus Norvegen kommt und führt die grünende Saat als Braut
heim. Örvandill muss als Stammheld von Jütland gegolten haben,
denn eine Runeninschrift nennt dasselbe Örvandils Land.

Dem altnord. Namen Örvandill (der aus Arhvendill entsprang)
entspricht das angelsächs. Wort earendel (aus earhvendel), Strahl.
In Deutschland ist Orendel**) Name eines Helden, von dem die
Sage in Trier vieles zu berichten hatte. Er war der Sohn des Königs Eigel von Trier und zog nach dem Orient; unterwegs irrte er
auf vielen Meeren umher. Endlich litt er Schiffbruch und schwamm
durch die See (wie Thórr watet S. 216). Ein Fischer, Namens
Eise (Iso) nahm ihn auf. Nach Jerusalem gelangt befreite er die
Königin des heiligen Landes, Frau Breide von ihren vielen Freiern
(wie Thunar die Göttinnen aus der Hand der Riesen) und heiratete
sie. Dieser Orendel soll der älteste aller Helden gewesen sein.
In der Grafschaft Hohenlohe lag ein Ort Orendelsal, dessen Kirche
ein Gnadenort für Schwerhörige war.

Orendels Abenteuer haben die überraschendste Aehnlichkeit mit
den Fahrten des Odysseus in der Odyssee, so dass die Meldung des
Tacitus, Ulysses sei auch nach Deutschland gekommen und habe die
Stadt Askiburg gegründet, wo ein ihm geweihter Altar seine einstige
Anwesenheit bezeuge, sich auf Orendel beziehen mag.

---

*) Hieraus entnahm Shakespeare den Stoff für seinen Hamlet.
**) Aus Aurendel == Arvendill.

Tius (Zio)-Týr, Eru, Sahsnôt.

Der älteste unter allen germanischen Göttern: goth. Tius, ags.
Tiw, ahd. Zio, altn. Týr, war der Gott des lichten Himmelsgewölbes,
der Vater Himmel, welcher dem Laut und Begriffe nach dem vedischen Dyaus, griechischen Zeus und römischen Jupiter genau ent-
sprach (S. 57, 58). Nach ihm führte der dritte Wochentag bei den
Angelsachsen den Namen Tiwesdäg (engl. Tuesday); in Schwaben
und Baiern heiszt er Ziestag (ahd. Ziwestac) und auch unser Dienstag ist aus Tag des Tiu verderbt. Das wenige, was wir von dem
Dienste dieses Gottes wissen, berichtet uns Tacitus. Zwischen Elbe
und Oder wohnte im ersten Jahrhundert der Hauptstamm der Sueven, Semnonen d. h. Fessler genannt. Dieser Name war ein heiliger,
im Cultus des gemeinsamen Stammheiligtums begründeter. „Für die
ältesten und edelsten der Sueven, sagt der römische Geschichtschreiber, geben sich die Semnonen aus. Zu festgesetzter Zeit
kommen in einem Walde, der durch der Väter Weihe und alther-
kömmliche Scheu geheiligt ist, alle Völkerschaften desselben Blutes
vermittelst Gesandtschaften zusammen und begehen nach barbari-
schem Brauche grauenvolle Weihen. Es widerfährt dem Haine noch
eine besondere Ehrfurchtbezeugung. Niemand betritt ihn anders,
als mit einer Fessel gebunden, im Gefühl der Niedrigkeit und um
zu zeugen von der Macht der Gottheit. Ist er zufällig gefallen, so
ist ihm nicht verstattet sich zu erheben und aufzustehen; auf dem
Boden wälzt man sich hinaus. Und den Gesichtspunkt hat dieser
ganze Aberglaube, als ob dort des Stammes Anfänge ihren Ursprung,
die Gottheit, die alles beherscht, ihren Sitz habe, alles übrige unterworfen und dienstpflichtig sei." Die Semnonen, diese edelsten der
Sueven, wanderten später nach Süden aus, und hier finden wir sie
am Ende der Völkerwanderung als Juthungen d. h. „die echten Ab-
kömmlinge des Gottes" und als Schwaben nördlich vom Bodensee
wieder. Ihren Nationalgott haben sie in die neuen Sitze mitgebracht
und wir lernen nun seinen Namen kennen. Es ist Zio. Denn
die Schwaben werden in Glossen des neunten und zehnten Jahrhundert Ziuwari d. h. Männer des Zio genannt, und die Stadt
Augsburg führte vom Culte des Gottes den Namen Ziesburc (Stadt
des Zio). Ein Tiesdorf (Tivesdorf?) kommt in niederschlesischer
Elbgegend vor, ein Ziesberg liegt im Weimarischen. Die Rune
(für t) ↑ war nach dem Himmelsgotte bei den Gothen tius (tyz)
geheiszen, bei den Angelsachsen tio, ti, oder mit erweiterter Form
tir, was appellativisch Glanz, Ruhm aussagte. Ebenso war bei

den Hochdeutschen die Rune für z ᛏ Ziu genannt. Eine ahd.
Glosse, welche zio für Wirbelwind gewährt, zeigt uns, wie Tius,
Zio des Himmels Gott über die Lufterscheinungen gebot. Da der
Himmel die Strahlen des Lichtes wie des Blitzes aussendet und man
die Strahlen mythisch mit Schwert und Pfeil verglich, weshalb in
den indogermanischen Sprachen die Benennungen für Licht, Blitz
und Geschoss häufig dieselben sind*), so gelangte man dazu, den
Zio zu einem Schwert- und Kriegsgotte zu machen, woher er auch
in der Benennung des dritten Wochentages die Stelle des römischen
Mars einnimmt. Schon zu Tacitus Zeit mag die kriegerische Seite an
Ziu besonders hervorgehoben worden sein, denn neben Mercur
(Wôdan) wird ein deutscher Mars häufig erwähnt, dem Kriegsge
fangene als Opfer fielen.

Als Kriegsgott führte Tius, Zio den Beinamen ARHVUS, ags.
Earh, Ear, sächs. Er, ahd. Ereh, Jr (Jer, Eri, Erich) d. i. Strahl,
Pfeil, oder gôth. HAIRU, sächs. Cheru, Heru d. i. Schwert. Deshalb
heiszt der Dienstag in mehreren Landschaften Baierns Erchtag,
Irtag, wofür auch die Formen Erichtag, Ertag, Jertag vorkommen.
Die angelsächs. Rune für ea ᛠ, welche aus ↑ Tio entstanden ist,
führt die doppelten Namen Tir und Ear, und ebenso wird im alt-
hochd. Runenalphabet der Buchstabe für z ᛏ bald Zio, bald Eor
Aer genannt. Die Stadt Eresburg (das heutige Stadtbergen a. d.
Diemel) hatte von Er den Namen. Sein Bild war den Mauern der
Stadt eingefügt, und das deutsche Volk der Cherusker (aus welchem
Armin Deutschlands Erretter und des Varus Besieger hervorging)
d. h. Nachkommen des Heru leitete von ihm wahrscheinlicher Weise
seinen Ursprung ab.

Mit der Rune tiv oder tir bezeichnete man, wie es scheint, die
Waffen um Sieg und Ruhm zu erlangen; tire tâcnian, mit Ruhm,
Glanz zeichnen, ist ein den ags. Gedichten geläufiger Ausdruck und
von der Rune ↑ selbst wird gesagt: Tir ist der Wunderzeichen eins,
wol hält er Treue bei adeligen Männern, ist immer auf der Fahrt
über der Nächte Wolken (Finsternis) und trügt nimmer." Auch dienten sowol ↑, wie ᛠ auf Stäbchen geritzt als Todeszeichen, wenn
durch Loszwerfung jemand (ein Kriegsgefangener) zum Opfertode bestimmt werden sollte. Daher wird von der Rune Ear ᛠ gesagt:
„Ear ist ein Schrecken der Männer jeglichem, wann unaufhaltsam das
Fleisch beginnt als Leiche zu erkalten, die Erde zu erwählen bleich
als Bettgenossin. Freuden zerfallen, Wonnen schwinden, Bündnisse
werden gelöst."

*) So heiszt z. B. mhd. strâle zugleich Pfeil und Blitz.

Von Zio Er, dem Kriegsgott scheint ein sächsischer Gott Sahs-
nôt*) (d. i. der des Schwertes genieszende, waltende) nicht verschieden gewesen zu sein, den wir nur aus der Abschwörungsformel (S.
187) kennen. Doch gewähren auch die angelsächsischen Stammtafeln
einen mythischen Saxneât.

Týr, nach welchem der dritte Wochentag im Norden altnord.
Týrsdagr, Týsdagr schwed. Tisdag, dän. Tirsdag lautete, ist ein
sehr kühner und tapferer Gott. Er waltet des Sieges und gut ist es,
wenn tapfere Männer ihn im Streit anrufen.**) Vergleich zwischen
kämpfenden Helden kennt er nicht. Den grösten Beweis seiner Kühn-
heit gab er, indem er den Wolf Fenrir fesselte. Das ist ein furchtbares Untier, Lokis Sohn, den Göttern zum Verderben bestimmt. Als
die Götter sahen, dass der Wolf jeden Tag wuchs, versuchten sie
ihn zu fesseln. Er liesz sich die Gefahr gefallen, um durch ihre
Ueberwindung berühmt zu werden, und mit Leichtigkeit zerriss er
alle Bande. Da schickten die Ásen den Skirnir (S. 238) zu den
Schwarzalfen und lieszen von ihnen aus dem Schall des Katzentritts,
dem Bart der Weiber, den Wurzeln der Berge, den Sehnen der Bären, der Stimme der Fische und dem Speichel der Vögel die unzer-
reiszbare Fessel Gleipnir schmieden, welche anscheinend nicht stärker als ein schwaches Seidenband war. Der Wolf Fenrir witterte
Betrug und verlangte, dass einer der Ásen die Hand in seinen Rachen
stecke, bevor er sich die Haft anlegen lasse. Týr tat das. Sobald
Fenrir gebunden war, erstarkte Gleipnir zur stärksten Kette und die
Ásen befestigten dieselbe am Felsen Gjöll, den sie tief in den Grund
der Erde einrammten. Jetzt biss der Wolf zu und riss dem Týr die
rechte Hand ab. Die Götter aber steckten, als er nach ihnen schnappte,
ein Schwert in seinen Rachen zwischen Unterkiefer und Oberkiefer.
Der Geifer seines Mundes strömt zu einem groszen Flusse Ván zusammen. Týr aber ist seit der Zeit einhändig.

In Fenrir hat man längst ein dämonisches Wesen der nächtlichen
Finsternis erkannt, welche das Licht der Gestirne verschlingt. Týr,
der Gott des glänzenden Himmels, fesselt den Wolf, entreiszt das
Licht seinem Rachen.***) Dabei büszt er seine rechte Hand ein,†)

---

*) Sahs, sax bedeutet Messer, Schwert· Von dieser ihrer Nationalwaffe
haben die Sachsen ihren Namen.

**) Daher heiszt ein furchtloser Mann tý-hraustr, ein verständiger týspakr
(kräftig, verständig, wie Týr).

***) Vgl. die Mythe von Ushas und den Açvinen S. 61.

†) Hand — Sonnenstrahl, Licht S. 60.

denn die Nacht mit dem gähnenden Rachen verschlingt des Tages eine Hälfte. Während Týr in dieser Mythe noch seine alte Bedeutung als Himmelsgott bewahrt, ist er im übrigen wie Ziu, Er Schwert- und Kampfgott geworden. Auch im nordischen Alphabet eignete Týr die Rune. Siegsrunen ritzte man auf des Schwertes Griff und Stichblatt und rief dabei zweimal Týr an. (S. a. S. 177).

Irinc; Irmin.

Unser Altertum kannte einen Gott oder göttlichen Helden Namens Irinc, nach welchem die Milchstrasze Iringes wëc, Iringes strâza (Iringsweg, Iringstrasze) Iuwaringes wëc, Euringsstrasze genannt wurde. Nach sächsischer Sage war Irinc der Freund und Ratgeber des Thüringer Königs Irmenfrit.*) In einem Kriege der Sachsen und Franken gegen die Thüringer erschlug Irinc, vom Frankenkönig Dietrich gewonnen, zu Scheidungen a. d. Unstrut den Irmenfrit, darauf aber den fränkischen Aufhetzer. Dann legte er den Leib des Herrn über den Körper Dietrichs, damit der im Leben besiegte im Tod überwinde. Er bahnte sich mit dem Schwert den Weg durch die Feinde und entkam. Nachmals sei er so berühmt geworden, dass die Milchstrasze nach ihm den Namen erhielt.

Nach dem Siege über die Thüringer sollen die Sachsen in der eroberten und dann von ihnen bewohnten Burg Scheidungen eine Säule der Sonne zugekehrt errichtet haben, die sie ihrem kriegerischen Gotte Hirmin weihten. Eine andere Säule des sächsischen Gottes Irmin lag in der Stadt Eresburg (S. 263). An der Stelle dieser Säule wurde später eine Kirche des Apostelfürsten Petrus errichtet. (S. 231). Eine dritte und zwar wie es scheint die bedeutendste Irmensäule (Irminsûl, Hirminsûl, Ermensûl) stand im Waldgebirge Osning bei Detmold. Ein heiliger Hain und ein heiliges Gehege (fanum) umgab dieses „berühmte Idol" und reiche Gold- und Silberschätze waren dabei niedergelegt. Es war ein hoher Baumstumpf (truncus ligni) unter freiem Himmel errichtet. Karl der Grosze begab sich nach der Eroberung von Eresburg zu diesem Heiligtum und zerstörte es.**) Wiederum bezeugt ein westphälisches Dorf Er-

---

*) Die beiden Helden Irmenfrit (Irnfrit) und Irinc sind auch in die Nibelungensage übergegangen.

**) Auf diese Begebenheit bezieht man (ob mit Recht oder mit Unrecht) den Volksreim:

Hermen, slâ dermen
slâ pîpen, slâ trummen,
de kaiser wil kummen
met hamer und stangen,
wil Hermen uphangen.

mensûlen das einstige Dasein noch eines weiteren Heiligtums dieser
Art.*) In Hessen lag ein heiliger Hain Irminlô.

Die Persönlichkeit des Gottes Irmin bezeugen mehrere Ortsnamen wie Hermensworden in Ditmarschen, Ermeneswerthe in Hessen
(d. h. Insel des Irmin), Ermaneshûsun u. s. w. Das Gestirn des
Wagens (arctus, plaustrum coeleste) hiesz nach ihm Irmineswagen.
Offenbar klingt in Irings und Irmin-frits Freundschaft eine mythische Erinnerung durch und so darf man wol vermuten, dass auch
dem Irmin die Milchstrasze einst geheiligt war. Eine der vier groszen
öffentlichen Straszen, welche England durchschnitten, und welche,
wie es nach verschiedenen Analogen scheint, als Abbilder himmlischer Wege angesehen wurden, hiesz Ermingestrete, Er-
mingstræt. Das dürfte Strasze des Irmsohnes bezeichnen.

Neben dem Namen Irmin muss in alter Zeit die Form Irm
oder Irmo bestanden haben,**) und noch früher lautete der Name
Irimo***) oder Arimo, wovon Irmin, Armin erweiterte Formen
sind.†)

In Westphalen hat sich die Redensart erhalten: „Du meinst auch,
unser Gott heisze Hiärmen! Nein er heiszt lieber Herr!" Der Sinn
dieser sprichwörtlichen Redensart ist: Du denkst und handelst nicht
christlich, sondern heidnisch. Von einem groszen Kerl sagt man
„das ist ein Hiärmen" und von jemandem, der sehr müde ist: „Ist
Hiärmen bei dir? Hat Hiärmen d.ch in der Plage?" Wie der Stier
nach Thôrr vingnir, nach Freyr freyr, der Widder nach Heimdallr
heimdali hiesz, scheint der Bock in Sachsen nach Irmin benannt,
ihm heilig gewesen zu sein. In der Tiersage wird er hermen genannt, im 16ten Jahrhundert einmal Hermann stosz nicht; und noch
heiszt er in Westphalen harm, harmbuck, harmschâp.

Aus diesen Zeugnissen ersehen wir, dass Irmin ein kriegerisch
dargestellter Gott war, hoch von Wuchs, und auf jeden Fall ein lichtes
Himmelswesen, dem man wegen seiner Ersetzung durch St. Petrus
und wegen des Bockes, der ihm heilig war, Berührung mit Thunar-
Thôrr, Heimdall und Ziu zutrauen darf.

Der Name Irm, Irmin erklärt sich durch das Wort irmin, goth.

---

*) Noch spätere uhd. Glossen verwenden den Ausdruck für Pyramiden, Co-
losse und ein Gedicht des zwölften Jahrhunderts schildert römische Abgötter
und Kaiser, die auf einer „Irmensäule" standen.

**) Vgl. die Namen Irmgart, Irmher, Ermedeo, Ermhad, Ermesteus, Erming.

***) Vgl. die Namen Iriungaud, Irimher (Irimbert? Irimfrit?).

†) So hiesz Ingu auch Ingu-in, Yngvinr, Inguon.. S. 247.

airman, ags. eormen, irmen, nord. jörmun, welches als verstärkender
Vorsatz in der Bedeutung „allgemein" verwandt wird. Deshalb
erklärt ein alter sächsischer Chronist Irminsûl als „die allgemeine
Säule (columna universalis), welche gleichsam alles aufrecht erhält."
Irmingod bedeutet den allgemeinen, den Gott des ganzen Volkes,
der ganzen Menschheit. Sehen wir näher zu, so wohnt dem Worte
irmin stäts eine Beziehung auf das Volk, auf die Nation in ihrer
Gesammtheit bei.*) Es steht daher zu vermuten, dass auch der
Gott Irmin eine solche enge Beziehung zum Volke gehabt habe; dass
er mit einem Worte Schützer der Nation als solcher war. Bestäti-
gend nennen Tacitus und die S. 247 erwähnte Stammtafel Hermin,
Hermino, Ingus Bruder als Sohn des Mannus (des ersten Menschen)
und als Stammvater des zweiten groszen Hauptstammes der Deutschen, der in der Mitte des Vaterlandes wohnenden Herminonen, zu
denen nach Plinius die Sueven, Hermunduren, Chatten und Cherusker
gehörten. Unter ihnen geben sich die Hermun-duren schon durch
ihren Namen als Diener oder Söhne des Gottes Irmin, Ermun zu
erkennen. Da die Milchstrasze als Strasze der Seelen gedacht
wurde (S. 52) wird man auch von Irmin annehmen dürfen, dass er
in ähnlichem Sinne wie sein Bruder Ing Stammvater und Nationalgott, Seelenherscher und erster Mensch zugleich war. Mit groszer
Wahrscheinlichkeit hat sich in ihm bis auf den Namen der Aryama
der Urzeit erhalten, der das Reich der Seligen beherscht und dessen Pfad die Milchstrasze war (S. 59)**).

---

*) So bedeutet im Hêlj irminthiod das ganze jüdische Volk gegenüber
den 12 einzelnen Stämmen, ags. eormencynn das ganze Menschengeschlecht; ags.
eormengrund, altn. jörmungrund die ganze Erde; alts. irminman einen Volksgenossen. Dasselbe sagt der ahd. Eigenname Irmansuon aus; Irmindëkan Volks-
krieger. Goth. Airmanareiks, Ermanarich Herscher der Nation; altn. Jörmun-
gandr die die ganze Erde, zunächst die germanischen Völker, umgürtende Midhgardhschlange; ags. eormenstrynd die einheimische Heidenschaft gegenüber den
schon getauften Christen (wie ethnicus, goth. thiudisks).

**) Die Kelten haben in alter Zeit denselben Stammgott unter dem Namen
Erimon, Eirimon verehrt, nach ihm führte das grüne Erin (Irland) und das Volk
der Iren den Namen. Er soll der Sohn eines Königes Mileadh gewesen sein und
mit seinen Brüdern Eibhear und Bartholomus die Kelten nach Brittannien geführt haben. In Wahrheit enthält der Name der Iren, wie Iran u. s. w. den
alten Stammnamen Arier (S. 48); auch die Germanen scheinen nach einzelnen
Spuren sich einst so genannt zu haben und Aryama mag einst der gemeinsame
Nationalgott aller Arier gewesen sein.

Bragi, Hermódhr.

Ein Gott von rein abstracter Bedeutung ohne Naturgrundlage (S. 35) war Bragi, der Gott der Dichtkunst und Wolredenheit. Er ist Ódhins Sohn, der Liederschmiede bester und oberste der Skalden. Er wird als ein ehrwürdiger, langbärtiger Mann geschildert; Hugrunen (S. 177) waren auf seiner Zunge eingeritzt. Die Skalden nannten sich seine Söhne; auch hieszen Frauen und Männer von sinniger Weisheit und schneller, kluger Rede nach ihm. Die schöne Göttin des Lebens und der Unsterblichkeit Idhunn war des Göttersängers Gattin, denn ewig lebt alles herliche im Gesange.

Eine dunkele Stelle eines Skaldengedichtes erzählt, dass Bragi im Anfang der Zeiten, da Ódhinn den Dichtermet von den Riesen forttrug (S. 173) ohne Mängel auf dem Zwergenschiff unter des Riesen Halsstrom (d. i. auf dem Meer) dort unten vor des Todzwerges Nâins Haustür zum Leben erwachte. Vielleicht war er Ódhins und Gunnlödhs Sohn, wurde von den Riesen ausgesetzt und auf wildem Meer (vor des Todzwerges Tür) im Schiff erwachte der herliche Dichtergott zu bewustem Götterdasein; oder hat ihn Ódhinn aus sich geboren, da er mit dem Unsterblichkeitstrank zum Lande der Götter enteilte?

Bei groszen Gastereien vergasz man nicht, nachdem Ódhins und Freys Minne getrunken war (S. 184), dem Gotte der dichterischen Begeisterung einen Becher, den Bragibecher (Bragafull) zu weihen. War ein König oder Herzog gestorben, so muste beim Erbbier der Erbe auf einem niedrigeren Schemel vor dem Hochsitz seines Vaters sitzen, bis der Bragibecher hereingebracht wurde. Dann erhob er sich und legte darauf das Gelübde künftiger Grosztaten ab und jetzt erst durfte er des Vorgängers Ehrenplatz besteigen. Beim Julfest war Bragis Becher mit Freys Sühnecber verbunden (S. 241).

Den Reigen der Götter schlieszt ihr „rascher" Diener und Bote, Hermódhr (der Heerkühne), Ódhins Sohn. Er ist enge mit Bragi verbunden. Die Aufträge der Götter vollzieht häufig auch der schlaue Loki, der sich in die Gesellschaft der Ásen eingeschlichen hat. Die Betrachtung seines Wesens bleibt der Riesensage aufbehalten. Als Götterboten lernten wir S. 238. 264 auch Skirnir kennen.

VIII.

Die Göttinnen.

Schon zu Tacitus Tagen glaubten unsere Alten, dass etwas Heiliges und Prophetisches der Seele des Weibes inne wohne. Sie beugten sich staunend vor jener göttlichen oder, dass ich einen hellenischen Ausdruck in seinem edelsten Sinne verwende, dämonischen Macht unmittelbarer Empfindung, vor welcher sich selbst da ahnungsvoll der ganze Himmel erschliesz, und eine ganze Welt in ihren innersten Zusammenhängen sich offenbart, wo der kritisch sichtende Verstand an der Erkenntnis von Einzelheiten haften bleibt. Wie untergeordnet auch in den ältesten Zeiten die gesellschaftliche Stellung der Frauen war und lange Jahrhunderte hindurch rechtlich geblieben ist, im häuslichen sowol wie im öffentlichen Leben fanden sie Gelegenheit genug ihre angeborene Art und Tüchtigkeit geltend zu machen. Indess der Mann mit seinem edeln Gefolge den ritterlichen Beschäftigungen der Jagd und des Krieges nachging, waltete die Frau auf dem Hofe als unbeschränkte Herscherin, sie besorgte und leitete, ihren dienenden Mägden und hörigen Knechten gebietend, die Arbeit auf dem Acker, die Zucht und Pflege der Tiere. Sie spann, wirkte und webte nicht allein die Hüllen des Körpers, schützende Gewänder, sondern auch die Behaglichkeit und das Glück des ganzen Hauses. Schöne dichterische Benennungen des Weibes wie „Friedensweberin", „Friedensverwandtschaft der Völker" (freodusibb folca) sind daher genommen. Im Metsaale sasz die Frau goldgeschmückt mit leuchtender Augenbraue, als des Mannes Bankgenossin, oben an, von Zeit zu Zeit stand sie auf und füllte einem der Saalgesellen nach dem andern das Horn mit schäumendem Trunke und so war der Entfaltung der Mütterlichkeit überall der schönste und weiteste Spielraum gegönnt. Von der Weiber Rat und weiszagendem Ausspruch machte man häufig im öffentlichen Leben den Beginn des Kampfes abhängig; einzelne Frauen standen als Beraterinnen ganzer Völker in fast göttlichem Ansehen. Und wie schon während der Römerkriege das unablässige Bitten der heldenmütigen hinter der Schlachtreihe zuschauenden Gattinnen die milden Kämpfer zu neuer Anstrengung entflammte, so dass das wankende Treffen stand und zu fröhlichem Siege sich umgestaltete, ward im Laufe der folgenden Jahrhunderte das Weib immermehr des Mannes ebenbürtige Genossin, welche gleich ihm das feurige Ross tummelte und häufig mit Schild, Speer und Panzer gerüstet an der Schlacht teilnahm.

Solche Anschauungen und Zustände konnten nicht umhin in der Mythologie bald lieblich, bald kräftig sich abzuprägen. Wie die Götter, sind jedoch auch die germanischen Göttinnen ihrem Ursprunge nach auf Naturanschauungen zurückzuführen. Die nährende Wolke, die strahlende Sonne, die fruchttragende Erde sind von grauer Vorzeit her als göttliche Mütter betrachtet worden, und sie haben die Grundtypen abgegeben, aus denen sich alle übrigen deutschen Göttinnen im Fortgange höherer Entwickelung hervorgebildet. Doch ist die Ausbildung individueller Göttinnen verhältnismäszig spät vor sich gegangen; dem Hirtenvolke der Urzeit waren neben der Mutter Erde, der Sonne und Morgenröte und der namenlosen Schar der Wasserfrauen (Âpas) keine Göttinnen bekannt (s. S. 67). „Von der Besitznahme heimatlicher Stätten scheint die Hausehre der Frauen und die Einführung der meisten Göttinnen abhängig," sagt J. Grimm irgendwo und mit Recht.

Von der Auffassung der regenspendenden Wolke, als einer himmlischen Frau mit allnährender Mutterbrust, haben wir schon früher gesprochen. (S. 88. 116). Die Wolkenfrau ist des Sturmgottes Gemahlin, die im Windgebraus vor ihm flieht. Und aus dieser Naturbedeutung erklären sich die meisten und ältesten Sagen von der hehrsten Göttin des germanischen Altertums. Mit den Vorstellungen von der Wolkenfrau scheinen sehr früh andere von den leuchtenden Frauen der Morgenröte und Sonne zusammengeflossen zu sein, und was einst von diesen erzählt war, wurde auf Erzählungen von jenen mit übertragen. Verbirgt doch die Wolke in ihrem Schosze die leuchtende Sonne und scheint, von den Strahlen derselben durchleuchtet, eins mit ihr. Je mehr die Göttin, aus der Schar der Wolkenfrauen als Einzelpersönlichkeit herausgetreten, ihren Wirkungskreis erweiterte und zur Himmelskönigin gedieh, muste sie neben der

Herrschaft über Winde, Wolken und Blitze auch die Macht, den
Sonnenschein zu spenden, erwerben. So sehen wir sie denn bald im
Winde die Seelen der Toten um sich versammeln, bald zur Erde
Regen niedergieszen, bald auf den Acker herabsteigen und den Segen
der Ernte spenden. Wie der Windeber, die Wolkengeis u. s. w. in
der Mitte des Ackers persönlich gegenwärtig gedacht wurde, so weilte
die Wolkengöttin im Getreidefeld. In dieser Rolle lag ihre Verschmelzung mit der Erdgöttin nahe. Im Winter sitzt sie verzaubert
mit den Seelen im Wolkenberge, oder wird von Wôdan gejagt. Zur
Zeit der Wintersonnenwende kommt sie, wie Wôdan (S. 140)
hervor und dann vorzüglich hält sie, wie später im Frühling einen
segnenden Umzug durchs Land. Sehr früh haben ethische Gedanken
ihre Naturgestalt verklärt und vergeistigt. Dies bezeugt ihr von
demselben Worte wie unser ahd. freien, auf die Freite gehen, nie-
derd. frijen*) abgeleiteter Eigenname F r i i a oder F r í a, Frêa d. h.
die liebende, freundliche. Wie im Niederdeutschen das Zeitwort frijen sich in friggen verdichtete, bildete sich allmählich neben Fria
die Form Frikka, beide Namen Frea und Frikk sind noch heute in
der Volkssage nebeneinander gebräuchlich. Schon im 4ten Jahrhundert erhielt der 6te Wochentag, der Tag der Venus fr. Vendredi,
nach der deutschen Göttin den Namen Friatac oder Frigetac nhd.
Freitag. Als Göttin der sturmgejagten Wolke erscheint Fria selbst
als wilde Jägerin. In der Uckermark will man die alte Frikk oft
gesehen haben, wie sie gleich Wôdan mit vielen Hunden Nachts durch
die Luft tobte. So begegnete sie einst einem Bauer, der mit vollen
Säcken aus der Boitzenburger Mühle kam und in seiner Herzensangst aus freien Stücken den Hunden sein Mehl zum Frasze in den
Wind hinausschüttete. Am anderen Morgen standen durch der Göttin Gnade die entleerten Säcke mit neuem Vorrate gefüllt vor seiner
Tür. Wie das wütende Heer mit lieblicher Musik, dem alles herum-
wirbelndem Sturmgebrause daherfährt, soll auch Fria Musik gemacht
und getanzt haben, zuletzt aber ins Wasser gesunken sein. Unter
diesem Wasser ist das Himmelsgewässer zu verstehen. In den Zwölften zwischen Weihnachten und dem h. Dreikönigstage erscheint die
Göttin am liebsten. Dann geht sie von Haus zu Haus und guckt in
die Stuben, ob die Mädchen den Flachs vom Spinnrocken gesponnen
haben. Findet sie den Rocken noch voll, so straft sie die faulen
Arbeiterinnen durch Verunreinigung des Gespinstes; die Gänse kom-

---

*) Goth. frijôn lieben, davon frijonds Freund; ags. freond, altsächs. friund,
ahd. friunt, nhd. Freund.

men in einem solchen Hause nicht aus und die Kühe zehren ab. In
Wäldern und unter Weidenbäumen, die in stillem See sich spiegeln,
liebt Fria auf Erden zu verweilen. Da sitzt sie in einem einsamen
Häuschen und spinnt und haspelt zu gleicher Zeit mit ihrem groszen
Daumen 15 Löppe des Tages, all ihr Gespinnst wird klares Gold.
Mehrere Orte an Seen gelegen, führen den Namen Frickenhausen,
und das altwestphälische Stift Frickenhorst mag nach einem ehemaligen
Walde der Göttin genannt sein.

Wie Wôdan seiner Gemahlin im Sturme nachjagt, berichtet umgekehrt
eine andere Sage, dass Frau Frien mit weiszer Haube
und weiszem langherabwallendem Gewande angetan weinend und
klagend über Berg und Tal, zumal in freien Hölzern herumstreift
und so durch die ganze Welt zieht, um ihren Gemahl oder
Freier zu suchen. Hat sie ihn kaum gefunden, so verliert sie ihn
wieder, um aufs neue die Wanderung zu beginnen. In Griechenland
wurde die heilige Hochzeit des Zeus und der Hera jeden Frühling
durch irdische Umzüge nachgebildet. Es ist möglich, dass ein
ganz vereinzelt stehendes Verbot der Synode zu Lestines, welches
von einem heidnischen Laufe spricht, den man den Lauf der Fria
nannte,[*] eine solche chorische Vorstellung der endlichen Vereinigung
Wôdans und Frias gemeint hat. Die Hochzeit hiesz auf Grund alter
Gebräuche Brautlauf. Der eigentliche Wohnsitz der Göttin ist
im Himmel. Dahin haben sich die Leute, wie der Harzbauer noch
heute erzählt, vormals gewandt, um sie um Rat zu fragen und bereits
im 8ten Jahrhundert schildert uns die S. 133 erzählte langobardische
Sage, wie Frea an Wôdans Seite als Schaffnerin des Himmels
waltet. Die Winiler kommen zu ihr, um von ihr den Sieg zu erflehen
und mit weiblicher List weisz sie dem Gatten die Gewährung
dieser Bitte abzunötigen.

Als Himmelsgöttin trug sie, wie es scheint, ein leuchtendes Halsgeschmeide,
Brosingamene genannt, worunter man sich ursprünglich
eine himmlische Lichterscheinung vorstellte; und in gleicher
Eigenschaft teilte sie des Gemahls ackersegnende Gnade. In Yorkshire
halten die Landleute zu gewissen Jahreszeiten, besonders im
Herbst, zur Erntezeit also, einen Umgang und führen vermummt alte
Tänze auf, bei denen als riesige Hauptfiguren Wôdan und Frigga
auftreten. Wie sonst bei Hochzeiten, werden dabei zwei Schwerter

---

[*] „De pagano cursu, quem Frias nominant, scissis pannis vel calceis."
Nach Müllenhoffs Bemerkung ist in Frias ein alter Genitiv der starken Declination
enthalten, der dem gothischen Frijôs, gibôs u. s. w. entspräche. — So
halten die Açvinen (S. 6) den Brautlauf um Sûrya oder Ushas.

um den Hals eines Knaben geschwungen und geschlagen, ohne ihn
zu verletzen. Ja Fria muss in ganz besonderem Masze als Acker-
baugöttin verehrt worden sein. Wie der Merseburger Segensspruch
(S. 148) berichtet, versuchte zuerst Frija, dann ihre Schwester Vollä
durch Zaubergesang das verlahmte Ross des Gottes Balder zu heilen.
Vollä bedeutet „Fülle, Ueberflusz." Es ist die Göttin der Wolke als
Geberin der Getreidefülle, die hier von Frija als besondere Figur
losgelöst, in schwesterlichem Verhältnis zu ihr genannt wird. Auf
fränkischem Boden scheint Volla in den lateinischen Namen Domina
Abundia, franz. Dame Abonde, Frau Ueberfluss übertragen zu sein.
Ueberlieferungen des Mittelalters berichten, dass die Dame Abonde
mit einer Schaar von Frauen und Jungfrauen in schneeweiszen Ge-
wändern durch Wälder und würzige Wiesen streife; nächtlich besuchen sie die Häuser und leuchten mit Wachskerzen in die Ställe.
Morgens findet man die Mähnen der Rosse in zierliche Zöpfe geflochten, Wachstropfen von einer der Nachtfrauen blieben an ihren Haaren hangen. In den Häusern bleiben alle Wein- und Speisegefäsze
und Vorratskammern unbedeckt und offen stehn. Daraus essen sie,
ohne dass der Vorrat sich vermindert und überall, wo sie weilen und
einkehren, entsprieszt Nahrungsfülle und Ueberfluss zeitlichen Gutes.

Als Führerin der wilden Jagd, die aus Seelen besteht, wird Fria
zur Todesgöttin. Aber auch der Ehe und der Geburt muss sie vor-
gestanden haben. Auf den letzteren Glauben mindestens weist die
Sage, dass im Orte Frickenhausen in Schwaben die ersten Störche
ihr Nest bauten, wovon die Dorfgenossen noch heute den Spitznamen
„Störche" tragen. Vgl. S. 282.

Frija ist nur der älteste Name der hehren Himmelsgöttin, welche
des Götterköniges Thron und Herrschaft teilte. In der heutigen
Volkssage ist ihr Gebiet auf die Uckermark und einen Teil der Altmark eingeschränkt, in Ortsnamen dauert die Erinnerung an sie noch
sonst in Niedersachsen, Franken, Schwaben und auf allemannischem
Boden fort. In anderen Landschaften aber tritt dasselbe Wesen unter anderen Namen, ehemaligen Beinamen der Göttin hervor, so jedoch, dass in Verbindung mit diesen verschiedenen Benennungen
sich bald der eine, bald der andere Zug aus der Mythologie der Ur-
gestalt lebendiger und deutlicher erhalten hat. In der Priegnitz und
in Mecklenburg heiszt sie Frau Göde oder Gauden, in anderen Teilen
der Mark Frau Hera oder Harke, in Thüringen, Hessen und einem
Teile von Tirol Holda, im übrigen Oberdeutschland Bertha; auf alt-
fränkischem Boden Hrôdsa.

Der Name Göde, Gauden oder Gaue entstand aus Wôda,

18

der weiblichen Form von Wôdan. Frau Gôde zieht in den Zwölften
an der Spitze des wilden Heers, man hält die Türen verschlossen
und vermeidet Abends auszugehen, aus Furcht ihr zu begegnen. Wie
Wôdan jagt sie und wirft dem Spötter die strafende Keule als Jagd-
anteil aus unsichtbarer Höhe herab; und wie Wôdan lässt sie häufig ihren Hund auf dem Feuerheerde zurück. Wer ihn willig ein
jahrlang beherbergt, findet bei seinem Abzuge einen schweren Goldklumpen auf seiner Lagerstätte, stört, schlägt oder tötet man ihn aber,
so schwillt dem Frevler der Kopf dick an, und dem Hause geht Segen und Gedeihen von Tag zu Tage mehr verloren, bis es endlich
in Flammen aufgeht. So furchtbar ihre Erscheinung auch ist, bewährt sie sich den Menschen häufig als mütterlich sorgende Göttin.
Wenn einer Glück und guten Fortgang in seinen Unternehmungen
hat, so sagt man „dem hat Frau Gode etwas gebracht." Oft sieht
man sie als eine hohe, stattliche Frau auf einem hohen Wagen fahren.
Auf der Fahrt zerbricht sie Rad oder Deichsel. Ein Zimmermann,
den sie unterwegs trifft, muss ihr den Wagen verkeilen, dass die
Späne herunterfliegen. Sie schenkt ihm zum Lohn die herabgefalle-
nen Scheite. Unwillig über den schlechten Lohn, wirft er dieselben
fort, nur einen Span steckt er zum Andenken in die Tasche. Aber
der hat sich am Morgen in glänzendes Gold verwandelt. Die Wolke
ist der Wagen, auf welchem die Göttin fährt, den sie im Gewittersturm verkeilen lässt, so dass die goldenen Späne, die Blitzfunken,
herunterspringen.

In der Priegnitz erzählt man, Frau Gauden sei eine leidenschaft-
liche Jägerin gewesen, die mit ihren 24 schönen Töchtern selbst am
heiligen Sonntag dem Waidwerk obgelegen. In ihrem Uebermut habe
sie einmal das ruchlose Wort gesprochen „die Jagd ist besser als
der Himmel." Siehe da wandeln sich plötzlich vor den Augen der
Mutter die Kleider der Töchter in Zotten, die Arme in Beine und
vierundzwanzig Hündinnen umklaffen den Jagdwagen der Edelfrau.
Vier Hündinnen übernehmen den Dienst der Rosse, die übrigen um-
kreisen den Wagen und fort geht der wilde Zug zu den Wolken
hinauf, um dort zwischen Himmel und Erde unaufhörlich zu jagen,
von einem Tage zum andern, von einem Jahr zum andern. Diese
Sage ist ein junger Erklärungsversuch des Glaubens, dass die Seelen
der Sterbenden vermöge ihrer Natur als Lufthauch zur Wolke ent-
schweben und hier als Kinder der mütterlichen Göttin Aufnahme finden. Zum stärkeren Winde anschwellend, oder mythisch ausgedrückt
in Hunde verwandelt (s. S. 96), verlassen sie die Wolke und verfolgen nun im Sturmgebell die Mutter selbst. Ein weitverbreitetes

Kinderspiel erläutert diese Anschauung des weiteren. In der Priegnitz hockt ein Mädchen, das den Namen Frau Gôde führt, auf die

Erde; ihr auf den Schosz setzen sich eines über das andere mehrere
andere Kinder, welche die auf dem Schosze der Göttin weilenden
Seelen vorstellen. Dann kommt eine hinkende Frau und holt eins
der Kinder nach dem andern vom Schosze der Göttin ab. In West-
preuszen, wo freilich der Name der Göttin nicht mehr gehört wird,
sondern an dessen Stelle die Bezeichnung ôlo môder Tærsche *) d. h.
alte Mutter Zauberin getreten ist, spielt man dieses Spiel in der
Weise zu Ende, dass die vom Schosze abgeholten Kinder an einem
etwas abliegenden Platze niederkauern, und Hundenamen erhalten
(Packan, Bello, Ami). Aller ihrer Kinder beraubt, geht die Göttin

---

*) Tærsche ist Zusammenziehung von Töwersche, Zaubersche.

18*

zu ihnen auf Besuch. Wie sie sich naht, fahren die Hunde auf sie zu und machen mit Gekläff und Gebell die Geberde des Zerreiszens. Die Winde zerreiszen den Schleier der mütterlichen Wolke.

Wie dem Wôdan blieb auch der Göde die letzte Korngarbe auf dem Felde stehen. Man sang:

> Fraue Gaue holt euch Futter,
> Dies Jahr auf der Karre,
> Das andere Jahr auf dem Wagen.

Eine solche letzte Garbe, oder auch der Erntekranz, heiszt an mehreren Orten Vergôdendêl d. i. Anteil der Frau Gôde oder Vergôdendêlastrûsz. Die Einheit der Gôde mit Fria erhellt am deutlichsten daraus, dass auch sie den faulen Mägden aufpasst und nachsieht, ob der Flachs in den Zwölften abgesponnen ist.

Schöner und reicher ist die Gestalt der Hulda in der Volkssage entwickelt, die bereits in einem Zeugnis des 10ten Jahrhunderts unter dem Namen Holda d. h. die holde, gnädige oder Frigga-Holda zu unserer Kunde kommt. Sie ist eine Frau von wunderbarer Schönheit mit langem goldgelbem Haar, ihr Leib so weisz wie Schnee. Sie trägt ein langes, weiszes Gewand und einen Schleier, der am Rücken herabhängt, manchmal aber auch das Gesicht verhüllt, auf dem Scheitel trägt sie eine wirre Locke.*) Als Wolkengöttin sendet sie Schnee und Regen. Wenn die weiszen Schneeflocken fliegen, sagt man Frau Holle schütte die Federn ihres Bettes, oder sie schlage ihren weiszen Mantel auseinander. (S. 94). Man hat sie im Harz gesehen, wie sie einen goldenen Eimer ohne Boden einen steilen Berg hinauftrug, aus dem unablässig das Wasser herabströmte, ein altes Bild des Regens, das auch in der griechischen Mythologie im bodenlosen Wasserkruge der Danaiden sich wiederholt. Hat sie der Erde den erquickenden Regen gespendet, so lässt sie durch den Wolkenflor das liebe Sonnenlicht hervorbrechen. War dasselbe die ganze Woche verhüllt, so erwartet man am Freitag klaren Himmel, denn Frau Holla muss zum Sonntag ihren Schleier trocknen. Den hängt sie dann auf Rosenbüsche oder Weidenbäume und daher blühen die Rosen so schön. Schweben die lichtweiszen Lämmerwolken am Himmel, so sagt man in der Mark, „Frau Holla treibt ihre Schafe aus." (S. 89).

---

*) Dieselbe vergleicht sich Rudras Haarbüschel (S. 66), sie zeigt Holdas Sturmnatur an. Faulen Spinnerinnen verwirrt die Göttin das Haar, daher heiszt verfilztes oder verwirrtes Haar Hollerkopf, Hollezopf, in Westphalen eine einzelne kühne Locke vorn am Scheitel Holle. Auch ein Moos mit langen Fäserchen, das einer Haarflechte gleicht, wird im Westerwald Hollezopf genannt.

Wie Fria und Gôde wilde Jägerinnen sind, reitet Holda auf einem prächtigen Schimmel, dem Rollegaul über Land und Wasser. Satteldecke und Gezäume sind mit silbernen Röllchen und Glöckchen

besetzt, die ein wunderbar melodisches Geläute geben. Der Schimmel berührt nicht die Erde, sondern schwebt einige Fusz hoch über den Waldboden hin; manchmal gehts aber auch hoch in der Luft, von Berg zu Berg über weite Täler weg. Selten fährt die Göttin allein, ein Gefolge göttlicher Frauen und Jungfrauen begleitet sie, auf Katzen reitend oder selbst in Katzengestalt und daher entstand schon früh der Glaube, dass die Hexen mit der Holla ausfahren. Jene Frauen sind die Wolken in ihrer Vielheit gedacht; auch die Katze war ein Bild dieser Naturerscheinung. Ein andermal bildet gradezu das wütende Heer, die Schaar der Toten, Holdas Gefolge. Mit ihnen schlägt sie ihren Wohnsitz in Bergen auf. Aus diesen stürmt sie Nachts hervor, zu ihnen kehrt sie Morgens zurück. Fusztapfen von Menschen und Tieren, die im Sande sich abgedrückt haben, Haare und Blut von allerlei Wild verkünden ihre Gegenwart.*) Das Innere des Berges sieht aus wie ein groszes, lichterhelltes Gewölbe. Da gewahrt man Rosse mit kunstvoll geflochtenen Locken und in den mannigfaltigsten Lagen ernst schweigend die Toten, welche nimmer lachen. Die jüngere Sage verlegt die Wohnung der Holda besonders in den Hörselberg in Thüringen, in dessen Innerm unter ihrer Aufsicht die verdammten, zumal die bösen Landesherrn, wie Landgraf Ludwig, alle Arten von Höllenqualen erleiden.

Im 15ten Jahrhundert hat man Frau Holda mit dem gelehrten Namen Venus vertauscht und ihren Aufenthalt in Venusberg umgewandelt. Sie ist es, in deren Zauber der Tannhäuser gefangen wird. Aber auch an Wödans Seite, der als alter Kaiser Friedrich in den lichtstrahlenden unterirdischen Hallen des Kyffhäuserberges sammt seinen Gewappneten haust, tritt Holda im Berge auf. Sie ist des Kaisers Schaffnerin, welche den Heldengeistern seiner Genossenschaft und ihren Tieren hausmütterliche Pflege angedeihen lässt. Ein paar Musikanten kamen einmal von einer Hochzeit nach Hause; da fiel ihnen ein „Wir wollen auch einmal dem alten Kaiser Friedrich eins aufspielen." Als sie fertig sind, tritt Frau Holda aus dem Tor der alten Burg, bringt ihnen schönen Dank von dem Kaiser und verehrt jedem von ihnen zum Andenken einen Morgentrunk und einen Pferdekopf. Die andern werfen die Gabe verächtlich weg, nur einer von ihnen behält sie und legt sie, um einen Spasz mit seiner Alten zu machen, daheim seiner Frau unter das Kopfkissen. Wie erstaunte die, als sie in der Frühe einen groszen und schweren Goldklumpen fand. Als Schaffnerin des alten Barbarossa hat Holda es sogar einmal mit Napoleon zu tun gehabt. Ein französischer Marschall quartierte sich in den Trümmern der Kyffhäuserburg ein, weil er hörte, dass es ein verwünschtes Schloss sei. Da hat der Kaiser Friedrich um Mitternacht die Königin Holda zu ihm heraufgeschickt und ihm sagen lassen, der Kaiser Napoleon solle nicht nach Russland ziehen, von dort werde er mit Schmach und Schande wiederkommen. Und überdies möge er dem Kaiser verkündigen, wenn er seinen Ruhm lieb habe, solle er Deutschland räumen. Denn der alte Barbarossa dulde es nicht, dass sein deutsches Volk den Franzosen untertan sei; wonicht so werde Napoleon in Jammer und Not untergehn. Der Marschall eilte andern Tages gleich nach Halle zum Kaiser. Der lachte ihn aus, hat es aber schwer büszen müssen. So schützen und rächen dem Volksglauben nach die alten Götter Wödan und Holda ihre Deutschen noch immerdar.

Zieht die Göttin mit dem wütenden Heere aus ihrem Berge hervor, so schreitet ein alter Mann mit langem Barte und weiszem Stabe vorauf, der treue Eckhart geheiszen. Der warnt jedermann aus dem

Wege zu gehen. Einmal begegneten ihm zwei Kinder, die soeben einen Krug Bier für ihre Eltern aus dem Wirthshause geholt hatten. Das wütende Heer hielt sie an, riesige Männer nahmen ihnen den Krug ab und leerten ihn. Die Kleinen weinten bitterlich. Aber der treue Eckhart beruhigte sie und sagte, sie sollten nicht bange sein. Der Krug werde sich wieder füllen und niemals leer werden, so lange sie verschwiegen hielten, woher die Wundergabe komme. So geschah es. Doch auf die Dauer konnten die Kleinen den verwunderten Fragen ihrer Eltern und Nachbarn nicht widerstehen. Sie plauderten und die Wundergabe versiegte. Bekanntlich hat Göthe in einer schönen Ballade diesen Stoff bearbeitet. Wie der treue Eckhart füllte

auch Holda selbst einem kleinen Mädchen, das in den Kyffhäuser
kam, das Gefäsz aus den groszen Weinfässern, die an den Wänden
des Berges aufgespeichert sind, mit köstlichem Truuke, der niemals
abnahm.

Die strahlendenGewölbe des Berges, in welchem die Göttin mit
dem wütenden Heere, den Seelen der Verstorbenen wohnt, sind eine
irdische Localisierung der als Berg gedachten Wolke, die das
glanzvolle Himmelsgewölbe bedeckt; ein anderer Ausdruck dafür, eine andere Auffassung sind See oder Brunnen. Und so soll
denn auch Holda unter dem Wasser eines Brunnens einen wunderlieblichen Garten besitzen, in welchem die duftigsten Blumen erblü-
hen, die saftigsten Früchte reifen. Es ist dieser Garten das lichte
Reich hinter dem Wolkenhimmel, wo die Sonne weilt, von wo die
Gestirne ihren Glanz empfangen. Hier im Brunnen des himmlischen
Gewässers nimmt Holda die Seelen der Verstorbenen in Empfang
und sendet sie wiedergeboren als Kinderseelen auf die Erde zurück.
Daher entstand einerseits die Sage, dass es einen gewissen Jungbrunnen oder Quickborn gebe, der die Kraft habe, Greisen und
Krüppeln die Gestalt zu wandeln und ihnen einen neuen jugend-
lichen Körper zu verleihen. Andererseits liegt hier der Ursprung des
Glaubens, dass die Seelen der neugebornen Kinder aus dem Brunnen
kommen. Fast bei jedem Dorfe zeigt man noch einen Kinderbrunnen, aus dem, als dem irdischen Abbilde des Himmelsbrunnens, die
kleinen Schwestern und Brüder geholt werden sollen. Am berühmtesten ist jedoch der Frau Hollenteich am Meiszner in Hessen und
der Brunnen der Spilla-holle, d. i. Spindel-Holda in Schlesien. Statt
der Göttin, die in ihrem Brunnen die Seelen mütterlich auf dem
Schosze hegt, wird heutzutage gemeinhin die Mutter Gottes genannt.
So sitzen im Kunibertsbrunnen in Köln in tageshellem Raume die
ungebornen Kinder um die Mutter Gottes herum, welche ihnen Brei
giebt und mit ihnen spielt. Und unter der Teufelsbrücke bei der
Rosstrappe soll sich eine warme Stube befinden, worin die Kinder
vor der Geburt von der Kindermutter beaufsichtigt werden. Andere
Berichte wiederum sprechen von einem sonnenhellen Garten im Innern
eines Berges, unter dessen Bäumen und Blumen die Ungebornen spielen,
aus den Blütenkelchen Honig als Speise nippend. Aus dem Berge
holt die Hebeamme die Ungebornen ab und dahin kehren die in
früher Jugend verstorbenen Kinder wieder zurück. Eine Frau, der
ein Kind verschwunden war, drang in eine solche Höle. Dort war
es ganz hell und viele Kinder saszen und standen umher. Eine
herliche weisze Frau sasz in der Mitte und hatte das verlorene Kind

auf dem Schosz. Selbst in Kinderreimen hat dieser Glaube seinen Ausdruck gefunden:

> Mutter Gottes tut Wasser tragen
> Mit goldenen Kannen
> Aus dem goldenen Brünnel.
> Da liegen viel drin.
> Sie legt sie auf die Küssen
> Und tut sie schön wiegen
> Auf der goldenen Stiegen.

Aus dem Berge oder Brunnen, worin Holda mit ihrer mütterlichen Sorgfalt die Seelen hütet, holt der Storch dieselben ab, damit sie in menschlichen Körper eingehen. Daher die Ammenrede vom Klapperstorch. Unter dem Volke führt dieser Vogel den uralten

Namen A d e b a r oder O d e b a r,*) ein Ausdruck, welcher wörtlich
Kinderträger oder Seelenbringer bedeutet. In Schwaben singt die
liebe Jugend:

> Storch Storch Steine
> Mit den langen Beinen,
> Mit dem kurzen Knie!
> Jungfrau Marie
> Hat ein Kind gefunden
> In dem goldenen Brunnen.
> Wer solls (aus der Taufe) heben
> Der Pathe oder die Gote?**)

Wie fest der Glaube vom kinderbringenden Storch in dem Volksglauben haftet, davon bietet der Q u e c k b r u n n e n in Dresden ein merk-
würdiges Beispiel, aus welchem „der Klapperstorch die Dresdner
Kinder holt." Dieser Brunnen, welcher in der Wilsdruffer Vorstadt
vor dem kathol. Waisenhause liegt, und dem Stadtteil längst den

Namen „am Queckbrun-
nen" gegeben hat, erhielt
schon früh von der Kirche
das Zeugnis, dass der Ge-
nuss seines Wassers durch
die Gnade der heiligen
Jungfrau unfruchtbare Weiber zu gesegneten Kinder-
müttern stärke, so dass
man über dem Brunnen
eine Kapelle errichtete.
Bischof Johann von Saal-
hausen gab 1512 die Er-
laubnis, eine neue Kapelle
zu bauen, wegen des un-
gemeinen Zulaufs zum Bilde
der heiligen und keusche-
sten Jungfrau beim Queck-

---

*) Das Wort b a r kommt von bëran, tragen (ge-bären), wovon auch Bahre,
frucht-bar d. i. fruchttragend u. s. w sich ableitet.

**) Vgl. Hermann und Dorothea VII:
> Stille Kinder, sie geht in die Stadt und bringt euch des guten
> Zuckerbrodes genug, das euch der Bruder bestellte
> Als der Storch ihn jüngst beim Zuckerbäcker vorbeitrug
> Und ihr sehet sie bald mit schön vergoldeten Duten.

brunnen. Im Jahre 1514 wurde die Kapelle gebaut, 1745 renoviert und 1783 erweitert. Als Wetterfahne erhielt sie einen Storch, der im Schnabel sowol, als in den Fängen ein Wickelkind trägt. Da im nordischen Kriege der alte Storch abhanden gekommen, wurde 1734 der jetzige aufgesetzt. Pabst Leo X hob den der Kapelle verliehenen Ablass und Gottesdienst zu Gunsten eines anderen Heiligtums zum schwarzen Herrgott und des Brückenstrars auf.

Wir haben den Storch S. 193 bereits als Bringer des Blitzes kennen gelernt. Dem Glauben, dass er die Kinderseelen herbeitrage, liegt mithin die doppelte Anschauung zu Grunde, dass die Seele Lufthauch sei und dass sie im Blitzstrahl als Feuer zur Erde komme. Auch der Hase ist Blitzträger und Bringer der Kinderseelen. Nach ihm heiszen mehrere Kinderbrunnen und in einigen Orten wird gesagt, die Kinder kämen aus dem Hasennest.

Nach anderer Vorstellung bringt der Marienkäfer, das Herrgottspferd die Seelen der Kinder aus dem himmlischen Brunnen zur Erde. Dieses Tierchen heiszt auch Sonnenkalb, Mondkalb, Sonnenhühnchen, weil man in der Nähe der Sonne bei der Göttin seine Heimat dachte. In Süddeutschland wird es Frauenkühle, in England Ladycow, oder Ladybird genannt. Als im himmlischen Gewässer bei der Göttin Holda wohnend, wurde der Käfer angerufen Sonnenschein zu bringen

> Frauenkühle
> Sitz aufs Stühle,
> Flieg über die Tannebäum
> Und bring uns schön warmen Sonnenschein.

Er fliegt über den Wolkenbrunnen hinauf zu seiner Herrin

> Liabes Fraukul
> Flieg über den Bronnen,
> Lass heut oder morgen,
> Schön scheinen die Sonne.

Auf den Flügeldecken des Käfers sind gewöhnlich 7 schwarze Punkte. Sind ihrer mehr, so glaubt man, dass in dem Jahre das Korn sehr teuer werde; sind ihrer weniger, so steht eine reiche Ernte zu erwarten. Auch wird der Käfer nach der Dauer der Lebenszeit und des Brautstandes befragt, gradeso wie der Kuknk. Dieser Käfer nun bringt die Kinderseelen gleich dem Storch aus Holdas Brunnenreich auf die Erde:

> Hergottsmoggela flieg auf,
> Flieg mir in den Himmel nauf,
> Bring a goldis Schüssela runder
> Und a goldis Wickelkindla drunder.

Auch der weisze Schmetterling „Miller-Maler" scheint als ein solcher Seelenbringer gegolten zu haben.

Die Mythen suchen für ein und denselben Gedanken häufig ganz verschiedenen Ausdruck. So heiszt es denn wiederum in manchen Gegenden Nord- wie Süddeutschlands, die kleinen Brüder und Schwestern kämen aus einem holen Baum, welcher über einem Brunnen sich erhebe. Bald wird ein Birnbaum, bald eine Eiche oder Buche dafür ausgegeben. Gar hübsch erzählt Bronner in seinem Leben „Da fragte ich meinen Vater einst bei Tisch: Wo ist denn unser Brüderlein hergekommen?" Die Hebamme sasz auch dabei. „Diese Frau, sagte er, hat es aus dem Krautgarten herbeigebracht. Du kannst noch heute den holen Baum sehen, aus dem die kleinen Kinder immer herausschauen, die man abholen lässt, sobald man ihrer verlangt." Der Vater führte den Knaben zu einer holen Eiche an einem Teich. Bronner schaute hinein und sah den Knaben im Wasser. Sein Vater liesz ihn rufen „Buben, wo seid ihr?" und er zweifelte nicht mehr. Aus solcher Ursache waren mehrere alte Bäume „Frauw Hollen Baum" „Frauen Hullen Baum" genannt. Der Baum ist (nach S. 58. 59. 92) wie Berg und Brunnen Abbild der Wolke. *)

Besonderen Farbenschmelz hat die tirolische Sage ihrer Hulda verliehen.**) Da wohnt die Göttin in den Grotten eines Berges. Saal an Saal ist voll blitzender Kristallgewölbe mit glühenden Granaten ausgeschmückt, die Decke durchsichtiges Gletschereis, in welchem sich der Sonnenstrahl in tausend Farben bricht. Rings umher dehnt sich ein den Menschen unnahbares Landschaftsparadies, Gärten voll Wunderblumen, ewige grüne Hügel und Haine, belebt von Gemswild und schillernden Schneehühnern, Wildbäche mit goldschuppigen Forellen und über dem allen der Hauch eines ewigen Frühlings. Hier weilt die Göttin mit ihren Dienerinnen, den Saligen oder seligen Fräulein, lieblichen Mädchen. Blonde Locken umwallen ihren Nacken, ihr Silberkleid umspannt ein goldener Gürtel, ihre Augen sind blau wie die Flachsblüte. Ein Diadem von Karfunkeln krönt Huldas Stirne. An festlichen Tagen aber trägt die Göttin ein Kleid so rosig wie die Morgenröte und die seligen Fräulein kränzen dann ihre Häupter mit Alpenrosen. Zur Zeit der Flachsblüte überwandelt die Königin Hulda die Flachsfelder mit freudestrahlendem Antlitz, richtet ge-

---

*) Holda selbst, die Wolkengöttin, gleicht nach einer, uralte rohe Vorstellung bewahrenden, hessischen Sage „von vorne einem schönen Weibe, vom Rücken her einem holen Baume mit roher Rinde.

**) Manches hiervon mag Ausschmückung des Berichterstatters sein.

knickte Stengel auf und segnet Kraut und Blüten. Die Tiroler verdanken ihr die Einführung des Flachsbaus. In ihrer Kristallgrotte sitzt sie unter lieblichem Gesange Garnknäuel spinnend, deren

Fäden, wenn sie davon den Menschen schenkt, nie ein Ende nehmen. Auch in anderen Landschaften gesellen sich der Göttin liebliche Mädchen zu. Sie badet in stillen Weihern in Gesellschaft zweier Jungfrauen von schneeweiszer Haut und goldgelbem Haar. In der Gegend des Mains zeigt man noch verschiedene Badplätze der Göttin. Oft sitzt sie auf Steinen, die Frau Hullisteine genannt werden, und weint um ihren Gemahl, der sie verlassen hat. So oft und so lange hat sie da gesessen, dass der Stein von ihrem Sitzen ganz ausgehölt ist. Am Main hat man Frau Hulda häufig, wann die Reben blühten und mit ihrem Dufte Berg und Tal erfüllten, im Mondschein auf einem Felsen gesehen. Hier sang sie, während ihr weiszes Gewand ins Thal hinableuchtete, schöne und liebliche Lieder, die einem Menschen das Herz im Leibe schmelzen machten. Man warnte aber die Kinder im Dorfe, ja nicht darauf zu achten, sondern mit Hersagung eines Vaterunser weiter zu gehen, denn sonst müsse man mit der Frau Hulli bis zum jüngsten Tage im Walde herumfahren.

Ein Jüngling, der dennoch dem Gesange gelauscht hatte, wünschte sich immer und ewig bei Frau Hulda zu sein und ihrem Liede horchen zu dürfen. Nach 3 Tagen starb er und muss nun bis zum jüngsten Tag bei ihr bleiben.

Wie der Marienkäfer, Frau Holdas heiliges Tier, Kornreichtum oder Mangel verkündigt, so steht Frau Holda selbst mütterlich dem Gedeihen des Feldes vor. In ihrem Berge ist aller Pflanzenwachstum vorgebildet. Man kann da im voraus die ganze Fülle des Frucht- und Kornreichtums im Jahre gewahren. Darum wurde auch Holda um Ackersegen angerufen. Im Winter schlafen die seligen Götter Wôdan und Holda und andere mit den Seelen der Gerechten im Wolkenberge und mit ihnen schläft die ganze Natur. Bei ihrer Wiederkehr in den Zwölften rüttelt man die Obstbäume und sagt: „Bäumchen wach auf, Frau Holla kommt!" oder „Bäumchen schlaf nicht, Frau Holla kommt." Alles, so auch die ganze Pflanzenwelt muss wach sein, um von der Göttin bei der Verteilung des Fruchtsegens nicht übergangen zu werden. Fromme Mädchen unterstützt die Göttin bei der Feldarbeit. In Tirol steht sie sammt den Saligen Fräulein, ihren Begleiterinnen, den Leuten bei der Ernte bei. Besonders aber segnet sie den Flachsbau. Vor ihrem Berge sonnt sie selbst auf blendend weiszen Linnen-

tüchern, goldene Flachsknoten und fleiszig dreht sie auf einsamen
Waldhöhen oder in ihrer Felsengrotte das goldene Spinnrad, den irdischen Frauen ein leuchtendes Vorbild. Sie giebt den Mädchen und
Weibern Kraft und Geschick zur Handhabung der Spindel und zu andern häuslichen Geschäften. Träge Spinnerinnen straft sie, indem sie
ihnen den Rocken besudelt, das Garn verwirrt, oder den Flachs an-
zündet. Fleiszigen Jungfrauen hingegen schenkt sie Spindeln und
spinnt selber über Nacht, dass die Spulen des Morgens voll sind.
Faulenzerinnen zieht sie die Decke ab und wirft sie aufs Steinpflaster.
Fleiszige, die schon frühmorgens Wasser zur Küche tragen in rein-
gescheuerten Eimern, finden Silbergroschen darin.

Besonders zu Weihnachten hält Frau Holda Umzüge durch das
Land. Da legen die Mägde ihren Spinnrocken aufs neue an, winden
viel Werg oder Flachs darum und lassen ihn über Nacht stehen.
Sieht das nun Frau Holda, so freut sie sich und sagt: „So manches
Haar, so manches gute Jahr." Diesen Umgang hält sie Nacht für
Nacht bis zum heil. Dreikönigstage. Kehrt sie dann zum 2ten mal
in die Häuser ein, so muss aller Flachs abgesponnen sein. Findet
Frau Holda dann noch Flachs auf dem Rocken', so zürnt sie und
ruft: „so manches Haar, so manches böse Jahr." Daher reiszen am
Feierabend alle Mägde vorher sorgfältig vom Rocken ab, was sie
nicht abgesponnen haben, damit nichts daran bleibe und ihnen übel
ausschlage. Liesz einmal ein kleines Mädchen ihre Spindel in den
Brunnen fallen. Ihre böse Stiefschwester stiesz sie hinterdrein. Sie
ertrank aber nicht, sondern unten im Brunnen gelangt sie auf eine
schöne Wiese, wo eine rote Kuh sie bittet gemelkt zu werden, damit ihr Euter nicht zerspringe. Ein Baum, der übervoll ist, will ge-
schüttelt sein. Das gute Mädchen tut dies alles. Endlich gelangt sie
zu Frau Holle, der sie eine Zeitlang treue Dienste leistet. Dann
entlässt sie die Göttin aus einem goldenen Tor, das goldenen Regen auf das liebe Kind herabschüttet, so dass es ganz vergol-
det nach Hause kommt. Die neidische Stiefschwester steigt jetzt
freiwillig in den Brunnen, beträgt sich aber so übel, dass sie aus
einem Pechtor entlassen und mit Schmutz überschüttet wird. Wer
erkennt nicht im Goldtor die goldene Sonne, im Pechtor den Unrat
bösen Hagelwetters?

Als eine mütterlich sorgende Göttin bewährt sich Holda noch
in anderer Weise. In ihrem Berge pflegt und heilt sie Lahme und
Kranke und mancher Arme und Verlassene hat ihre Güte erfahren.
Ein armes Mädchen spielte sehr gern im Walde mit Marienkäfern.
Einst kam ein Wagen mit Marienkäfern bespannt und trug es in die

Luft zu Frau Holle, die vor einem kleinen Häuschen beim Spinnrade sasz. Fünf Jahre blieb das Mägdlein bei der mütterlichen Frau, die es zu sich hatte holen lassen, weil auf Erden ein furchtbarer Krieg wütete. Nach Ablauf dieser Zeit schickte die Göttin ihr Pflegekind mit einem reichen Brautschatz an Linnen in das heimatliche Dorf zurück. Stand auch mal im Spessart eine Ritterburg, die 2 Brüdern gehörte. Der ältere betrog den jüngeren, Jacob, um sein Erbe und trieb ihn aus dem stolzen Ahnenschloss. Im Gebirge begegnete er einer Frau mit dem Spinnrocken. Das war Frau Hulda. Sie nahm ihn mit sich, lehrte ihn den Ackerbau und gab ihm ihre Katze zu füttern.*) Jahrelang ist er da bei ihr gewesen, bis sie ihn einmal mit sich zum väterlichen Schlosse führte, den hartherzigen Bruder bestrafte und ihm sein Erbe zurückgab.

Verirrten hat Frau Holda oft den rechten Weg gewiesen oder Nachts heimgeleuchtet, wozu sie keine Laterne braucht, denn wo sie geht und steht, ist es glockenhell auch in der finstersten Nacht.

In Oestreich, Baiern, Schwaben, im Elsass und der Schweiz, sowie in einzelnen Gegenden von Thüringen, Franken und Tirol tritt eine andere Göttin auf, welche der Holda wesentlich gleichbedeutend ist, deren Sagen aber eine etwas verschiedene Färbung angenommen haben. Sie heiszt Bertha ahd. Pērahta d. h. die glänzende lichte Göttin. Gleich Holda ging ihre Gestalt von der Wolkenfrau aus. Einst glaubte man, sie trage Kuhgestalt. Deshalb erscheint sie in Baiern noch immer in eine Kuhhaut gekleidet (Vgl. S. 27). Gleich Holda zieht sie auch an der Spitze des wilden Heeres. Im Waadtland zeigt sie sich zu Weihnacht als Jägerin, einen Zauberstab in der Hand, umgeben von einer Menge von Geistern und Seelen aller Art. In Kärnten soll sie lebende Menschen mit sich in die Luft fortführen und in weite Länder tragen. Erst Morgens bringt sie den entseelten Leichnam zurück, zwischen dessen Zehen und Fingern man fremde Blumen findet, die kein Mensch zu benennen weisz. Gleich Holda erscheint sie um Weihnachten als eine Frau mit zottigen Haren, um die Spinnerinnen zu beaufsichtigen, namentlich am letzten Tage des Jahres, wo ihr zu Ehren Fische und Klösze gegessen werden und alles abgesponnen sein muss. Findet sie die Arbeit der Spinnerinnen nicht in gehöriger Ordnung, so besudelt sie

---

*) Weil die Katze das Tier der Holda war, glaubt man noch heute, dass eine Jungfrau, welche die Katzen gut füttere, einen frommen Mann bekommen werde. Wie so oft derartige Symbole in ihr Gegenteil verkehrt werden, erhält in einigen Gegenden Frankreichs der verschmähte Freier eine Katze als Zeichen der Abweisung. — Vgl. S. 277.

den Rocken. Dem, der andere Speisen als ihr Festgericht genossen hat, schneidet sie den Leib auf, füllt ihn mit Heckerling und Backsteinen und näht ihn mit einer Pflugschar und einer Eisenkette wieder zu. Zu Langendembach war eine alte Spinnfrau, die im ganzen Winter den Faden flink drehte und sogar am Dreikönigsabend nicht aussetzte. Sohn und Schwiegertochter warnten „wenn Perchta kommt, wird es euch schlimm gehen." „Ei was! war ihre Antwort, Perchta bringt mir keine Hemden, ich muss sie selbst spinnen." Nach einer Weile wird das Fenster aufgeschoben, Perchta schaut in die Stube und wirft leere Spulen hinein, die sie in einer Stunde vollgesponnen wieder abholen wolle. Da fasste sich die Spinnerin ein Herz, spann in aller Eile einige Reifen auf jedwede Spule und warf alle in den Bach, der vor dem Hause vorbeifloss. Dadurch schien Perchta versöhnt. Denn sie kam nicht wieder.

Den Hauptbestandteil im Heere der Bertha bilden aber die Seelen der ungebornen, oder wie die christliche Sage es ausdrückt, der ungetauft verstorbenen Kinder, die als Elementargeister aufgefasst in Thüringen Heimchen heiszen. Mit diesen sorgt sie für die Fruchtbarkeit der Aecker. In dem Saaltal zwischen Bucher und Wilhelmsdorf, hatte Perchta, die Königin der Heimchen, ihren alten Sitz und

auf ihr Gebot musten die Heimchen die Felder und Fluren der Menschen bewässern, während sie unter der Erde mit ihrem Pfluge

19

ackerte. Zuletzt aber veruneinigten sich die Leute mit ihr und sie
beschloss das Land zu verlassen. Auf Perchtenabend wurde der Fährmann im Dorfe Altar für die Nacht bestellt und, als er zum Saalufer
kam, erblickten seine Augen eine grosze, hehre Frau von weinenden
Kindern umgeben, die von ihm Ueberfahrt forderte. Sie betrat das
Fahrzeug, die Kleinen schleppten einen Ackerpflug und eine Menge
anderen Gerätes hinein unter lautem Wehklagen, dass sie aus der
schönen Gegend weichen müsten. Am anderen Ufer der Saale hiesz
Perchta den Schiffer nochmals fahren und die zurückgebliebenen
Heimchen holen. Notgedrungen gehorchte er. Unterdessen hatte sie
am Ackerpfluge gezimmert, deutete auf die Späne und sprach zum
Fergen „das sei der Lohn für deine Mühe!" Mürrisch steckte der
Mann drei von den Spänen ein, warf sie zu Hause auf das Fensterbrett
und sich geängstigt aufs Bette. Am Morgen blinkten ihm 3 Gold-
stücke entgegen. Aus der reichen Fülle von sonstigen Erzählungen,
welche sich an Perchta und ihre Heimchen knüpfen, will ich nur
zwei wegen ihrer Lieblichkeit hervorheben. Eine Spinnerin, welche
den Zug der Perchta und der Heimchen auf einem Wagen daher-
ziehen sah, wurde von der Göttin angehaucht und sie erblindete.
Im nächsten Jahre, grade an demselben Tage kehrte die Göttin desselben Weges zurück. Die Blinde bettelt sie an. Da spricht die
hohe gütige Frau: „Im vorigen Jahre bliesz ich ein Paar Lichtlein
aus, so will ich heuer sie wieder anblasen" und bei diesen Worten
bläst sie der Magd in die Augen, die sogleich ihr Gesicht wieder-
erhält. — Einer jungen Frau war das einzige Kind gestorben, sie
weinte über alle Maszen und konnte sich nicht zufriedenstellen. Jede
Nacht lief sie hinaus an das Grab und weinte und jammerte. In der
Nacht vor dem Dreikönigsfeste sah sie Perchta nicht weit von sich
vorüberziehen, da gewahrte sie den andern Kindern hinterdrein ein
kleines mit einem ganz durchnässten Totenhemdchen angetan, das
in der Hand einen Krug mit Wasser trug und matt geworden nicht
mehr folgen konnte. Aengstlich blieb es vor einem Zaune stehn,
den Perchta überschritt und die andern Kinder überkletterten. Die
Mutter erkannte im Augenblick ihr Kind, eilte hinzu und hob es
über den Zaun. Während sie es so in den Armen hielt, sprach das
Kind „ach wie warm ist Mutterarm, aber Mutter weine nicht so sehr,
ich muss ja jede Zähre in meinen Krug sammeln. Du weinst mir
meinen Krug sonst gar zu schwer und voll. Da sieb: ich habe mir
mein ganzes Hemdchen schon beschüttet."*) — Dann weinte sich die
Mutter noch einmal herzlich satt und stillte dann ihre Zähren.

*) Die Meinung, dass man Tote nicht beweinen dürfe, ist schon sehr alt.
Nach der Edda fällt jede Trähne dem Toten blutig auf die eiskalte angstbeklom-

Ein Bauer in Tirol, der in der Nacht vor heil. Dreikönigen spät nach Hause kam, gewahrte die Pĕrahta mit ihrem Kinderheere über den Hof ziehen. Alle Kindlein trugen weisze kurze Hemdchen, nur das Hemdchen des letzten Kindes war etwas zu lang, daher trat das Kindlein immer hinein und war in seinem Gange gehemmt. Da rief der Knecht „Huderwachtl hintennach. Geh her ich will dir dein Kleidlein aufbinden." Und das Kind kam auch und der Bauer nahm ein Strumpfband und band dem Mädelein das kleine Gewand in die Höhe. Das Kind aber sprach: „Jetzt dank ich dir, jetzt hab ich einen Namen" und verschwand. Die Tiroler glauben, Perchta sei Claudia Procula, die Gemahlin des Pilatus, welche ihrem Manne sagen liesz „habe du nichts zu tun mit Christo dem Gerechten." Sie nahm nach des Heilandes Tode unter allen Heiden zuerst das Christentum an. Darum sei sie auserkoren, fortan der Schutzengel der Kinderseelen zu werden, die im Leben ohne Taufe sterben. Am heiligen Dreikönigsabend lässt man der Perchta und ihren Kindern etwas von der Speise der Nachtmahlzeit auf dem Tische stehen, damit sie sich daran erlaben.

In Baiern, wo man das Elfengefolge der Berchta ehemals „die Schrezlein" nannte, war es vor alters ebenfalls Sitte, in der Berchtnacht einen Tisch anzurichten, der „Percht und den Schretzlein" Speise zu opfern und Essen und Trinken stehn zu lassen, damit es den Bewohnern des Hauses im folgenden Jahr wol ergehe und sie in allen Dingen Glück haben möchten. In Steiermark setzt man der Berchte Milch und Brod, von dem man vorher etwas genossen, in das Vorhaus und verschlieszt alle inneren Türen. Am Morgen ist die Speise verschwunden.

Der Perchtentag *) verlangt Jahr für Jahr feststehende Fest-

mene Brust. Nach dem Glauben der Westarier flieszen die Zähren, welche man einem Verstorbenen nachweint, zu dem die Menschenwelt von der Geisterwelt trennenden Flusse zusammen, welchen die Seele überschreiten muss, ehe sie an die Pforte Tschinevar (= Brücke Tschinavat s. S. 52) gelangt. Indische Gesetzbücher schreiben vor, den Toten nicht nachzuweinen, weil der Dahingeschiedene wider Willen den Speichel und die Thränen genieszt, welche von den Verwandten vergossen werden. — Um das Jahr 1154, erzählt der gleichzeitige Schriftsteller Helmold, sei der kürzlich vertriebene Bischof Vicelin einer Jungfrau im Traume erschienen: „Sage unserm Bruder Eppo, der viele Tage um mich geweint hat, er möge aufhören zu weinen, denn siehe, ich trage seine Thränen an meinen Kleidern. Mit diesen Worten zeigte er der Jungfrau sein Gewand, das ganz von Thränen benetzt war.

*) Als Perchtentag wird bald der 30ste December, bald der 6te Januar angegeben.

19*

speise, welche an verschiedenen Orten verschieden ist. In Thüringen ist, das wie erwähnt, ein Gericht von Fischen und Klöszen
oder Brei mit Heringen. Darin erhielt sich genau jene uralte
Götterspeise, deren Wohlgeschmack Thórr rühmt (S. 229).*) Sie muss
in eine Zeit hinaufreichen, da der Ertrag des Ackers kostbar war.
In Oberdeutschland backt man statt dessen fette Kuchen (Krapfen)
und heiszt das Hausgesinde davon reichlich essen; „man müsse sich
damit den Leib schmieren, dann glitsche Berchte mit dem Messer
ab." In Oberkärnthen bleiben in der Dreikönigsnacht mit Brot ge-
füllte Nudeln auf dem Küchentisch stehen, damit sie davon abbeisze
und koste. Im Kanton Aargau endlich wird ein nudelförmig in läng-
liche Stücklein gewalkter Teig mit einer Scheere geweihartig einge-
kneipt und aus dem Schmalz herausgebacken. Man bezeichnet ihn
als Hirzehörnli (Hirschhorn vgl. S. 237) oder als Perchisbrod.

Die mütterliche Göttin Pērahta, welche mit den Seelen ihren
segnenden Umzug hält, empfängt auch den Geist des Sterbenden und
wird dadurch zur Todesgöttin. In der Gegend von Linz in Oesterreich begegnet sie oft an Kreuzwegen Schnittern oder Wanderern
und hält ihnen ein schwarzes Tuch vor.**) Nimmt der späte
Wanderer es an, so stirbt er noch im selbigen Jahre. Ruft er aber:

> Frau Perth, Frau Perth
> Wirfs Tüchel auf die Erd'***)

so kehrt Glück und Segen in sein Haus ein.

Seit alter Zeit waren irdische Nachbildungen der Umzüge unserer Göttin in Gebrauch. Im Salzburgischen geht eine als Perchtel
verkleidete Person schien (glänzend) herum, sie trägt ein blaues
Kleid mit einem Schellenkranze, tanzt und singt. Im Erzherzogthum
Oesterreich wird Frau Perch als eine grosze Frau mit langem
Haare von Flachs in weitherabwallendem weiszen Kleid vorgestellt. Sie kommt in die Stuben und sieht nach, ob die Kinder,
besonders die Mädchen ihre Spielsachen schön in Ordnung, die
Mägde den Spinnrocken abgesponnen und unters Dach hinaufgetragen

---

*) So schreibt sich denn auch aus dem Heidentum die städtische Sitte her,
zu Weihnachten oder Neujahr Karpfen mit Reisbrei zu essen. Im Witten-
bergischen speist man zu Weihnachten und Silvester Heringssalat. Wer
dies tut, dem mangelt es nie an Gelde. In Steiermark isst man Karpfen und
Mohnknödel, in Schlesien Karpfen und Mohnklösze.

**) Die schwarze Wolke war ursprünglich gemeint, welche Tod anzeigt
(S. 92) und als Gewand gedacht wurde (91).

***) D. h. lass die Wolke abregnen.

haben. In Mittelfranken stellte ein Knecht die Eisenbertha vor,
der sich in eine Kuhhaut mit Hörnern gesteckt hatte. Er trug
in der Hand einen Besen als Rutenbüschel und führte Aepfel, Birnen
und Nüsse mit sich. So zog er von Haus zu Haus, belohnte die
fleiszigen Kinder mit Früchten, strafte die unartigen mit der Rute
und drohte sie mit sich zu nehmen (sterben zu lassen). Ihn begleitet ein Gefolge von 10 jungen Leuten. Einmal gesellte sich dem
Zuge bei einer alten Eiche die wirkliche Bertha zu, auch in
einer Kuhhaut mit Hörnern und einen Rutenbüschel in der Hand.
Gewöhnlich aber tritt Bertha in den dramatischen Nachbildungen
ihrer Umzüge als furchtbare Göttin, als wilde Berchtel in grausen-
erregender Gestalt auf, mit wild zerzausten Haaren. Sie hat
einen groszen Pelz angetan, eine fürchterliche hölzerne Haube vor-
gebunden und eine Kuhglocke oder Schelle auf dem Rücken; ein
andermal ist sie wie ein Labdrüster (ein kegelförmiger Haufe von
Laubästen, die auf dem Felde aufgeschüttet werden) gestaltet; ihre
Augen sind so grosz wie Glasscheiben. Es ist die winterliche
Gestalt der Göttin.*) In so verzauberter, verunzierter Gestalt hüpft
sie mit mutwilligen Geberden im Hause herum, verfolgt die Leute,
fragt nach dem Betragen der Kinder und sammelt Gaben ein:

Kinder oder Speck!
Derweil geh' ich nicht weg.

Statt der einen Perchtl treten häufig mehrere Bursche in Weibs-
kleidern auf. Im Pinzgau im Salzburgischen Gebirg ziehen 100—
300 Bursche zur Adventszeit bei hellem Tag zu Ehren der Perchta
in seltsamster Vermummung mit Kuhglocken und knallenden Peitschen bewaffnet umher. Sie nennen sich Berchten und ihr Umzug
heiszt: „das Perchtenlaufen oder Perchtenspringen." Ueberall, wo sie einkehren, Jubel und Gelage, Scherze und ausgelassene
Neckereien aller Art! An einigen Orten fand das Berchtellaufen,

---

*) Als wilde (winterliche) Berchta wird die Göttin in Tirol als ein klei-
nes winziges Weib mit klugen glänzenden Augen, langer oft eiserner
Nase, ungekämmten Haaren und zerrissenem Anzuge gedacht. Daher warnt
man unruhige Kinder vor der „Percht mit der eysernen Nas" oder
„schweig! die eiserne Bertha kommt." Kinder mit verzottelten Haaren heiszen
„Berchteln." Man sagt zu ihnen: „du bist eine rechte Perchte." Von einem
verwickelten Wocken heiszt es „da nistet die Perchte drin." Vgl S. 276. Mitunter auch erscheint die wilde Perchta als grauer Wurzel (Knäul) mit Schellen; auch als grausliches Weib ohne Kopf, mit einem bunt gefleckten Mantel bekleidet, ward sie gesehen.

oder Berchteljagen zu Fasnacht statt. Zu Lienz in Tirol gab es
um diese Zeit ein besonderes Perchtespiel, an welchem etwa
sechzig Leute mitwirkten. In ihm traten teils wilde, teils schöne
Perchteln auf, von denen jene den Menschen feind, diese gar her-
lich angekleidet und den Menschen hold waren. Im Elsass beging
man im Anfang des Jahres das Berchten- oder Bechtenfest mit
feierlichen Umzügen. Man nannte das bechten.*) Kinder und
Handwerksbursche sammelten Gaben dazu ein.

In der fränkischen Sage scheint Berchta, die mütterliche, spin-
nende Schützerin der Kinderseelen, als Ahnmutter (der Menschheit,
oder des königlichen Geschlechtes (vgl. S. 250) aufgefasst gewesen
zu sein. Unter Franzosen und Italiänern bezeichnet man seit alters
das goldene Zeitalter mit den Worten „als Bertha spann" (du
temps, que Berthe filait; non è più il tempo, che Berta filava). (vgl.
S. 287). Die Sage dieser mythischen Bertha hat sich später mit der
Erinnerung an Bertrada die Mutter Karls des Groszen**) ver-
schmolzen. Vom zwölften Jahrhundert an tritt die Nachricht hervor,***)
sie sei eine Königstochter aus Ungarn und die Enkelin des Kaisers
Heraclius von Konstantinopel gewesen.†) Ein groszer Fusz zeich-
nete sie aus (Pippini sponsa fuit, grandis, pede nomine Berta), sie war
eine überaus fleiszige und geschickte Spinnerin. Von Pippin
zur Gemahlin verlangt, wird sie ihm gesandt. Unterweges bemächtigt sich ihre Kammerfrau der königlichen Kleider Berthas, zieht dieselben ihrer hässlichen Tochter an und giebt Schergen den Auftrag,
das Königskind zu töten. Die Mörder haben aber Mitleid und lassen sie in den wilden Wald entkommen. So gelangt sie zu einer
Mühle an den Ufern des Main,††) wo sie lange Zeit verborgen als

---

*) Von bechten (das durch Ausstoszung des r aus berchten entstanden ist)
hat das Fechten der Handwerksburschen den Namen.

**) Von dieser steht historisch fest, dass sie den Beinamen Berta führte.
Ihre Groszmutter hiesz ebenfalls Bertrada und ihre Stammgüter lagen in der
Nähe des Klosters Prüm.

***) Zuerst bei Gottfried von Viterbo in seinem 1186 — 1187 gearbeiteten
Pantheon.

†) Die Sage wollte so die Ansprüche Karls des Groszen auf die Kaiser-
krone legalisieren. Heraclius † schon 640; Karl der Grosse ward um 742 geboren. Ueber seinen Geburtsort weisz man gar nichts bestimmtes.

††) Allen romanischen wie deutschen Gestaltungen der Sage scheint dieser
Zug gemeinsam gewesen zu sein. Die französischen Gedichte nennen den „fo-
rest de Mans," die spanischen Berichte die Ufer „du Magne ou de la Magne,
qu'on croit être la Maïenne," die italiänische Fassung „bosco oder flume del

Magd lebt und die Töchter des Müllers im kunstreichen Spinnen und Weben unterrichtet. Inzwischen vermählt sich Pipin mit
der falschen Bertha, die aber bei einem Besuch des ungarischen
Königspaares an ihrem Fusze erkannt und verstoszen wird. Auf
der Jagd verirrt, kommt Pipin zur stillen Waldmühle, in welcher die
rechte Bertha verborgen lebt. Der grosze Fusz offenbart ihm in
ihr seine rechtmäszige Gattin. Stürmisch bittet er sie, die Vermählung
zu vollziehen; sie sträubt sich anfangs gegen seine ungestüme Braut-
werbung, sobald sie aber über die Person des Ehcherrn volle Ge-
wissheit hat, umarmt sie ihn, und Karl, der grosze Heldenkönig,
wird auf der Mühle empfangen und geboren.

Diese Sage von Bertha ist die Uebertragung einer alten mythischen Tradition von der Göttin Berchta auf die historische Königin.
Im Winter — so lautete der Mythus wol ursprünglich — wird die
lichte sommerliche Wolkengöttin Berchta, die als Herscherin der
Seelen Ahnmutter des Menschengeschlechtes ist, von einem falschen
Trugbilde, der winterlichen Berchta verdrängt. (Vgl. S. 32. 138).*)
Wenn im Frühling ihr Gemahl die wahre Göttin wiederfindet, so gebiert diese in der Mühle (S. 244) den lichten Gott der Sommersonne
und des Frühlingsgewitters.**)

_____

Magno" als Berthas Aufenthalt. Es scheint danach, dass die Berthasage in
Deutschland ihren Ursprung nahm, aber auf französischem Boden durch wesentliche Züge z. B. den groszen Fusz bereichert ist. Die Sage ist dann an den
verschiedensten Orten localisiert, und in deutschen wie romanischen Gedichten
bearbeitet.

*) Eine Vervielfältigung der sommerlichen und winterlichen Bertha sind die
schönen und wilden Perchteln S. 294.

**) Diese Mythe findet sich noch reiner und ursprünglicher in zwei Erzäh-
lungen der Kinder- und Hausmärchen der Brüder Grimm No. 89 „die Gänse-
magd" und No. 135 „die schwarze und weisze Braut" wieder. — Der Mythus
von der wunderbaren Geburt in der Mühle ist auch auf Kaiser Heinrich III.
übertragen, von dem schon Gotfr. v. Viterbo erzählt, sein Vater, ein Graf von
Calw, sei vor dem Kaiser Konrad sammt seinem Weibe in den Schwarzwald ent-
flohen und letzteres habe hier in einer Mühle den jungen Heinrich geboren.
Dem Kaiser, der grade jene Nacht beim Jagen verirrt auch in die Mühle gekommen ist, verkündet eine himmlische Stimme, dieser Knabe, den er für ein
Bauernkind hält, werde einst sein Eidam. Er befiehlt das Kind in der Wildnis auszusetzen. Da wird es vom Herzog von Schwaben gefunden und an Sohnes
statt erzogen. So wird er nach mehreren weiteren Schicksalen Konrads Schwieger-
sohn. So die Sage. In Wahrheit war Heinrich der Sohn, nicht der Eidam
Kaiser Konrads und der Gisela von Schwaben, am 28sten October 1017, nach
Stählin zu Osterbach in Geldern, geboren. Die wunderbare Geburt in der Mühle

Der grosze Fusz dieser mythischen Berchta (welche von ihm in
den Gedichten des kerlingischen Sagenkreises „Berte au grand pied,"
„Berthe mit dem Fusze," oder verdorbener „Berte as graus pics,"
„Baerte mit den breden voeten" heiszt) scheint die Abschwächung
eines Schwanfuszes, welchen die Göttin trug, weil sie einst wie in
Baiern als Kuh, so in westlicheren Landstrichen in Schwangestalt
gedacht war (vgl. S. 246) gleich den der Freyja untergebenen Schwan-
jungfrauen. Schon mehrere Jahrhunderte vor dem ersten Auftauchen
der Sage von Berte au grand pied begegnen wir in Frankreich in
mehreren Kirchen mitten unter den Statuen fränkischer Fürsten und
Fürstinnen dem Bilde einer gans- oder schwanfüszigen Königin. Es befand sich am Portal der Kirche St. Benigne zu Dijon,
an dem der Abtei de St. Marie zu Nesle in der Diöcese von Troyes,
an dem der Kathedrale zu Nevers, zu St. Pourçain in der Auvergne
und zu Toulouse. Die

nebenstehende Abbildung
vergegenwärtigt zur linken
Seite die Statue der Abtei
zu Nesle, zur rechten Hand
das Bild in der Kirche zu
Dijon. Diese Bildwerke
sind unter dem Namen der
„reine pédauque" (Kö-
nigin Gansfusz) oder reine
aux pieds d'oison be-
kannt. Zu Toulouse schwor
man einst bei der Spindel
der Königin Gansfusz (par
la quenouille de la reine
pédauque) und Märchen aus alter Zeit heiszen „Contes de la mère
l'oie. Nicht ohne Wahrscheinlichkeit hält man jene Bilder für ältere
Darstellungen der Bertrada, welche in Folge ihrer sagenhaften
Verschmelzung mit der mythischen Bertha den Schwanfusz nicht vergaszen, während der grosze Fusz in der späteren Sage nur eine
Milderung des Tierfuszes war.

In Deutschland hat Berchta noch eine andere Metamorphose zu
bestehen gehabt. Von mehreren Fürstenschlössern geht die Sage,

drückt mythisch dasselbe aus, was die vedische Dichtung meint, wenn sie Indra
und Agni wassergeboren, Söhne oder Enkel der Wasser d. h. der Wolken kennt (Vgl. S. 67). So schlingt die Sage ihre Epheuranken um die groszen
historischen Lieblingshelden des Volkes und teilt ihnen etwas vom Glanze der
alten Götter zu (S. 45).

dass die Ahnmutter des Hauses als weisze Frau, weisze Dame
erscheine und ihren Nachkommen Glück oder Unglück vorherverkün-
dige. Diese weisze Dame soll der Geist einer Gräfin Bertha von
Rosenberg sein, welche um 1430 in Böhmen lebte. Nach dem Tode
ihres tyrannischen Gemahls, Johann von Lichtenstein, brachte sie
ihre Lebenstage in weiszer Wittwentracht mit der Erziehung
mehrerer Waisen ihrer Familie hin. Sie gründete Schloss Neuhaus
in Böhmen und stiftete zum Andenken an den Bau ein jährliches
Mahl für alle ihre Untertanen, das aus Karpfen und süszem
Brei bestand (S. 292). Nach ihrem Tode liesz sie sich als weisze
Frau auf den Schlössern Rosenberg und Neuhaus in Böhmen sehen
und verkündete teils Todesfälle, teils Geburten, Vermählungen und angenehme Ereignisse voraus. Als einst jenes jährliche
Mahl unterblieb, vollführte sie den fürchterlichsten Lärm im Schloss-
thurm. Später, als ihr Geschlecht durch Heirat mit Kurbrandenburg
sich verschwägert hatte, erschien sie auch in Berlin und an andern entfernten Orten, wo nur Verwandte ihres ausgebreiteten Stammes sich aufhielten, oder aufgehalten hatten, als weisze Dame. —
An die historische Person der Gräfin Bertha von Rosenberg hat sich
somit der Geisterglaube von der wiedererscheinenden Seele der Ahnmutter und die Erinnerung an die hohe Göttin Berchta angelehnt.
Ohne es zu wissen, stellt das Volk die angestammten Fürstenhäuser
unter den Schutz seiner alten Götter.

In einigen sächsischen Gegenden hiesz die Göttin Hera. Um
1418 wird berichtet, sie fliege in den Zwölften durch die Luft; „Vrò
Here, de vlughet" sagte das Volk und glaubte, sie verleihe
Ueberfluss an allen zeitlichen Gütern. Ein Bericht aus dem 16ten
Jahrhundert lässt sie mit dem wilden Heer umziehen. Auf sie bezieht sich wol eine Sage aus der Gegend von Halle, welche die
Göttin nicht mit Namen nennt. In den Zwölften hört man oft ein
wunderbares Rauschen in der Luft. Daran freuen sich die Landleute,
denn sie wissen, dass ein fruchtbares Jahr folgt, und dass noch
auszerdem manchem von ihnen ein unverhofftes Glück begegnen
wird. Dann nämlich fliegt eine Frau, die nur in den Zwölften erscheint, in Gestalt einer Taube durch die Luft. Diese Taube ist
nicht gröszer, als gewöhnliche Tauben, doch wenn sie die kleinen
Flügel schlägt, saust die Luft weit hinterher, dass man es wol eine
Viertelmeile weit hört. An ihren Füszen schleppt die Taube ein
kleines, niedliches Stühlchen, aus feinem Rohrschilf geflochten, und
wenn sie müde wird, stellt sie das Stühlchen auf den Boden, setzt
sich darauf und ruht aus. Die Erde, oder was zur Erde gehört,

berührt sie nie. Wo sie sich nun so niedergelassen hat, da grünt und blüht es im folgenden Sommer am schönsten; wo sie aber vorüberzieht, da werden die Felder fruchtbar und die Menschen mit vielfachem Glück gesegnet. Am Morgen des Dreikönigstages wird die Taube wieder zur Frau, doch verschwindet diese alsbald und wird das ganze Jahr nicht wieder gesehen.

In der Mittelmark, besonders im Havellande, in der Uckermark und auch in der Altmark tritt die Göttin unter dem Namen Herke oder Harke auf, welcher sich in einzelnen Spuren bis nach Westphalen verfolgen lässt. In der Gegend der Camerschen Berge bei Havelberg soll Frau Harke gewohnt und ihren Sitz auf dem nach ihr benannten Harkenberg gehabt haben. In der Nähe liegt der Frau Harkengrund am Schönfeldschen See, zu welchem sie oft, um Wasser zu holen (S. 276) hinabstieg, und die Frau Harkengrube, ein tiefer langer Abgrund. Zum Stuhl bediente sie sich eines groszen Steines, der bis vor kurzem noch unter dem Namen Frau Harkenstein zu sehen war. Frau Harke wird als eine riesengrosze Frau geschildert, welche ganze Eichen mit Aesten und Wurzeln aushob und damit eine Heerde von Wildschweinen, Hirschen, Rehen und Hasen des Morgens auf die Weide und Nachts wieder in ihre Höle trieb. Sie lockte sie wie Schweine „Pickel! Pickel!" und sauste oft mit den Tieren an den Jägern vorüber, wie die wilde Jagd. Niemand konnte bei Nacht Wild schieszen, weil sie es immer in ihrer Höle hatte. Als einst Jemand gegen Abend einen klumpfüszigen Hasen (Klûtföt) geschossen hatte, hörte man wie Frau Harke beim Eintreiben ihres Wildes rief: „Sie sind es nicht alle, Klûtföt fehlt noch". Nach andern aber sind die Dachse ihre Schweine. Ein Hirte fing einen Dachs und steckte ihn in seinen Sack. Da hörte er im Berge eine weibliche Stimme nach der „groszen einäugigen Sau" rufen, und als er nach Hause kam fand er, dass das Tier nur ein Auge habe*). Bei der Frau Harke wohnten auch die Zwerge in der Höle. Mit ihnen soll sie, als die alten Eichen im Forst immer mehr ausstarben, über die Elbe auf der Arneburger Fähre nach Thüringen davongefahren sein. Sie hat die kleinen märkischen Rüben in die Mark verpflanzt und ein Kraut (das Strauszgras, Flunkerbart) heiszt nach ihr Frau Harkenbart oder Frau Harfenbart. War der Flachs um Bartholomäi nicht eingeheimst, so drohte man „Frau Harke (oder Frau Herke)

---

*) Die Dachse und anderen Tiere (Schweine) der Frau Harke sind die Eber der wilden Jagd, die Winde. Vgl. S. 111. 117. 138. Einäugig ist der Dachs, wie der Geist des Wirbelwindes. S. 99.

werde kommen". Denn um diese Zeit zieht sie, und der Bauer muss dann sein Winterkorn einbringen, wenn es nicht verderben soll. Ist am h. Dreikönigstage der Rocken nicht abgesponnen, so beschmutzt Frau Harke ihn. Bei Torgau zieht um Fastnacht Frau Herke umher und bestraft die faulen Mägde.

Wie Holda bald im Berge, bald unter dem Spiegel der Brunnen sich zeigt, warnt man die Kinder bei der Stadt Erckelenz im Jülichschen (Regierungsbezirk Aachen) nicht an den Gladbach zu gehen, Frau Herk ziehe sie hinab. In Erckelenz selbst bestand eine alte Tradition, dass die Stadt nach einer adeligen Frau Namens Erka der Mutter unter der Linde (matre sub tilia) den Namen habe, welche im tapferen Kampfe für das Vaterland dem Tode sich aussetzte *). Sie habe eine Tochter gehabt Namens Erkelenz. Mit Ausnahme der falschen Wortableitung steckt in dieser Sage vielleicht eine mythische Erinnerung.

In Thüringen heiszt die Göttin Frau Wolle. Sie sitzt spinnend im Frau Wullenloch bei Frankenhausen. Im Harz und den angrenzenden Gegenden Niedersachsens wird sie die Haulemutter oder Klagefrau genannt.

In einigen Tälern Tirols nennt man die Göttin Stempe oder Stampa. Sie war einst rossgestaltig gedacht (S. 27). Noch klopft sie mit einem Rosskopf auf dem schönen Körper an die Fenster und schaut hinein, zumal um Weihnachten; denn dann zieht sie um. Essen die Kinder um h. Dreikönigsabend ihre Festspeise nicht rein auf, so kommt Stempe und tritt sie Nachts. Sie liebt es, den Wöchnerinnen die ungetauften Kinder wieder zu rauben.

Bedeutsam tritt im Süden und Norden der Name Mutter Rose hervor. Er hat sich freilich nur im Kinderspiel und Kinderreim erhalten. Hrosa war eine der Holda im wesentlichen identische Göttin. Das S. 275 erwähnte Kinderspiel ist im Süden wie im Norden weit verbreitet. Meistenteils wird statt Frau Göde, Mutter Rose oder Maria Mutter Gottes genannt. Viele Kinder sitzen eins über dem andern der Mutter Rôse auf dem Schosz. (Sie stellen Engel, kleine Kinder, Schafe oder Hühner vor). Ein Mädchen das sich wie ein hinkendes Weib geberdet, geht umher und fragt das

---

*) Dieser Name ist deutbar aus dem ahd. Wort Hrosâ d. h. Stute, oder aus Hrôsa = Hrôdsa, die Ruhmträgerin. Letzterer Name würde sich genau dem Ruprecht S. 143 zur Seite stellen und die Göttin als Wôdans Gemahlin bezeichnen; Hrosâ (die weibliche Form zu Horsa S. 166 Anm.) würde andeuten, dass Rôse einst in Rossgestalt gedacht wurde.

oberste Kind nach Mutter Rôse.' Dieses stellt sich erst t a u b auf
dem linken und rechten Ohr. Endlich sagt es: „Sie wohnt ein
Treppchen höher!" So wird die Fragerin von jedem folgenden
Kinde fortgewiesen bis zur Frau Rose selbst „Bist du Mutter
Rose?" „Kannst du mir das nicht ansehn? Ich wache nicht, ich
schlafe nicht, ich bin nicht im Traum. Was willst du?" Das um-
gehende Mädchen bittet um eines von den Engeln (Kindern, Schafen
oder Hühnern). Mutter Rose will lieber das g a n z e Himmelreich
verschenken, als diesem Wunsche willfahren, endlich willigt sie ein.
Das oberste Kind springt jetzt vom Schosze, die fuszlahme Frau
tanzt mit ihm dreimal in die Runde und lässt es dreimal, o h n e z u
l a c h e n, über einen S t r i c h springt, der auf der Erde mit Kreide
gezogen ist. Lacht das Kind nicht, so bleibt es ein Engel, lacht es,
so wird es ein Teufel. Darauf bittet die fuszlahme Frau um ein
zweites Kind. Mutter Rose fragt „Du hast ja gestern eins bekommen?" „Ja das legte ich in die W i e g e, da ward es wie'ne Fliege,
ich legte es auf die Fensterbank, da kam der W o l f und holte es
weg!" „Warum hast du kein S a l z ausgestreut?" Ich hatte keines.
„Nun so nimm ein Kind." Sind alle Kinder vom Schosz der Frau
Rose abgeholt und in Engel und Teufel abgeteilt so kämpfen diese
miteinander, indem sie sich gegenseitig über den S t r i c h zu ziehen
suchen.

Dieses Spiel scheint der Ueberrest eines heidnischen Chorreigens
zu sein, welcher darstellte, wie eine gebärende Mutter „die der Storch
ins Bein gebissen" eine Seele vom Schosze der Göttin Hrosa (die wie
Holda auch durch Maria ersetzt wird) zur Geburt in menschlichem
Körper abholt. Kinderseelen sind dem christlichen Volke Engel; in
der Gestalt von Hühnern und Schafen werden sie (wie viele Sagen
melden) den Sterblichen sichtbar, und als t a u b erscheinen sie, weil
dem Toten alle körperlichen Sinne fehlen. Jeden Menschen begleitete ein Schutzgeist zur Erde. Hat Frau Rose, die Königin des Himmels, eine Seele abgegeben, so wird über dieselbe verfügt, ob sie
Schutzgeist werden, reine Seele (E n g e l) bleiben, oder (nach christlicher Auffassung als Sünder, T e u f e l) in die Körperwelt nieder-
steigen soll. Ueberspringt sie den S c h e i d e s t r i c h zwischen Himmel
und Erde, den Luftstrom (S. 52) l a c h e n d, so bekundet sie m e n s c h-
l i c h e Empfindung, Sinnlichkeit, sie wird zur Geburt bestimmt,
lacht sie n i c h t, so bleibt sie Schutzgeist; denn die Geister lachen
nicht. Aber selbst im ersteren Fall sträubt die Seele sich gegen
die Verleiblichung und nimmt zauberisch mannigfaltige Gestalten an,
bevor sie in menschlichen Körper niedersteigt; es wird im Kinder-

spiel angeraten, Salzkörner auf sie zu werfen, da diese nach
Volksglauben jeden Zauber brechen. Schlieszlich kämpfen Seelen
(Engel) und Menschen (Teufel) miteinander; denn die Geisterwelt
sucht uns Sterbliche immer wieder in ihr Bereich zu ziehen, die
Körperwelt wiederum strebt die Seelen mit Leiblichkeit zu umkleiden.

Auszer diesem Kinderspiel tritt Mutter Rose auch noch in
einem tirolischen Segensspruch auf, in welchem sie angerufen wird,
die Wiege eines Kindes gegen die schweren Alpdruck bewirken-
den bösen Geister, die Trude und Nachtahndl in Schutz zu nehmen.

Hiesz Hrosa einst Hrôdsa, so lässt sich für sie vielleicht schon
ein Zeugnis aus älterer Zeit geltend machen. Die Legende erzählte
von Salome oder Herodias, der Tochter des Herodes (Math. 14. Luc. 9),
dass sie ihren unseligen Tanz zur Strafe auf wilden Eisfeldern fortsetzen müsse. Auf fränkischem Boden hat sich diese Legende mit
dem Glauben von HRODSÂ (vgl. S. 120), oder nur vom Wirbelwinde
und den groszen Göttinnen überhaupt verbunden, genug es wurde
nun erzählt, Herodias war von unerwiederter Liebe zu Johannes dem
Täufer entzündet, ihr Vater liesz ihn darum töten. Das abgeschla-
gene Haupt ward ihr auf dem Teller gebracht, sie wollte es mit
Trähnen und Küssen bedecken, aber es wich zurück und hob heftig
zu blasen an. Die Unselige ward in den leeren Raum getrieben und
schwebt nun ohn' Unterlass im Wirbelwinde daher. Der dritte
Teil der Menschheit dient der betrübten Herrin (moesta hera) als
einer Göttin und Königin (dea regina). Von Mitternacht bis Hahn-
krat sitzt sie auf Eichen und Haselstauden (wie das wütende
Heer auf einem Waldbaume Halt macht S. 115). Die übrige Zeit
aber fährt sie durch die Lüfte, umgeben von Scharen zauberhafter
Weiber, die auf wilden Tieren reiten (vgl. S. 277). Einst hat sie auf
dem Markt zu Ferrara sammt ihren Genossinnen einen Ochsen geschlachtet und verzehrt, dann aber mit ihrem Stabe (virgula) aus
den in die Haut gewickelten Knochen wiedererstehen lassen (vgl.
S. 50. 117. 211). In Frankreich hiesz Herodias auch Bensozia (gute
Genossin, bona socia) in den Niederlanden Pharaildis d. h. Frau
Hilde; nach welcher die Milchstrasze (der Seelenweg) mittel-
niederl. Vroneldenstraet d. h. Frau Hildenstrasze genannt wurde.

Tacitus erzählt uns, dass die Sueven auch der Isis opferten.
„Ueber Grund und Ursprung des fremden Dienstes, sagt er, bin ich
nicht näher unterrichtet; soviel lehrt jedoch das Bild selbst, nach
Art eines liburnischen Schiffes gestaltet, dass der Cultus aus
der Fremde eingeführt ist." Tacitus irrte sich, wenn er diesen
Götterdienst für einen ausländischen, ägyptischen hielt. Die Göttin

hiesz wahrscheinlich Isa, goth. Eisô (mhd. Ise) d. h. die glänzende,[*]) das Schiff war das Naturbild ihres Wolkengefährts, in welchem sie über die Weiten des Himmels segelte (vgl. S. 237). Da die Römer ihrer Isis auch ein Schiff beilegten, war es für sie natürlich die deutsche Isa für diese Göttin zu halten. Zu Ulm in Schwaben, also bei den Nachkommen der Sueven (S. 262) wurde noch 1530 verboten zu Fastnacht mit Pflügen und Schiffen herumzufahren. Noch ältere Zeugnisse wissen von dem feierlichen Umzuge eines heiligen Schiffes.

Im Jahr 1133 wurde in einem Wald bei Inda (Inden später Cornelimünster im Jülichschen) ein Schiff gezimmert, unten mit Rädern versehen und durch die Mitglieder der Weberzunft, die sich vorspannten, zuerst nach Aachen, dann nach Maastricht (wo Mastbaum und Segel hinzukam) hierauf nach Tungern, Loosz u. s. w. im Land herumgezogen, überall unter groszem Geleite und Zulauf des Volkes. Wo es anhielt war Freudengeschrei, Jubelsang und Tanz um das Schiff herum. Seine Ankunft sagte man den Städten an, welche ihre Thore öffneten und ihm entgegengingen. Wer die Erlaubnis erbat, das Schiff berühren zu dürfen, muste die Kleinodien von seinem Halse den Webern geben, oder sich durch eine andere Gabe lösen. Statt des Schiffes wird in Oberdeutschland mitunter ein Pflug zu Fastnacht umhergezogen. So sagt eine Nachricht aus dem 16ten Jahrhundert „An dem Rhein, Frankenland und an etlichen anderen Orten sammeln die jungen Gesellen alle Tanzjungfrauen und setzen sie in einen Pflug und ziehen ihren Spielmann, der auf dem Pflug sitzt und pfeift, in das Wasser; an anderen Orten ziehen sie einen feurigen Pflug mit einem meisterlichen darauf gemachten Feuer angezündet, bis er in Trümmer fällt.“ In derartigen Gebräuchen lebten, wie es scheint, die Reste volkstümlicher dramatischer Aufführungen zu Ehren der schiffenden Wolkengöttin fort, welche zugleich den Segen der Aecker spendete.

Wie mannigfaltig auch der Reichtum von Namen und Gestaltungen schon ist, unter denen die grosze Göttin FRIA uns bis jetzt entgegentrat, aus dem Volksglauben lassen sich noch viele weitere auf sie bezügliche Mythen erkennen, ohne dass ihr Name bewahrt wäre. Wir machen nur auf einige schöne Vorstellungen aufmerksam, die sich auf ihre Natur als Hegerin der Verstorbenen und Neugebornen beziehen. Im Aargau wird sie als eine holde gütige Frau mit gold-

---

[*]) Das Wort ist verwandt mit Eis, Eisen u. s. w. Ein männlicher Iso mhd. Ise begegnete uns S. 261 als mythischer Fischer.

gelbem Haar geschildert, die im Schlossberge von Tegernfelden ihre Wohnung hat, in den ein gewölbter Gang hineinführt, durch dessen Decke die Sterne hereinschimmern. In endlos groszem Saale, welchen tausend Lichter bestrahlen, sitzen vor einem eisernen Troge viele uralte Männer in Schlaf eingenickt. In einem zweiten kerzenhellen Saal sitzen vor einem Eichentroge tausend schlafende Jünglinge und Jungfrauen. Ein drittes Gewölbe, von einem milchigen körperlichen Lichte erfüllt enthält im Eichentroge eine Unzahl schlummernder Kinder. Das sind die Ungebornen. Die weisze Schlossfrau nährt sie mit Anemonen und Engelsüszchen, Kräutern, von wunderbarer Kraft, deren Stengel in den Mund genommen auf lange Tage jede andere Speise ersetzen. Wünschen sich Eltern ein Kind, so schlieszt die weisze Schlossfrau mit goldenem Schlüssel den Trog auf und übergiebt ein kleines der Hebeamme. Stirbt ein solches Kind ungetauft, so kommt es wieder in den Berg zurück und in denselben Trog hinein; stirbt es aber erst nach mehreren Wochen, oder nimmt die weisze Frau es sonst wieder zu sich, weil die Menschen sein nicht wert gewesen, so kommt es in einen anderen Trog weiter im Berge und wird hier mit Honig aufgenährt, den die Immen des Dorfes bei jedem Schwärmen in den Eichen des Schlossberges absetzen. Wenn im Frühling die Bäume ausschlagen, kommt die Schlossfrau aus ihrer unterirdischen Wohnung, streift mit der Hand den Blütenstaub von den Weidenkätzchen und streut ihn in den strudelnden Bach, der vorüberflieszt. Scharenweis fahren die Forellen aus der Tiefe und haschen nach der duftigen Leckerspeise. Da horcht sie alles aus den Wellen heraus, die Wasserhühnlein sagen es ihr, was die Menschen über sie reden und meinen. Die Dämmerungsvögel fliegen aus den Mauerritzen herab und man hat gesehen, wie ein Rabe ihr auf der Schulter sasz. Dann pflanzt sie heilkräftige Blumen; zumal die Engelsüszchen und Anemonen, welche ihre Maien haben, ehe sie noch Blätter gewinnen, wachsen unter ihrer segnenden Hand.

Ist die Göttin hier namenlos, so wird sie in einer niedersächsischen Sage Waldminchen (d. i. Waldminne, Waldnympfe) genannt. Zwei Hasen halten ihr die Schleppe, zwei andere tragen ihr Lichter voraus. In ihrer Höle befindet sich eine Wiese, auf der die Kinderseelen spielen, Blumen pflücken und Kränze winden. Hinter der Höle aber liegt eine Mühle, in welcher alte Männer und Weiber zu jungen Menschen, unartige Kinder zu gutgearteten umgemahlen werden.[*] — Auf Maria, die Mutter Gottes ist ein anderer

[*] Vgl. die Mühle S. 244 und den Jungbrunnen S. 280. Wieder andere Sagen lassen unsere Göttin Nachts in Gesellschaft eines silbergrauen Hasen durch die Fluren wandeln, dann zündet sie sich auf einem Baume ihr Licht an.

schöner Volksglaube von unserer Göttin übertragen. Vor dem Jo-
hannistag darf eine Mutter, der schon Kinder gestorben sind, keine
Erdbeeren essen. Denn an diesem Tage führt die liebe Himmels-
mutter die Kleinen ins Paradies in die Erdbeeren. Kinder, deren
Mütter schon vor Johannis von der Frucht genossen haben, gehen
leer aus. „Bleibt zurück, spricht Maria, euren Teil hat eure ge-
näschige Mutter schon gegessen." Zwischen den Erdbeeren erscheinen
die Göttin und ihre heiligen Tiere den Menschen gerne. Bei Mün-
nerstedt in Baiern schliefen zwei gute Kinder beim Erdbeerenlesen
im Walde ein. Da kam ein blauer Storch geflogen, der in der
Gegend hauste, und jedem Wanderer ein treuer Führer war, Spitz-
buben und Diebe aber in die Hände zwickte. Der Storch legte dem
einen Kinde Goldperlen, dem andern die schönsten Erdbeeren
in die Hand. — Mutter Maria hat sich den Nachsommer (Alteweibersommer) vom Herrgott absonderlich für die uralten Greise, die den
Frühling nicht mehr erleben, und für die Kinder ausgebeten. Im
warmen Sonnenschein schreitet sie dann mit den Elben, oder mit
den elftausend Jungfrauen über Berg und Flur. Jeder Jungfrau
fliegt ein Engel mit goldenem Rocken voraus, spinnt silberseidene
Fäden und überwebt das ganze Land mit himmlischem Gespinnst.

In den edleren Kreisen hat unsere Göttin (Fría - Holda - Berchta)
dieselbe kriegerische Entwickelung durchgemacht, welche Wôdans
Totenheer zu einer Schar von Heldengeistern umgestaltete; man masz
auch ihr einen Anteil an Schlachten und Kämpfen bei. Als solche
kriegerische Göttin hiesz sie Hilde, d. h. Kämpferin, und eine Sage
erzählte, wie Wôdan (als Horant-Hettel) um die schöne Hilde (d. h.
die kriegerische Fría) warb. In den Niederlanden lernten wir diese
Frau Hilde als Pharaildis kennen; Berchta hiesz in Baiern auch
Hildabertha. Spätere Volkssagen übertragen wieder die hier ein-
schlagenden Vorstellungen auf Maria, indem sie erzählen, wie diese
für einen Ritter hoch zu Ross im Turniere focht, und siegte,
wie sie in Schlachten reitend am Himmel erschien und die Krieger ermutigte, oder die Sonne, die ihren kämpfenden Verehrern ins
Gesicht strahlte, mit dem Mantel verdeckte.

Die deutschen Sagen, welche wir bisher betrachtet, ergieszen ein
helles Licht auf die diesmal dürftigeren Quellen nordischen Glaubens über die grosze Himmelsgöttin FRIJA. An der Spitze des wütenden Heers, der Ásgardhreidh (S. 155) zieht in Norvegen eine Göttin Namens Guró Hryssarófa d. h. Gudhrún Stutenschweif.*) Sie

---

*) Von hryssa Stute, rófa Schweif. Andere verderbtere Namensformen sind
Guróryase, Reisarófa, Ryaserofa u. s. w. Das Wesen der alten Göttin ist bewahrt,

ist eine hohe und stolze Frau von vorne liebreizend anzuschauen; aber ihr Rücken ist wie ein hohler Espenbaum gestaltet, oder er weist einen Pferdeschwanz auf, offenbar weil man die Göttin einst als das dem Sturme voraufjagende Wolkenross gedacht hat (S. 21. 27, vgl. S. 299). Auf ihrem Rosse Skökse reitet Hryssaröfa stäts vorauf, hinter ihr die übrige Schar von Männern und Weibern. Sie hat einst an einem Ort neun Weiber, die in den Wochen lagen, zum Weinen gebracht (d. h. ihre Kinder zu sich in das wütende Heer genommen). Einst warf die Ásgardhreidh zu Hátveit ihre Sättel auf das Dach eines Gehöftes. Der Bauer und seine Frau sahen von ihrem Bette aus durch eine Ritze in die Wohnstube und gewahrten, wie der Tisch mit Männern besetzt war, deren jedem Hryssaröfa ein halbes Brod reichte. Als sie gegessen hatten, warfen sie unter wildem Lärm ihre Sättel wiederum auf die Rosse. Das Weib aber büszte seine Neugier, denn vor Tag hatte es sein Kind zu Tod gedrückt. Ein andermal stellten die wilden Gesellen der Ásgardhreidh in einem Hause zu Skarperud einen Tanz an. Ein Bursch sasz im Bette und sah mäuschenstill dem Dinge zu. Als er aber gewahrte, wie Gudhrún Hryssaröfas Unterrock in die Höhe flatterte und ihr Stutenschweif sichtbar wurde, konnte er sich nicht länger halten und rief: „Du verlierst dein Strumpfband Gudhrún!" Sie antwortete: „Gut, dass du dich so manierlich ausdrücktest! Die Leute hier in Skarperud sollen tatkräftig werden, aber nicht reich."

Milder als Hryssaröfa tritt Hulda oder Huldra eine zweite Gestalt derselben Göttin auf, obgleich ihr Name „die dunkele" aus-

---

aber ihr alter eigentlicher Name vergessen. Gudhrún heiszt sie, weil man die Nibelungenheldin Gudhrún (die deutsche Krimhilt) und ihren Gemahl Sigurdh (Sigfrit) in den Geisterzug versetzte, der nach ihnen bisweilen auch Sigurdhsfylgi, Gurófylgi (Sigfrits Gefolge, Gudrúns Gefolge) genannt wird. Noch schildert uns ein norvegisches Volkslied wie Sigurdh, nachdem er seinen Oheim Greip (Gripir) besucht hat, in die Ásgardhreidh gerät, in welcher man ihn später auf seinem Rosse Grani reiten sah als einen so alten Greis, dass das Gefolge seine Augenlieder in die Höhe heben muss, wenn er sehen will, und niederdrücken, wenn ihn nach Schlaf verlangt. Für Gudhrún war schon in der Meldung der Edden, dass sie nach Sigurdhs Ermordung durch Wälder und Wüsten lief, die Anknüpfung an die Ásgardhreidh gegeben, die faeröischen Nibelungenlieder lassen sie auf Grani durch alle Welten beständig und verzweiflungsvoll jagen und schon die Sturlúngasaga aus dem 13ten Jahrhundert schildert, wie ihr Geist in schwarzem Gewande auf hohem Ross, an dessen Schweif ein Mann gebunden war, geritten kommt und einer Isländischen Frau Mitteilung vom Stande des Kampfes zwischen zwei Häuptlingen macht.

20

sagt. Wie Hryssarófa ist Huldra ein schönes Weib, wenn man sie
von vorne in Augenschein nimmt, von hinten aber gleicht sie einer
hohlen Backmulde oder ein K u h s c h w a n z hängt von ihrem Rücken
herab. (S. 27. 64. 305). In b l a u e m G e w a n d e und w e i s z e r H a u b e,
den Melkeimer auf dem Kopf, schreitet sie durch die Wälder, in denen sie bei rauhem Wetter ganze Heerden schwarzgrauer Kühe und
Schafe (vom Sturm gejagte Regenwolken) austreibt. Diese ihre Tiere
sind grosz und fett und werden von Hunden (Huldebikkjer) gehütet.

Im Dickicht des Waldes hat sie ein wunderschönes Schloss und
herliche Gärten, die mitunter wie im Traume den Menschen nahe
rücken und sichtbar werden, aber zauberisch verschwinden, sobald
man darauf zuschreitet (fata Morgana). Hieher nimmt sie junge
Mädchen oder Knaben zu sich und vertauscht die Kleinen in der
Wiege mit Wechselbälgen. Aber ebenso oft erweist sie sich auch
den Menschen freundlich, nähert sich den Hirten und tanzt mit ihnen,
nur darf sich dabei niemand einfallen lassen über ihren Kuhschwanz
zu lachen. Sie singt und spielt auf das lieblichste; ihr bezaubern-
des Spiel wird Huldreslaat (d. h. Huldras Harfenschlag) genannt
(vgl. S. 285). Wie Berchta die Königin der Heimchen, ist Huldra
Herscherin der H u l d r e oder des H u l d u f ó l k s d. h. lieblicher und
neckischer E l f e n. Eine im 14ten Jahrhundert niedergeschriebene
und ausgeschmückte aber dem Stoff nach ältere Sage erzählt, dass
Ódhinn einst mit Hoenir und Loki auf die Jagd ritt. Am Abend verfolgte
der Göttervater bei starkem Nebel einen H i r s c h, dem rote Goldspangen
zwischen dem Geweih hingen, und gelangte so zu einer Klippe, die von
auszen ganz glatt war und innen eine hell erleuchtete Höle hatte. Da
wohnte H u l d a die Königin von Huldemannsland, welche sammt ihren
Töchtern Yrpa und Thórgerdhr Hörgabrúdh ihn freundlich empfing.
Uebrigens machen schon Erzählungen des 13ten Jahrhunderts die
Göttin Hulda zu einer bösen Zauberin. König Vanland von Schweden,
Freys Nachkomme*) gelangt nach Finnland und heiratet D r í f a des
Königes Tochter (S. 95). Im F r ü h l i n g verlässt er sie, verspricht
aber wiederzukommen. Als er ausbleibt, lässt Drífa die Zauberin
H u l d r kommen, die alsbald durch Alpdruck den König tötet (wie
Stampa S. 299).

H u l d a und Hryssarófa haben sich nur im Volksglauben, dem
Hüter älterer Anschauungen erhalten; ausgebildeter und durch die
Lebensanschauung höherer Kreise verschöner finden wir in den Ed-
den dieselbe Göttin als Frigg, Freyja und Idhunn wieder.

---

*) Vanlandi d. h. der aus dem Vanenlande Entsprossene (Hypostase Freys),
ein lichter Sonnenheld, der im W i n t e r der Schneemaid sich vermählt.

Frigg *) Fjörgyns Tochter ist der Göttinnen (Ásynien) vornehmste, des Himmels Herscherin und Ódhins Hausfrau. Von ihr und dem Götterkönig, „der ihres Herzens einzige Freude" (Friggjar ángantyr) ist das Göttergeschlecht entsprungen, welches Ásgardh erbaute. Neben Ódhinn sitzt sie auf Hlídhskjálf und überschaut alle

Welten (S. 182). Sie weisz alles, was sich begiebt, obwol sie nicht davon redet. Die ganze Natur ist ihr untertan und befolgt ihre Befehle. Sie spinnt auf goldenem Rocken; das Sternbild „Orions Gürtel" hiesz davon Friggerock, (Friggs Rocken) später Mariärock. In Falkengewand fliegt sie durch die Lüfte. Ihr überaus schöner Wohnsitz heiszt Fensalir (d. h. Sumpfsaal, Wiesensaal), da sasz sie und beweinte Baldrs Tod, als dieser von Hödhr getötet war.

Kinderlose Leute flehten Frigg um Nachkommenschaft an. König Rerir, der schon lange vermählt war, ohne einen Erben gewonnen

*) Die Form Frigg, aus Frija entstanden, entspricht genau dem deutschen Namen Frikka. S. 271. Nach ihr hiesz der Freitag altn. Friadagr, schwed. dän. Fredag.

zu haben, betete inständig zu Ódhinn und Frigg. Diese erhört sein Flehn und sendet ihre Wunschmagd (óskmey) zu ihm. Die Dienerin fliegt in Krähengestalt zu dem Hügel, worauf König Rerir sitzt und lässt einen Aepfel in seinen Schosz fallen, den er seiner Gemahlin nach Hause bringt und zu essen giebt. Darauf gebiert sie den Völsungr. Frigg segnete alle diejenigen, welche Gebärenden Hilfe leisteten.

Friggs Umgebung bildet ein königlicher Hofstaat von Dienerinnen. Am nächsten steht ihr Full oder Fulla, eine stattliche Jungfrau. Sie trägt loses Haar und ein Goldband um das Haupt. Sie trägt Friggs Schmuckkästchen, wartet ihres Schuhwerks und nimmt Teil an ihrem heimlichen Rat.*) — Hlin (oder Hlyn) hat das Amt, die Menschen zu beschirmen, welche Frigg vor Gefahr behüten will. Gná sendet Frigg mit ihren Botschaften zu den verschiedenen Welten aus. Sie reitet ein Ross, das durch Luft und Flut rennt, es heiszt Hófvarpnir (Hufwerfer) und ist von Hamskerpir erzeugt.

An diese engere Hausgenossenschaft der Frigg schlieszen sich in weiterem Kreise noch andere Göttinnen an. Lofn (die Erlaubende), eine milde Göttermaid, ist gut anzurufen. Denn sie erbittet vom Allvater und Frigg die Erlaubnis zur Verbindung der Liebenden, welchen schwere Hindernisse entgegenstehen. Daher ist nach ihrem Namen der Urlaub genannt und alles was die Menschen loben und preisen. Die weise alles erfahrende Jungfrau Vár hört die Eide und Verträge, welche Männer und Frauen miteinander schlieszen und straft den Bruch derselben. Nichts bleibt ihr verborgen. Ein Ehebündnis schlieszen hiesz „die Brautleute mit der Hand der Vár zusammenweihen." Zu Friggs Kreise gehört auch Syn, die die Türen der Halle bewacht und sie denen verschlieszt, welche nicht eingehen sollen. Auch ist ihr der Schutz derjenigen befohlen, welche vor Gericht eine Sache mit Grund in Abrede stellen.

Ein neuer Kreis sammelt sich um Freyja,***) in der wir nur mit anderem Namen und ein wenig verschieden ausgebildeter Grundgestalt dieselbe Göttin erkennen, wie in Frigg. Freyja gehört dem Vanengeschlecht an.†) Sie ist Freys Schwester und Njördhs Tochter.

---

*) Fulla ist die deutsche Volla (S. 273). Ursprünglich Wolkengöttin (eine Hypostase der Frigg selbst) wurde sie schon früh auf die Erde bezogen. Ein Skalde sagt „Errubein fiel zur Full" für „fiel zur Erde."

**) Dieser Name leitet sich von lofa loben, erlauben, geloben ab.

***) Freyja = goth. Fraujó ahd. frouwa, mhd. frouwe, nhd. Frau bedeutet die erfreuende, frohe, die Herrin. Nach ihr hiesz der Freitag in einigen Gegenden Freyjudagr, wie sonst nach Frigg Friadagr.

†) Sie heiszt daher Vanagudh, Vanadis, oder Vanabrúdhr (Vanengöttin, Vanenbraut).

Sie schwebt in Falkengestalt durch die Lüfte*) (S. 212. 313) oder wird
von ihrem Eber mit den lohenden Borsten Gullinbursti, Hildi-
svini, den die kunstfertigen Zwerge Dainn und Nabbi geschmiedet
haben, im Wagen gezogen (vgl. S. 237). Gewöhnlich aber bilden
zwei Katzen ihr Gespann (S. 89. 90) nach denen sie Katzenherscherin
genannt wird. Ein leuchtender Halsschmuck Brisingamen bedeckt
ihre Brust (vgl. S. 272), wir haben darin wol das Morgenrot, oder
den Kranz schimmernder Gestirne zu vermuten. Sie giebt sich somit

als eine grosze himmlische Göttin kund, welche die sonnenbestrahlten
Wolken vor ihren Wagen spannt und himmlische Lichterscheinungen
als Brustschmuck trägt. Die ältere Sage wuste noch, das sie Ódhins
Gemahlin sei, und auch später ward sie an Friggs Stelle vereinzelt als solche genannt. Im Winter verliesz ihr Gatte Ódhinn, Ódhr
(S. 108 Anm.) die liebende (vgl. S. 272. 285). Die jüngere Mythe erzählte demzufolge, dass Ódhr weit fortzog; Freyja weinte ihm nach
und ihre Zähren wurden rotes Gold.**) Ihn zu suchen, fuhr sie zu
vielen unbekannten Völkern.

*) Vielleicht ist Friggs und Freyjas Falkengestalt eine Erinnerung an die
alte Auffessung der Sonne als Vogel (S. 17. 29).

**) Das Gold heiszt daher in nordischer Dichtersprache „Freyjas Trähne"
oder „der Regen ihrer Augenbrauen, Wangen u. s. w."

Wie Freyr, wird Freyja Sonnenschein, Regen und Erntefülle gespendet haben. Zuletzt beim Mahle trank man ihre Minne. Später
ging dieser Brauch auf Maria über, der man den Becher weihte,
„um Ernteglück und Frieden" zu erbitten.

In Nacht und Winter gelangt Freyjas goldener Brustschmuck in
die Gewalt der riesischen Mächte. Der böse Loki stiehlt denselben.
Da stellt sich ihm Heimdallr an der Wogenschere (Vágasker)
und dem klingenden Stein (Singasteinn) zum Kampf, beide Streiter
nehmen Seehundsgestalt an, und Loki muss das kostbare Brisingamen
herausgeben.

Wie die deutsche Holda und Berchta nahm Freyja einst Menschenseelen ohne Unterschied bei sich auf. Ihre Wohnung heiszt
davon Fólkvángr, d. h. Volksaue; da ordnet sie die Sitze im
Saal. Ihre Halle ist grosz und hoch; sie wird Sessrúmnir, die
sitzgeräumige, geheiszen. Allmählich aber schränkte sich die Bedeutung der Göttin als der Totenempfängerin ein. Auserwählte
Frauen fanden nach dem Tode bei Freyja Aufnahme, und Liebende
hofften bei ihr wieder vereinigt zu werden. Der Isländer Egill
Skallagrimssonr hatte seinen jungen Sohn durch Ertrinken verloren
und war zum Tode betrübt darüber. Da kam seine verheiratete
Tochter Thórgerdhr zu ihm, um ihn zu trösten, und da sie sah, dass
er nichts genieszen, sondern mit dem Sohne sterben wollte, sagte auch
sie, sie wolle keine Speise zu sich nehmen, bevor sie bei Freyja
Nachtmahl halte. So heilte sie ihn von seiner allzugroszen Betrübnis. Andererseits heiszt es, dass Freyja mit Ódhinn die im
Kampf Gefallenen teile.

Freyja ist nämlich die Gebieterin der göttlichen Wunschmädchen,
der Valkyrien, wie Holda von lieblichen Jungfrauen umgeben durch
die Lüfte reitet, mit ihnen badet, und Feld und Flur umwandelt
(S. 277. 284. 285). Den Valkyrien voranstehend übt Freyja das Schenken-
amt in Vallhöll (S. 159. 214). Als die spätere kriegerische Entwickelung unserer Mythologie die Valkyrien zu Ódhins Schlacht-
jungfrauen machte (S. 43. 160), wurde erzählt, dass Freyja kriegsgerüstet
zum Kampf auf die Wahlstatt herniederfahre und jeden Tag tapfere
Helden zum Tod erkiese. Die Hälfte der Gefallenen gehört ihr und
die andere Hälfte Ódhinn. Sie heiszt daher „Eignerin der auf der
Wahlstatt Gefallenen" (eigandi valfalls) und „Valfreyja", oder Hildr
(Hilde, S. 304). Zwei Könige, Hedhinn und Högni, sammt ihren
Heeren haben sich einst in blutigem Kampf gegenseitig erschlagen.
Hildr weckt sie Nacht für Nacht zu neuem Kampf und neuem Tode,
und so geht es fort bis zur groszen Götterdämmerung. In den Hiadh-

ningen (d. h. Hedhins Söhnen) erkennt man deutlich die kämpfenden Heldengeister des wütenden Heeres, die Einherrin (S. 162).

Wie Frigg wurde auch Freyja von den Müttern um Hilfe in weiblicher Not angefleht. Während aber die Himmelskönigin mehr das heilige Leben der Ehe beschirmt, nimmt Freyja sich vorzugsweise der zarten erblühenden Liebe an. Hat sie doch selbst, die trähnenschöne Göttin, der Liebe Schmerz um Ódhr empfunden. Minnelieder hört sie gern und ist denen gewogen, welche in Herzensangelegenheiten sie anrufen. Ódhr liesz ihr eine Tochter zurück, Namens Hnoss (Kleinod), die war so schön und lieblich, dass alles, was schön und kostbar ist, nach ihr mit dem Namen hnossir (Kleinode) belegt wurde. Ein nordischer Forscher findet in Hnoss das unentwickelte, noch halb schlummernde oder träumende Liebesleben, dies lieblichste und schönste aller Kleinode, ausgesprochen. — Der Freyja nahe steht Sjöfn. Sie sucht die Herzen der Jünglinge und Jungfrauen mit Zärtlichkeit gegen einander zu erfüllen, sie erweckt die schlummernde Liebe in der Brust, und nach ihr wird die Liebe sjafni genannt.

Eine grosze Macht besitzt die jungfräuliche Göttin Gefjon. Aller Lebenden Losze weisz sie ebensowol, als Ódhinn. Ihr dienen alle, welche als Jungfrauen sterben. Die Mädchen legten bei ihr Eide ab: „So schwöre ich bei Gefjon und bei den andern Göttinnen." — Einige Quellen machen Gefjon zu einer Frau. Einst kam die fröhliche Göttin zu einem mythischen Könige Gylfi von Schweden als fahrende Sängerin. Als Lohn für ihren Gesang schenkte ihr der goldreiche Fürst so viel Pflugland in seinem Reiche, als vier Ochsen in einem Tag und einer Nacht umbrechen könnten. Da nahm sie vier Ochsen aus Riesenheim, die sie mit einem Riesen erzeugt hatte, und spannte sie vor den Pflug. Der Pflug ging so mächtig und tief, dass das Land sich ablöste. Die Ochsen zogen es westwärts in's Meer und machten im Sunde Halt. Da befestigte Gefjon das Land und gab ihm den Namen Seeland. In Schweden aber entstand da, wo das Land fortgenommen war, der Mälarsee. Später, heiszt es, habe sich Gefjon dem Skjöldhr (S. 252) vermählt.

Der Name Gefjon erklärt sich aus dem altsächsischen Worte geban, ags. geofon, gifan Meer. Sie ist eine Meergöttin und die wilden Riesenochsen, mit denen sie aus Schweden ein Stück Land herauspflügt, sind die brüllenden Wogen der See, welche ein Stück nach dem andern von der Küste abreiszen. Aber diese Mythe ist offenbar sehr jung und wahrscheinlich war Gefjon, welche einen Teil der Gestorbenen bei sich empfängt, einst wie Holda eine Göttin des himmlischen Gewässers.

Die Himmelswasser, oder die Wasser überhaupt in ihrer heilkräftigen Bedeutung sind in Idhunn personificirt, der Gemahlin Bragis. Sie wohnt in Brunnakr (Brunnenfeld). Sie verwahrt Goldäpfel, deren Genuss den Göttern ewige Jugend und Unsterblichkeit verleiht. Ein Skalde nennt sie daher „die schmerzheilende Maid, die des Götteralters Heilung kennt." Nach anderer Mythe sitzt sie auf der Weltesche Yggdrasill und behütet darunter den Unsterblichkeitstrank Ódhreyrir. Die bösen Riesen trachten fortwährend danach, sie in ihre Gewalt zu bringen. Einst zogen die Götter Ódhinn, Hönir und Loki durch Gebirg und Einöden, wo es übel mit dem Essen stand. Als sie aber in ein Tal kamen, sahen sie einen Trupp Ochsen. Davon nahmen sie einen und wollten ihn sieden. Aber das Fleisch wollte und wollte nicht gar werden. Zwei Mal deckten sie vergeblich auf, um nachzusehen, ob es gesotten sei. Während sie sich nun berieten, woher das kommen möge, hörten sie in der Eiche über sich sprechen, dass der, welcher dort sitze, das Sieden verhindere. Sie sahen hin und gewahrten einen groszen Adler, der mit dem Schlage seiner Flügel Wind verursachte. Es war der Riese Thjassi, der diese Gestalt angenommen hatte. Der Vogel fuhr fort: „Wollt ihr mir meine Sättigung von dem Ochsen geben, so wird es sieden." Sie bewilligten es. Da liesz der Adler sich vom Baume nieder, setzte sich zu dem Fleisch und nahm gleich die beiden Lenden und das Vorderteil des Ochsen für sich vorweg. Loki ward zornig, ergriff eine grosze Stange und stiesz sie dem Vogel mit aller Macht in den Leib. Der Adler schwang sich mit der Stange, an der plötzlich durch Zauber Lokis Hände festklebten, empor, flog aber so niedrig auf dem Boden, dass Loki mit den Füszen Stein und Gehölze streifte; die Arme aber glaubte er würden ihm aus den Achseln reiszen. Flehentlich rief er den Adler um Frieden an, aber dieser wollte ihn nicht loslassen, er schwöre denn, Idhunn mit ihren Aepfeln aus Ásgardh herauszubringen. Als Loki das zusagte, ward er los und kam wieder zu seinen Genossen. Zur verabredeten Zeit lockte er Idhunn aus Ásgardh in einen Wald, indem er vorgab, dass er Aepfel gefunden habe, die ihr wahre Kleinode dünken würden, auch bat er sie, ihre Aepfel mitzunehmen und mit jenen zusammenzuhalten. Dorthin kam nun der Riese Thjassi in Adlerhaut, ergriff Idhunn und flog mit ihr in sein Heimwesen. Die Ásen aber befanden sich bei Idhuns Verschwinden übel, sie wurden schnell grauhaarig und alt. Da hielten sie Versammlung und befragten einander um Idhunn. Zuletzt hatte man sie

mit Loki aus Ásgardh gehen sehen. Man ergriff denselben und be-
drohte ihn mit Tod oder Peinigung, wenn er nicht Idhunn wieder
herbeischaffe. Erschreckt versprach er, sie aufzusuchen, wenn Freyja
ihm ihr Falkengewand leihen wolle. Damit angetan, flog er nordwärts nach Riesenheim zu Thjassis Behausung und fand die Göttin
allein daheim, Thjassi war auf die See gerudert. Loki verwandelte
die Göttin in eine Nuss, die er in seinen Klauen eiligst davontrug
(S. 25). Als nun der Riese keimkam und Idhunn vermisste, zog er
schnell sein Adlergewand an und verfolgte die Flüchtigen. Die Ásen
sahen den Falken mit der Nuss und den Adler heranfliegen, da gingen
sie unter Ásgardh hinaus und häuften Späne. Kaum hatte sich der
Falke innerhalb der Burgmauer niedergelassen, so warfen sie F e u e r
in die Späne; der Adler aber vermochte sich nicht anzuhalten, die
Flammen schlugen in sein Gefieder und machten seinem Flug ein
Ende. Alsbald eilten die Ásen herbei und erschlugen den Riesen
Thjassi innerhalb des Gatters. Seine Tochter Skadhi fuhr mit Helm
und Panzer angetan nach Ásgardh, um den Vater zu rächen. Da
gaben ihr die Götter als Busze den Njördhr zum Mann (S. 246) und
Thórr warf überdies die A u g e n d e s R i e s e n an den Himmel, wo
sie fortan als Sterne glänzen.

Der adlergestaltige (S. 97) Thjassi, d. h. der rauschende, brausende, ist ein S t u r m r i e s e des nordischen Hochgebirges, der in uner-
müdlichem Kriege gegen die sommerlichen, segnenden Götter, die
Ásen, ihnen die Lebenskraft wegzufangen strebt. Während des Winters gelingt es ihm, die Göttin des Lebens wirklich in seine Gewalt
zu bringen; im Lenz holt Loki sie wieder.

Der Idhunn sehr nahe stand wol E i r , von der wir nur wissen,
dass sie für die beste der Aerztinnen gehalten wurde.

Neben der groszen Himmelsgöttin, die wir bisher in ihren verschiedenen Gestalten und Hypostasen besprochen haben, treten noch
besondere Göttinnen der S o n n e und der E r d e hervor.

F r i a , Holda, Freyja übten Herrschaft über die Sonne aus und
in Schweden wird F r ú S ô l e , d. i. Frau Sonne, gradezu im Kinderspiel an dem Platze genannt, den bei uns H r o s a einnimmt (S. 300).
Eine untergeordnetere Sonnengöttin lernten wir auch schon S. 105
u. 106 kennen. Auszerdem muss unserm Altertum einst die Vorstellung von einer groszen Sonnengöttin S u n n a , nord. S ó l , S ó l e
geläufig gewesen sein. Im Merseburger Zauberspruch (S. 147) begegnet
uns S u n n à als hehre Göttin, dem Wôdan und seiner Gemahlin Fria
an Macht gleich. Noch im 15. Jahrhundert muste verboten werden,

die Sonne für eine Göttin zu halten und sie „heilige Frau" (sancta
domina) zu nennen. Als Schwester stand der Sunna eine Göttin Sinth-
gunt (d. h. kampfgerüstete Fahrtgesellin) zur Seite, vielleicht war es
eine Mondjungfrau. Als Tochter der Göttin wurde die Jungfrau
Goldfëthara (Goldfeder) genannt, d. i. der Sonnenstrahl. Noch bis
heute erhielt sich in Niederdeutschland eine Anrufung der Sunna
beim Regen:

> Regen, Regen rûsch!
> Der König (Wôdan? Thunar?) fährt zu Busch.
> Lass den Regen übergehn,
> Lass die Sonne wiederkommen!
> Sonne komme wieder
> Mit deiner Goldfeder,
> Mit goldenem Strahl
> Beschein uns allzumal u. s. w. *)

Im Norden galt Sôl als die Gemahlin des Tages (Dagr), von dem
sie die leuchtende Tochter Svanhvit Gullfjödhr (Schwanweisz
Goldfeder, S. 29) gebar.

Eine himmlische Lichtgöttin muss auch Eâstre gewesen sein,
von der uns um 738 der Schriftsteller Beda Meldung tut. Der April
hiesz bei den Angelsachsen Eosturmônadh nach einer Göttin dieses
Volkes, welche Eostre genannt wurde und der zu Ehren man in diesem Monat ein Fest beging. Nach ihr hiesz später das Osterfest,
indem man aus Gewohnheit die altgewohnte Benennung beibehielt. —
In deutscher Zunge würde die Göttin Ostara lauten und es ist
möglich, dass der April, der schon zu Karls des Groszen Zeit Ostar-
mânoth hiesz, so wie das Osterfest (ahd. Ostarâ) auch bei uns von
einer solchen Göttin den Namen haben. Einige Ortsnamen scheinen
diese Vermutung zu bestätigen. Doch ist Beda's Autorität in diesem
Stück nicht über allen Zweifel erhaben, um darauf weitere Combinationen mit Sicherheit zu bauen. Der Name Eâstre, Eostre, ahd.
OSTARA ist mit Osten und skr. Ushas (S. 61) auf das engste verwandt und bedeutet eine Göttin der aufgehenden Sonne, oder des

---

*) Da St. Katharina mit einem Rade dargestellt wird, dies aber ein Bild
der Sonne ist (S. 104), ward später auf die Heilige übertragen, was früher von
Sunna gegolten hatte, und so singt das Volk nun an manchen Orten, zumal in
den Niederlanden:

> St. Kathreine
> Lass die Sonne scheinen,
> Lass den Regen übergehn u. s. w.

wiederkehrenden Lichtes im Frühling. In Hessen war es Sitte, in eine Höle nahe dem der Holda heiligen Meisner (S. 280) am zweiten Ostertage Blumensträusze zu tragen und dann kühlendes Wasser zu schöpfen. Dergleichen Gebräuche sind vielleicht Reste des Ostarakultus.

Von Thórs Gemahlin Sif (S. 209) haben sich einige Mythen erhalten, welche auf diese Göttin von einer älteren Gattin des Donnergottes übertragen sind, in der wir — wie mir scheint — eine Sonnengöttin zu erkennen haben. Sif, heiszt es, „die schönste aller Weiber," „die haarschöne Göttin," hatte Locken von Gold. Die hat ihr der böse Loki einmal hinterlistig abgeschnitten. Als Thórr das erfuhr, ergriff er den Uebeltäter und würde ihm alle Knochen im Leibe zerschlagen haben, wenn der nicht geschworen hätte, von den Schwarzalfen neues Goldhaar für Sif zu erlangen, das wie natürliches wüchse. Hierauf begab sich Loki zu den Zwergen, die Ivalds Söhne heiszen, und diese schmiedeten neues Haar, welches alsbald festwuchs, so wie es Sifs Haupt berührte.*)

Ich vermute, dass Sifs Goldhaare die Sonnenstrahlen sind, welche der böse Dämon des Wolken- und Winterdunkels raubt, abschneidet. Andere Forscher fassen sie als die im Herbst abgeschnittenen Goldhalme des Ackers auf, da Sif in einem späten Zeugnisse als Name der Erde verzeichnet ist. Aber das kann auf einer ganz individuellen Conjectur eines Schreibers im dreizehnten Jahrhundert beruhen.

Eine Fruchtbarkeit spendende Göttin — möchte sie nun Wolken oder Sonnengottheit sein — mochte überhaupt leicht in den Begriff einer Erdgöttin übergehen. Diesen Vorgang gewahrten wir schon bei Volla-Fulla (S. 308). Noch deutlicher zeigt uns die Art solches Uebergangs eine niederöstreichische Sage, wonach die h. Walpurga, eine weisze Frau mit wallenden Haaren und feurigen Schuhen, die eine Goldkrone auf dem Haupt und eine Spindel in der Hand trägt, in den 9 Nächten vor dem 2. Mai, oder zur Erntezeit vom wilden Heer, rohen Reitern auf weiszen Rossen verfolgt wird. Sie verbirgt sich entweder hinter dem Fensterkreuz offenstehender Bauerhäuser, oder im Saatfeld, in das sie flieht, oder sie lässt sich in eine Korngarbe hineinbinden. Hiemit stimmt der englische Gebrauch, der letzten Garbe die Gestalt einer Puppe zu geben, welche man Kernbaby (Kornpuppe), Maiden (Mädchen) oder Karline nennt. Mit

---

*) Ein kleines, lichthaariges Kraut, polytrichum aureum, heiszt auf Island „Sifjar haddr," Sifs Haar.

Blumen geschmückt und mit einem weiszen Gewande bekleidet, wird
diese Puppe auf den Wagen gesetzt und mit lautem Jubel von den
Schnittern ins Dorf geführt. An einigen Orten nent man diese schön-
bekleidete Kornpuppe die Herbstkönigin (Harvestqueen), kränzt
ihr Haupt mit Blüten und giebt ihr Aehren in die Hand. In Yorkshire
warfen die Schnitter mit Sicheln nach der in Art einer weiblichen
Gestalt aufgeputzten letzten Korngarbe und wer sie auf diese Weise
abmähte, rief mit lauter Stimme: „Ich habe sie! Ich habe sie!"
Was hast du? was hast du? „Die Herbstfrau! die Herbstfrau!" Durch
Vergleich mit den S. 100 fgg. S. 111 fgg. besprochenen Sitten und
Sagen wird es klar, dass man die sonst vom Sturm gejagte Göttin
der Wolke als Regen zur Erde niedergestiegen und im Innersten des
Getreidefeldes verborgen dachte. Mit einem Schlage plötzlich den
letzten Kornbusch niedermähend, vermeinte man ihrer habhaft zu
werden, sie zu segnendem Verweilen ins Dorf führen zu können.
Der Uebergang von der Wolkenfrau zur Erdgöttin liegt hier klar
genug am Tage.

Auf ähnliche Weise mögen von den Erdgöttinnen unserer Mythologie mehrere aus ursprünglich himmlischen Gottheiten erwachsen
sein. Vielleicht gehört dahin schon Nerthus, welche nach Tacitus
Bericht an der Ostsee verehrt wurde. Die Langobarden, Rendigner,
Avionen, Angeln, Varinen, Eudosen, Suardonen und Withonen waren
zu ihrem Dienst verbündet. Sie verehrten sie als Mutter Erde
(Terra mater) und glaubten, dass sie sich der menschlichen Angele-
genheiten annehme, und unter den Völkern ihren Umzug halte. Auf
einer Insel des Meeres stand ein heiliger Hain (castum nemus) in ihm
ein mit Decken verhüllter Wagen, den allein der Priester berühren
durfte. Sobald dieser merkte, dass die Göttin in diesem ihrem Heiligtum gegenwärtig sei, geleitete er den Wagen, den Kühe zogen, mit
tiefster Ehrfurcht. Dann gab es frohe Tage und festlich geschmückt
waren alle Orte, welche die Göttin ihrer Einkehr und gastlichen Ver-
weilens würdigte. Da fing niemand Krieg an, keiner ergriff die
Waffen, jedes Eisen ruhte, auf diese Zeit allein kannte man Ruhe
und Frieden, für diese Zeit allein liebte man ihn. War die Göttin
des Verkehrs mit den Sterblichen satt, so führte sie der Priester in
ihren heiligen Hain zurück. Alsbald wurde der Wagen, die Decken,
ja, wenn man es glauben darf, die Gottheit selbst in einem verborgenen See gewaschen. Sklaven verrichteten den Dienst, welche darauf der See verschlang. Daher herschte ein geheimes Grauen und
heilige Unkunde, was das sei, was nur Todgeweihte schauen.

Der Name Nerthus, der goth. NAIRTHUS altnord. NIÖRDHR

lauten würde, gewährt uns die weibliche Form für den Gott, welchen wir als Vater Freys kennen lernten (S. 246) und der Umzug der Göttin gleicht auf das genaueste der Frühlingsfahrt des Freyr (S. 239) *).

Eine andere alte Erdgöttin und zwar eine solche, welche von Anfang an diese Würde behauptete, war Fulda, Fold, welche in ihrem Namen nach strenger Lautwandlung genau dem vedischen Parthivi, Prithivi (S. 57, 58) entspricht, mithin auch schon in der Urzeit neben Tius verehrt gewesen sein muss. Sie ist im Laufe der Zeit sehr verdunkelt und in den Hintergrund zurückgedrängt. In einem angelsächsischen Liede zur Abwendung bösen Feldzaubers, in welchem der Beschwörer ostwärts gewendet die Erde und den Himmel anruft, dem Zauber zu begegnen (eordhan ic bidde and upheofon) heiszt es:

Hál ves thu Folde Heil sei dir Fold
Fira môdor.   Der Menschen Mutter!

Nordische Lieder schildern, wie bei Thórs Nahen „die alte Fold" ächzend zusammenschreckt, und ein Segensspruch lautete:

Heil euch ihr Äsen,
Heil euch Äsynien! (Göttinnen)
Heil dir du vielnütze Fold!

Jene angelsächsische Beschwörung ruft auch eine Göttin Erce an:

Erce! Erce! Erce! Erce, Erce, Erce,
Eordhan môdor!   Mutter der Erde,

und fügt hinzu, dass die Aecker wachsen mögen und gefriedet seien gegen aller Feinde Schädigung. Wir wissen nicht, inwieweit Erce etwa mit Hera und Herke (S. 297, 299) Zusammenhang hat.

Im Norden begegnen auszerdem Jördh (s. S. 208) und Rindr (S. 255) als Erdgöttinnen.

Noch von einigen anderen deutschen Göttinnen haben wir Kunde, ohne dass etwas weiteres als ihr Name auf die Nachwelt gekommen wäre. Im Jahre 14 n. Chr. brach Germanicus mit seinem Heere in das heutige Westphalen ein, und überfiel die Marser (ein deutsches Volk, wahrscheinlich im jetzigen Osnabrückischen), da er gehört

---

*) Aus einer falschen Lesart in Tacitus Germania ist der Name Hertha statt Nerthus zu groszer Verbreitung gelangt. — Auf welcher Insel ihr Heiligtum stand, ist nicht mehr auszumachen. Gelehrte früherer Zeit haben dasselbe auf Rügen gesucht und durch sie haben sich dort die Nachrichten des Tacitus mit Localsagen zu einem wunderbaren Fabelgemisch vom schwarzen See der Hertha usw. verbunden.

hatte, diese Nacht sei ein Fest der Germanen und werde bei einem
feierlichen, frohen Mahle hingebracht. Bei hellem Sternenglanz um-
stellten die Römer die marsischen Weiler, in denen sich alles ohne
Besorgnis und ohne ausgestellte Wachen auf den Lagern oder um
die Tische streckte, und hausten verwüstend mit Feuer und Schwert.
„Kein Geschlecht, kein Alter fand Erbarmen; Häuser wie Heiligtümer, auch der Tempel, der das höchste Ansehen bei jenen Stämmen
hatte — sie nannten ihn Tempel der Tamfana — alles ward dem
Boden gleich gemacht." — Tamfana ist römische Schreibung für
Thamfana oder Thamfa, gen. Thamfan ahd. DAMFA, DAMFUN.
Am glaubhaftesten hängt das Wort mit ahd. damf nhd. Dampf, skr.
tap brennen zusammen, so dass Tamfana als eine Heerdgöttin
anzusehen wäre, deren Bedeutung sich leicht zu der einer Göttin der
Heimat oder der Erde erweitert haben kann. So bedeutet ahd. hërt
zugleich Heerd und Grund und Boden *).

Auf niederrheinischem Boden wurde ein, anfangs zu Cleve, dann
zu Xanthen aufbewahrter Stein gefunden mit der merkwürdigen In-
schrift: „Deae Hludanae sacrum C. Tiberius Verus". Ein anderer
in derselben Gegend zu Birten aufgefundener Votixstein besagt:
„Deae Hludenae Censorinus votum solvit lubens merito" **). Die
Göttin Hludana oder Hluda, welcher römische Soldaten Denksteine
widmeten, war ihren Namen nach eine deutsche. Hlûda, Hlûdana
heiszt „die berühmte". Ueber ihr Wesen lässt sich nichts mehr ermitteln. In der Bedeutung des Namens kommt sie mit einer angelsächsischen Göttin Hrêdh überein ***), von welcher Beda meldet,
dass nach ihr der März Hrêdhmânodh genannt sei. Ihr wurden dann
Feste gefeiert und Kuchen geopfert.

In ganz andere Kreise führt uns die Todes- und Unterweltsgöt-
tin Hella, altn. Hel d. h. die bedeckende von hëlan, nhd. hehlen,
verhehlen. Ich vermute, dass sie eine Hypostase der groszen Göttin
ist, welche im himmlischen Gewässer die Seelen ohne Unterschied
um sich versammelte (S. 280). Als man später eine Unterscheidung
zwischen den Toten machte und verschiedene Wohnsitze für die verschiedenen Kategorien erfand, localisierte man den Brunnen der Göttin in Bezug auf die Bösen und die nach untätigem ruhmlosen Leben
dahingegangenen Geister auf oder unter der Erde, als einen Straf-

---

*) Doch ist es noch fraglich, ob der Name in den Tacitushss. nicht verderbt ist.
**) DEA HLU
    ENAE CEN

***) Hrêdh Ruhm ist = ahd. hruod, wovon ahd. Hruodpëraht. S. 143.

ort und nannte nun die Göttin als Vorsteherin dieses Reiches Hellia, Hella goth. HALIA, nhd. Helle, Hölle, woher der christliche Aufenthalt der Verdammten später den Namen Helle, Hölle empfing.

An vielen Orten Ober- und Niederdeutschlands giebt es tiefe Sümpfe und Moore mit trübem Wasser, oder Brunnen, welche den Namen Hellebeke, Helleborne, Helleput (Bach, Born, Brunnen der Hella) führen. Wie Holda bald im Brunnen, bald im Berge die Seelen hütet, kommt daneben mehrfach ein Helleberg vor. Zu dem unterirdischen Sitze der Hella unter dem Spiegel des Wassers oder im Berge meinte man, führe die Milchstrasze, die daher in Niederdeutschland auch „Nierenberger pat" d.h. der zum Niedenberge, Unterberge führende Pfad oder „der Helweg" genannt wird*). Andererseits scheint man geglaubt zu haben, dass der Weg zu Hella über eine grosze mit Dornen und Pfriemenkraut bewachsene Haide führe. Auf einem Wagen führte die Göttin die Seelen in ihre dunkele Behausung. In Niederdeutschland weisz man noch an vielen Orten vom Hellewagen zu erzählen, auf den der Teufel die Menschenseelen packt. Durch Overmeire in Belgien zieht er jede Nacht mit Musik (wie das wütende Heer). Als dieser Wagen wurde der grosze Bär gedacht, der in den Niederlanden auch Hellewagen heiszt (vgl. S. 132). Vielleicht ist in mittelalterlichen Gedichten noch eine Erinnerung an die Persönlichkeit der Hella erhalten, wenn der Hölle ein gaffender, gähnender und unersättlicher Rachen beigelegt wird.

Persönlicher zeigt sich die nordische Hel. Sie ist halb schwarz, halb menschenfarbig, und hat ein grimmiges furchtbares Aussehen. Ihr ist die Herrschaft über neun Welten in Niflheimr (Nebelwelt) gegeben. Da wohnt sie unter einer Wurzel der Esche Yggdrasill in ihrer Burg Helheimr. Der Weg dahin, Helvegr (Helweg), ist lang und traurig. Neun Tage und Nächte reitet man, nach Norden zu durch dunkle tiefe Täler den Abgrund hinab, um vom Himmel zu Hel zu gelangen. Dornenhaiden und Sümpfe hat der Wanderer zu überschreiten, dann kommt er in ewigem Dunkel zu einem reiszenden Strome Gjöll, den die Gjallarbrücke überwölbt, die mit glänzendem Golde belegt ist. Nach einer nicht zu verachtenden Quelle hängt diese mit Eisen beschlagene, mit Gold gedeckte Gjallarbrücke

---

*) In Westphalen heiszt eine grosze Heerstrasze, in manchen Städten z. B. Berlin eine rings um die Stadtmauer laufende Strasze der Hellweg. Dieser Ausdruck will soviel sagen, wie der allgemeine Weg (via publica), der Weg, den alle Menschen wandeln müssen. In manchen niederdeutschen Gegenden wird die Strasze zum Kirchhof Hellweg genannt.

hoch im Winde unter dem Gewölk; es ist die Milchstrasze. Hinter
dem Gjöllfluss dehnt sich ein holes und mit mächtigen Gittern ver-
wahrtes Gehege aus. Ein Hund mit blutbefleckter Brust und klaf-
fendem Rachen bewacht bellend den Eingang, der hier zu Hels Wohn-
sitzen führt. In groszem Hause wohnt sie selbst; Elend (Eljudhnir)
heiszt ihr Saal; Hunger ihre Schüssel, Gier (sultr) ihr Messer;
Träg (Gänglati) ihr Knecht Langsam (Gänglöt) ihre Magd, Ein-
sturz (fallanda forat) ihre Schwelle; ihr Lager Krankenbett (Kör)
und ihr Vorhang dräuendes Uebel (b ikjanda-böl). Rings umher
liegen die Wohnungen ihres Gesindes, das sich aus allen denen bildet, die an Alter oder Krankheiten sterben. Den Sterbenden erscheinen Hels dienende Mädchen mit grausigen Winken und legen ihnen
harte und kalte Fesseln an. Während sie die Sonne, das Tages-
gestirn sich trauernd verbergen sehen, hören sie schon schwer in
den Angeln Hels Pforten erdröhnen.

Damit die Seele jene Dornenhaide nicht barfusz zu überschreiten
habe, gab man den Toten ein paar Schuhe ins Grab mit. Von dieser Sitte hiesz im Hennebergischen das Leichenbegängnis Toten-
schuh und im Norden ein zu solchem Gebrauche verwandter Schuh
helskó (Helschuh). Wer in diesem Leben einem Armen ein paar
Schuhe geschenkt hatte, fand sie in jener Welt wieder, wenn er über
das Dornenfeld wandern muste; und ebenso fand derjenige, welcher
die Dürftigen mit Brod gespeist hatte, dasselbe im Jenseits wieder,
um es dem Höllenhunde in den Rachen zu werfen.

Wer den Armen auf Erden eine Kuh geschenkt hat, wird nicht
straucheln und schwindlig werden, wenn er die Gjallarbrücke überschreiten muss. Denn dort findet er eine Kuh, welche seine Seele
über die Totenbrücke geleitet. Es war daher einst sowohl in Schweden und Dänemark, als in England, Ober- und Niederdeutschland
Sitte, beim Leichenbegängnis eine Kuh hinter dem Sarge her bis auf
den Kirchhof mitgehen zu lassen*). Diese alte Sitte wurde teilweise
bis in die neueste Zeit fortgeübt und dadurch motiviert, dass man
dem Geistlichen die Kuh für Seelmessen oder die Leichenpredigt
schenke. Sie war aber bereits in vedischer Zeit vorhanden (S. 52)
und legt — wie mir scheint — ein nicht unwichtiges Zeugnis für
Hella-Hels ehemals himmlische Natur ab. Aus dieser findet auch ein in
Deutschland, wie Skandinavien weitverbreitetes Kinderspiel seine Er-
klärung. Zwei Kinder, welche heimlich die Namen Sonne und
Mond unter sich verteilen, fassen sich mit beiden Händen an, die
sie in die Höhe heben, und bilden so die goldene Brücke oder

---

*) Weil die Kuh (Wolke) die Seele über die Milchstrasze geleitet, heiszt
die letztere westphäl. auch Kaupat (Kuhpfad).

das goldene Tor. Die übrigen Kinder bilden eine lange hintereinander stehende Reihe. So stellen sie eine Reiterschaar vor, welche
durch die goldene Brücke zu ziehen wünscht. Sie erhalten Durchzug, doch der letzte wird gefangen, indem Sonne und Mond ihre
Arme über ihn herabsenken. Er muss nun wählen, ob er zu Sonne
oder Mond kommen will. Dann wiederholt sich das Spiel und es
kommt darauf an, welche Partei zuletzt die gröste wird. — Man hat
längst erkannt, dass dieses Spiel den Ritt der Toten über die Totenbrücke darstellen soll. Nach nordischer Sage fahren, gehen oder
reiten die Seelen über Hels Gjallarbrücke, aber so leise, dass das
Getrappel von 50 Rossen der Abgeschiedenen nicht lauter tönt, als
der Ritt eines einzigen lebenden Menschen. Dachte man sich, dass
die Milchstrasze, die hoch im Winde hängt, die lichte Welt der
Äsen und Hels nächtliche Unterwelt als Seelenweg verbinde, so konnten Sonne und Mond leicht als Endpunkte dieser Strasze oder Brücke
betrachtet werden.

Nach dem Volksglauben in Schleswig reitet Hel als eine
schwarzgekleidete alte Frau auf einem dreibeinigen grauen oder
weiszen Pferde durch die Straszen. Vor welchem Hause das Pferd
stehen bleibt und wo es hineinkukt, da muss ein Mensch sterben *).

Hoch über der Welt waltete ein unabänderliches Urgesetz, das
Schicksal (ahd. urlac, ags. orläg, alts. orlag, orlegi, altnord. örlög),
dem selbt die Götter unterworfen waren, dem Baldrs jugendliches
Leben zum Opfer fiel. Die Verkünderinnen dieses Schicksals sind drei
hehre Göttinnen, ehrwürdige Jungfrauen bei den Angelsachsen Mettena **), d. h. die abmessenden, abwägenden, oder Vyrdha alts.
Wurthf, im Norden Nornen d. h. die tötenden (?) genannt. Sie
spinnen einen Faden und weben ein Gewebe, an welches das Leben,
das Wolergehen und der Tod der Menschen geknüpft ist.

In dem feinen Gespinnst des Spätsommers (vgl. S. 105) erkannte
man die Abbilder der Parzengespinnste. Daher heiszt dasselbe Mäd-

---

*) Statt der weiblichen Hel nennt man im Schleswigschen mitunter auch
einen männlichen. Wenn eine Seuche wütet, heiszt es: der Hel geht umher;
heulen die Hunde des Nachts ungewöhnlich: „der Hel ist bei den Hunden." Kommt eine böse Krankheit ins Dorf: „der Hel ist angekommen",
hört sie auf: „der Hel ist verjagt." Ein Todkranker „hat die Helsucht",
erholt er sich wieder, so „hat er sich vom Hel losgekauft," „dem Hel
einen Scheffel Hafer für sein Pferd gegeben".

*) „Thâ graman mettena" die grimmen Parzen.

chensommer, Alteweibersommer, und in Holstein sagt man,
wenn das ganze Feld wie mit tausend und aber tausend Spinnweben
überzogen ist: „Die Metten haben gesponnen." In Baiern haben
sich zahlreiche Sagen von den drei Schicksalsgöttinnen erhalten. Sie
heiszen hier Heilrätinnen, d. h. Wesen, die das Glück der Menschen beraten, beherschen. Zwei von ihnen sind gut und freundlich:
kreideweisz ist die eine, die andere trägt ein rot und weiszes Kleid.
Die dritte Schwester aber ist böse und furchtbar. Sie heiszt Held
(d. i. Umhüllung, Umnachtung; der Name ist mit Hella verwandt).
Von Körper erscheint sie ganz schwarz (nach andern halb weisz,
halb schwarz wie Hel); aus ihrem grimmigen Antlitz blicken zwei
feurige Augen hervor. Die beiden guten Jungfrauen haben zwei
Köpfe und einen Sinn, die dritte aber fügt sich niemals in ihren
Willen. Auf dem Jungfernbühel bei Unterigling in Niederbaiern,
an dessen Fusze ein Weiher und ein groszer Forst „der Frauen-
wald" liegt, sollen die drei Jungfrauen ihr Schloss gehabt und vor
uralten Zeiten den benachbarten Dorfgemeinden grosze Hölzungen,
die noch in deren Gesammtbesitz sind, durch Stiftung geschenkt
haben. Die guten Jungfrauen spannen ein heilbringendes Gespinnst.
Bis in's vorige Jahrhundert wurde Leinwand aufbewahrt, welche von
ihnen herrühren sollte; man gab davon jeder Wöchnerin ein hand-
groszes Stück, worauf sie sich legte, um schmerzlos zu gebären.
Held aber fertigte ein sehr gefürchtetes Seil, an welches sie die
Menschen band und mit Hilfe der Schwestern an sich zog. Zur
Erntezeit opferte man den Heilrätinnen drei Kornähren. An anderen
Orten wird erzählt, wie die drei Jungfrauen bei Taufen und Hochzeiten und Begräbnissen sangen. Der Gesang der weiszen
Schwestern bedeutete Glück für das neugeborne Kind oder die aus
dem Elternhause schreitende Braut, die dritte böse Jungfrau aber
war den jungen Kindern immer entgegen. Jede der Jungfrauen hatte
einen Rocken an der Seite hängen, sie spannen Flachs mit der Spindel. Von einem Berge zum andern spannten sie Seile; oft warfen
sie schöne Gewebe hoch in die Luft, wo dieselben hängen blieben,
ohne herunterzufallen. Die Menschen erwarteten dann gutes Wetter.
In Straszburg und vielen Gegenden von Baiern und Tirol hat sich
die Sage von den drei Jungfrauen sammt alten Namen oder Beinamen
derselben in die Legende geflüchtet. Das Volk zählt sie als Sanct
Wilbetta, Sanct Walbetta und Sanct Einbetta (ahd. Wilipëta,
die Gutes anwünschende, Walpëta, die Krieg anwünschende, Ainpëta,
die Schrecken anwünschende) zu seinen Heiligen, von denen freilich
die Kanonisationsregister der Kirche nichts wissen. Sie wohnen in

einem Kloster auf einem Hügel, der ganz von Wasser umgeben ist
oder neben einem Heilbrunnen liegt, spinnen, verleihen Kindersegen
und sind Pestpatroninnen.

Sehr deutlich sind auch diese Schicksalsgöttinnen von der Grundgestalt der Wolkenfrau ausgegangen. Die Wolke ist ihr goldgesäum-
tes Gewebe, das frei in der Luft schwebt und gutes Wetter verkündigt. An die schwarze Wolke aber knüpfte sich schon früh die
Idee des nächtigen Todes, an die weisze die Idee der Geburt und
Heirat (S. 92). So traten aus der Schar der Wolkenfrauen drei besondere Schicksalsgöttinnen hervor, von denen zwei, die Vertreterinnen
der lichtweiszen Wolke, vorzüglich bei Geburt und Hochzeit, die
Jungfrau der schwarzen Wolke beim Tode die Schicksalsmacht aus-
übte. Auch in uralten Kinderliedern hat sich eine Erinnerung daran
erhalten, dass die Schicksalsjungfrauen zugleich Verrichtungen in
der Natur und im Menschheitsleben versehen:

Sonne, Sonne, schein!
Fahr über den Rhein,
Fahr über das goldene Haus,
Da schauen drei alte Jungfrauen heraus.
Eine spinnt Seiden,
Die andre wickelt Weiden,*)
Die dritte geht an's Brünnchen,
Findet ein goldenes Kindchen,
oder:
Die dritte spinnt Haberstroh,
Behüt' mir Gott mein Kindchen do!
oder:
Die dritte spinnt das klare Gold,
Die vierte ist meinem Büblein hold.

Noch andere Varianten besagen, dass die dritte Jungfrau zum
Sonnenhaus gehe, den Himmel aufschliesze und die heilige Sonne
herauslasse, den Schatten aber drinnen für die lieben Kleinen.

Auf sächsischem Boden führte die Schicksalsgöttin auszer der
Benennung Metten den Namen altsächs. Wurth, angels. Vyrdh
(d. h. das Gewordene, die Vergangenheit). Sie wird geschildert, wie
sie urplötzlich dem Menschen zu Handen steht und mit ihren Krallen*)

---

*) D. h. Todesstricke. Dieselben wurden in unserm Altertum aus Weiden
geflochten.

**) Wegen der tötenden Krallen der Schicksalsgöttinnen scheinen diesen als
Abbilder die Nägel der Menschen geweiht gewesen zu sein. Weisze Flecke auf

in den Tod dahinreiszt (nimedh, farnimid). Kampfgrimm (válgrim) schreitet die Vyrdh selbst in die Schlacht, um die dem Tode bestimmten Männer auszusuchen. Man scheint die Vorstellung gehabt zu haben, dass die tötende Schicksalsgöttin selbst ihrem Opfer einen Speer oder spitzen Nagel in den Kopf treibe und es so in ewigen Schlaf versenke. Eine Erinnerung daran lebt in unsern Märchen in der alten spinnenden Frau fort, welche Dornröschen mit ihrer Spindel sticht und dadurch in hundertjährigen Schlaf fallen macht, sowie in der Alten, welche Schneewittchen eine Blume oder einen Kamm in das Haar steckt, worauf das holde Kind tot umfällt. Vyrdh webt aber auch ein todbringendes Gewebe. Daneben hatte sich eine höhere Auffassung erzeugt, wonach die Vyrdhen als Beisitzerinnen dem Göttergericht beiwohnten und als Schöffinnen das Urteil aussprachen, welches als von Ewigkeit und Uranfang an gelegte Satzung (orläg, orlegi) jedem Menschen zukomme. Man nannte eine solche Tätigkeit der Beisitzer in den germanischen Gerichten urteilen, schaffen (daher das Wort Scheffe, Schöffe). Man hiesz daher die Schicksale „Vyrdha gesceaft, Wurdigiscapu" (der Vyrdhen Urteil, Schöpfung) und sprach vom Ding oder Gericht der Vyrdhen. Auch in Oberdeutschland scheinen die Schicksalsjungfrauen zu dieser höheren Auffassung gediehen und Gâchschepfen (die jähen Schöffen) genannt gewesen zu sein. Noch im 15. Jahrhundert beklagt sich ein tirolischer Dichter:

> Und ist des Unglaubens so viel,
> Dass ich es nicht gesagen kann.
> So haben einige Leute den Wahn,
> Dass sie meinen, unser Leben,
> Dass uns das die Gâchschepfen geben,
> Und dass sie uns hier regieren,
> Auch sprechen etliche Dirnen,
> Sie urteilen dem Menschen hie auf Erden.

Der Name ags. Vyrdh, plur. Vyrdha; alts. Wurth, plur. Wurthi (S. 321) bezeugt uns, dass man die Schicksalsgöttinnen als Personificationen der Zeit auffasste, welche das Geschick von Anfang an vorbereitet hat und später zur Ausführung bringt. Einige sehr schöne, aber noch nicht hinlänglich aufgehellte Sagen und Lieder lassen ver-

---

den Nägeln (das sogenannte Nagelblühen) bedeuten daher Glück, Freude; von ihnen nimmt man in Schwaben die Jahre der Lebensdauer ab; gelbe Flecke dagegen sagen Tod, Betrübniss u. s. w. voraus.

muten, dass man auch in Deutschland drei Wurden als Vergangenheit, Gegenwart und Zukunft unterschied.

Sehr deutlich können wir in den mannigfachen bisher betrach-
teten Vorstellungen von den deutschen Parzen die folgende Entwickelung beobachten. An die bald nächtige, bald lichte Wolke
schloss sich die Idee des Todes und Lebens, des Schicksals. Aus

der Zahl der spinnenden, webenden Wolkenfrauen traten drei Schick-
salsmädchen als Göttinnen der Geburt, der Heirat, des Sterbens, darnach des Geschickes überhaupt hervor. Sie wurden bei weiterem
Fortschritt Urteilerinnen am Göttergericht und schlieszlich fasste sie

das ersterbende Heidentum als abstracte Personificationen der dreigeteilten Zeit. (Vgl. S. 43). Dieselbe Entwickelung hatte derselbe
Mythenkreis in Skandinavien durchzumachen.

Unsere nordischen Stammverwandten nannten die Schicksalsjungfrauen Nornen d. h. wahrscheinlich die tötenden Göttinnen;
Urdhr Vergangenheit (nach Namen und Begriff die deutsche Wurth,
Vyrdh) heiszt die älteste, Verdhandi Gegenwart die zweite; und
Skuld Zukunft die jüngste von ihnen.*) Aus dem See unter dem
alles überschattenden Weltbaum, der Esche Yggdrasill sind diese
vielwissenden Mädchen hervorgestiegen. Da sitzen sie nun zwischen
der Esche Zweigen, oder an ihrem Fusze, und hüten den Lebensborn,
der unter einer der drei Wurzeln des Baumes liegt und nach Urdhr
den Namen Urdharbrunnen trägt. Mit seinem heiligen Wasser
begieszen sie Tag für Tag den Weltbaum, der davon immergrün in
ewiger Jugend prangt. Nichts dorrt und vergeht, was mit seiner
Flut besprengt wird, und alles, was in dieselbe sich taucht, nimmt
die reine Farbe der Unschuld an, es wird so weisz, wie die innere
Haut in der Eierschale. Mit weiszem Nebel begossen sendet die
Esche den Tau in die Täler der Erde, von ihm nähren sich die Bie-
nen. Zwei Schwäne schwimmen in Urdhs Brunnen zu den Füszen
der Nornen, die Tag für Tag Gesetze legen, den Zeitenkindern das
Leben erkiesen, die Ursatzung (das Schicksal, örlög) sagen. Sie tun
das als Urteilerinnen beim Göttergericht, welches sich täglich unter
der Esche Yggdrasill versammelt und über die Weltregierung berät.
Durch flammende Gewitterströme kommt selbst Thórr, von seinen
Kämpfen sich losringend, dorthin gewatet. Die Götter leiten als
Richter das Verfahren ein und sanctionieren die Aussprüche, die Nornen aber weisen, kiesen oder schaffen das Urteil, die Ur-
bestimmung, die sie menschlichem Gerichtsgebranche ähnlich mitunter
auch durch Loszwerfung zu erkunden suchen (vgl. S. 176). Urdhr
(so scheint es nach einer eddischen Liedstelle) schnitt die Loszstäb-
chen zu, Verdhandi merkte sie mit Runen und warf sie auf das Linnen, Skuld nahm sie auf, um den entscheidenden Spruch zu tun.
Vergangenheit und Gegenwart bereiten die Lebenslosze zu, welche die
Zukunft aufzuheben bestimmt ist; aus unsern früheren und jetzigen
Taten entsprieszen die kommenden Geschicke unseres Daseins.

Unabwendbar ist der Nornen Spruch. Sie selbst steigen zur

---

*) Urdhr leitet sich von verdha worden (die Gewordene, die Vergangenheit)
Verdhandi (die werdende, seiende) von demselben Zeitwort, Skuld von skula sollen, sein werden ab.

Erde nieder, um seine Ausführung zu bewirken. Sie fördern hilfreich
das Kind ans Licht der Sonne, noch heute heiszt die erste Mahlzeit,
welche die Wöchnerin nach der Entbindung genieszt, auf den Färöer
Nornengrütze (Nornagreytur). Wiederum treten sie an die Wiege
der Menschen und weben die Bande, welche sein künftiges Geschick
umspannen sollen. In rauher Sturmnacht, als heilige Gewittergüsse
rauschten, Aare sangen (S. 97. 98) kamen sie einst nach Brálundr,
wo die Königin Borghildr den edeln Helgi geboren hatte und bestimmten dem jungen König das Alter. Sie verliehen ihm, der kühnste
und edelste aller Fürsten zu werden. Hoch unter dem Mondessaal
(dem Himmel) festigten sie goldene Schicksalsfäden westlich, östlich
und nordwärts weit um des Königes Land. — Während aber die beiden älteren Nornen den Menschen wolgesinnt sind, trägt Skuld, die
Zukunft, ihnen häufig Hass. Zu einem jungen Isländer, der davon
Nornagest (Nornengast) genannt wurde, kamen die Jungfrauen und
bestimmten ihm sein Geschick. Die älteren verhieszen ihm, er solle
ein Glückskind werden, die jüngste Norn aber, welche im Hause wenig beachtet, ja sogar beleidigt war, bestimmte, dass er nicht länger
leben solle, als die neben ihm angezündete Kerze brenne. Schnell
ergriff eine der älteren das Licht, leschte es aus und befahl es nicht
eher anzuzünden, als bis der Neugeborene einst den letzten Tag seines Lebens zu sehen wünsche. Nornagest lebte dreihundert Jahre,
dann zündete er die Kerze an und gab sich so den Tod. — Als dem
dänischen Könige Fridhleifr ein Sohn Olaf geboren war, begab er
sich in den Tempel der Nornen. Da fand er die drei Göttinnen
selbst auf drei Stühlen sitzen. Die erste schenkte dem Kinde Anmut der Gestalt und Ansehn unter den Menschen, die zweite verlieh
ihm Herzensgüte, die dritte aber fügte, heftigeren Sinnes als die andern, dem künftigen Character des Knaben das Laster des Geizes
hinzu.

In wichtigen Momenten des Lebens, in welchen grosze entschei-
dende Ereignisse sich vorbereiten, schreiten grimm die Nornen vorüber. Dem Menschen, welchem sie „Not geschaffen" d. h. den Tod
zugeurteilt haben, reitzen sie den Mörder auf, oder nahen sich ihm
selbst mit raffender Hand. Daher steht auf dem Nagel der Norn
eine Hugrune und die weiszen Flecke auf den Nägeln der Menschen
sind zu Glück oder Unglück von den Nornen eingeritzte Runen. Sie
heiszen auf den Färöer Nornaspór d. i. Nornenspuren. Menschen
ritzen selbst die Rune N d. h. Not (naudhr), das Zeichen der Nornen auf
den Fingernagel, um sich mit der Göttinnen Hilfe vor Vergiftung zu
hüten. Allgemeine Sterblichkeit, Pest und Seuchen verkündigen die

Nornen durch das Vorzeichen eines Himmelsphänomens, eine Mond-erscheinung, Urdhs Mond (Urdharmani), voraus. In der Schlacht lassen die Nornen neben den Kämpfern sich blicken, die Wölfe sind ihre Grauhunde. Am Vorabend eines groszen Kampfes hat man Urdhr wie einen schwarzen Vogel über Höhen und Berge zur Wahl-statt fliegen sehn. Als ein groszes dunkeles Weib mit rotem Ange-sicht und mit einem Gürtel von ineinandergehakten Blechen liesz sie sich nieder und sang ein Lied, wie sie sorglich dahinfahre, Män-ner zum Tode zu wählen. Wie eine Valkyre, den Schild am Arm, reitet Skuld in die Schlacht.

Ob aber Leben oder Tod des Schicksals Gabe sei, die höchste Weisheit lenkt sein Steuer. „Weisheitsvoll schweben die drei Mäd-chen über Völker Wohnsitz als die einzigen (unübertrefflichen) Schutz-göttinnen derer auf Erden."

Druck von W. Büxenstein in Berlin.